住房和城乡建设部"十四五"规划教材
高等学校建筑学专业指导委员会规划推荐教材

建筑经济

(第四版)

Economics of Architectural Engineering

(4th Edition)

天津大学　浙大城市学院

刘云月　　余剑英　　　主编

中国建筑工业出版社

图书在版编目（CIP）数据

建筑经济 = Economics of Architectural Engineering（4th Edition）/ 刘云月，余剑英主编．4 版 . -- 北京：中国建筑工业出版社，2024.5.（住房和城乡建设部"十四五"规划教材）（高等学校建筑学专业指导委员会规划推荐教材）. -- ISBN 978-7-112-30029-7

Ⅰ . F407.9

中国国家版本馆 CIP 数据核字第 2024YV6074 号

为了更好地支持相应课程的教学，我们向采用本书作为教材的教师提供课件，有需要者可与出版社联系。

建工书院：http://edu.cabplink.com

邮箱：jckj@cabp.com.cn　电话：（010）58337285

责任编辑：王　惠　陈　桦

责任校对：张惠雯

住房和城乡建设部"十四五"规划教材
高等学校建筑学专业指导委员会规划推荐教材

建筑经济（第四版）

Economics of Architectural Engineering (4th Edition)

刘云月　余剑英　主编

*

中国建筑工业出版社出版、发行（北京海淀三里河路 9 号）

各地新华书店、建筑书店经销

北京雅盈中佳图文设计公司制版

天津安泰印刷有限公司印刷

*

开本：787 毫米 ×1092 毫米　1/16　印张：$21\frac{1}{2}$　字数：493 千字

2024 年 8 月第四版　2024 年 8 月第一次印刷

定价：**49.00 元**（赠教师课件）

ISBN 978-7-112-30029-7

（42798）

修订版前言

自 2018 年《建筑经济》(第三版) 出版以来，我国社会经济以及建筑经济形势出现了新的变化，工程建设领域取得了重大成果，大批重大工程建设项目建成使用。工程项目的建成不仅依托大量的技术，也需要工程经济学的理论和方法。

近几年行业政策发生了许多变化。2020 年 10 月 15 日中国建筑业协会发布《全过程工程咨询服务管理标准》T/CCIAT 0024—2020。2022 年 1 月 19 日住房和城乡建设部根据《中华人民共和国国民经济和社会发展第十四个五年规划和 2035 年远景目标纲要》编制了《"十四五"建筑业发展规划》，强调发展涵盖投资决策、工程建设运营等环节的全过程工程咨询服务模式；在民用建筑工程项目中推行建筑师负责制，在统筹协调方案设计阶段各专业和环节基础上，推行建筑师负责工程建设全过程管理服务，拓展设计咨询服务链条，促进工程设计咨询服务向专业化和价值链高端延伸。新形势和政策要求探索建立一个前策划—建筑设计—后评估制度，对建筑的功能、经济效益与社会及环境影响等进行综合评估。

依据新的目标和政策，同时对标《全国一级注册建筑师资格考试大纲》的部分科目知识考核范围和深度，《建筑经济》(第四版) 教材将旧资料进行了重新修订和更新，特别是对上篇的第 1 章至第 7 章的内容进行了较大幅度的增订，对下篇的内容进行了精炼和案例增补。修订按照新颖性、实践性和适用性的原则，吸纳了新的资讯和案例，同时，增加了大量图表来提高易读性和悦读性。修订后的内容尽可能全面、及时地反映近年来国内外在建设工程领域中的政策法规、行业动态、专业资格等，以适应新时期和新形势下的培养复合型专业人才的教学需要。

本书的内容分为上篇和下篇，共 12 章。天津大学刘云月主编上篇，其中上篇第 2.4 节、第 2.5 节由浙大城市学院朱萍编写。浙大城市学院余剑英主编下篇。

编者
2025 年 6 月

第一版前言

20 世纪 80 年代以来，我国发生了令世人瞩目的新变化。在诸多变化当中，经济体制改革和对外开放以及逐步形成的社会主义市场经济体系的建立和完善是最根本的。

在市场经济中，微观经济活动的决策主要是由主体做出的，建筑企业的生产和经营以及房地产开发必须或正在适应瞬息万变的国内外市场环境，在这方面他们已经取得了有目共睹的成绩。与此相对应的是，在相应的专业教育领域，建筑设计经济始终是一个非常薄弱的环节。

2001 年 8 月，高校建筑学专业指导委员会扩大会议根据建设部"十五"重点教材暨"十五"国家级规划教材评审会会议精神，讨论并确定了建筑学专业系列教材的招标工作。2002 年 2 月，专业指导委员会在第一次招标的基础上继续在全国通过评估的建筑院校内进行第二次招标。本书《建筑经济》由于第一次投标的材料不够充分而继续纳入第二次招标范围，并最终于 2003 年 4 月确定由天津大学建筑学院刘云月和浙江大学建工学院马纯杰等联合编写。

本次新编《建筑经济》教材的一个重要特点是，在继承我国 40 多年来的建筑经济学的研究成果的基础上，与时俱进，对已有内容进行了调整和拓展，同时，适当吸纳了国外建筑经济学的研究成果。此外，为了兼顾建筑学科中不同专业的教学需要，新编教材中着重增加了关于建筑设计经济的大量内容，以此来适合建筑学建筑设计专业学生的修读。

本书的内容分为上篇、中篇和下篇三部分，共十三章。目录中加"*"号的内容为选修部分。浙江大学建筑工程学院马纯杰副教授主编建筑经济学上篇建筑经济导读中第 1 ~ 第 3 章和下篇第 9~ 第 13 章及附录。中篇建筑设计经济与决策内容以及上篇中的第 1 章第三节内容由天津大学建筑学院刘云月主编。参加本书编写工作的还有陈华辉、张怀阳、陈春来等老师。

最后需要说明的是，入选本书的部分内容是经过国内学者加工过的材料，尤其是中篇"建筑设计经济与决策"内容，主要依据编者在建筑学建筑设计专业教学中的体验而对国内外学者的零星散论进行主观取舍综合而成。其中，绝大部分素材的来源，编者已经在参考文献中详细注明，编者在此特向这些材料的所有者、作者或译者表示衷心的感谢。在上篇及下篇的编写过程中得到浙江大学建筑系亓萌副教授的指导和支持，在此表示感谢。由于这是一次新的尝试，兼之编者的视野和水平有限，书中的错误或偏见在所难免，希望读者批评和指正。

2004 年 8 月

本教材主要内容思维导图

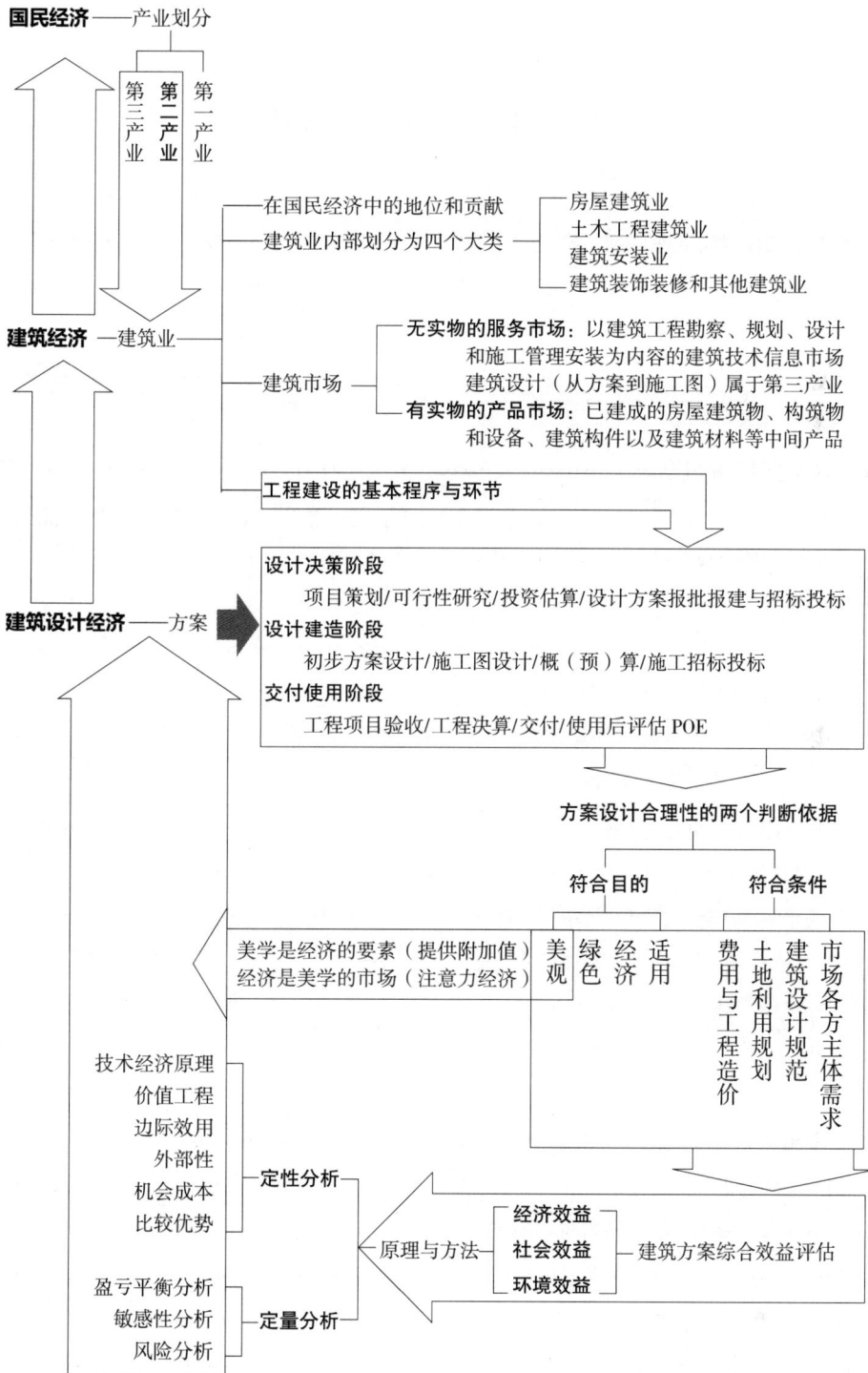

国民经济 —— 产业划分

　　第三产业　第二产业　第一产业

建筑经济 —建筑业

- 在国民经济中的地位和贡献
- 建筑业内部划分为四个大类
  - 房屋建筑业
  - 土木工程建筑业
  - 建筑安装业
  - 建筑装饰装修和其他建筑业
- 建筑市场
  - **无实物的服务市场**：以建筑工程勘察、规划、设计和施工管理安装为内容的建筑技术信息市场 建筑设计（从方案到施工图）属于第三产业
  - **有实物的产品市场**：已建成的房屋建筑物、构筑物和设备、建筑构件以及建筑材料等中间产品

工程建设的基本程序与环节

建筑设计经济 ——方案

设计决策阶段
　　项目策划/可行性研究/投资估算/设计方案报批报建与招标投标
设计建造阶段
　　初步方案设计/施工图设计/概（预）算/施工招标投标
交付使用阶段
　　工程项目验收/工程决算/交付/使用后评估 POE

方案设计合理性的两个判断依据

符合目的　　　　　　　符合条件

美学是经济的要素（提供附加值）
经济是美学的市场（注意力经济）

美观　绿色　经济　适用　　费用与工程造价　土地利用规划　建筑设计规范　市场各方主体需求

技术经济原理
价值工程
边际效用
外部性
机会成本
比较优势
——**定性分析**

盈亏平衡分析
敏感性分析
风险分析
——**定量分析**

原理与方法

经济效益
社会效益
环境效益
—— 建筑方案综合效益评估

目　录

上篇　建筑设计经济与决策

上 篇

建筑设计经济与决策

Chapter 1
Economic Operations in Architecture Design

第1章 绪论

1.1 建筑经济学学科简史

夏世室，商重屋，周明堂。

当传奇庙堂及其黄钟大吕都缄默的时候，唯有建造在继续。

建筑或者建造无疑是最基本的物质生产活动，与国之大事祀与戎相比，几乎是和平时期社会生活中从未间断的头等大事，因为它是一种关乎国计民生的经济活动。随着社会生产力的发展，人类社会的建筑经济思想也在不断发展。

从我国有文字可考的历史来看，在商朝的甲骨文卜辞中已有"工"这一字，即当时管理工匠的官吏。中国古代把建造房屋及其相关土木工程统称为"营建"或者"营造"。在《周礼》的"六官制度"（天官冢宰—吏部、地官司徒—户部、春官宗伯—礼部、夏官司马—兵部、秋官司寇—刑部、冬官司空—工部）中，冬官司空主土，即负责城池宫殿和其他土木工程。先秦典籍《周礼·考工记》开宗明义："国有六职，百工与居一焉"，说的就是这个意思。其中《考工记·匠人营国》是我国古代城市规划理论中最早、最权威、最具影响力的一部著作。

五百年后的《建筑十书》是西方古典时代幸存下来的一部建筑全书，也是西方世界有史以来最重要的一本建筑学著作。西方古典建筑理论史就是一部《建筑十书》的阐释史，书中提出的建筑三大原则"实用、坚固和美观"延续至今。

工业革命一百年之后，资本主义生产完成了从工坊手工业向机器大工业过渡的阶段，这使建筑生产力得以迅速发展，也促进了建筑经济思想的发展。

19世纪末到20世纪初的现代建筑运动时期[此时的"现代建筑"曾经也被称为新建筑（New Architecture）]是一个分水岭。一些现代先锋建筑师认为维特鲁威的"实用、坚固和美观"原则充其量只是正确的"废话"，就像教导人们好好说话不要骂人一样，主张并实践"适用、经济和美观"新的三原则。把经济原则与美学原则等量齐观是现代建筑的最大贡献，一下子抓住了建筑与社会之间的本质联系。

在此之前，每一种视觉造型艺术中，经济原则都受到了怀疑。现代建筑学也不例外——走出校门后你的方案创意"大招"往往招致的是"降标、减项、算指标"三个高频词，即降低不切实际的造价标准、减少任务书要求之外的加项、核算技术经济指标——艺术创造力似乎受到了经济制裁。新奇的创意得以实现确实能让建筑师一举成名天下知，但是，建筑师的个人诉求与建筑产品的需求（经济 / 社会 / 环境的目标）常常不一致，甚至相反。究其原因，或许是在学校期间学生的兴趣和训练大多侧重于建筑形式与空间方面的创意，其口头禅常常是"我想要……"或者"我喜欢……"，很少考虑建筑设计会受到哪些因素影响，建筑设计能提供什么样的价值（图 1-1）。

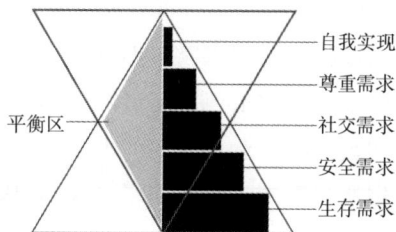

图 1-1　需求倒三角

面对两个及以上选项时，有两种考虑：
一个是"我喜欢哪个？"
另一个是考虑"哪个方案更好？"
第一个是典型的学生式思维。
需求倒三角反映的是学生思维特点，
即以我为中心的思维。
第二个是以产品分析为中心的思维，
即产品思维，强调主客需求的平衡。

现代社会的房屋建造活动，是在工业化和现代化的组织管理体系下的一种协同作业，通过协同作业来提供在规范上允许、在经济上付得起、在价值上被认可的社会化产品，这个过程，我们把它称之为建筑生产（Architectural Manufacture），形成了国家第二产业中的重要一支：建筑业（Construction Industry）。现在，建筑业已经成为国民经济中的一个独立的物质生产部门。

同艺术性（美观）、功能性（适用）一起并列的经济性不是建筑的偶然属性，虽然有关设计的理论和方法多如牛毛，建筑的经验和知识累积如山，但对于建筑师的知识结构来说，现代建筑所倡导的经济性原则和分析方法一直是建筑专业知识山的谷地，这必将导致我们评价建筑的标准和深度不统一，也严重制约了我们对于创造力的理解和建造目标的实现（图 1-2）。

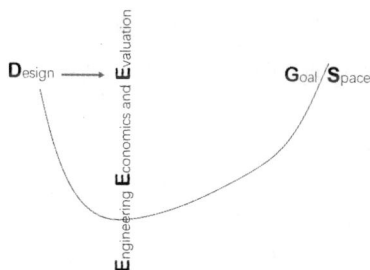

图 1-2　建筑知识谷

D → G：从设想到设计建造的全过程评价中必须跨越或者填平的知识谷地包括下列知识：
Engineering：工程学要求的实际建造知识
Economics：与经济学相关的投资与成本问题
Evaluation：定性与定量相结合的产品评价方法

2017 年开始，我国建筑设计行业逐渐实行"全过程工程咨询"这一理念，旨在民用建筑项目中充分发挥建筑师的主导作用，鼓励提供全过程工程咨询服务。

从历史上看，建筑经济学作为一门学科的形成，滞后于建筑业的形成。建筑经济学学科的形成不仅取决于建筑生产力和生产关系的发展，而且取决于现代经济理论和管理理论的发展。由于各国的具体情况不同，建筑经济学学科形成的时间和发展过程有很大的差异。在资本主义国家，建筑经济学于 20 世纪上半叶成为独立的学科。在社会主义国家，一般认为始于 20 世纪 50 年代苏联出版的莫·叶·沙斯的著作《苏联建筑工业经济学》（再版时更名为《苏联建筑经济学》）。

我国于 20 世纪 50 年代中期开始设立建筑经济学课程，课程的理论和体系直接受苏联经济理论的影响。同济大学、西安冶金建筑学院（现西安建筑科技大学）、重庆建筑工程学院（现重庆大学）、哈尔滨建筑工程学院（现哈尔滨工业大学）等高等院校先后设置了培养建筑经济专业人才的专业。有的院校还聘请苏联专家讲授建筑经济学课程，同时也编写出版了教材。1956 年，原国家基本建设委员会建筑科学院编制了建筑经济研究 12 年规划（1956—1967 年）。1958 年，原建筑工程部建筑科学研究院设立了建筑经济研究室（该研究室于 1980 年发展成为建筑经济研究所）。另外，建筑经济管理部门及有关高等院校、科研单位还派遣留学生出国、组织专业人员出国考察、出席国际会议、翻译国外建筑经济学专著。所有这些都在一定程度上推动了我国建筑经济学学科的发展。但是，总体看来，直到 20 世纪 80 年代初，我国建筑经济学在理论上并没有重要发展，只是在学科建设方面有所扩大。主要表现在以下几个方面：

（1）基本建设和建筑业不分。建筑业依附于基本建设的错误认识，使得建筑经济学中出现了"资金空转论"、"两个口袋论"、"建筑业是基本建设投资的消费者"等错误理论，直接影响了建筑业政策的制订和建筑经济理论的研究。

（2）政企不分。改革开放以前的建筑企业经济运行机制是由国家行政部门按隶属关系直接指挥的生产经营活动（不是市场环境下的经营），用行政计划分配任务、资金和物资。这一方面使建筑业形成条块分割的局面，不能形成统一的生产部门，无法进行行业管理，另一方面又割裂了建筑生产力要素，不能合理地组织社会化的建筑生产。

（3）单纯的生产型经济理论。主要表现在一方面是单纯依靠生产要素（资金、人力、物力等）的投入和扩张实现的经济增长效益低，且浪费资源。另一方面排斥现代经济规律和程序性的东西，如设计策划、可行性研究以及招标投标制、承发包制、市场竞争等。

（4）流于解释学科的现实和政策。忽视对建筑经济运行和发展客观经济规律的深入研究和总结，因而难以形成有说服力的理论。其后果表现在缺乏科学性、理论性和系统性，自然不能起到源于实践、高于实践、指导实践的作用，不能为国家制订与建筑业有关的经济政策提供正确的理论依据。

1979 年，中国建筑学会成立建筑经济学术委员会。以此为开端，我国建筑经济学学科进入了繁荣发展时期（图 1-3）。

此后，我国建筑经济理论界对建筑经济学学科的基本理论问题，如学科性质、研究对象、研究内容、学科体系等做了广泛深入的讨论，并结合我国经济体制改革的实践和

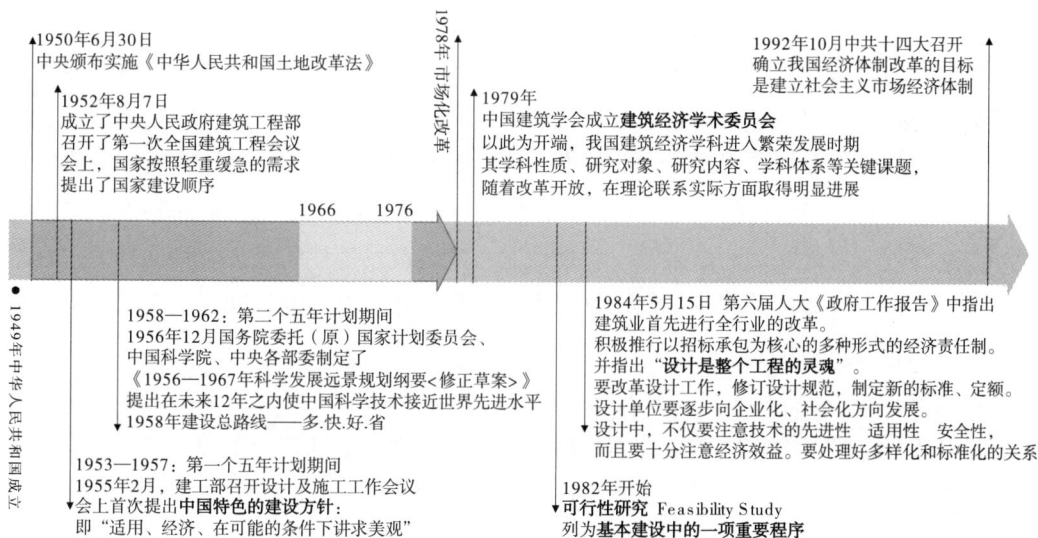

图 1-3　我国建筑经济学学科发展里程碑

建筑业所出现的新问题，开展了多种形式的学术研究，在理论联系实际方面有了长足的进步。

在这期间，虽然一些学者和高等院校也出版了一些建筑经济学的专著和教材，但几乎没有突破原有苏联建筑经济学的体系，在一定程度上制约了建筑经济学科的进一步发展。为此，根据中国建筑学会建筑经济学术委员会 1988 年珠海建筑经济专题研讨会的意见，1988 年下半年开始在《建筑经济》杂志上对如何编写《建筑经济学》专著展开讨论，许多学者提出了各自不同的《建筑经济学》框架结构，这对早日编写出一部较高水平的《建筑经济学》专著起到了非常积极的作用。

伴随着中华人民共和国成立而诞生的我国建筑经济学是一个年轻的学科，也是一个重要学科。回顾它的历史有助于我们理解任何一个实践性的理论知识和方法不但要解释现象，更要能解决问题。

1.2　研究对象和研究内容

建筑经济学的研究内容是由其研究对象所决定的。

建筑业作为国民经济中的一个独立的物质生产部门，有其自身的特殊性和客观的发展规律，认识和研究建筑业的这种特殊性和规律性就是建筑经济学的内容。因此，建筑经济学属于部门经济学，正如工业部门有工业经济学、农业部门有农业经济学、商业部门有商业经济学、交通运输部门有交通运输经济学等一样。

简言之，建筑经济学直接的研究对象是建筑业、建筑市场和建筑产品。因此本书认为当代建筑经济学的基本内容应包括：建筑经济学导论；建筑宏观经济的分析；建筑微观经济运行供给主体——建筑业及其内部划分；建筑微观经济运行基础——建筑的经济性设计与建筑市场；建筑微观经济运行供给客体——建筑产品以及建设项目价值分析等五大部分，按其内在联系，建立起建筑经济学的知识体系。

出于建筑学专业特点以及土木工程专业教学目标的考虑，本书的内容安排是以建筑产品的设计生产和综合评价为核心内容，围绕这个核心来组织宏观方面的知识。也就是说，与建筑业有关的宏观经济政策、管理体制、建筑市场等建筑经济学科的其他内容作为产品设计的条件和产品评价依据，这样可以避免对建筑经济的认知仅仅停留在描述现状和解释现行政策的层面上。

在概念上，"商品"和"产品"虽然在物质内容上完全相同，但这两者所体现的社会属性却不同，产品经济注重于使用价值。传统的计划经济强调指令性计划，由上而下规定计划生产任务，由下而上完成计划生产任务就行了。而商品经济则注重于交换价值，为交易而生产。这时，商品生产者必须着重考虑两个基本问题：一是如何使单位商品劳动消耗量低于社会平均必要劳动消耗量；二是如何使商品能适应市场需要，实现其价值。在商品经济的条件下，建筑产品的生产固然重要，但也必须将产品的经济性分析提到相当重要的地位。如果建筑产品的价值不能实现，则整个建筑生产活动和再生产过程就不能顺利进行。因此，建筑经济学应该以定性和定量结合的方式，讲清楚建筑经济的运动过程，讲清建筑产品的生产、分配、流通和消费的各个环节及其相互之间的关系。

1.3 理论研究中的若干关系

在建筑经济学框架的建立中，应注意处理好以下几个方面的关系：

1.3.1 理论和实践的关系

庄子曾转述老子对孔子说的一句话：《庄子》云，孔子五十一岁还未悟道，遂请教老子。老子曰："夫六经，先王之陈迹也，岂其所以迹哉？今子之所言，犹迹也，夫迹，履之所出，而迹岂履哉。"——履和迹的关系其实就相当于实践与理论的关系。

理论是通过对实践现象的概括、总结、提炼而形成的系统化的结论。正确理论的形成，很重要的一个环节就是必须占有大量的材料，通过去伪存真、去粗取精、由表及里的思辨，再经过实践检验过程去实现。建筑经济学是从理论上来论证建筑业大量经济现象的本质并揭示其规律性的知识体系，应坚持从我国建筑业的实际情况出发，做到理论和实践的统一。

1.3.2 理论和政策、政策和规范的关系

相对于对实践的影响而言，理论是间接的，政策是直接的，行业规范则是具体的。

图1-4 规范是建筑设计的重要边界条件

理论是政策的基础，政策是理论的体现，规范是政策的落实，也是建筑设计与工程实践的重要边界条件（图1-4）。

1.3.3 宏观经济和微观经济的关系

建筑业是国民经济的重要组成部分，而建筑业本身又是由若干产业、若干建筑企业和若干生产与设计环节构成的。因此，研究建筑经济问题，就不可避免地要从国民经济的整体来考察建筑业的运行，而且，从整体到局部的视野更有助于考察当代的建筑设计进行的条件、可能性和遇到的挑战。

1.3.4 建筑经济学和相关经济学的关系

在同一客观经济环境中，人们为了认识和解决某种特定的问题，经常会从不同的角度去进行分析研究。由于研究的对象、范围、方法和任务不同，因而就产生了不同的经济学科。但是，由于这些不同的经济学科都是研究经济问题，所以它们又具有一定的共性，使得它们之间不可避免地存在着联系。

建筑生产是一种社会化的协同建造过程，涉及范围包括土地、资金、建造材料与劳动力、技术和信息等众多市场和经济理论。与每一个领域的联系都有助于我们对建筑设计的作用及其产品价值产生深刻理解。

1.3.5 几个相关概念

建筑业是一个重要的物质生产部门。从产品的角度来看，建筑产品与固定资产和不动产的概念有密切关系。从生产的角度来看，建筑的建造活动与基本建设的概念有着密切联系。

（1）固定资产：是指在较长的时期内为社会生产和生活服务的一切物质资料。显然，从服务的对象来分，固定资产分为生产性固定资产和非生产性固定资产两大类。前者包括厂房、仓库、道路、桥梁、码头、堤坝以及机器、设备、车辆、船舶、飞机和管道设施等。后者则包括民用公共建筑及住宅、校舍等。

（2）不动产：最直观的理解是指有形土地、建筑物及其附属于土地和建筑物的永久改良工程。不动产的首要特征是它与土地的联系，所有能区别不动产与非不动产的特点都来源于这个联系。此外，不动产同时也是一个法律和经济学的概念，是指土地和建筑物的所有权，以及内生于不动产所有权的法律权利、权益和经济收益等无形资产。简言之，不动产概念中包含有形部分（土地和建筑物）和无形部分（所有权）两方面内容。

（3）基本建设：是指国民经济各部门中通过投资形式实现的固定资产的生产及再生产的过程。

同建筑活动相比，基本建设所关注的是宏观决策中的问题，如建设规模和投资方向及投资结构等方面。此外，基本建设在本质上对一个地区或城市总的再生产能力将产生深远影响。例如城市中的基础设施（道路、电力、通信设施及管线设施等）的建设、区域间高速公路或铁路的建设以及机场和经济开发区的规划等项目都会对城市和地区的经济发展及其在市场中提升竞争力方面产生极大的影响。因此，归根结底，生产力布局是基本建设规划中的一个核心问题。从一个国家或一个地区的总体来规划建设项目的分布，属于生产力布局宏观层次的问题；选择建设项目的具体地点，属于生产力布局微观层次的问题。因此，生产力布局主要包括三方面内容：①确定全国基本建设地区分布的整体部署。这是生产力布局的首要环节，其任务是确定各地区经济发展的速度和比例、基本建设投资在各地区的分配比例、地区之间经济分工协作及区内经济发展的最优部门结构。②确定建设项目分布的地区。这是生产力布局的中间环节。③确定厂址。这是生产力布局最基层的一环，主要任务是在已选定的地区内，具体确定项目的建筑地段和坐落的位置。

合理地分布生产力，对于国民经济发展具有深远的战略意义：①能够充分有效地利用自然资源、经济资源和劳动力资源，发挥各地区的优势；②使生产场地接近原料、燃料产地和市场，减少运输和其他成本，提高经济效益；③有利于国防安全和民族团结，有利于缩小地区经济差别、工农差别和城乡差别；④有利于环境保护和生态平衡。

以上概念表明，基本建设包含的范围极为广大，建筑业的活动只是基本建设过程中的一部分，或者说是一个主要部分但不是全部。固定资产和不动产概念既是建筑活动的结果，同时也是看待这种结果（建筑物本身）时各有侧重的两个层面。从生产要素构成方面，建筑物是一种固定资产，是物质资料；在市场交易过程中，建筑物被看作是一种不动产。在不动产市场中，建筑物的"流通"同一般商品流通有着极大的区别，它所流通的只是建筑物的所有权或使用权，例如不论是购买还是租赁建筑物，需求者只要从供给者那里取得产权或使用权就可以了。

（4）增量建筑与存量建筑：增量建筑是指在一定的时间节点前房地产开发商按照现行房地产开发建设报批报建报审程序，投资新建造的商品房屋，包括在建和已批未建等项目。

存量建筑包括既有建筑以及在一定的时间节点后已竣工并且取得销售许可的新建房

屋，即"库存待售"的房屋的总和。

改革开放以来，我国新建建筑增量中大部分房屋已经转化为存量建筑，城市规划的重点正在实现由增量向存量的根本性转型。在可持续发展的战略下，建筑经济的关注点也应该由起初的"增量为主、兼顾存量"转向"增量与存量并重、重点优化存量"。显然，这一转型拓展了当代建筑经济研究内涵的深度和广度。

思考题

什么是建筑经济学？它的研究对象是什么？

第2章 建筑业和建筑市场

2.1 建筑业的定义、内部划分

2.1.1 建筑业的定义

建筑业是一个以建筑生产为对象的独立的、重要的物质生产部门，是从事建筑工程勘察设计、施工安装和维修更新的物质生产部门。建筑业是围绕建筑活动的全过程来开展生产经营活动的。遗憾的是在《中国土木建筑百科词典》(1999年)中没有"建筑业"词条，只是按照专业领域划分出土木工程/建筑等。《辞海》中的解释是："建筑业是一个物质生产部门，主要从事建筑安装工程的生产活动，为国民经济各部门建造房屋和建筑物，并安装机械设备。"从一些国际文献上看，德国19世纪的《迈依尔斯百科全书》(*Meyers Enzyklopdisches Lexikon*)的解释是："建筑业是从事建筑工程的行业，其任务是使建造的房屋和建筑物，尽可能符合用途并纳入规划。"其范围包括：城市建设、道路、铁路、桥梁、隧道、堤坝、水电站等的建设。日本《建筑大辞典》记载："建筑业是以建造建筑物为目的的企业或集团组成的。"由此可见，建筑业所从事的建筑产品的生产是一种物质生产活动，已是世界各国公认的。在联合国的《经济活动国际标准产业分类》(*International Standard Industrial Classification of All Economic Activities*，ISIC)中，该体系对所有经济活动的分类是按照经济活动或产业来划分，也把建筑业列入物质生产部门。美欧等国家把建筑业与钢铁工业、汽车工业并列为国民经济的三大支柱产业。

从理论上分析，物质生产的要素包括：劳动力、劳动对象和劳动资料。劳动力和劳动资料相结合，作用于劳动对象，才能生产。建筑产品是具有使用价值和交换价值、能满足人们生活和生产需要的物质产品，因此建筑生产活动是一种社会性的物质生产活动。建筑产品又具有与其他产品不同的特点，如建筑产品的固定性，生产的单件性、耐久性、多样性，室外生产受气候等自然条件影响较大，体积大、消耗多、价格高等。由于这些不同的技术经济特点，使建筑业成为国民经济中的一个独立的物质生产部门。

在中华人民共和国成立后的很长一段时期，我们在思想上和政策上都没有把建筑业作为国民经济的独立物质生产部门来对待，而是把建筑业看作是基本建设投资的消费部门，不创造新价值。换言之，国家对基本建设投资的增加，被错误地认为国家把钱从基本建设投资的口袋转到建筑业的口袋是资金空转，毫无意义。这种"两个口袋"的理论导致了认识上的混乱和政策上的历史失误，影响了建筑业和建筑市场的健康发展。

2.1.2 建筑业行业的内部划分

1）我国的划分

行业的划分取决于它在国民经济中的分类，而行业分类的目的主要是对国民经济实行科学管理。根据国家技术监督局 1994 年 8 月 13 日发布的国民经济行业分类国家标准《国民经济行业分类与代码（*Industrial Classification and Codes for National Economic Activities*）》GB/T 4754—94（自 1995 年 4 月 1 日实施），将建筑业进一步划分成"土木工程建筑业""线路、管道和设备安装业""装修装饰业"三个大类。

建筑业是国民经济中的支柱产业之一，世界各国对建筑产品的管理并对其进行国民经济的核算有两种体系：一个是物质产品平衡表体系（MPS），另一个是国民账户体系（SNA）。1993 年对于我国产业划分是个分水岭（表 2-1）。

国民经济核算体系与我国的产业划分 表 2-1

物质产品平衡表体系 MPS	国民账户体系 SNA
该体系与苏联和东欧等高度集中的计划经济体制相适应。中国在 1993 年以前采用该体系	联合国 1968 年公布该体系，1993 年向世界推荐，该体系与市场经济条件下的宏观管理要求相适应。中国从 1993 年开始实行该体系
物质生产领域 8 大部门	第一产业 1 农业
1 工业 2 建筑业 3 农业 4 林业 5 运输业 6 邮电业 7 商业 / 物资供应和采购 8 其他物质生产部门	第二产业 2 工业 3 建筑业
非物质生产领域 8 大部门	第三产业 4 农 / 林 / 牧 / 渔 5 地质勘探 / 水利管理 6 交通运输业 / 仓储 / 邮电通信业 7 批发零售 / 贸易 / 餐饮业 8 金融 / 保险业
1 住宅 / 公用事业和生产服务行业 2 科学 3 教育 4 文化和艺术 5 卫生保健 / 社会保障 / 体育旅游 6 财政 / 信贷 / 社会保险 7 管理 8 其他非物质生产部门	9 房地产业 10 社会服务行业 11 卫生 / 体育和社会福利事业 12 教育文化广播电影电视业 13 科学研究和综合技术服务业 14 国家机关 / 党政机关和社会团体 15 其他事业

2019 年国家统计局修订的《国民经济行业分类》GB/T 4754—2017 中，按国民经济行业分类标准我国建筑业内部被划分成四大类：

（1）房屋建筑业（代码 E-47）

包括房屋主体工程的施工活动，不包括主体工程施工前的工程准备活动。

（2）土木工程建筑业（代码 E-48）

包括从事矿山、铁路、公路、隧道、桥梁、广场、房屋（如厂房、剧院、旅馆、商店、学校和住宅）等建筑活动的行业，也包括专门从事土木工程和建筑物维护修缮和爆破等活动的行业。不包括房屋管理部门兼营的零星维修，这部分应列入房地产。

（3）建筑安装业（代码 E-49）

包括专门从事电力、通信线路、石油、燃气、给水、排水、供热等管道系统和各类机械设备、装置的安装活动的行业。施工单位从事土木工程时，在该工程内部敷设电路、管道和安装一些设备的活动，应列入土木工程建筑业。

（4）建筑装饰装修和其他建筑业（代码 E-50）

包括从事对建筑物内外装修和装饰的施工和安装活动的行业，车、船和飞机等的装饰、装潢活动也包括在内。

其中，房屋建筑业进一步划分出三个小类（表 2-2）。

房屋建筑业分类表   表 2-2

门类		大类	中类	小类	内容
房屋建筑业 E-47	E	47	471	4710	住宅房屋建筑：指房屋主体工程的施工活动。不包括主体工程施工前的工程准备活动
			472	4720	体育场馆建筑：指体育馆工程服务、体育及休闲健身用房屋建设活动
			479	4790	其他房屋建筑业

2）WTO 的划分

根据 WTO 的分类标准，建筑施工、工程设计、城市规划、房地产和城市建设都属于服务贸易的范畴。根据 WTO《服务贸易总协定》（General Agreement on Trade in Services，GATS）规定，服务贸易的提供方式被定义为以下四种：

跨境交付（Cross-border Supply），即一国的服务提供者在本国完成服务内容后，通过传递方式将服务内容提供给另一国被服务者，例如工程设计方案图。

境外消费（Consumption Abroad），即一国的服务提供者在本国境内为另一国消费者提供服务，例如：旅游、就医、留学、购房等。

商业实体（Business Entity），即一国的服务提供者在他国以办企业或其他经济实体的方式进行服务活动，例如设立合资合作建筑企业或独资建筑企业。

人员流动（Personnel Mobility），即一国的服务提供者在他国以个人身份从事服务活动。

对建筑业的四种服务方式，我国所作的承诺和限制是：对境外消费不设限制。

对自然人流动（Movement of Natural Persons）的市场准入和国民待遇方面，商务部根据外交部与人力资源和社会保障部的有关规定，制订了统一的外国劳务人员管理规定，适用所有服务行业。例如国外讲学、举办个人演唱会等。

建筑业市场开放的关键性条件主要集中在对第三种服务贸易的提供方式上，即商业实体所做出的市场准入和国民待遇的承诺和限制。2002年建设部发布《外商投资建设工程设计企业管理规定》对在中华人民共和国境内设立外商投资建设工程设计企业，申请建设工程设计企业资质，实施监督管理。

2.2 建筑业的特点及作用

2.2.1 建筑产品的特点

建筑生产的建筑产品是物质成果，表现为具有一定使用功能和美学要求的建筑物与构筑物。与工农业产品相比，建筑产品具有完全不同的技术、经济特征，这使得建筑生产的组织和建筑产品的流通都必须适应这些特征性。

1）固定性

任何建筑物或构筑物都是依附并固定于土地之上的，和土地密不可分，不能随交易的进行和使用者的变换而发生空间上的转移，只能发生所有权和使用权的更替。由产品的固定性派生出另外两个特点：一是生产的流动性，即劳动者和劳动工具必须在不同的生产场地流动作业，这就对生产的组织管理提出了很高的要求。二是市场的不均衡性，房屋建筑无法在异地之间实现调剂，甲地的建筑产品即使过剩，也不可能调配到短缺的乙地，因此市场信息灵通对于建筑产品生产者和使用者都至关重要。

2）单件性

除了同时成片建设的住宅外，大多数建筑产品（尤其是公共建筑）由于地理位置、气候条件、功能用途、消费偏好、投资力度等众多因素，表现为各具个性，难以按同一模式简单、重复地批量生产。因此对于建筑生产者来说，几乎每一项新的建设任务都是一次新的开始。

3）耐久性

合格的现代建筑和构筑物一般都会被人们使用数十年，像我国的古长城、故宫等传统建筑，直至今天仍在发挥它们的功效，历千百年风雨沧桑反而魅力倍增。为实现耐久性，任何建筑产品都应满足坚固、安全、适用的基本要求。根据《民用建筑设计通则》，其中按民用建筑的主体结构确定的建筑耐久年限分为四级：一级耐久年限为100年以上，适用于重要的建筑和高层建筑（指27米以上住宅建筑、总高度超过24米的公共建筑及综合性建筑）；二级耐久年限为 50—100 年，适用于一般建筑；三级耐久年限为 25—50 年，适用于次要建筑；四级耐久年限为 15 年以下，适用于临时性建筑。

4）艺术性

建筑产品是人居环境的重要组成部分，是城市和乡镇的有机构件。对美好生活向往的天性，促使人们追求把人工环境与自然环境和谐地融为一体，以一种被普遍遵循的美学原则去指导建筑产品的生产，使人们在使用这些产品时，不仅满足了基本的需要，也得到了心理的愉悦。

5）资本投入大、生产周期长

建筑产品是高价值产品，生产时一次性投入巨大，包括建筑材料、施工器具和人的活劳动，动辄投资数百万、千万乃至上亿元，有时甚至达到几十、数百亿元。其生产周期较长，一般为数月或数年。这就加大了投资者和生产者的风险。

为规避风险、降低成本，建筑企业往往采取弹性组织、减少固定人员、总承包或分包、负债经营等对策，这也给建筑业的宏观管理带来了相当的难度。

2.2.2 建筑业的行业特征

建筑产品的特征决定了建筑业的行业特征，使之有别于国民经济的其他物质生产部门。

1）建筑业的需求长久、市场容量大

在人们的衣、食、住、行这四大基本需求中，住的问题一直没有得到很好解决，住房短缺是困扰各国政府的世界性难题。根据联合国统计截至 2021 年全球约 29%（13 亿）的城市人口居住在不符合标准的住房中。可以说，没有哪件商品像适宜的住宅一样，在需求与供给之间有如此巨大的缺口。只要在人口增长压力没有得到有效缓解之前，人们对住房以及其他相关附属设施的需求就会一直居高不下。由于建筑市场的容量十分广阔，如果不考虑内部划分，从整体上看建筑业的需求可能改变，但仍然长久。

2）建筑业属于劳动密集型产业，吸纳就业多

建筑业因其产品的多样化和个性化，以及生产过程的流动性，无法像一般工业那样安排机器进行大工业化的生产，因此吸纳的劳动力远多于其他工业门类。历史表明，1997 年亚洲金融危机之后的十年是中国房地产市场正式进入了全面商品化的时代，是一个里程碑时期。建筑业经过十年的恢复与发展，到 2007 年我国建筑业从业人员达 3133.7 万人，占全国就业人数的 4.1%，在 20 个行业门类中位居第四，仅次于制造业、教育行业和公共管理行业。同比之下发达国家的这一比例更高，如 2007 年日本达 8.6%，美国达 8.1%，英国达 8.2%，详见表 2-3。在 2008 年美国次贷危机爆发后又经历一个十年期，到 2019 年（新冠肺炎疫情之前）中国建筑市场企业数量为 10.4 万家，从业人员 5427.1 万人，行业总产值为 36058 亿美元（按 2019 年汇率计算）。同期美国建筑市场有 73.1 万家企业，从业人员 721.6 万人，行业总产值为 8866 亿美元。上述两

个重要时间节点的数据足以说明了建筑业的市场容量。

2007年若干国家建筑业就业者占就业总数比例（%）　　　表2-3

国家	建筑业就业者比例	国家	建筑业就业者比例
中国	4.1	日本	8.6
美国	8.1	意大利	8.4
英国	8.2	法国	6.9
俄罗斯	7.0	德国	6.6

资料来源：国家统计局，2008年国际统计数据，按行业分类的就业人口表。

3）建筑业能带动许多关联产业的发展

建筑业一方面以自己的产品为社会和国民经济各部门服务，另一方面建筑业的发展要依赖其他部门提供机械设备和原料等，在建筑生产过程中，又要大量消耗其他国民经济部门的产品。建筑产品成本中，物资消费占60%~70%，它与50个以上的工业部门发生联系，特别是与建材工业、冶金工业、金属结构及制品生产工业、林业及木材加工、化学工业之间的关系非常密切。

4）建筑业的投资乘数效应显著

"投资乘数效应"是英国经济学家卡恩（Richard Ferdinand Kahn）最主要的理论贡献，后来被凯恩斯加以发展。它是指一个单位的投资增量可以引起数倍于投资增量的国民收入，这个倍数即为乘数。

日本1975年编制的"产业相互关联表"表明，当年日本建筑业的投资乘数为2.16，即每1个单位金额的建筑业投资直接或间接引起的总收入增加量为2.16个单位金额。美国商务部1998年公布的一项报告表明，当年美国每1美元建设工程新创造的经济活动为3.61美元，增加的家庭收入为1.09美元，每百万美元建设工程新创造的就业岗位为49.1个。

2008年美国次贷危机引起的经济危机席卷全球，极大地影响了我国经济。为了保持经济平稳快速的发展，2008年底中国政府提出投入4万亿元人民币的经济刺激方案。其中15000亿元将用于铁路、公路、机场等重大基础设施建设和城市电网改造，4000亿元投向保障性住房、农村水电路气房等民生工程和基础设施建设。政府加大基础设施建设投资对于扩大内需、增加就业、拉动经济增长具有很强的乘数效应。

5）建筑业发展国际承包是一项综合性输出，有创汇潜力

随着世界各国发展的不平衡以及经济交往的增加，国际建筑承包活动也在迅速发展。国际承包是一项综合性输出，不但可以推动建筑业的发展，而且也带动着资本、技术、劳务、设备及商品输出，扩大政治、经济影响，赚取外汇。

2.2.3 建筑业在国民经济中的地位和作用

改革开放以来我国经济飞速发展，建筑业作为我国重要的物质生产部门，也经历了一个高速发展的过程。这个过程体现在产业规模、企业效益、技术装备以及制造能力的不断提高上，这些都对我国经济的发展产生了重要作用。

建筑业所完成的产值在社会总产值中占有相当大的比重，所创造的价值也是国民收入的重要组成部分。据国家统计局发布的年度国民经济数据，2023年上半年国内生产总值593034亿元，同比增长5.5%。其中，上半年全国建筑业实现增加值37003亿元，比上年同期增长7.7%；我国建筑业增加值增长率一直高于国内生产总值增长率和工业增加值增长率。由此可见，建筑业是国民经济的支柱产业。

建筑业的产品是国民经济各行业赖以生存和发展的物质基础，它通过大规模的固定资产投资活动为国民经济各部门、各行业的持续发展和人民生活的持续改善提供物质基础，直接影响着国民经济的增长和社会劳动就业状况，直接关乎着社会公众的生命财产安全和生产、生活质量。国民经济各物质生产部门所需要的厂房、仓库等建筑物，道路、码头、堤坝等构筑物都是建筑业的产品。工业企业的机器设备也必须经过建筑企业进行安装才能实现最终的生产能力。

2.3 建筑市场

2.3.1 建筑市场含义

市场是商品（服务）交换关系的总和，是体现供给与需求之间矛盾的统一体，为供需双方进行商品（服务）交换所设立。

本书将建筑市场从广义角度定义为与建筑产品（服务）有关的一切供需关系的总和。建筑市场是一个市场体系，包括勘察设计市场、建筑产品市场、生产资料市场、劳动力市场、资金市场和技术市场等，即除产品市场外，还包括与建筑产品有关的勘察设计、中间产品和要素市场等。建筑市场的内涵包括：

（1）由业主、承包商和为工程建设服务与管理的组织构成的市场主体；

（2）不同形态的建筑产品（服务）构成的市场客体；

（3）在价值规律的作用下，以招标、投标为主要竞争形式来调节市场供需关系的建筑市场机制；

（4）保证建筑市场正常运行的要素市场体系；

（5）为工程建设提供专业服务的市场中介组织体系；

（6）与建设行业相关的社会保障体系；

（7）保证市场秩序、保护主体合法权益的法律法规和监督管理体系。

可见，建筑市场是一个由多层次、多主体、多要素构成的体系，可以按照不同标准划分成不同的市场：

（1）按照生产要素划分市场：土地市场、资本（金融）市场、劳动力市场等；

（2）按照交易产品的形态可划分为服务市场和产品市场，包括：

①无实物的服务市场：以建筑工程勘察、规划、设计和施工管理安装为内容的建筑技术信息市场。建筑设计（从方案到施工图）属于第三产业。

②有实物的产品市场：已建成的房屋建筑物、构筑物和设备、建筑构件以及建筑材料等中间产品。

（3）从产业链（Industrial Chain）或者从供给需求的市场角度看，可划分为：

①上游市场/产品：原材料

②中游市场/产品：制造业

③下游市场/产品：消费品以及技术咨询（包括设计院等企业和科研机构）

产业链是一个包含价值链、企业链、供需链和空间链四个维度的概念。四个维度在相互对接的均衡过程中形成了产业链的内循环模式（图2-1）。

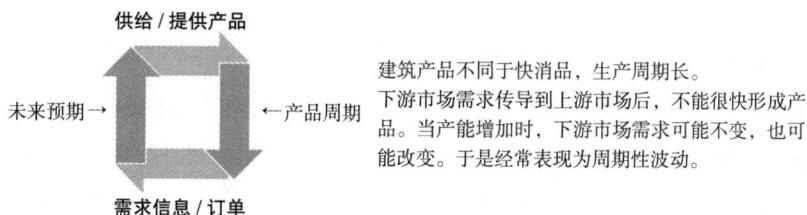

图2-1　产业链内循环模式

2015年9月21日，住房和城乡建设部印发的《关于推动建筑市场统一开放的若干规定》（建市〔2015〕140号）第二条规定："建筑企业在中华人民共和国境内跨省承揽房屋建筑和市政基础设施工程及其监督管理活动，适用本规定。"其中，规定所称建筑企业是指取得工程勘察、设计、施工、监理、招标代理等资质资格证书的企业；规定所称跨省承揽业务是指建筑企业到其注册所在地省级行政区域以外的地区承揽业务的活动。

2.3.2　建筑市场的各方主体及其职能

建筑市场的各方主体包括以下几种：

1）项目业主

项目业主是项目的投资者，项目法人机构由业主代表组成。项目机构从投资者的利益出发，根据建设意图和建设条件，对项目投资和建设方案作出既要符合自身利益又要适应建设法规和政策规定的决策，并在项目的实施过程中履行业主应尽的责任和义务，为项目的实施创造必要的条件。

2）项目使用者

包括生产性建设项目的使用者和非生产性建设项目的使用者。非生产性建设项目包括公共项目、办公楼宇、民用住宅等，其使用者对工程项目使用功能和质量要求会随着社会生产力的发展和经济水平的提高而提高，消费观念和要求也会发生新的变化。也就是说工程项目质量的潜在需要是发展变化的，这对工程项目的策划、决策、设计以及施工等的质量和责任都提出了更高的要求，原则上要以相应的国家规范和使用者的最终评价作为评价工程建设质量水平的重要依据。

3）研究单位

一个工程项目的实施往往也是新技术、新工艺、新材料、新设备以及新的管理思想、方法和手段等自然科学和社会科学最新成果转化为社会生产力的过程。因此，研究单位是工程项目的后盾，它为项目的建设策划、决策、设计、施工等各个方面提供社会化的、直接或间接方式的技术支援。无论在项目运行的哪个阶段，项目管理者都必须充分重视社会生产力发展的最新动向和最新成果的应用，它不但对项目的投资、质量、进度目标产生积极的影响，而且对项目建成后的生产运营、使用和社会效益都有极为重要的意义。

4）设计单位

设计单位将业主的建设意图、政府的建设法律法规要求、建设条件作为初始依据，经过智力的投入进行项目方案的综合创作，编制出用以指导项目建设的设计文件。设计联系着项目决策和项目建设施工两个阶段，设计文件既是项目决策方案的体现，也是项目施工方案的依据。因此，设计过程是确定项目总投资目标和项目质量目标的过程，包括建设规模、使用功能、技术标准、质量规格等，尤其是设计不能违反国家规定的强制性标准。设计先于施工，然而设计单位的工作还应责无旁贷地延伸至施工过程，指导并处理施工过程可能出现的设计变更或技术变更，确认各项施工结果与设计要求的一致性。

建筑设计作为技术密集型、智力密集型的专业技术服务行业，根据工程设计资质标准，设计资质分为四个序列：工程设计综合资质、工程设计行业资质、工程设计专业资质和工程设计专项资质。

5）施工单位

施工单位是以承建工程施工为主要经营活动的建筑产品生产者和经营者。在市场经济体制下，施工单位通过工程投标竞争，取得承包合同后，以其技术和管理的综合实力为依托，通过制订经济合理的施工方案，组织人力、物力和财力进行工程的施工安装作业等技术活动，以求在规定的工期内，全面完成质量符合发包方明确要求的施工任务。因此施工单位是将工程项目的建设意图和目标转变成具体工程标的物的生产经营者，是一个项目实施过程的主要参与者。

6）材料设备供应商

包括建筑材料、构配件、工程用品与设备的生产厂家和供应商。他们为项目实施提供生产要素，其交易过程、产品质量、价格、服务体系等直接关系到项目的成本、质量和进度目标。通过市场机制配置建设资源是项目管理按经济规律办事的重要方面。项目管理目标的制订、物资资源的询价、采购、合约和供应过程，都必须充分注意到材料设备供应商与工程项目之间的这种技术、经济上的关联性对项目实施的作用和影响。

7）建设监理单位

我国实行建设监理制。建设监理单位是指依法登记注册取得工程监理资质、承接工程监理任务、为项目法人提供高层次项目管理咨询服务、为业主方实施工程项目管理的经济组织，其工作包括项目策划和投资决策阶段的咨询服务和项目实施阶段的合同管理、信息管理和项目目标控制。因此，监理单位的水平和工作质量对项目建设过程的作用和影响也是非常重要的。

8）政府主管与质量监督机构

建筑产品具有强烈的社会性，政府代表社会公众利益，对建设行为要进行监督与管理，以保证工程建设的规范性并符合质量标准。政府主管通过执行基本建设程序，对建设立项、规划、设计方案进行审查批准；政府设立工程质量监督站，实施工程施工质量监督。因此，在工程项目的决策和实施过程中，建设单位与政府主管部门及其派出机构等的联络沟通是非常密切的。在执行建设法规和质量标准方面取得政府主管部门的审查认可，是工程项目管理过程必须遵守的程序，不能疏忽和违背。

9）质量检测机构

我国实行工程质量检测制度。由国家技术监督部门认证批准的国家级、省、市、自治区级以及地区级工程质量检测中心，按其资质依法接受委托承担有关工程质量的检测试验工作，出具有关检测试验报告，为工程质量的认定和评价，为质量事故的分析和处理，为质量争端的调解及仲裁等提供科学的测试数据和权威性的证据。由此可知，工程项目和质量检测机构同样也有密切的关系。

10）配套设施建设单位

工程项目需要众多设施的接口配套，这需要有关部门的协作配合才能得以妥善安排和解决。如项目内部交通管线与场地红线外部的交通、供电、供气、给水、排水、消防、环卫、通信的衔接等等，都必须与市政管理的相关部门进行联络、沟通和协商，使项目的各个子系统能够按照规定的要求和流程与外部相应系统进行衔接，为项目生产或使用创造运行条件。

2.3.3 建筑市场的特征

由于建筑市场交易的对象主要为建筑产品，必须以建筑产品的特征理解建筑市场的特征。建筑产品在空间上的固定性、多样性、体积庞大等特点，导致建筑市场与一般的市场不同，主要表现在以下几方面：

1）建筑产品由需求者向供给者进行预先订货式的交易

这个特征是由建筑产品的特征所决定的。在一般工业品的市场中，用于交换的商品具有间接性、可替代性和可移动性，如电视机、空调等，供给者可以预先进行生产然后通过批发、零售环节进入市场。

建筑产品的固定性和多样性，促使建筑产品一般不具备批量生产的条件，只能按照用户的具体要求，在指定的地点为业主建造某种特定的建筑物。每件建筑产品都有专门的用途，都需采用不同的造型、结构和施工方法，使用不同的材料、设备和建筑艺术形式。建筑产品的功能要求、设计者的偏好、科学技术的迅速发展及生产过程的特殊性，使建筑生产从设计到施工具有鲜明突出的单件性和个体性。

因此，建筑市场上的交易只能是由需求者向供给者进行预先订货式的交易，先成交，后生产，再竣工验收和交付。

2）建筑产品交易的持续时间长

众所周知，一般商品的交易基本上是"一手交钱，一手交货"，除去确定交易条件的时间外，实际交易过程则较短。建筑产品的交易则不然，由于不是以已具有实物形态的建筑产品作为交换对象，无法"一手交钱，一手交货"。建筑产品生产周期长，少则 1 ~ 2 年，多则 3 ~ 4 年、5 ~ 6 年，甚至数十年。同时价值巨大，供给者也无法以足够的自有资金投入生产，待交货后再由需求者全额付款。因此，双方在确定交易条件时，重点关注分期付款和分期交货的条件。工程施工前，需求者先向供给者支付一定数额的备料款，施工中分期支付工程进度款。从这点看，建筑产品的交易就表现为一个长期的过程。

3）建筑市场显著的地区性

这一特点是由建筑产品的固定性特点所决定。由于建筑产品的固定性，建筑市场中不存在建筑产品的实物流通。对于建筑产品的供给者来说，可能无权选择特定建筑产品的具体生产地点，但可以选择地理上的范围。由于大规模的远距离流动势必增加生产成本，因而建筑产品的生产经营通常总是相对集中于一个相对稳定的地理区域。这就使得供给者和需求者之间的选择存在一定的局限性，通常只能在一定范围内确定相互之间的交易关系。但是，建筑市场的区域特征并非不可改变。当建筑产品的规模增大时，所需技术也复杂，对施工组织、设备等方面的要求也就更高，因而只能由大企业来承建。这就是说，小型建筑企业受建筑市场区域特征影响更为明显，而大型企业则受其影响较小。

4）建筑市场风险较大

（1）从建筑产品供给者方面看，建筑市场的风险主要表现在以下两个方面。

定价风险：由于建筑市场中供给方的可替代性很大，故市场的竞争就主要表现为价格的竞争，定价过高就意味着竞争失败，招揽不到生产任务；定价过低则招致企业亏本，甚至破产。

生产风险：建筑产品是先定价，后生产，生产周期长导致不确定性因素多，如气候、地质、环境的变化，需求者的支付能力以及国家的经济形势等，都可能对建筑产品的生产产生不利的，甚至是严重的不利影响。

（2）从建筑产品需求者方面看，建筑市场的风险主要表现在以下几个方面：

价格与质量的矛盾：建筑产品的需求者往往希望在产品功能和质量一定的条件下价格尽可能低。但是，这种质量要求和标准是模糊的，难以严格界定。从而有可能使需求者和供给者对最终产品的质量标准产生理解上的分歧，建筑产品越复杂，分歧的可能性越大。

交付标准与交货时间的矛盾：建筑产品的需求者往往对建筑产品生产周期的不确定因素估计不足，提出的交货日期有时并不合理。而供给方为达成交易，往往也接受这一不公平的条件，但却会有相应的对策，如抓住业主未能完全履行合同义务的漏洞，从而竭力将合同条件变化结果有利于自己。

预付工程款的风险：由于建筑产品的价值巨大，且多为转移价值部分，供给者一般无力垫付巨额资金。故需求者向供给者预付一笔工程款已形成一种惯例。这可能给那些既无信誉又无经营实力的企业带来可乘之机，甚至卷款而逃，给需求者带来严重的经济损失。

不过，成熟的建筑市场已加强了这种审核和监管的力度。同时在履约保证上，通常供应者向需求者事先支付 10% 左右的履约担保金。

2.3.4　建筑市场与信息不对称

1）建筑市场经纪人

经纪人（Broker）是促进达成交易并从中取得佣金的代理人、联系人、中间人、经理人或介绍人，是供需双方的媒介。

为了简化问题，下面将建筑市场的经纪人（参与者）归纳如下：

（1）业主：也称建设单位、开发商或甲方，是建筑产品的买方。

（2）勘察、设计、施工单位：也称乙方，从事建筑产品的设计和施工制造，是建筑产品的卖方。以设计单位和施工单位为代表。

（3）监理单位及中介咨询机构：受业主方或其他建设主体委托对建筑产品制造过程进行监督管理，或从事各种建筑活动的咨询服务。以监理单位为代表。

（4）政府管理部门：在我国，政府是土地的所有权人，是土地的供应者，也是建设项目的审批者。依据法律法规对建筑市场（活动）进行管理、监督的部门既包括建设主管部门，也包括相关的交通、环保、市政、消防、卫生、计划等部门。

（5）商业银行：建设项目资金大多来自银行贷款。银行通过贷款规模、时间长短、利率高低等手段对整个社会的生产和消费施加主动的影响，进而调节社会经济生活。在房地产市场中，贷款银行是购房预付款的监管单位之一，根据责权一致原则，应该对贷款项目"烂尾楼"负有一定责任。

2）建筑市场信息不对称分析

建筑市场的信息不对称（Asymmetric Information）可能存在于两个经纪人之间，也可能同时存在于多个经纪人之间。本书简要分析政府部门与业主方、施工单位、监理单位之间的信息不对称，业主方与监理单位之间的信息不对称，施工单位与监理单位之间的信息不对称，重点分析业主方与施工单位之间的信息不对称，尤其关注在工程交易过程中业主方与施工单位之间的信息不对称。

（1）政府部门与业主方、施工单位、监理单位之间的信息不对称

政府部门与业主方、施工单位、监理单位之间处于信息不对称的状况。在规划和建设领域，政府作为公共利益的代表者，要编制统一的开发建设规划、制订政策和规章，因此政府是信息的制造源，掌握着大量的信息资源。同时依据我国现行的建设管理制度，建设项目在策划、选址、土地使用权转让、建筑规划、开工建设、竣工验收等环节都需要政府部门批准，如土地性质、转让价格、建筑用途、规模、动工、开发方式、开发时间等。同时政府部门还对业主方、施工单位、监理单位的资质和行为的合法性进行监督和管理。

业主方是否符合相关法律规定，是否落实建设资金等业主方私人信息，政府部门掌握可能也不全面。施工单位、监理单位是否符合相关法律规定，现场人员是否真正符合相应资格，企业是否真正符合相应资质等私人信息，政府部门掌握可能也不全面。

业主方、施工单位、监理单位等建设主体不会主动地将很多工程实施中的全面的信息传递给政府部门，政府部门所接收到的很多信息都是比实际的情形滞后的和不完整的，或者是对相应建设主体比较有利的。

（2）业主方与监理单位之间的信息不对称

监理单位受业主方委托，组织项目的实施并对工程建设进行监督和管理，形成委托代理关系，业主方是委托人，监理单位是代理人。由于监理单位为数众多，在委托代理关系中，业主方只是拥有监理单位的不完全信息，如资质等，而监理单位拥有完全的私人信息，如自身的技术实力、管理水平、服务质量（敬业与专业程度）等。因此，业主方和监理单位之间出现了由于信息的不完备而形成的不对称。在这一对矛盾中，业主方居于信息劣势地位，而监理单位是信息优势方。

业主方希望选择高质量的监理单位，监理单位也希望扩大市场业务，为此，业主方和监理单位都要付出一定成本，不断进行相互的信息搜寻和讨价还价，最终达成都能接受的合同以及在这个合同约束下的行动，这就是在具有私人信息的局中人之间的博弈及对策均衡的结果。

由于业主方和监理单位的价值标准或目标都是最小成本约束下的最大预期效用，而业主方不能直接全过程观察监理单位的具体运作，因此选定监理单位后，业主方就要制订一些规则对监理单位进行有效的激励，使代理人从自身效用最大化出发，自愿地或不

得不选择与委托人标准或目标一致的行动。

业主方在招标过程中，在监理方未缴投标保证金前是拿不到招标文件的，因此对招标文件中的专用条件等一无所知，这是招标信息的严重不对称。当监理方看到招标文件中的苛刻条件而不准备投标时，为时已晚，要受到投标保证金的约束。

（3）施工单位与监理单位之间的信息不对称

监理单位与施工单位之间是监督与被监督的关系。一般情况下，由于监理单位的专业化，对建筑产品的生产制造比较熟悉，但是对施工单位的管理、技术、能力、主观努力程度、是否选择与委托人目标一致的行动等可能了解不够。相对来说，施工单位具有信息优势，而监理单位则属于信息劣势方。由于信息的不对称，一般情况下可能出现四种情况：

①监理单位、施工单位的行为与委托人的目标一致或基本一致。由于不存在道德风险，监理单位与施工单位互相配合，除出现不可抗力外，实现委托人预期目标的概率非常大。反过来，业主方也会对施工单位和监理单位进行激励，因为项目提前建成，业主方将会获得可观的经济效益，因此业主方付出了很小的成本，但总体效用会大大提高。这种情况使三方都实现了效益的最大化。

②监理单位行为与委托人目标一致，而施工单位存在道德风险。如果施工单位主观上没有选择与业主方目标一致的行动，尽管有监理单位的监督，也有可能达不到委托人预期目标。其原因，一是施工单位存在道德风险，这是业主方不利选择的后果。另外是由于业主方的道德风险，即无节制地压价、转嫁负担或条件过于苛刻，施工单位为了自身的利益所做出的被动反应。这种情况下，业主方应调整合同约定，重新建立信息激励机制，否则会影响自身总体效用。

③施工单位行为与委托人目标一致，而监理单位存在道德风险。如果施工单位具备能力而且主观上采取与业主方目标一致的行为，是否有监督基本不会影响建筑产品的最终结果，即使监理单位存在道德风险或由于其他原因而努力不够，一般情况下也会生产出令委托人满意的产品。

④监理单位、施工单位的行为与委托人的目标都不一致或基本不一致。这种情况下，业主方实现目标的可能性较小，存在的风险较大。在买方市场的条件下，一般监理单位和施工单位不会采取这种行为，如果出现这种情况，三方都可能存在不利选择和道德风险，但业主方的因素可能更多。

（4）业主方与施工单位之间的信息不对称

业主方对施工单位的选择成为实现预期目标的关键环节。有些时候业主方本身并没有足够的资金，而将负担转嫁给施工单位，除了要求施工单位交纳质量保证金、履约保函之外，一般还要求施工单位带资或垫付资金；有的隐瞒真实信息，在准建手续不齐全情况下即开工，可能会使施工单位处于被动；有的业主方在工程竣工移交后，不支付或拖欠施工单位的剩余工程款。因此，施工单位存在对业主方的选择问题，也就是要选择信誉高、有资金实力、手续齐全的业主方。因此，建筑工程的交易过程包含了两个方面的含义：其一，是施工单位首先根据招标公共信息，在衡量自身能力的基础上，通过信息搜寻考察业主方情况后，选择准备投标的项目（买方）；其二，是在施工单位参加投标后，由招标投标管理机构和业主方综合考虑投标方的资质、业绩、报价等因素选择施工单位（卖方）。所以，招标投标是一个相互对策和双向选择的过程。

在这种相互选择的过程中，双方所拥有的信息是不对称的，主要表现在：业主方对施工单位的私人信息，如能力、素质、技术、装备、管理、服务等了解得较少，属于信息的劣势方，而施工单位是信息的优势方；施工单位对业主方的私人信息，如资金、项目手续、合同专用条件等情况掌握得也不多，反过来施工单位成为信息的劣势方，而业主方成为信息的优势方。为了掌握对方的信息，双方都会付出成本进行信息的搜寻和分析，以便进行讨价还价和调整对策，在博弈中达成协议。

在建筑市场中，建筑产品的生产通常是以"建设项目"或者"工程项目"作为组织形式。单一的、一次性的生产过程就是一个独立的建设项目（Project）。城市的实体环境（Physical Surroundings）就是由一个个项目完成的，如图 2-2 所示。图中方框中的一栋建筑或一组建筑物就是一个独立建设项目。

图 2-2　建筑产品的生产是以建设项目作为组织形式

建设项目可以按不同标准进行分类。

按领域：工业、农业、民用建筑与城市基础设施项目；

按性质：新建、扩建、改建、恢复工程（重建）；

按规模：大、中、小型项目（依据投资规模划分）；

按过程：筹建、在建、收尾、投产项目（以年度为单位）；

按隶属：中央或地方，直属项目或下放项目；

按投资：国家拨款和企业自筹贷款项目，或者兼之；

按用途：生产性建设和生活性建设项目；

按分项：土建安装与装饰等工程。

建设项目生产过程中信息不对称问题通常需要专业化项目管理制度来克服，例如项目管理（Project Management，PM）。其目的是通过对成本、进度和质量的把控，保证政府、业主与使用者的基本利益。

2.4 建筑市场招标采购管理

2.4.1 建设工程法定招标的范围和规模标准

1）建设工程法定招标的范围

《中华人民共和国招标投标法》规定，在我国境内进行下列工程建设项目，包括项目的勘察、设计、施工、监理以及与工程建设有关的重要设备、材料等的采购，必须进行招标：

（1）大型基础设施、公用事业等关系社会公共利益、公众安全的项目；

（2）全部或者部分使用国有资金投资或者国家融资的项目；

（3）使用国际组织或者外国政府贷款、援助资金的项目。

依法必须进行招标的工程建设项目的具体范围和规模标准，由国务院发展改革部门会同国务院有关部门制订，报国务院批准后公布施行。

2018年3月，国家发展和改革委员会公布《必须招标的工程项目规定》（国家发展改革委员会第16号，2018年），明确了必须进行招标的工程建设项目的具体范围和规模标准。

全部或者部分使用国有资金投资或者国家融资的项目包括：

（1）使用预算资金200万元人民币以上，并且该资金占投资额10%以上的项目，预算资金是指《中华人民共和国预算法》规定的预算资金，包括一般公共预算资金、政府性基金预算资金、国有资本经营预算资金、社会保险基金预算资金；

（2）使用国有企业事业单位资金，并且该资金占控股或者主导地位的项目。使用国际组织或者外国政府贷款、援助资金的项目包括：①使用世界银行、亚洲开发银行等国际组织贷款、援助资金的项目；②使用外国政府及其机构贷款、援助资金的项目。

2018年6月，国家发展和改革委员会印发的《必须招标的基础设施和公用事业项目范围规定》（发改法规规〔2018〕843号）指出，大型基础设施、公用事业等关系社会公共利益、公众安全的项目，必须招标的具体范围包括：

（1）煤炭、石油、天然气、电力、新能源等能源基础设施项目；

（2）铁路、公路、管道，水运以及公共航空和A1级通用机场等交通运输基础设施项目；

（3）电信枢纽、通信信息网络等通信基础设施项目；

（4）防洪、灌溉、排涝、引（供）水等水利基础设施项目；

（5）城市轨道交通等城建项目。

2）必须招标的工程建设项目的规模标准

必须进行招标的工程建设项目的具体范围，其勘察、设计、施工、监理以及与工程建设有关的重要设备、材料等的采购达到下列标准之一的，必须招标：

（1）施工单项合同估算价在 400 万元人民币以上；

（2）重要设备、材料等货物的采购，单项合同估算价在 200 万元人民币以上；

（3）勘察、设计、监理等服务的采购，单项合同估算价在 100 万元人民币以上。

3）可以不招标的特殊情况

对于必须招标的工程建设项目，在特殊情况下可以不招标。《中华人民共和国招标投标法》规定：涉及国家安全、国家秘密、抢险救灾或者属于利用扶贫资金实行以工代赈、需要使用进城务工人员等特殊情况，不适宜进行招标的项目，按照国家有关规定可以不进行招标。《中华人民共和国招标投标法实施条例》《工程建设项目施工招标投标办法》[国家发改委等九部委第 23 号令（2013 年）] 在《中华人民共和国招标投标法》的基础上对可以不招标的项目进行了补充：

（1）需要采用不可替代的专利或者专有技术；

（2）采购人依法能够自行建设、生产或者提供；

（3）已通过招标方式选定的特许经营项目投资人依法能够自行建设、生产或者提供；

（4）需要向原中标人采购工程、货物或者服务，否则将影响施工或者功能配套要求；

（5）承包商、供应商或者服务提供者少于三家，不能形成有效竞争；

（6）国家规定的其他特殊情形。

2.4.2　建设工程招标采购的概念与采购方式

随着社会的发展，招标采购成为一种很普遍的方式，这是一个公平公正透明的平台。按照《中华人民共和国招标投标法》的规定，一个完整的招标投标程序，必须包括招标、投标、开标、评标、中标五大环节。

招标采购是指采购方作为招标方，事先提出采购的条件和要求，邀请众多企业参加投标，然后由采购方按照规定的程序和标准一次性从中择优选择交易对象，并与提出最有利条件的投标方签订协议的过程，整个过程要求公开、公正和择优。招标采购是政府采购最通用的方法之一。

从法律意义上讲，建筑市场招标采购一般是建设单位（或业主）就拟建的工程发布通告，用法定方式吸引建设项目的承包单位参加竞争，通过法定程序从中选择条件优越者来完成工程建设任务的法律行为。

1）公开招标采购

为了规范招标采购活动，保护国家利益和社会公共利益以及招标投标活动当事人的合法权益，《中华人民共和国招标投标法》规定招标方式有两种，即公开招标和邀请招标。

（1）公开招标的定义

公开招标，是指招标人以招标公告的方式邀请不特定的法人或者其他组织投标。它是一种由招标人按照法定程序，在公开出版物上发布或者以其他公开方式发布招标公告，所有符合条件的承包商都可以平等参加投标竞争，从中择优选择中标者的招标方式。由于这种招标方式对竞争没有限制，因此，又被称为无限竞争性招标。

公开招标最基本的含义是：①招标人以招标公告的方式邀请投标；②可以参加投标的法人或者其他组织是不特定的。从招标的本质来讲，这种招标方式是最符合招标宗旨的。

（2）公开招标的特点

公开招标是最具竞争性的招标方式。公开招标的优点是，招标人可以在较广的范围内选择中标人，投标竞争激烈，有利于将工程项目的建设交予可靠的中标人实施并取得有竞争性的报价。但其缺点是，由于申请投标人较多，一般要设置资格预审程序，而且评标的工作量也较大，所需招标时间长、费用高。

招标人选用了公开招标方式，就不得限制或者排斥本地区、本系统以外的法人或者其他组织参加投标，不得对潜在投标人实行歧视待遇。

我国规定，依法必须进行招标的项目，全部或部分使用国有资金投资，或者国有资金投资占控股或主导地位的，都应采取公开招标。国务院发展计划部门确定的国家重点项目和省、自治区、直辖市人民政府确定的地方重点项目不适宜公开招标的，经主管部门批准后可以采用邀请招标。

2）邀请招标采购

（1）邀请招标的定义

邀请招标，是指招标人以投标邀请书的方式邀请特定的法人或者其他组织投标。邀请招标是接到投标邀请书的法人或者其他组织才能参加投标的一种招标方式，其他潜在的投标人则被排除在投标竞争之外，因此，也被称为有限竞争性招标。

邀请招标必须向三个以上的潜在投标人发出邀请。并且被邀请的法人或者其他组织必须具备以下条件：

①具备承担招标项目的能力，如施工招标，被邀请的施工企业必须具备与招标项目相应的施工资质等级；

②资信良好

《中华人民共和国招标投标法》规定，国务院发展计划部门确定的国家重点项目和省、自治区、直辖市人民政府确定的地方重点项目不适宜公开招标的，经国务院发展计划部门或者省、自治区、直辖市人民政府批准，可以进行邀请招标。

《中华人民共和国招标投标法实施条例》规定，国有资金占控股或者主导地位的依法必须进行招标的项目，应当公开招标；但有下列情形之一的，可以邀请招标：

①技术复杂、有特殊要求或者受自然环境限制，只有少量潜在投标人可供选择；

②采用公开招标方式的费用占项目合同金额的比例过大。

（2）邀请招标的特点

邀请招标的邀请对象的数目以 5 ~ 7 家为宜，但不应少于 3 家。

被邀请人同意参加投标后，从招标人处获取招标文件，按规定要求进行投标报价，邀请招标的优点是，不需要发布招标公告和设置资格预审程序，节约招标费用和时间，由于对投标人以往的业绩和履约能力比较了解，减少了合同履行过程中承包方违约的风险。为了体现公平竞争和便于招标人选择综合能力最强的投标人中标，仍要求在投标书内报送表明投标人资格能力的有关证明材料，作为评标时的评审内容之一（通常称为资格后审）。

邀请招标的缺点是，由于邀请范围较小，选择面窄，可能排斥了某些在技术或报价上有竞争实力的潜在投标人，因此投标竞争的激烈程度相对较差。

3）邀请招标和公开招标的区别

（1）发布信息的方式不同。公开招标采用公告的形式发布，邀请招标采用投标邀请书的形式发布。

（2）竞争的范围不同。公开招标使所有符合条件的法人或者其他组织都有机会参加投标，竞争的范围较广，竞争性体现得也比较充分，招标人拥有绝对的选择余地，容易获得最佳招标效果。邀请招标中投标人的数量有限，参加人数是经过选择限定的，被邀请的投标人数目在 3 ~ 10 个，由于参加人数相对较少，易于控制，因此其竞争范围没有公开招标大，竞争程度也明显不如公开招标强。

（3）公开的程度不同。在公开招标中，所有的活动都必须严格按照预先指定并为大家所知的程序和标准公开进行，大大减少了作弊的可能。相比而言，邀请招标的公开程度逊色一些，产生不法行为的机会也就多一些。

（4）时间和费用不同。公开招标的程序比较复杂，从发布招标公告到投标人签订合同，有许多时间上的要求，要准备许多文件，因而耗时较长，费用也比较高。邀请招标可以省去发布招标公告、资格审查和可能发生的更多的评标时间和费用。

建设项目的施工采用何种方式招标，是由业主决定的。业主根据自身的管理能力、设计进度情况、建设项目本身的特点、外部环境条件、两种招标方式的特点等因素经过充分斟酌后，在确定分标方式和合同类型的基础上，再选择合适的招标方式。

2.4.3　建设工程招标采购的程序

招标是招标人选择中标人并与其签订合同的过程，而投标则是投标人力争获得实施合同的竞争过程，招标人和投标人均须遵循招标投标法律和法规的规定进行招标投标活动。按照招标人和投标人参与程序，可将招标过程概括划分成招标准备阶段、招标投标阶段和决标成交阶段。

1）招标准备阶段

（1）申请招标

招标人是依照规定提出招标项目、进行招标的法人或者其他组织。招标项目按照国家有关规定需要履行项目审批手续的，应当先履行审批手续，取得批准。按照国家有关规定需要履行项目审批、核准手续的依法必须进行招标的项目，其招标范围、招标方式、招标组织形式应当报项目审批、核准部门审批、核准。项目审批、核准部门应当及时将审批、核准确定的招标范围、招标方式、招标组织形式通报有关行政监督部门。

招标人应当有进行招标项目的相应资金或者资金来源已经落实，并应当在招标文件中如实载明。

（2）编制招标文件

招标人应当根据招标项目的特点和需要编制招标文件。招标文件应包括招标项目的技术要求、对投标人资格审查的标准、投标报价要求和评标标准等所有实质性要求和条件以及拟签订合同的主要条款。

招标人对投标人的资格进行审查的，可以分为资格预审和资格后审两种方式。招标人采用资格预审办法对潜在投标人进行资格审查的，应当发布资格预审公告、编制资格预审文件。

国家对招标项目的技术、标准有规定的，招标人应当按照其规定在招标文件中提出相应要求。招标项目需要划分标段、确定工期的，招标人应当合理划分标段、确定工期，并在招标文件中载明。招标文件不得要求或者标明特定的生产供应者以及含有倾向或者排斥潜在投标人的其他内容。

招标人设有最高投标限价的，应当在招标文件中明确最高投标限价或最高投标限价的计算方法。招标人不得规定最低投标限价。

（3）发布招标公告或投标邀请函

招标公告的作用是让潜在投标人获得招标信息，以便进行项目筛选，确定是否参与竞争。招标公告或投标邀请函的具体格式可由招标人自定，内容一般包括招标单位名称、建设项目资金来源、工程项目概况和本次招标工作范围的简要介绍、购买资格预审文件的地点、时间和价格等有关事项。

2）招标投标阶段

公开招标时，从发布招标公告开始（若为邀请招标，则从发出投标邀请函开始），到投标截止日期为止的期间称为招标投标阶段。在此阶段，招标人应做好招标的组织工作，投标人则按招标有关文件的规定程序和具体要求进行投标报价竞争。

（1）发售招标文件

招标人应当按照招标公告、资格预审公告、或者投标邀请书规定的时间、地点发售招标文件或者资格预审文件。资格预审文件或者招标文件的发售期不得少于5日。招标人应当合理确定提交资格预审申请文件的时间。招标人发售资格预审文件、招标文件收取的费用应当限于补偿印刷、邮寄的成本支出，不得以营利为目的。招标人应当合理确定提交资格预审申请文件的时间。依法必须进行招标的项目提交资格预审申请文件的时间，自资格预审文件停止发售之日起不得少于 5 日。

（2）资格审查

资格审查是指招标人对申请人或潜在投标人的经营资格、专业资质、财务状况、技术能力、管理能力、业绩、信誉等方面评估审查，以判定其是否具有投标、订立和履行合同的资格及能力。

施工招标资格审查应主要审查以下五个方面的内容：申请人是否具有独立订立施工承包合同的权利；是否具有履行施工承包合同的能力（包括专业、技术资格和能力，资金、设备和其他物质设施状况，管理能力，经验、信誉和相应的人力资源）；是否处于被责令停业、投标资格被取消、财产被接管或冻结、破产状态；在最近三年内是否存在骗取中标和严重违约及重大工程质量问题；法律、行政法规规定的其他资格条件等方面的内容。

资格审查分为资格预审和资格后审两种方法。

①资格预审

资格预审是指工程项目正式投标前，对投标人进行的资信调查，以确定投标人是否有能力承担并完成该工程项目。未通过资格预审的申请人，不具有参加投标的资格。

资格预审中对潜在投标人进行资格审查，主要考察该企业总体能力是否具备完成招标工作所要求的条件。公开招标时设置资格预审程序，一是保证参与投标的法人或其他组织在资质和能力等方面能够满足完成招标工作的要求；二是通过评审优选出综合实力较强的一批申请投标人，再请他们参加投标竞争，以减小评标的工作量。

资格预审应当按照资格预审文件载明的标准和方法进行。资格预审结束后，招标人应当及时向资格预审申请人发出资格预审结果通知书。未通过资格预审的申请人不具有投标资格。通过资格预审的申请人少于 3 个的，应当重新招标。

②资格后审

资格后审是在开标后对投标人进行的资格审查。采用资格后审方式时，招标人应当在开标后由评标委员会按照招标文件规定的标准和方法对投标人的资格进行审查。对资格后审不合格的投标人，评标委员会应否决其投标资格。资格后审比较适合潜在投标人数量不多的通用性、标准化招标项目。

（3）踏勘现场

招标文件发放后，招标人要在招标文件规定的时间内组织投标人自费进行现场考察。设置此程序的目的，一方面让投标人了解工程项目的现场情况、自然条件、施工条件以及周围环境条件，以便于编制投标书；另一方面也是要求投标人通过自己的实地考察确定投标的原则和策略，避免合同履行过程中以不了解现场情况为理由推卸应承担的合同责任。

（4）召开投标预备会

投标预备会也称答疑会、标前会议，是指招标单位为澄清或解答招标文件或现场踏勘中的问题，以便投标单位更好地编制投标文件而组织召开的会议。

投标预备会的目的在于澄清招标文件中的疑问，解答投标单位对招标文件和踏勘现场中所提出的问题。澄清或者修改的内容可能影响资格预审申请文件或者投标文件编制的，招标人应当在提交资格预审申请文件截止时间至少3日前，或者投标截止时间至少15日前，以书面形式通知所有获取资格预审文件或者招标文件的潜在投标人；不足3日或者15日的，招标人应当顺延提交资格预审申请文件或者投标文件的截止时间。

投标预备会在招标管理机构监督下，由招标单位组织并主持召开，参加会议的人员包括招标单位、投标单位、代理机构、招标文件的编制人员、招标投标管理机构的管理人员等。所有参加投标预备会的投标单位应签到登记，以证明出席投标预备会。

在预备会上对招标文件和现场情况做介绍或解释，并解答投标单位提出的疑问，包括书面提出的和口头提出的询问。在投标预备会上还应对施工图进行交底和解释。

投标预备会结束后，由招标单位整理会议记录和解答内容，经招标管理机构核准同意后，尽快以书面形式将问题及解答同时发送到所有获得招标文件的投标单位，以保证招标的公开和公平。回答函件作为招标文件的组成部分，如果书面解答的问题与招标文件中的规定不一致，以函件的解答为准。

为了使投标单位在编写投标文件时充分考虑招标单位对招标文件的修改或补充内容，以及投标预备会会议记录内容，招标单位可根据情况延长投标截止时间。

3）决标成交阶段

从开标日到签订合同这一期间称为决标成交阶段，是对各投标书进行评审比较，最终确定中标人的过程。

（1）开标

公开招标和邀请招标均应举行开标会议，体现招标的公平、公正和公开原则。开标应当在招标文件中投标文件提交截止时间的同一时间公开进行，开标地点应当为招标文件中预先确定的地点。

所有投标人均应参加开标会议，并邀请项目有关主管部门、经办银行等派代表出席，招标投标管理机构派人监督开标活动。投标人少于3个的，不得开标，招标人应当重新招标。投标人对开标有异议的，应当在开标现场提出，招标人应当场作出答复，并制作记录。

如果在开标会议上发现有下列情况之一，应否决投标：投标文件未经投标单位盖章和单位负责人签字；联合体没有共同投标协议；投标人不具备资格条件；提交两个以上不同的投标文件或报价，但招标文件要求的除外；报价低于成本或者高于招标文件设定的最高投标限价；投标文件没有对招标文件的实质性要求和条件作出响应；投标人有串通投标、弄虚作假、行贿等违法行为。

（2）评标

评标是对各投标书优劣的比较，以便最终确定中标人，由评标委员会负责评标工作。评标委员会由招标人的代表和有关技术、经济等方面的专家组成，成员人数为 5 人以上单数，其中招标人以外的专家不得少于成员总数的 2/3。

评标的内容包括符合性评审、技术性评审和商务性评审。

①符合性评审包括商务符合性和技术符合性评审。投标文件应实质上响应招标文件的要求，如果投标文件实质上不响应招标文件的要求，招标单位将予以拒绝，并且不允许通过修正或撤销其不符合要求的差异，使之成为具有响应性的投标。

②技术性评审具体内容包括：施工方案的可行性；施工进度计划的可靠性；工程材料和机械设备供应的技术性能；施工质量的保证措施；技术建议和替代方案。

③商务性评审具体内容包括：投标报价数据计算的正确性；报价构成的合理性；报价与施工组织的一致性；综合费率、利润率及预付款要求是否合理；主要材料单价；分析合价项目总计的报价；对建议方案的商务评审。

评标的程序可根据工程体量决定。对于小型工程，由于承包工作内容较为简单，合同金额不大，可以采用即开、即评、即定的方式由评标委员会及时确定中标人。大型工程项目的评标因评审内容复杂、涉及面宽，通常需分成初评和详评两个阶段进行。

①初评

评标委员会以招标文件为依据，审查各投标书是否为响应性投标，确定投标书的有效性。检查内容包括：投标人的资格、投标保证有效性、报送资料的完整性、投标书与招标文件的要求有无实质性背离、报价计算的正确性等。若投标书存在计算或统计错误，由评标委员会予以改正后请投标人签字确认。

②详评

评标委员会对各投标书实施方案和计划进行实质性评价与比较。评审时不应再采用招标文件中要求投标人考虑因素以外的任何条件作为标准。招标项目设有标底的，招标人应当在开标时公布。标底只能作为评标的参考，不得以投标报价是否接近标底作为中标条件，也不得以投标报价超过标底上下浮动范围作为否决投标的条件。

③评标报告

评标报告是评标委员会对各投标书评审后向招标人提出的结论性报告，作为定标的主要依据。评标报告应包括：评标情况说明、对各个合格投标书的评价、推荐合格的中标候选人等内容。如果评标委员会经过评审，认为所有投标都不符合招标文件的要求，可以否决所有投标。出现这种情况后，招标人应认真分析招标文件的有关要求以及招标过程，对招标工作范围或招标文件的有关内容作出实质性修改后重新进行招标。

（3）定标

确定中标人前，招标人不得与投标人就投标价格、投标方案等实质性内容进行谈判。评标完成后，评标委员会应当向招标人提交书面评标报告和中标候选人名单。中标候选人应当不超过3个，并标明排序。评标报告应当由评标委员会全体成员签字，对评标结果有不同意见的评标委员会成员应当以书面形式说明其不同意见和理由，评标报告应当注明该不同意见。评标委员会成员拒绝在评标报告上签字又不书面说明其不同意见和理由的，视为同意评标结果。招标人应该根据评标委员会提出的评标报告和推荐的中标候选人确定中标人，也可以授权评标委员会直接确定中标人。

中标人确定后，招标人向中标人发出中标通知书，同时将中标结果通知所有未中标的投标人并退还他们的投标保证金或保函。中标通知书对招标人和中标人具有法律效力，招标人改变中标结果或中标人拒绝签订合同均要承担相应的法律责任。

依法必须进行招标的项目，招标人应当自收到评标报告之日起3日内公示中标候选人，公示期不得少于3日。投标人或者其他利害关系人对依法必须进行招标的项目的评标结果有异议的，应当在中标候选人公示期间提出。招标人应当自收到异议之日起3日内作出答复，作出答复前，应当暂停招标投标活动。

（4）合同签订

招标单位和中标单位应当自中标通知书发出之日起30天内，按照招标文件和中标人的投标文件订立书面合同。中标人要按照招标文件的约定提交履约担保或履约保函。合同订立后，招标人应及时通知其他未中标的投标人，同时退还投标保证金。

2.4.4 建设工程投标

1）对投标人的要求

投标人是响应招标、参加投标竞争的法人或者其他组织。投标人应当具备承担招标项目的能力；国家有关规定对投标人资格条件或者招标文件对投标人资格条件有规定的，投标人应当具备规定的资格条件。投标人参加依法必须进行招标的项目的投标，不受地区或者部门的限制，任何单位和个人不得非法干涉。与招标人存在利害关系可能影响招标公正性的法人、其他组织或者个人，不得参与投标。单位负责人为同一人或者存在控股、管理关系的不同单位，不得参加同一标段投标或者未划分标段的同一招标项目投标。

2）对投标文件的要求

投标人应当按照招标文件的要求编制投标文件。投标文件应当对招标文件提出的实质性要求和条件作出响应。招标项目属于建设施工的，投标文件的内容应当包括拟派出的项目负责人与主要技术人员的简历、业绩和拟用于完成招标项目的机械设备等。投标人根据招标文件载明的项目实际情况，拟在中标后将中标项目的部分非主体、非关键性工作进行分包的，应当在投标文件中载明。

3）投标文件的提交、修改、撤回和撤销

投标人应当在招标文件要求提交投标文件的截止时间前，将投标文件送达投标地点。招标人收到投标文件后，应当签收保存，不得开启。投标人少于三个的，招标人应当重新招标。未通过资格预审的申请人提交的投标文件，以及逾期送达或者不按照招标文件要求密封的投标文件，招标人应当拒收。招标人应当如实记载投标文件的送达时间和密封情况，并存档备查。

投标人在招标文件要求提交投标文件的截止时间前，可以补充、修改或者撤回已提交的投标文件，并书面通知招标人。补充、修改的内容为投标文件的组成部分。

投标人撤回已提交的投标文件，应当在投标截止时间前书面通知招标人。招标人已收取投标保证金的，应当自收到投标人书面撤回通知之日起5日内退还。

投标截止后投标人撤销投标文件的，招标人可以不退还投标保证金。

4）联合体投标

两个以上法人或者其他组织可以组成一个联合体，以一个投标人的身份共同投标。招标人应当在资格预审公告、招标公告或者投标邀请书中载明是否接受联合体投标。招标人接受联合体投标并进行资格预审的，联合体应当在提交资格预审申请文件前组成。资格预审后联合体增减、更换成员的，其投标无效。联合体各方均应当具备承担招标项目的相应能力；国家有关规定或者招标文件对投标人资格条件有规定的，联合体各方均应当具备规定的相应资格条件。由同一专业的单位组成的联合体，按照资质等级较低的单位确定资质等级。

联合体各方应当签订共同投标协议，明确约定各方拟承担的工作和责任，并将共同投标协议连同投标文件一并提交招标人。联合体中标的，联合体各方应当共同与招标人签订合同，就中标项目向招标人承担连带责任。招标人不得强制投标人组成联合体共同投标，不得限制投标人之间的竞争。联合体各方在同一招标项目中以自己名义单独投标或者参加其他联合体投标的，相关投标均无效。

5）禁止投标人相互串通投标

有下列情形之一的，属于投标人相互串通投标：

（1）投标人之间协商投标报价等投标文件的实质性内容；

（2）投标人之间约定中标人；

（3）投标人之间约定部分投标人放弃投标或者中标；

（4）属于同一集团、协会、商会等组织成员的投标人按照该组织要求协同投标；

（5）投标人之间为谋取中标或者排斥特定投标人而采取的其他联合行动。

有下列情形之一的，视为投标人相互串通投标：

（1）不同投标人的投标文件由同一单位或者个人编制；

（2）不同投标人委托同一单位或者个人办理投标事宜；

（3）不同投标人的投标文件载明的项目管理成员为同一人；

（4）不同投标人的投标文件异常一致或者投标报价呈规律性差异；

（5）不同投标人的投标文件相互混装；

（6）不同投标人的投标保证金从同一单位或者个人的账户转出。

6）禁止招标人与投标人串通投标

有下列情形之一的，属于招标人与投标人串通投标：

（1）招标人在开标前开启投标文件并将有关信息泄露给其他投标人；

（2）招标人直接或者间接向投标人泄露招标控制价、评标委员会成员等信息；

（3）招标人明示或者暗示投标人压低或者抬高投标报价；

（4）招标人授意投标人撤换、修改投标文件；

（5）招标人明示或者暗示投标人为特定投标人中标提供方便；

（6）招标人与投标人为谋求特定投标人中标而采取的其他串通行为。

7）禁止投标人其他不正当竞争行为

投标人不得以低于成本的报价竞标，也不得以他人名义投标或者以其他方式弄虚作假，骗取中标。使用通过受让或者租借等方式获取的资格、资质证书投标的，属于以他人名义投标。投标人有下列情形之一的，属于以其他方式弄虚作假的行为：

（1）使用伪造、变造的许可证件；

（2）提供虚假的财务状况或者业绩；

（3）提供虚假的项目负责人或者主要技术人员简历、劳动关系证明；

（4）提供虚假的信用状况；

（5）其他弄虚作假的行为。

8）电子投标

电子招标投标交易平台的运营机构，以及与该机构有控股或者管理关系可能影响招标公正性的任何单位和个人，不得在该交易平台进行的招标项目中投标和代理投标。投标人应当在资格预审公告、招标公告或者投标邀请书载明的电子招标投标交易平台注册登记，如实递交有关信息，并经电子招标投标交易平台运营机构验证。投标人应当通过资格预审公告、招标公告或者投标邀请书载明的电子招标投标交易平台递交数据电文形式的资格预审申请文件或者投标文件。

电子招标投标交易平台应当允许投标人离线编制投标文件，并且具备分段或者整体加密、解密功能。投标人应当按照招标文件和电子招标投标交易平台的要求编制并加密投标文件。投标人未按规定加密的投标文件，电子招标投标交易平台应当拒收并提示。

综上所述，一个完整的招标投标程序分为准备阶段、招标投标和决标成交三大阶段，包括招标、投标、开标、评标、中标五大环节，如图2-3所示。

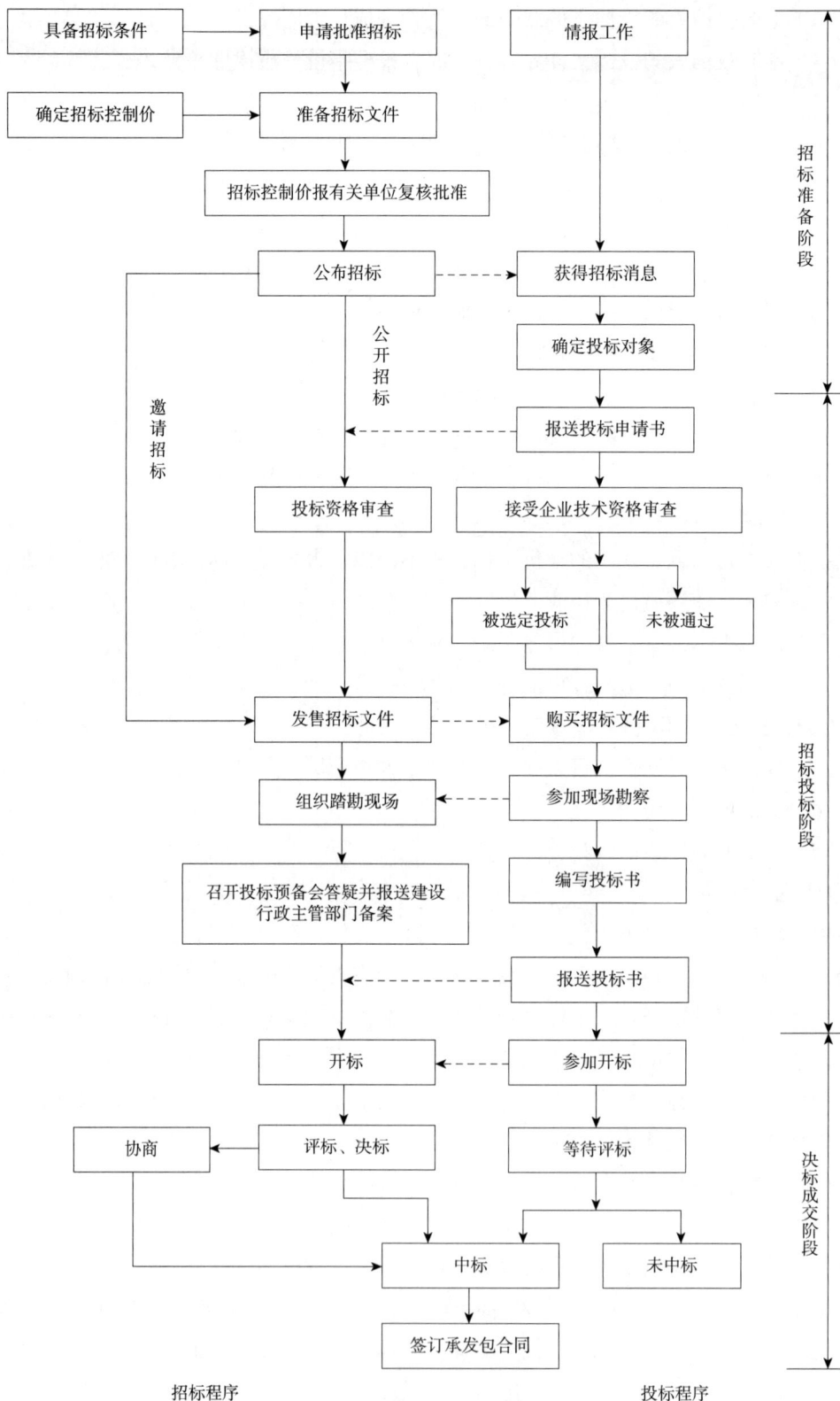

图2-3 招标投标程序流程图

2.5　建筑企业人力资源管理

2.5.1　人力资源管理概述

1）人力资源管理的概念

人力资源有广义与狭义之分。广义的人力资源是指以人的生命为载体的社会资源，凡是智力正常、有从事生产活动能力的人群都属于人力资源范畴。狭义的人力资源是指一定时期内能够被组织所用、且能够为组织创造价值人群的教育、能力、技能、经验、体力等的总称。人力资源体现的是一定量的劳动者所具有的创造经济收益的生产能力和潜在能力。人力资源管理是指根据企业发展战略的要求，有计划地对人力资源进行合理配置，通过对企业中员工的招聘、培训、使用、考核、激励等一系列过程，调动员工的主观能动性和有效技能，发挥员工的潜能，为企业创造价值，确保企业战略目标的实现。

人力资源管理与传统的人事管理相比，其职能发生了本质的转变。传统的人事管理是行政事务性管理，强调各项事务的具体操作，如人员招聘、录用、调动、档案管理等。而人力资源管理在人事管理的职能基础上增加了人力资源规划、人力资源开发、岗位与组织设计、行为管理和终身教育等符合现代企业管理理念的新内容。因此，人力资源管理比传统的人事管理，在对人的价值认识上重视"人力资本"的思想，在对人的重视程度上强调"人力资源是第一资源"的观念，在管理方式方法上贯彻"人本管理"的新理念。

随着经济体制改革和科学技术的发展，市场竞争十分激烈，企业不变则退，不进则亡。企业人力资源管理作为企业管理的核心内容面临着严峻的挑战。因此，企业必须把充分发挥员工的内在潜力放在最为重要的地位，实施"各尽所长、各尽所能"的"能本"管理，建立"德为前提、能力本位"和"能绩优先"的用人制度，实行"竞争上岗、能上能下"的企业管理层用人制度，实现"各尽所能，各得其所"的管理目标，保证有才能的人更好地更加积极地发挥其才干，实现企业员工潜能的最大限度发挥。

2）人力资源管理的内容

（1）制定企业人力资源发展战略规划

为了适应企业发展需求，企业必须建立起与企业战略相匹配的人力资源战略规划。将人力资源决策上升到企业决策层的高度，将人力资源管理战略纳入到企业发展规划之中，围绕企业战略，综合考虑企业战略用工需求，在保障人力资源总量需求的基础之上，实现人力资源质量和结构与企业的战略发展相协调。

（2）岗位分析和工作设计

对组织中的各个工作和岗位进行分析，确定每一个工作和岗位对员工的具体要求，包括技术及种类、范围和熟悉程度，学习、工作与生活经验，身体健康状况，工作的责任、权利与义务等方面的情况。把这种具体要求整合成书面材料的工作岗位职责说明书，作为招聘、评价、培训、调配、晋升等工作的依据。

（3）人力资源的招聘与选拔

根据组织内的岗位需要及工作岗位职责说明书，利用人才招聘交流会、网络信息平台等信息媒介，通过教育程度、工作经历、年龄、身体心理健康状况等方面的审查，以及笔试、面试、情景模拟等方法筛选录用人选。

（4）形成劳动合同关系

员工一旦被组织聘用，就要与组织形成一种合同关系，在国家有关法律和政府有关法规的框架下，确定和保护双方的合法权益，并就新员工的工资、福利、工作条件和环境等事宜达成相关协议，签订劳动合同。

（5）员工教育、培训

对于新员工教育培训，主要包括职业道德和劳动纪律、劳动安全卫生、质量技术管理知识与要求、岗位职责、员工权益等。针对广大员工的工作能力和技能，开展富有针对性的岗位技能培训。针对管理人员培训，侧重增强其管理理论、管理技能和应急应变能力。

（6）绩效考核

工作绩效考核，就是对照工作岗位职责说明书和工作任务，对员工的业务能力、工作表现及工作态度等进行定性和定量的评价过程。通过考核员工工作绩效，及时做出信息反馈、奖优罚劣，激发员工的工作热情，从而改善和提高员工的工作绩效。

（7）薪酬、福利管理

根据员工的资历、职级、岗位及实际表现和工作成绩等方面，设计科学合理的薪酬福利体系和制度。所谓科学合理，就是能够激发广大员工的工作积极性和创造性，把薪酬与工作态度、成绩、贡献结合起来，科学合理的薪酬制度是企业正常生产秩序的基础和保障。员工福利是社会和组织保障的一部分，是工资报酬的补充或延续。它主要包括社会养老保险、医疗保险、失业保险、工伤保险、节假日制度，以及为了保障员工的工作，在安全卫生方面提供必要的安全培训教育、良好的劳动工作条件等。还要加强员工的安全与保健工作，保障员工的健康，减少污染，减少工伤和死亡事故的发生所必须采取的措施。

（8）职业生涯规划与管理

人力资源管理部门除了有责任保管员工的简历以及工作期间工作态度、工作表现、工作成绩、工资报酬、职务升降、奖惩、接受培训和教育等方面的书面记录材料外，最重要的工作是要给予员工职业生涯规划方面的指导。

员工职业生涯规划是企业根据发展战略需要，为员工提供符合其特点的职业发展通道，帮助员工确定个人发展目标，并通过有计划的培训、岗位交流、岗位晋升，帮助员工实现发展目标的过程。

人力资源部要负责职业管理的制度设计和组织协调，其职责是：制定企业员工职业生涯规划与管理实施办法，明确职业分类、职位序列、职业通道、晋升条件等，并组织实施；建立员工素质评价体系，为评价员工职业发展能力提供科学依据；建立与职业生涯规划与管理相匹配的员工培训体系，并组织实施培训；监督、指导各单位员工职业生涯规划与管理工作。

上述几个方面的工作构成人力资源管理系统，并发挥其在企业生产经营活动中各自的职能，如表2-4所示。

人力资源管理系统、子系统职能　　　　　　　表2-4

系统	子系统	相应职能	系统	子系统	相应职能
选人系统	人力资源战略	拥有人	用人系统	培训与开发	发展人
	人力资源规划	平衡人		考核	约束人
	招聘	吸收人		薪酬管理	激励人

同时，也形成了人力资源管理的过程，图2-4展示了在此过程中的八项活动，前三项活动保证组织识别并甄选出有能力的员工，随后的两项活动为员工提供前沿的知识与技能，最后三项活动保证组织能够留住有能力的高绩效员工。

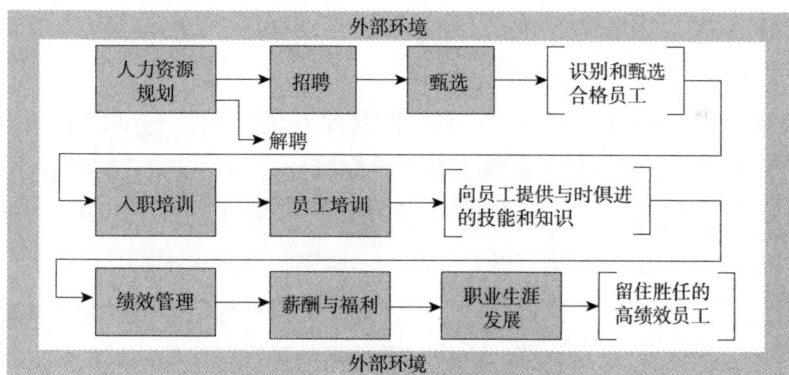

图2-4　人力资源管理过程

3）人力资源管理的重要性

现代管理理论认为，对人的管理是现代企业管理的核心。人是社会中的人，管理的根本目的之一就是采用特定方法，充分发挥人的积极性、主动性和创造性。有效的管理者总是既把人看作管理的对象和客体，又把人看作是管理的主体和动力。正因为人是生产要素中最重要的因素，企业在市场经济条件下要生存发展，就要重视人的因素，特别要重视加强企业的人力资源管理，人力资源管理在现代企业管理中居于核心地位。

人力资源管理是竞争优势的一个重要来源。一项调查超过2000家全球企业"人力资本指数"的综合研究表明，以人为本的人力资源管理通过创造超额的股东价值为组织带来了一种优势。另一项研究发现，71%的首席执行官称"人力资本"是他们获取可持续经济价值的关键来源。

人力资源管理是组织战略的重要组成。依靠员工使公司在竞争中获得成功意味着管理者必须改变他们对员工以及对工作关系的看法。他们必须与员工共进退，并将员工视为合作伙伴，而不只是考虑支出最小化甚至避免支出。这就是以人为本的组织所做的事情。组织对待员工的方式会对组织绩效产生显著的影响。一项研究表明，改善人力资源管理实践能提高30%的公司市场价值。

4）人力资源管理的作用

企业人力资源管理对于促进企业生产经营的发展，提高企业劳动生产率，保证企业获得最大的经济效益，实现企业的资产保值增值有着重要的作用。

保证生产经营的顺利进行。劳动力是企业生产力的重要组成部分，只有通过合理组织劳动力，不断协调劳动力之间、劳动力与劳动资料和劳动对象之间的关系，才能充分利用现有的生产资料和劳动力资源，使它们在生产经营过程中最大限度地发挥其作用，并在空间上和时间上使劳动力、劳动资料和劳动对象形成最优的配置，从而保证生产经营活动有条不紊地进行。

调动员工的积极性，提高企业劳动生产率。人是有生命、有情感、有思想、有尊严的个体，这就决定了企业人力资源管理必须设法为劳动者创造一个适合他们所需要的劳动环境，使他们安于工作、乐于奉献，并能积极主动地把个人劳动潜力和全部智慧发挥出来，为企业创造出更有效的生产经营成果。

配合和推进现代企业制度的建立。科学的管理制度是现代企业制度的重要内容，而人力资源的管理又是企业管理中最为重要的组成部分。一个企业只有拥有一流的人才，才能创造出一流的产品和业绩。现代企业制度的建立与员工管理密不可分，而随着现代企业制度的逐步建立，企业人力资源管理将显得越来越突出和重要。

有利于减少劳动耗费，提高经济效益并使企业的资产保值增值。经济效益是指进行经济活动中所得到和所耗费的比值。减少劳动耗费的过程就是提高经济效益的过程。所以，合理组织劳动力、科学配置人力资源可以促使企业以最小的劳动消耗取得最大的经济成果。

2.5.2　人力资源管理的模式

在人力资源管理领域，有两种典型的管理模式，即美国管理模式和日本管理模式。

1）美国管理模式

美国的人力资源市场高度市场化，其采用综合性和开放性模式，将管理与开发融为一体。众多的教育方式，使每一位公民都有接受教育的机会；不断修改的移民政策，能够吸收到尽量多的世界各国的英才；完全市场化的人力资源配置方式，使现有的人力资源各尽其能。

美国人力资源管理模式的特点：发达的劳动力市场；人力资源管理的专业化和制度化；奉行能力至上主义；国际化、全球化的人力资源管理观念；市场调节员工薪酬；"专才型"的培训制度。

美国人力资源合理配置的条件是与人力资源的高度商品化和社会为其创造的条件分不开的。

2）日本管理模式

在日本社会居于主流的人力资源管理模式是在第二次世界大战以后日本经济恢复和高速发展的时期里形成的。对于日本企业来讲，公司的不断发展壮大被视为其最重要的短期和长期目标，公司短期利润的增加和公司股东的利益乃属于第二位的事情，因此日本公司人事政策注重员工长期发展，与日本公司长期发展战略相辅相成。

日本人力资源管理模式的特点有以下几点：

（1）终身雇佣制：是指公司从大学毕业生或其他年轻人中雇佣基本核心员工，规划员工的持续培训和发展计划，在公司集团内部的员工永远供职到65岁，除非发生特殊的情况，一般不解雇员工。其积极作用在于有利于塑造团队精神，有利于创建企业文化。

（2）年功序列工资制：是指员工的工资随着年龄的增长和在同一个企业里连续工作时间的延长而逐年增加。同时，连续工龄还是决定职务晋升的重要依据。日本企业里有新的工作需要时，会尽量通过重新培训已有的职工，内部调节来满足需要。

（3）企业内工会与合作性劳资关系：企业内工会指的是按特定企业成立的工会制度。企业内工会和终身雇佣制、年功序列工资制被认为是日本企业人力资源管理的三大支柱。由于日本一般都采用终身雇佣制，因此职工的利益和企业完全拴在一起。职工个人利益和企业利益的紧密相连，一方面能促使职工关心企业的发展成长，另一方面，也使职工非常关心企业内部的分配关系。

（4）"通才型"培训制度：日本的企业员工往往接受多方面的知识培训，并在企业内部不同部门轮班训练。日本公司认为日本通才管理方式的优点是能够发挥全部员工在企业中的创造力和凝聚力，使企业整体发挥出更大利益。重通才轻专家的做法也是同其强烈的集团主义，习惯于进行团体工作分不开的。但是亚洲金融危机之后，许多日本银行发现在金融领域里这种"重通才、轻专家"的倾向直接影响了银行效率，因此受到了质疑。

（5）注重精神激励的薪酬制度：由于日本企业重视长期的增长，而不是以短期利润为主，加上日本文化传统中平均主义的历史背景以及日本民族中地少人多的现实，日本企业工资政策中最重视公平和合理的原则，而不是强调人与人之间的差异。因此，日本企业工资政策不把奖励个人放在首位，认为过分奖励高层经理会给企业员工之间的和睦相处带来麻烦。与这种薪酬制度相适应，日本企业忽视对员工的短期评估。

日本人力资源管理模式的具体表现形式为：①创新的招聘标准：比较注重员工的

基本素质，对个人的具体技能要求相对较低，并且十分看重处理人际关系的能力；②教育培训制度："通才型"培训；③晋升制度：规定了必须具备的资历条件，达不到规定的资历就不具备成为晋升候选人的条件；④升薪制度：年功序列工资制；⑤退职金制度：公司职员退职时，依照其服务年资、劳绩等有关因素的规定，给付退职金；退休制度：正常退休后可领取高额退休金；⑥人才银行：把具有专长的人才（通常是熟悉业务秘密，且具有一定专业知识的退休人员）资料，包括个人履历、专长、志愿等登记起来，当有公司需要用人时，银行便为其介绍人选，如公司录用，则付给银行介绍费，从而获利；⑦人才派遣业：把拥有社会通用技术的自我雇佣者派遣到需要他们但却不与他们建立雇佣关系的企业中去进行劳动的一种特殊业务的事业体；⑧劳动者供给事业：劳动者供给事业主（老板）为需求方提供劳务，需求方向劳动者供给事业主支付报酬，劳动者从劳动者供给事业主处领取工资。美日人力资源模式差异巨大，其优缺点比较详见表2-5。

美日人力资源管理模式之比较　　　　　　　　　　　　　　表2-5

国家	优点	缺点
美国	高提拔 高效率 高竞争	短期行为 两极分化 无安全感
日本	工作安全感 优秀工人素质 质量的保证	机构臃肿效率低下 专业化低的代价 高中层经理的苦恼

现代企业的人力资源开发与管理中，更加明显的趋向是一种融合型的管理方式，即"三高三感"的管理模式：同时具有美国模式的高竞争、高效率、高提拔和日本模式中所体现的员工安全感、责任感、归属感。

2.5.3　人力资源管理的组织结构设计

组织结构（Organizational Structure）是指对于工作任务如何进行分工、分组和协调合作，是表明组织各部分排列顺序、空间位置、聚散状态、联系方式以及各要素之间相互关系的一种模式，是整个管理系统的"框架"，是组织的全体成员为实现组织目标，在管理工作中进行分工协作，在职务范围、责任、权利方面所形成的结构体系。其本质是为实现组织战略目标而采取的一种分工协作体系，组织结构必须随着组织的重大战略调整而调整。

组织结构具有动态性，美国学者托马斯·卡蒙（J. Thomas Camon）曾提出组织发展五阶段理论，即：

（1）创业阶段：决策主要由组织经营者个人做出；组织结构不正规；信息沟通建

立在非正式基础上。

（2）职能发展阶段：决策主要由中层主管做出；组织结构建立在专业职能的基础上；各部门需要协调和沟通。

（3）分权阶段：各职能部门自我管理；企业经营者重宏观调控。

（4）参谋激增阶段：参谋的增加易导致意见分歧，造成团队内部矛盾，影响执行力。

（5）再集权阶段：形成在组织统一领导下的、各职能部门充分实现自主管理的完善管理系统。

在进行组织结构设计时，要遵循管理幅度和管理层次相协调的原则。管理幅度指一个领导直接有效地指挥下属的人数。管理层次指将企业内最高领导到基层之间划分成的隶属关系的数量。管理幅度和管理层次相互制约，相辅相成。

2.5.4　建筑施工企业人力资源管理

1）国内施工企业项目管理模式

目前，国内施工企业在项目管理模式上基本形成了分权模式和授权模式，这些模式不能直接适用于某些建筑工程施工企业。

分权模式使企业总部的系统管理、综合管理相对弱化，决策和管理职能位移到项目经理部。项目经理部的高度分权、承包经营，使项目经理部成为企业权力的中心、成本的中心、效益的中心。在项目经理部云集人才、资金、设备等生产要素，项目经理部各自为战，企业内部会形成"诸侯经济"的局面。

授权模式是总部集权、进行有效的策划和控制，对项目经理部授权管理的模式。总部有步骤地将项目部经营决策、资金使用、生产要素配置、人事管理、物资采购、技术方案审批、合同签订、分包商选择、制造成本确定、消费基金控制这10项权力收归公司总部。将项目授权管理，对项目经理部的分权管理改为授权管理，项目经理作为法定代表人的委托人，在授权范围内全面负责对业主履约。通过组建技术含量较高的专业公司来保证项目施工任务的完成，实现专业施工保障。组建社会协力联合体，整合社会生产要素，联合各类型企业，开展有序竞争，共同开拓市场。图2-5为某建筑工程公司组织结构图。

该组织结构图可被概括为"总部服务控制、项目授权管理、专业施工保障、社会协力合作"，具体实施策略可总结为以下几点：

（1）建立分公司为投资责任中心、总承包事业部为利润中心，项目部为成本中心的经济控制体系。

（2）在加强公司总部服务功能的前提下，将经营决策、资金使用、生产要素配置、人事管理、物资采购、技术方案审批、合同签订、分包商选择、建造成本确定、消费基金控制等10项权力集中在公司总部。

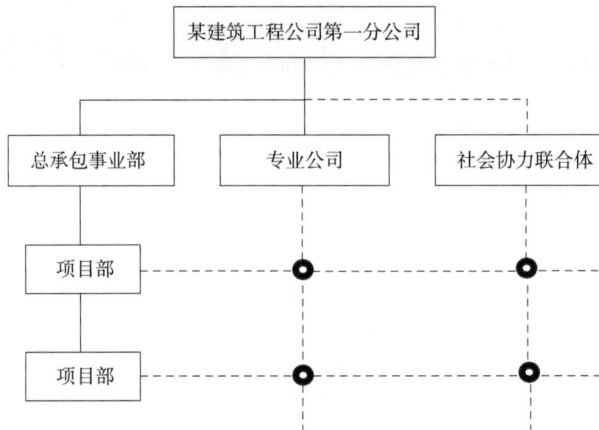

图 2-5　某建筑工程公司组织结构图

（3）实行作业层和管理层两层分离。

（4）对项目经理部授权管理，项目经理作为法定代表人的委托人，在授权范围内全面负责对业主履约。

（5）组建技术含量较高的专业公司来保证项目施工任务的完成。

（6）组建社会协力联合体，组合社会生产要素，联合各类型企业，开展有序竞争，共同开拓市场。并建立运行体系及相应的管理手册，用以规范企业的运行机制。

2）建筑企业组织结构未来的发展方向

建筑企业目前面临的发展难题，比如外国建筑企业参与竞争，建筑工程市场结构细分化，对承包商的专业化程度提出更高要求；项目大型化和业主的全方位服务需求，要求承包商对有限的人、财、物进行更合理的分配；全球频繁的经济波动，增加了企业经营的风险和不确定性；产品生命周期缩短，多样化竞争加剧，模仿者多等。因此，虚拟组织应运而生。

虚拟组织指两个以上独立的实体，为迅速向市场提供产品和服务，在特定时间内结成的动态联盟。它不具有法人资格，也没有固定的组织层次和内部命令系统，而是一种开放的组织结构。虚拟企业有以下几方面的特征：适应性、灵活性强（以机会为基础的各种核心能力的统一体）；共享各成员的核心能力（如波音 777 客机开发团队、全明星队）；项目大型化和业主的全方位服务需求，要求承包商对有限的人、财、物进行更合理的分配。建筑企业结构组织现状是组织层次繁多、机构臃肿、人浮于事、面对激烈市场竞争的应变能力弱。建筑企业未来发展方向必定是需要减少管理层次、扩大管理幅度、使组织机构扁平化。

组织结构扁平化管理具有优势。如信息的传递快，可以使高层较快地发现信息所反映的问题，并及时采取相应的措施。管理链条的缩短，使管理信息在传递过程中失真的可能性降低。由于管理跨度宽，高层管理人员因能力、时间所限，不会对下属管理人员控制过多过死，有利于下属主动性和创造精神的发挥。优化了组织结构，强化了内部管控，降低了管理成本，提高了管理效率和企业的核心竞争力。

3）建筑企业人员招聘、录用、培训及考核

（1）人员招聘

人员招聘是指企业通过采用一定的标准和程序去寻找、吸引有能力又有志愿到企业来任职的人员，并从中选出适宜人员予以聘用的过程。

一个企业要想永远留住自己所需要的人才是不现实的，也不是人力资源管理手段所能控制的，再加上企业内部正常的人员退休、人员辞退及人员调动，因此，人员招聘工作是企业人力资源管理的经常性工作。

人员招聘中应遵循以下原则：

公开原则：把招聘的单位、岗位、数量、资格条件以及考试方法均向社会公开，保证形成公平竞争的氛围。

公平原则：要求机会均等，体现为招聘工作的制度安排的合理性。比如，在一些招聘启事中关于年龄、性别的明确限制，具有明显的种族、性别、年龄歧视，这些都不符合公平原则。

公正原则：对待所有的应聘者应该一视同仁，体现为招聘人员对待招聘工作，不搞不正之风，做到一视同仁，不因个人好恶确定聘用人选。

竞争原则：通过制度设计实现择优选拔人员。企业必须制定科学的考核程序、录用标准，真正实现竞争原则。

全面原则：录用前的考核应兼顾德、才、能等诸方面因素。因为一个人的素质不仅取决于他的智力水平、专业技能，还与他的人格、思想等因素密切相关，因此要设立全面公正的考核标准，既要看到应聘者的特长，又要看到应聘者多方面的综合素质。

招聘录用时，还必须做到"人尽其才""用其所长""职得其人"。招聘工作的最终目的是每一岗位用人都最适合、最经济、最胜任，从而能达到组织整体效益最优。

人员招聘的程序主要遵循以下环节：

①组建招聘小组

由招聘单位的人事主管以及用人部门的相关人员组成临时招聘小组。招聘工作开始前应对有关人员进行培训，使其掌握政策、标准，明确其职责分工及工作程序。

②制定招聘计划

根据未来企业发展情况，用人缺口部门和数量确定的预测，制定一个完整的招聘计划。拟定招聘的时间、地点，欲招聘人员的类型、数量、条件，具体职位的具体要求、任务，以及应聘后的职务标准及薪资等。

③确立招聘渠道，发布招聘信息

通过有关媒介（如专业报纸、杂志、电台、电视、大众报刊）发布招聘信息，或参加人才交流机构、人力资源市场的招聘活动，以及直接到大中专院校招聘应届毕业生，采取各种方式和途径开展招聘工作。

④筛选录用

一般的筛选录用过程是：按照招聘要求，审核应聘者的有关材料，根据从应聘材料中获得的初步信息安排各种测试，包括笔试、面试、心理测试等，最后经高级主管面试合格，办理录用手续。

⑤工作总结

人员招聘进来以后，应对整个招聘工作进行检查、评估，以便及时总结经验，纠正工作中存在的不足，总结经验教训，供下次开展招聘工作参考。

此外，在新录用人员试用一段时间后，要调查其工作绩效，将实际工作表现与招聘时对其能力所做的测试结果作比较，确定其相关程度，以判断招聘过程中所使用的测试方法的信度和效度。所谓绩效考核的信度是指考评结果的一致性和稳定性。所谓绩效考核的效度是指考核获取的信息及结果与考核的工作绩效之间的相关程度。通过信度、效度的评价，评定测试方法与工作成果的科学性。

（2）人员录用

录用是指试用期满且试用合格的员工正式成为该组织成员的过程。

新员工进入企业以前，一般要签订试用合同，对新员工和组织双方进行必要的约束和保证。合同内容包括：试用的职位、试用的期限、试用期间的报酬与福利、试用期应接受的培训、试用期责任义务、员工辞职条件和被延长试用期的条件等。

试用期满后，如果新员工能够胜任工作，就应办理正式录用手续。正式录用手续一般体现为企业一般与员工签订正式的录用合同。合同内容和条款应当符合劳动法的有关规定。

（3）员工培训

员工培训是指在将组织发展目标和员工个人发展目标相结合的基础上，有计划、有系统地组织员工从事学习和训练，增长员工的知识水平，提高员工的工作技能，改善员工的工作态度，激发员工的创新意识，最大限度地使员工的个人素质与工作需求相匹配，使员工能胜任目前所承担的或将要承担的工作与任务的人力资源管理活动。

培训的形式可按不同的性质进行分类。

①按培训与工作的关系分类

从培训与工作的关系来划分，有在职培训和非在职培训。

在职培训即人员在实际的工作中得到培训，这种培训是比较经济的，不需要另外添置场所、设备，有时也不需要专职的教员，而是利用现有的人力、物力来实施培训。同时，培训人员不脱离岗位，可以在不影响工作和生产的情况下进行。

非在职培训即在专门的培训场所接受训练。其形式很多，诸如与学校挂钩方式、委托代培方式，有条件的单位亦可自办各种培训学校及短训班。由于学员脱产学习，没有工作压力，时间集中，精力集中，其知识技能水平会提高很快，这种培训方式需要企业投入一定资金、设备、专职教师、专门场所，成本相对较高。

②按培训的组织形式分类

从培训的组织形式来划分，有正规学校、短训班、自学等形式。

正规学校包括高等院校、党校、管理干部学院等，承担企业人员正规化培训任务，这种形式通常用于较高层次管理人员的培养。

短训班形式专业性强、灵活、内容有鲜明的针对性，可以使一批人同时受到培养，又费时不长，花费不大，易于组织，使受训者了解有关技术动态，跟上技术进步、管理变革和政策环境、市场竞争态势的变化，学以致用，见效较快。

自学是一种自我完善、提高的培训方式，其特点是组织简单、行之有效。包括一些员工自费参加高校在职学习等。

③按培训目标分类

从培训的目的来划分，有文化补课、学历培训、岗位职务培训等形式。

文化补课的目的在于增加普通的文化科学知识，为以后进一步提高奠定文化教育基础。

学历培训是员工利用业余时间参加专业学习，并考取国家承认的有关学历证书的培训。

岗位职务培训是从工作的实际需要出发，围绕着职位的特点而进行的针对性培训，旨在传授个人行使职位职责、推动工作方面的特别技能，侧重于专门技术知识的灌输。

④按培训层次分类

从培训的层次上划分，有高级、中级和初级培训。

一般而言，初级培训可侧重于一般性的知识和技术方法；中级培训可适当增加有关管理理论课程；高级培训则应侧重于学习创新，学习新理论、新观念、新方法。

企业要根据实际情况的需要，增强培训的针对性，安排培训的侧重点，如表2-6所示。

企业员工培训分类、培训性质和培训重点　　　　　　　表2-6

分类标准	员工分类	培训性质	培训重点
按受训对象层次划分	高层员工	观念培训	拓展思路，启发灵感
	中层员工	技术培训	解决问题的思路方法
	基层员工	技能培训	实际操作手法和技能
按受训对象质量划分	优秀员工	激励性培训	提高创造性
	合格员工	提高性培训	提高工作效率
	不合格员工	纠错性培训	弥补能力缺失
按受训对象岗位划分	管理岗位员工	适应性培训	管理技能和工具
	技术岗位员工	持续性培训	新技术应用
	销售岗位员工	集中性培训	销售技能技巧

（4）员工绩效考核

员工的绩效考核就是通过科学的方法和客观的标准，对职工的思想、品德、工作能力、工作成绩、工作态度、业务水平以及身体状况等进行评价。

绩效考核的作用主要有：①为用人提供科学依据。通过考核全面了解职工的情况，为职工的奖励、晋升、分配报酬等提供了科学依据。②激励员工上进。在企业实行严格的考核制度，并以考核结果作为用人及分配报酬的依据，必然促使员工认真钻研业务技术，努力勤奋工作，全面提高自身素质。③便于选拔、培养人才。通过考核，一方面可以发现员工中的优秀人才，有的放矢地培养，适时地选拔到更重要的职位上；另一方面，通过考核掌握员工全面情况后，才能对员工进行各有侧重的培训，尽快地提高他们的素质。

绩效考核的内容主要包括以下几点：

①工作成绩：考核工作的实际成果。工作成绩考核要以员工工作岗位的责任范围和工作要求为标准，注意相同职位岗位的职工应采用相同标准考核，这样不同班组的考核结果才具备可比性。

②工作态度：考核员工在工作中的表现，如职业道德，工作责任心，工作的主动性和积极性等。

③工作能力：考核员工具备的能力。员工的工作能力由于受到岗位、环境或个人主观因素的影响，在过去的工作中不一定都能够显示出来，要求通过考核去发现和培养。工作成绩、工作态度和工作能力是员工从事一定工作所表现出来的三个相互联系的要素。一个员工在一定岗位上工作，必须具备一定能力才可能干好，没有能力即便工作态度再好也不可能获得好的成绩。但是，一个具备了能力的员工，不一定就肯定获得优良的成绩，这里有一个工作态度问题，能力虽然高但不愿付出（即工作态度不好）也不可能取得成绩。所以，对于员工的考核必须从以上三个方面全面考核。

思考题

1. 什么是建筑业？建筑业有哪些特点？
2. 建筑业在国民经济中的作用和地位如何？试就其中一点作较深入的阐述。
3. 建筑业内部是如何划分部门的？
4. 简述建筑市场的含义。建筑市场中的主体有哪些？
5. 如何理解建筑市场中的信息不对称问题？
6. 简述招标采购有哪两种方式？它们各自的优缺点是什么？
7. 简述招标采购的流程。
8. 结合美日两国的人力资源管理模式，思考我国建筑企业人力资源管理可借鉴之处。
9. 建筑企业组织结构未来的发展方向有哪些？

第3章　建筑设计与建筑经济

建筑业是国民经济的物质生产部门。作为一种部门经济活动，按照实物产品的形成过程，改革开放之前建筑生产大体上可以分为设计和施工两大阶段，这两者在责任和体系上可以分开，这是当时建筑生产的一个特点。但这并不意味着建筑方案设计阶段可以游离于经济考量范畴，而完全寄身于艺术思维的领域。随着建设项目的商业投资开发模式成为主流，近年来投资前期的建筑策划（Architectural Programming）从可行性研究中分化出来，成为设计前期的必选项。建筑策划最初由投资方发起，后来建筑师开始主动参与以便与建筑设计衔接。2017年2月21日《国务院办公厅关于促进建筑业持续健康发展的意见》（国办发〔2017〕19号）提出"全过程工程咨询"这一理念，旨在民用建筑项目中充分发挥建筑师的主导作用，鼓励提供全过程工程咨询服务（图3-1）。

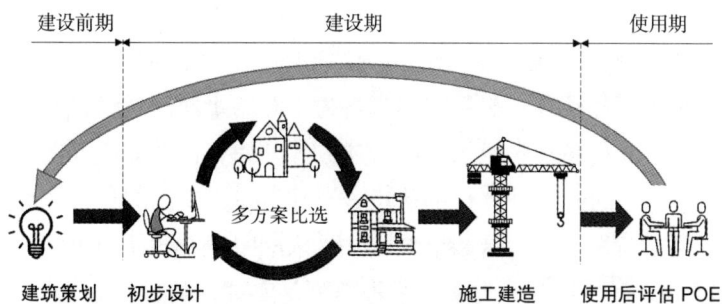

图 3-1　全过程工程咨询模式

前策划——后评估（Post-occupancy Evaluation，POE）是一种反思性实践，建筑生产的流程闭环反馈将成为建筑师最重要的工作模式之一，其中设计的每个阶段与经济之间两者始终是内部关系，而不仅仅是外部解释（图3-2）。

时至今日，追问设计究竟是艺术的还是经济的已经没有意义，"设计"一词的含义已经包含了对这一问题的完美答案。从基本意义上讲每一种人类行为，只要是意在改变现状，追求完美，实现某种目的，这种行动就是设计性的。所谓设计，就是一种设想、运筹、选择和决策，而不是一种认识、反映、了解和解释。它不是为了说明对象、现状、环境，而是为了改善它们，既包括设计的结果，也包括实施的过程。

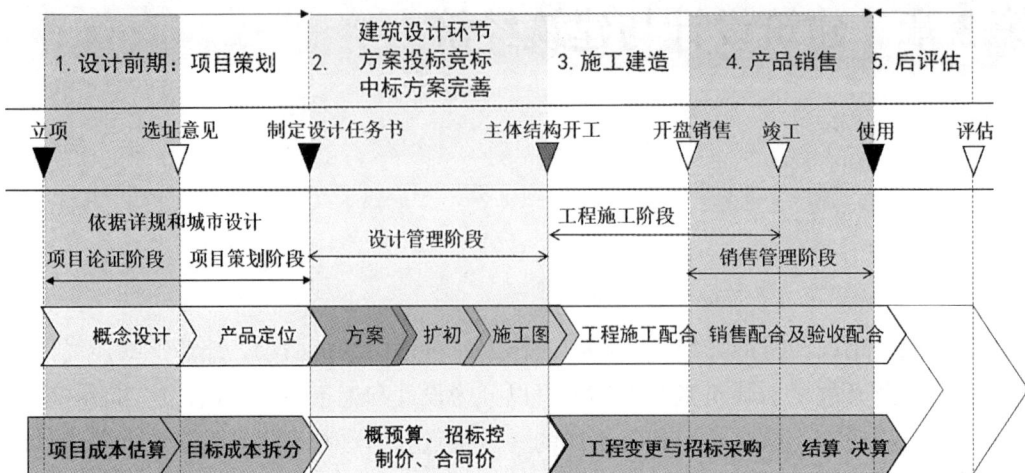

图 3-2 经济性在建筑设计诸阶段始终是内部关系

3.1 设计阶段的经济决策类型

在对当代建筑业或建筑设计的认识上，我们经常会听到两种典型的观点：一种观点是，建筑业是国民经济的支柱产业，它对 GDP 的贡献率正日益扩大；另一种是建筑业是耗能大户，全球能量的 50% 消耗于建筑的建造与使用过程，因此建筑设计应该遵循生态原则。

上面两种表述从现实及其发展趋势上看都是正确的，区别在于一个是关于建筑经济的认识，另一个是关于建筑设计决策的主张。为了有助于厘清建筑设计阶段在建筑经济活动中所起的作用，我们将从考察语言的表述方式开始，语言和修辞能带动思考方式的转变。也就是说，由于对建筑业地位的认识和对建筑设计方向的期待有着不同的目标和结果，所以，这两个阶段或者说这两个领域常常以不同的方式使用语言。

关于建筑行为的表述有两种类型。一种类型是实证性的，例如第一种观点的表述。实证表述是描述性的，它作出关于建筑经济现象是什么（What）的论断。它通常排斥主观价值判断，只是客观地研究建筑经济现象本身的内在规律和发展趋势，并根据一些客观经济数据来分析和预测经济行为的结果。另一种类型是规范性的，例如第二种观点的表述。规范表述是建议或命令性的，它作出关于建筑设计应该做什么和考虑什么（How）的论断。因此，它通常以一定的价值判断为基础，提出分析处理建筑经济问题的标准和原则，并以此作为依据评价或规范建筑设计的过程和结果。

实证表述与规范表述分别代表了建筑经济研究中的两种分析角度，即实证经济分析和规范经济分析。这两者的主要差别在于我们如何判断它们的正确性。从原则上看，我们可以通过检验一些主要的经济数据来确认或否定实证分析。例如通过分析投资规模、竣工面积、GDP 比重、就业量等经济数据来认识建筑业或建筑经济在国民经济中的地位和作用。与此相比，规范分析不但涉及事实，更主要地涉及价值观，乃至伦理、宗教和政治哲学的看法等。因此，规范分析也可以被称为价值分析，或价值判断经济学。它不仅要说明经济活动是应该如何运行的，而且还要对那些不符合经济目标之外的其他目的（如社会福利、环境质量等）的建设行为提供纠正办法和方向。

当然，实证分析与规范分析也是密切相关的，立足于事实和数据分析的实证观点必然会影响我们对于诸如政策与方法上合意、合规、合理的规范观点的认知。事实上，当代绿色设计或生态建筑思想的崛起表明，如果社会的最大利益没有得到保护，那么设计的规则就会或就应该发生改变和调整。

建筑经济学的研究中，区分实证分析和规范分析是十分重要的。许多经济学的流派仅仅是努力解释经济现象，但是建筑经济学是一门应用科学，它的目标往往是改善经济运行的过程和结果。在建筑设计中，当你运用美学知识来看待造型问题时，你是一个艺术家。同时，当你应用规范经济分析来探寻建筑结果时，你就要意识到，你已经跨过了某种界线，从建筑师变成了决策者。在建筑经济问题上，决策失误是最大的和最本质的失误。

3.1.1　设计的经济特征

建筑是艺术与技术的结合，这一经典的概括，不论在方法上还是在结果上均反映了建筑设计的二元性。首先在结果层面，对于建筑来说，存在着两个不同的观察角度：一种是"作品观"，它侧重于建筑形态的视觉表现和分类，例如建筑的空间、形式、体量、尺度、比例、光影、质感、色彩、景观构图等美学知识和风格形象方面的内容构成了建筑物是否能作为一种艺术作品的基本判据；另一种观察角度是"产品观"，它侧重于技术经济的效果评价，例如建筑的位置、规模、容积率、使用面积或营业面积的比例、所有权、建设周期、投资效益、维护费用、折旧率和成本等构成了建筑物作为一种产品生产的核算内容，并且是从想法到图纸再到实物的全过程的计算。其次，在方法层面，由于"作品观"与"产品观"反映了不同的侧重点，因此，设计被分为"显性设计"和"隐性设计"两种。显性设计是一种视觉传达设计，它高扬形象思维，侧重于对文化、符号和风格的象征表现；而隐性设计则是一种工程设计，它侧重于产品的功能、材料和技术经济效果。

在传统的教育中，建筑师常常被优先培养成一个艺术家，在他的工作中，工程的经济问题只是在一种特殊的联系中才会被提到，例如在工业建筑设计中。此外，从经济学的角度来研究建筑设计，这一倾向似乎立刻对建筑师和艺术家的传统观念造成一种威胁，即他们的创造性似乎被缩小成一系列经济计算和工程合作过程的协同角色。据粗略统计，能参与建筑设计决策的从业主到建筑师、结构工程师、造价师再到政府官员及项目施工管理验收等职能机构和岗位数量超过 40 多个专业角色。

建筑设计在构思和决策上包含不同程度的社会协调与合作的现实，使得建筑艺术成为一种社会生产。这意味着设计活动是一项包含有大量现实的经济因素的复杂建构。而当设计思维以复杂的社会实践活动为对象时，它就具有了不可逆性。众所周知，一项复杂的社会工程实践不同于自然科学的实验，后者可以排除各种干扰在典型的环境下进行重复的试验。而复杂的社会工程建设，例如一项耗资巨大的建筑工程则不允许进行反复的试验和遭受失败。在这里我们应认识到方案阶段的反复推敲并不是对"不可逆性"的否定，恰恰相反，正是由于工程实践上的这个特性，要求行动前的决策尤其需要系统地考察内外因素、全面地衡量前因后果、准确地选择设计的方案。由此反观在艺术范畴中各种各样的前卫创新"理论"，它们全都忽略了关于社会生产的某些描述，忽略了建筑设计也是社会经济范畴中的一个变量，更多地在形而上学的和心理分析的概念上阐述创造力的流行结论。

其实，强调建筑艺术是一种社会生产，方案设计是经济范畴中的一种思维，建立这种认识的目的，并不是要探究"美"或"艺术价值"这些概念本身是什么或应该是什么，而是说明，建筑中的"艺术价值"不会因社会和经济因素的渗入而减少，减少的只是某些过分浪漫的和神秘的艺术观。但是，减少并不等于消除。一方面，需要记住的是，建筑设计的直接主体只能是建筑师。也就是说，建筑设计艺术里总有些东西是个人的、不可预知甚至不可言说的，设计过程中涉及的繁杂事务无法改变建筑师工作中使建筑成为艺术的部分。另一方面，同样必须记住的是，设计的现实性和经济性已经拓展了建筑师的工作范围。在美学价值方面，设计的个人化是无法辩驳的，但个人化无助于使建筑艺术同其他艺术之间区别开来，无法认识到设计的特殊性。而设计的协作性或者更准确地说是社会性则凸显了这种差别，形成了建筑艺术生产的独特基础。

事实上，在建筑设计中没有单一的决定论。无论是把建筑看作是艺术创作，还是把它看作是社会生产，艺术性和经济性之间并不是不相容的，对其中每一个方面的正确理解都将会揭示出它们的相互依赖关系。在这方面，改革开放最初30年的住宅设计领域的实践已经充分地揭示了审美领域与审美外在因素（例如房地产市场机制）之间的互补研究在市场中的积极意义，可以说，不论在知识结构方面还是在设计思想方面，艺术与经济这两大范畴之间重建一种平衡意识和能力将是未来建筑设计和方案决策的指向和基础。

3.1.2　设计决策的类型

1）建筑设计市场的变化

在未来相当长的一段时期内，建筑产品仍然需要一个视觉形式或一种围护表面，在这种物化形式上仍然需要充斥情感和文化符号的张力，从中追求和高扬一种无目的性的抒情价值。但是，随着目前已经出现在社会文化和自然环境方面发生的价值评估，新价值观反映并正在促进着建筑设计从一个服务于粗放的经济社会向一个可持续发展社会的转变。在这种新的形势下，建筑设计逐渐变成一个比不久之前更为复杂和更加多学科参与的活动。其中，经济学如同美学和艺术哲学一样成为设计的基础，经济性将从过去的那种暗示性的、潜在的设想转而成为一种公开的和明确的设计标准。

（1）建筑产品观念的变化：在技术属性、环境属性和文化属性的内涵之外，明确了建筑物具有商品属性，树立了最终建（构）筑物是社会效益、环境效益和经济效益相统一的产品观念。

（2）建筑师职能与职业教育的变化：在与特定的委托人签订双边合同为基础的具体设计活动之中，注重设计职能的中立性和公益性意识（工程伦理 Engineering Ethics），面向和促进可持续发展的社会目标。2018 年 5 月 4 日国务院学位委员会发布《关于转发〈关于制订工程类硕士专业学位研究生培养方案的指导意见〉及说明的通知》（学位办〔2018〕14 号），通知要求在公共课程的设置框架和必修环节中加入工程伦理课，除了政治理论课之外，工程伦理也被列入公共必修课。

（3）设计任务性质的变化：从过去计划经济转变为市场经济过程中，指令性任务减少，（附加条件的）委托项目和竞争性任务（招标投标或竞赛）增多。

（4）委托单位的变化：从过去的政府一家委托（或指令性任务）转变为多元分散的业主，包括企业公司、私营开发商、分散的投资者和自建房用户以及部分仍由政府机构的合同式的委托等，即在 B to G（企业与政府项目）之外，更多的是 B to B（企业与企业项目）甚至 B to C（企业与个人项目）。

（5）建筑师工作方式的变化：在 2019 年开始的工程总承包（EPC）政策下，无论是设计引领还是施工引领整个工程项目，建筑师的工作方式正在发生深刻变革。

（6）建筑产品的供应方式变化：从以前的"定货"（Bespoke）方式为主到现在的"订货"与"现货"（off-the-Peg）方式并重。前者被专门设计以满足特殊用户的需求，后者主要指大量的商品住宅和供租售的写字楼及商铺等建筑。

2）设计类型

随着建筑设计市场化的发展，建筑师面临的任务越来越复杂，建筑设计产品的形态也越来越多样。这时，建筑师进行设计时首先会涉及一种分类管理学，即建筑设计中的任务或问题（Question or Problem）哪些应该由政府决策，哪些应该由市场决定。当我们思考这些问题时，我们应该意识到，一项建筑设计不是一个在单一层面上解题的过程。

当代建筑设计所关注的问题大多是由社会公众利益和经济目标的变迁所引发的前沿性问题。以解决这些问题为主要目标的设计领域和设计过程越来越具有开放性。因此，最好和最有成效的建筑师是那些具有良好边缘学科知识的人，他们不仅要掌握设计的技巧，而且更要熟悉设计中的问题以及围绕这些问题的社会主导力量间的相互关系。从这个意义上讲，现代设计的概念不仅仅是关乎技巧的，而是在本质上更关乎设计者是怎样工作的和如何思考的。因此，现代设计是一项有多学科支撑的系统分析过程，其中对多重目标的思考可以提高设计的质量和决策的有效性。

问题一旦提出，新的知识和新的见识便会迅速积累起来。纵观全部的设计问题类型，大致可分为三种，即：明确的设计、不甚明确的设计、为难的设计。

（1）明确的设计（Well-defined）：根据明确的目标、指标和约束条件而进行的，是典型的"定货式"的设计。

（2）为难的设计（Wicked）：恰好相反，没有明确的目标和指标，没有特定的用户，建筑师面临着更多的可能性。非工程性的设计竞赛即是此类。

（3）不甚明确的设计（Ill-defined）则介于上述两者之间。

3）设计决策的类型

由于设计面临的问题类型不同，那么，建筑师需要的解题过程（Problem-solving Process）或设计决策的算法（Algorithm）也不同。对应于上述三种问题类型，决策方法相应地分为三种，即：确定型决策、风险型决策和竞争型决策。

（1）确定型设计决策：是在处理只存在一种未来客观状态和一种最优方案的决策情境时所采用的一种决策方法。这种决策方法的重要特点是约束条件比较明确，决策变量都是可控制变量的取值范围。例如某开发商向三家银行借款，而利率不同。这时很容易判断利率最低者为胜。确定型决策看起来十分简单，但实际上决策问题通常都非常复杂。例如上述借款方案中如果再加入一个还贷时间长短因素，那么决策的结果可能就会有所改变。

其实，在建筑设计实践中，建筑师遇到的影响设计决策的因素会有很多，即使在"定货"式的设计中，根据功能、经济、美观等各方面的不同侧重和理解而常常导致不同的结果。确定型决策的应用更多地体现为在局部范围内"同中求异"或"小中求大"的思想。例如，同一场地中追求最大的建筑面积（容积率），或者，在相同的容积率中追求最佳的环境质量等。

在20世纪80年代天津大学建筑学（院）系馆设计中（建筑面积7000m²，投资300万元，单方造价约428元/m²），原来的"三角形方案"是按照地形条件，遵循由外向内的原则而产生的。但在后来的设计中，建筑师在保持形式与特定地形环境取得有机联系的前提下，进一步"把朝向问题置于突出的地位来加以考虑"从而形成"凸"字形平面，使绝大部分房间成为正南或正北朝向，如图3-3所示。

在相互竞争的各种条件中强调其中的某一主导因素，这种思考方法也是确定型设计决策的一种表现。当然，选择哪个因素作为主导依据，这与设计者的经验、专业素养知识见识等有着密切关系。

（2）风险型设计决策：也称统计型决策或随机型决策。它一般应具备五个条件：①存在着一个可以达到的明确目标；②存在着可供选择的两个以上的设计方案；③存在着不以设计人主观愿望为转移的两种以上的客观状态，或自然状态；④不同的方案在不同的自然状态中的后果可以被预测到；⑤但未来出现哪种自然状态，设计人不能确定，只能根据以前的经验和曾经出现类似结果的统计概率来推断。

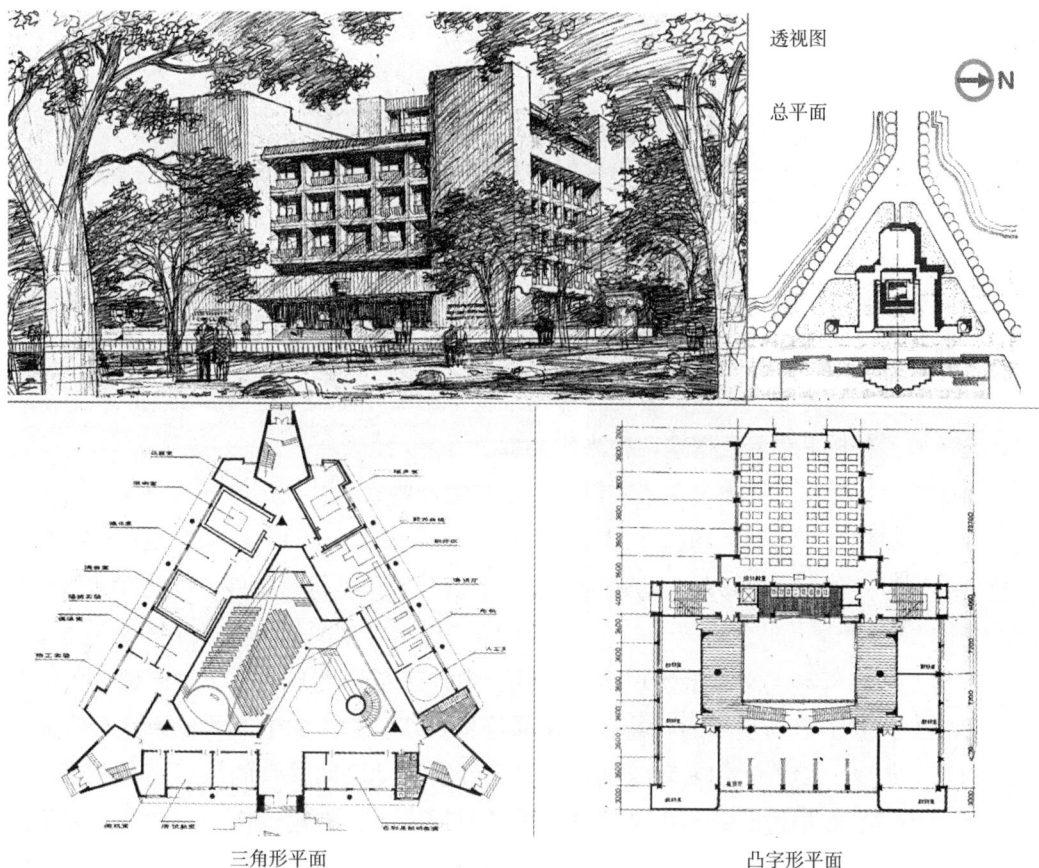

透视图

总平面

N

三角形平面　　　　　　　　　　凸字形平面

图 3-3　天津大学建筑学（院）系馆设计方案图，1987 年

在建筑方案的安全性设计方面，例如建筑抗震设计便是符合上述五个条件的典型的风险型设计决策。建筑所处地区的地震发生的频度和烈度是随机的，也就是说，未来出现哪种自然状态（地震与不地震状态）是不可预期的，在这种情况下，为满足必要的安全性而做出经济合理的设计就困难得多，需要承担必要的决策风险。此外，在建筑防火设计方面亦面临类似的情况。

值得注意的是，风险型决策并不是结构工程师独自面对的。建筑师在平面布局方案和结构选型中考虑平衡、稳定、强度、适用、经济等要求既是建筑造型的美学基础概念，同时也是安全性的构图内容。

（3）竞争型设计决策：通常指有竞争对手的设计，如设计竞赛、方案投标以及在住宅市场中为争取有限的购买力而实施的产品定位设计等。在这种情况下，竞争型决策也可以称为"对策"，或者叫作"博弈"（Game）。

以上是决策的基本类型，建筑设计过程中常常会综合运用各种决策，同时，每一种决策类型，在内容上又都包含有定量决策和非定量决策、短期决策和长期决策、一次性决策和连续性决策、静态决策和动态决策、单目标决策和多目标决策等类型。

3.2 建筑产品的市场特性与设计中的选择理论

在所有的设计问题和设计类型中，决策对象最终归结为建筑生产，建筑物的形成既是一个艺术创造的结果，同时，更重要的是它也是一个冗长而又昂贵的生产过程。后者正是建筑经济学，尤其是建筑设计经济学所关心的主要领域。

在最基本的层面上，或者说从物质生产的角度来看，用于生产建筑物产品的各种投入被称为生产要素。相比较而言，与建筑的功能、形式、空间、材料质感、光影组织以及艺术理论和美学知识等这些设计要素不同，建筑产品的生产要素又常常称为资源。其中，土地、资本、劳动力和生产者的才能是最基本的四种传统生产资源或生产要素。近年来又增加了新技术和大数据这两种当代要素。

将建筑设计看作是两大类要素（设计要素与生产要素）共同影响的观点，有助于我们更好地理解建筑产品的市场特性，有助于我们更本质地、更具有全局性地认识到在现代社会中作为社会生产重要环节的建筑（方案）设计，其进行的条件、可能性和遇到的挑战是什么。

事实上，在资本主义制度出现以前的社会中，建筑物更多的是作为一种耐用消费品而存在的，除了作为生活的容器和文化的符号之外，建筑的生产并不为社会增加额外的财富。但是，随着人们对建筑活动与其他经济活动之间关系的认识逐渐深化，尤其是在 20 世纪 30 年代的资本主义经济大萧条时期之后，把建筑作为一种经济现象去研究的动向获得了普遍的重视。建筑业作为政府和私人投资的重要领域以及作为创造就业机会的一个重要途径，在过去的几十年内很快地成为大多数现代国家中的主导产业之一。

以上事实表明，建筑中的经济和经济中的建筑，是并存于建筑经济学研究中的两个视野，不论从内部视野（建筑设计）还是从外部视野（社会经济）来看，都必须用经济学的观点、逻辑和语言来论述建筑问题。

3.2.1 市场观点：建筑物作为不动产

从经济学的观点来看，土地作为第一生产要素，它对建筑物的设计和生产均具有独特意义。在设计上，土地的某些自然特征作为场地的设计条件而存在，并对建筑设计产生深刻影响。在市场中，由于建筑的存在特性和价值构成方面都与土地保持着一体化的关系，因此，土地的供给和需求关系的变革会给建筑产业带来根本性的影响。例如，1990 年，国务院颁布了《中华人民共和国城镇国有土地使用权出让和转让暂行条例》之后，土地供给从过去的"三无"（即无偿划拨、无限期使用和不准流通）变为"三有"，从而成为建筑业和房地产业发展历程中的分水岭。

在市场交易中，建筑物作为不动产的根本原因在于它与土地资源的密切联系，这种联系主要分为两类，即自然上的联系和经济上的联系。

1）关于自然上的联系

在这个联系方面建筑物所具有的特征被称为物理特征或具体特征，它包括下列几方面：

（1）不可移动性。建筑物被固定在一块土地上不可移动，这一特性使得建筑产品市场在宏观上表现为一个地区性市场，也就是说，它不存在像工业产品和农产品那样的全国性流通市场。但是在微观方面，对于某些局部的细分市场，它可以既是地区性的，也可以是全国性的，甚至可以是国际性的，这有赖于建筑不动产的用途和涉及的权利。例如在细分市场中，单元住宅的交易市场主要是地区性的，而在大城市中心区的办公楼的租赁交易却可以是全国性的或者是国际性的。

（2）独特的位置。由于土地和建筑物的不可移动性，所以在理论上讲每项不动产都有一个唯一的、不可复制的位置，这意味着建筑产品具有异质性。相比之下，粮食、书籍等这些商品都是相似的，是可以替代的商品，对于购买者来说，得到一批同质商品中的任何一份都是没有明显区别的。

异质性意味着建筑房地产市场是（少数企业参与的）一种垄断市场，能使资源得到有效配置的完全竞争市场是不可能存在的。另外，异质性也使得不同城市或同一城市中不同地点的房价相差明显。

（3）不可磨灭性。不动产的这个物理特征意味着作为有形资产和合法权益载体的土地被认为是不可磨灭的。土地可能被开采、被淹没，或者被荒废，但是它在地表面上被标定的物理位置是永远存在的。

2）关于经济上的联系

建筑物的经济特征是与物理特征相互平行的另一个重要范畴。它包括下面几项内容：

（1）稀缺性。在建筑的生产要素中，资金和劳动力方面一般不考虑稀缺性，或者只表现出临时性的短缺。而在土地市场中稀缺性却是一个核心问题。这种稀缺性表现为两方面，一是可用于和适于建设的用地相对短缺，即城市开发用地与农业和林业等用地之间存在着相互竞争的关系。另一个是在城市中的建设用地供给方面，土地稀缺意味着位址（Site & Situation）具有唯一性和不可替代性。在这里，可以把位置看作是环境概念的一种表达，包括自然环境（实体环境）和人文环境。位置的稀缺性是不动产中一项极为重要的经济特征。在现实中，一块场地因为与体育公园、购物中心、交通枢纽、学校乃至知名社区的联系方便而可能比地形地貌相似但环境不同的场地价值要高得多。

（2）经济寿命长。虽然建筑物不像土地那样具有不可磨灭性，但是，它们却有很长的使用期限。例如很多历史文物建筑不但有很长的使用期限，而且还具备很高的经济效益，甚至说其资产价值随着时间的延长而不断地升高。

（3）可改造性。对于一般建筑物而言，在它冗长的使用期限内很少倒塌，但是作为不动产的资产价值却随着建筑物的自然损耗（折旧）而降低。这时，对旧建筑的改造和改建要求就显得十分必要了。改造或改建的经济概念所关注的是建筑与土地之间的协同效应，即改造或改建后的新用途将给这个位置带来更高的价值和更多的产出。

时至今日，有关建筑设计的方法和知识，不管是理论的还是经验的，都已羽翼丰满。但是，当我们把眼界放宽，把建筑物作为不动产来认识时，这就意味着经济学构成了设计理论基础的一部分，在建筑设计决策中成为一个关键因素。没有它，我们很难理解现实中变化着的公共政策对建筑设计的影响，也很难使设计思维达到一种理性的深度。

3.2.2 设计中的选择理论：经济学的视野

从经济学的角度来研究设计，这一要求会引起关于设计角色的转换，即建筑设计方案也是一个关乎资源配置的计划安排。

设计活动与资源分配的关系有两方面要求，第一个是理想目标，即要尽量保存或保护稀有资源；第二个是现实目标，即对稀有资源的利用方面要尽量寻求最优化和最大化的使用方式。例如建造所涉及的两大物质资源——土地与能源，高效率和集约化的利用它们是节约的现实含义。

不论是从直观的角度，还是从传统的专业教育的角度来看，建筑设计的直接目的是提供一种空间和形态，以此来满足某种功能（适用性）和审美（文化性）的要求。此外，设计活动为什么还要考虑经济性这个看起来是"外在"的目标呢？答案取决于生产空间的物质媒介即资源的稀缺性。

稀缺性是指资源的有限性。在建筑生产中，土地资源在包括受到其他经济活动如农业耕地竞争而限制的水平广度方面，以及受到技术经济条件限制的垂直空间高度方面均是有极限的，不能无限度地扩张。资源的稀缺性和有限性构成了建筑设计思维中的可能性边界。

1) 设计的可能性边界

从建筑经济学的角度来看，方案的设计过程是一种决策行为，设计活动扮演着资源配置的角色。但是在以往的认知方面，我们仍然把设计思维默认为一种形象思维，这是经验性的结论，也很正确。在这种情况下，建筑设计要回答的一个正式问题是，设计思维除了具有艺术思维的形象性特征之外，还具有哪些本质内涵？

在现实中存在着把建筑物看作是一种经济产品、公共物品或艺术作品等多重理解。因而，土地作为生产要素和设计要素，它在建筑中相应地有不同的表达，如资源、场地、位置与环境等。不论从哪个层面上看，土地的有限性意味着设计思维首先或同时是一种"边界思维"。正如我们所知和所见，新建筑一旦介入到城市或区域的环境当中就会引起现状的某些改变，为了保证建筑场地与其他周围用地单位拥有协调的环境和平等的利益，场地的开发和建筑设计必须遵守一定的公共限制。公共限制条件主要来自国家及地方政府的有关法律、法规、规范、标准等规定。设计任务书载明的城市规划部门的要求以及与建设有关的消防、人防、交通、环保、市政等主管部门的要求同样是公共限制条件的重要内容。

边界思维包含两方面的几何学内容,一是平面限度,即场地平面中最大可建建筑区域的确定;二是剖面限度,即场地剖面中最大可建建筑容量的确定。

(1)平面限度

平面范围是由边界限定的。我国城市规划中使用着七种边界:①用地红线;②道路红线;③建筑红线:从道路红线后退形成的建筑控制线。此外,形成用地边界或者相当于建筑红线的还有绿线(城市绿地)和蓝线(水域水岸);④紫线(历史建筑保护区);⑤橙线(城市中重大危险设施核电站油气及化学危险品仓储区);⑥黄线(城市基础设施及公共服务用地);⑦黑线(高压电力走廊等)。在下面的平面限度中只考虑用地和建筑的边界限制:

建设用地边界线:即业主(开发商、建设单位或土地使用者)所取得使用权的土地边界线。在我国,该线有时又被称为征地线。它侧重于强调土地使用、收益和处分等权益的财产属性和经济责任,具有严谨的法律意义。

道路红线(Boundary Line of Roads):它是城市道路(含居住区级道路)用地的规划控制线。道路红线之间限定的范围是由城市的市政、交通部门统一建设管理,建筑物的地下部分或地下室、建筑基础及其他地下管线一般不允许突入道路红线之内。基地与道路邻近一侧,因城市规划需要,主管部门可在道路红线以外另定建筑控制线,一般称后退道路红线。按照《民用建筑设计统一标准》GB 50352—2019规定既有建筑改造工程必须突出道路红线的建筑突出物,比如建筑的窗罩、遮阳设施、雨篷、挑檐等突出道路红线内的宽度和距离地面的高度应符合有关规范的规定。

道路红线与建设用地边界线的关系有以下几种情况(图3-4):

建筑控制线:又称建筑线或建筑红线,是建筑物基底位置的控制线。建筑控制线所划定的范围就是可建建筑区域的范围,它的划定主要考虑如下因素:

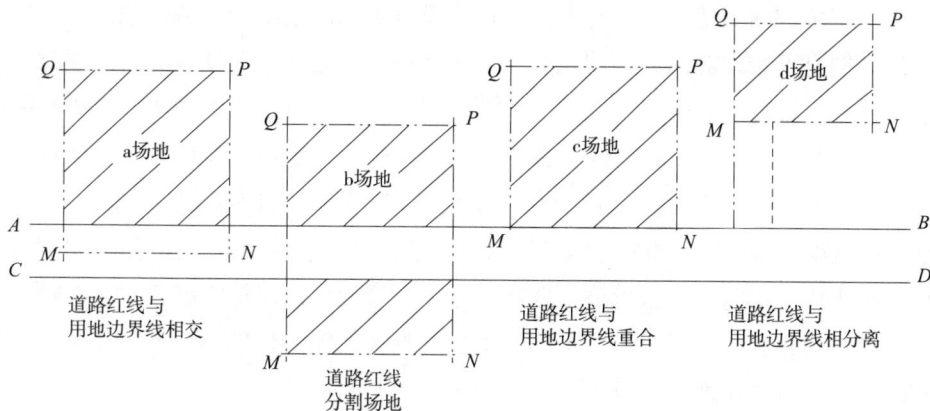

图3-4 用地边界与道路红线的关系(其中,**AB**、**CD**是道路红线)

①道路红线后退：场地与道路红线重合时，一般以道路红线为建筑控制线。有时因城市规划需要，城市建设主管部门常常在道路红线以外另定建筑制线，这种情况称为红线后退（或后退红线），见图3-5。

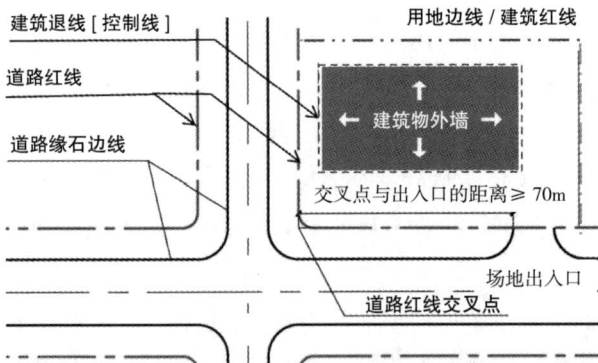

图中所示的灰色范围是建筑物的基底位置，处于建筑控制线之内。
建筑控制线或者建筑红线是由道路红线后退和用地边界线后退共同规定的。在不同的环境中，各个方向后退的距离可能有所不同。另外，高层建筑与多层建筑的控制线后退的距离也会有所不同。

图 3-5　道路红线和场地红线后退形成建筑控制线

②用地边界后退：在确定建筑基底位置时还要考虑到拟建建筑与相邻场地或相邻建筑之间的关系。为了满足防火间距、消防通道和日照间距而划定的建筑控制线称为后退边界。

（2）剖面限度

场地内建筑物的高度和容量影响着场地空间形态，反映着土地利用情况，同时又与建筑的社会效益和环境效益密切相关，因此是场地设计中重要的因素。

建筑的高度问题不仅与其面积规模相关，而且，更重要的是它还与建筑的地点有关。这或许出乎一些人的意料。

当建筑处于保护区或建筑控制地带（按照国家或地方制定的有关条例和保护规则，在国家或地方公布的各级历史文化名城、历史文化保护区、文物保护单位和风景名胜区及其周围一定范围内划定的需要对有关工程建设行为加以限制的区域或地带）时，对建筑的高度限制是不难理解的；当建筑处于居住区内，或毗邻于居住区的住宅楼时，建筑的高度要受到日影规划的影响，这也是不难理解的；当建筑处于市中心或区中心的临街位置，或处于步行街两侧的位置时，建筑的高度同样要考虑街道宽度对它的影响。为了确保道路日照而对建筑高度的限制称为"斜线控制"或者"斜面控制"（图3-6）。

建筑高度限制是确定建筑物等级、防火与消防标准、建筑设备配置要求的重要参数。

以上由平面限度与剖面限度分析明确了场地内最大可建建筑范围（图3-7）。

建筑师通过这种"边界思维"可能寻求到的是什么呢？显然，是为了寻求一种最大化的同时也是具有合理性（或合乎条件）的土地资源的利用模式。

但是，在实际任务中，最大化不是土地产出模式的唯一要求。在作为资源分配的设

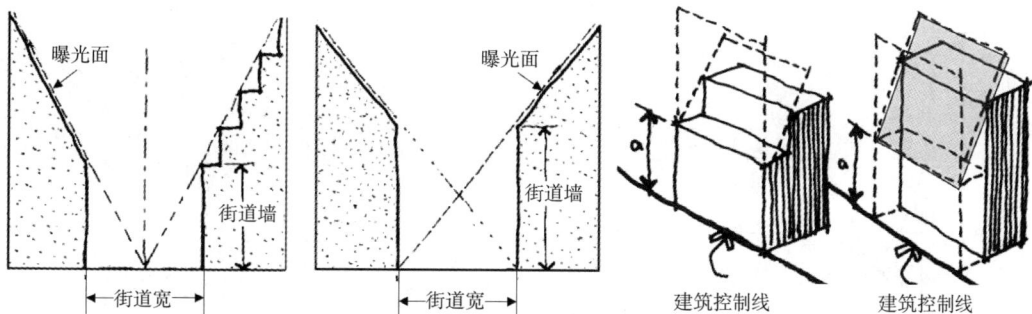

图 3-6 斜线控制大多用于解决日照和景观问题

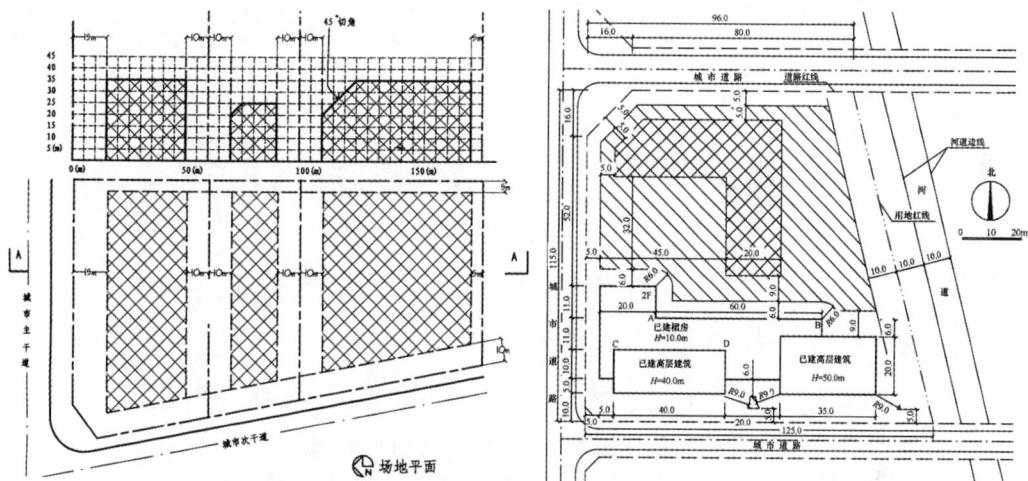

图 3-7 左图是 1995 年全国一级注册建筑师资格考试场地设计作图题，右图是 2014 年场地设计作图题。根据建筑性质、类型所适用的防火规范、日照间距以及建筑退线、建筑限高等规范规划要求，综合制定建筑控制线并画出场地最大可建范围，一直是考核的重点知识

计概念中，最优化是与最大化并行的另一要求。事实上，没有一块场地的建筑覆盖率能达到 100%。在一块有限的用地范围内，除要达到一定的建筑面积之外，土地产出还包括广场、绿地、交通道路等多种功能。为了简化问题，我们把场地产出分为两种因素，一是建筑实体，另一个是环境虚体，即进行所谓的"图与底"场地规划设计。这样，从抽象的两类要素组合的角度建立起一个经济学的模型，得到设计的可能性边界图（图 3-8）。

在经济学中，可能性边界是这样一种曲线图形，它用来反映两类要素之间的产量组合的各种可能结果，称为生产的可能性边界或生产可能性曲线（Production Possibility Curve）如图 3-9 所示。

在建筑设计方案中，极端情况下如果全部场地都覆盖成建筑，则覆盖率为 100%，如果全部场地都建成广场环境，则建筑覆盖率为 0，生产可能性边界的两个端点代表了两种极端的可能性。正常情况下，场地资源分配在"图"与"底"两种因素的此消彼长中。

两个模型：
在容积率相等时，
低层高密度方案（上）
高层低密度方案（下）

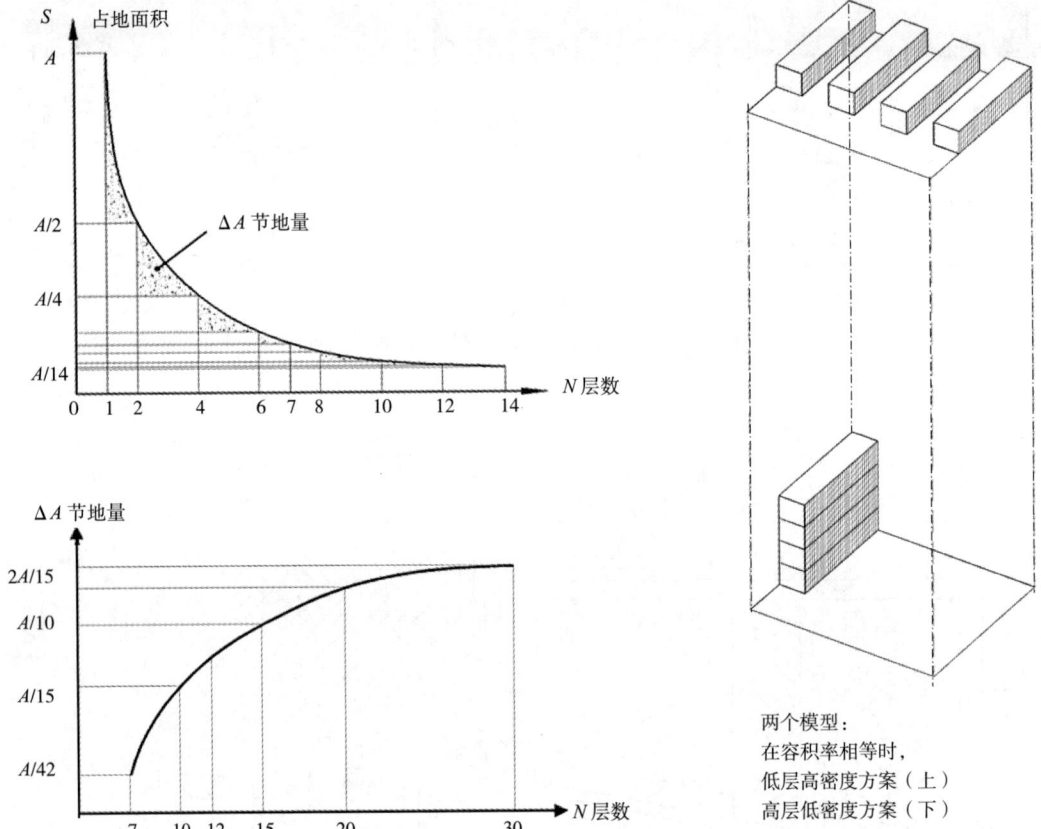

图 3-8 反映两个要素组合的可能性边界图

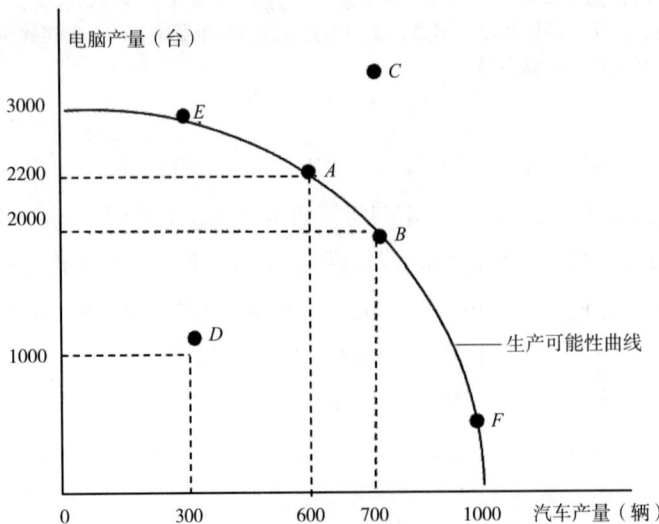

生产可能性边界用来表达一个经济社会中，在既定资源和技术条件下所能生产的各种商品最大数量的组合，是资源稀缺性的反映。分为三种情况：
一是在曲线之内，例如 D 点，反映产量组合不充分，资源有闲置，产量还有提升潜力。
二是在曲线之外，例如 C 点，反映现有资源与技术达不到的目标，不支持该产量组合。
三是在曲线之上，例如 A、B、E、F 点，是资源配置的最有效的组合结果。

图 3-9 生产的可能性边界

以上，我们是从平面的角度分析了场地资源的可能划分。由于建筑物是一个三维的实体产品，因此，建筑高度与场地利用情况也存在着相应的关系。例如，假如建筑高度为1个单位时，覆盖率为100%，那么，当建筑高度增加时，则覆盖率就会相应地减少，而空出的场地面积相应地增大。当建筑物达到最高控制高度时，我们就会得知场地规划中最大允许剩余空间。这样，从垂直的方向上我们也能得知一个关于场地容量的边界。

更多情况下，建筑设计是在约束条件下追求一个形态学方面的组合（图3-10）。

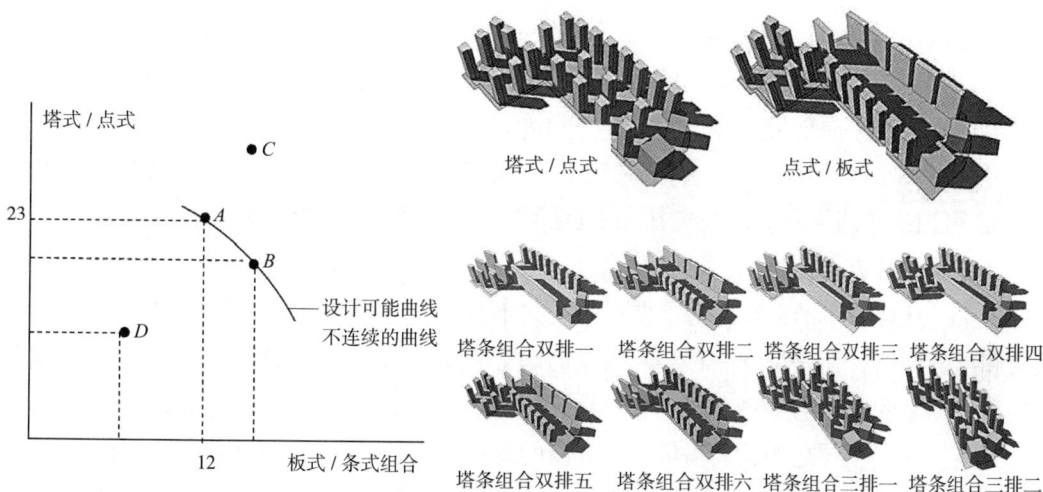

图3-10 容积率相同且满足日照条件下在可能性边界上的形态学组合

图3-10中显示，在既定建设场地的限制条件下，建筑密度与建筑高度、建筑高度与日照间距、高层住宅与低层住宅、分散式布局与集中式建筑等组合也能形成一个可能性曲线（呈现不连续的曲线）。

在规范和技术经济指标的框架下寻找各种可能性方案的过程，行业内称之为"强排方案"。在房地产项目中，甲方为了快速估算一块场地的成本和产品利润，在设计前期往往需要通过强排方案，从中确定出利润最大化的建筑业态组合与空间规划。显然，"强排"环节中包含着土地价值分析与产品组合的边界概念。

这时，形态组合同样会反映出边界思维的效用。例如同样的建筑面积，适用于同样功能的房间，其长度与宽度之间的组合可以有很多种，甚至无数种。但是不同组合则反映了或塑造了不同的空间围合效果以及不同的外部环境质量。

由上可见，边界思维是寻求优秀方案设计的前提和基础。它不能代替建筑设计过程，但它却告诉我们什么样的设想是不可能实现的，也提示我们在找到最佳结果之前，很容易错付了资源。因为"好方案"（Fine Design）与"坏方案"（Poor Design）之间投入的建设成本相差不多，但是产出的效果（包括有形的与无形的产出）却差别巨大。另外，一旦我们掌握了设计的边界在哪里，那么我们就已经保护了另一种稀缺资源：时间。不要浪费时间，或者，把时间用在该用的地方，这也是"经济"的一种含义。

2）方案选择中的机会成本原理

在上面的经济学模型中，我们注意到生产可能性边界是一条倾斜的曲线。这种图形意味着，在有效的配置状态下，图与底两者之间存在着置换或取舍（Trade-off），即在曲线上从一种组合到另一种组合，一个因素的增加意味着另一个因素的减少，反之亦然。形成这种关系的原因在于稀缺性或有限性。

设计有不同的结果，不同方案之间面临着取舍问题。作出取舍的依据有各种考量，有政治上的因素（如"形象工程"或"政绩工程"），有市场上的因素（如针对消费业主的住宅设计），也有个人的偏好因素（如建筑师的美学趣味）等。不论最后做出怎样的选择，有一点是共通的，那就是一旦做出选择，就意味着放弃其他可能性。因此，关于做出选择的第一原理可以归纳为这样一句谚语："天下没有免费的午餐"，为了得到我们喜爱的一件东西（建筑造型），通常就不得不放弃另一件我们喜爱的东西（降低建造成本），做出决策或选择要求我们在一个目标与另一个目标之间有所取舍。

建筑设计有多种目标，设计过程也会涉及许多相互联系和相互制约或相互竞争的多种因素。从经济学的角度考虑这些关系，并不意味着这些关系会像数学函数关系那样紧密和准确严格，而是呈现一种相互关联的趋势，这种关系叫相关关系。寻求各种因素和某种目标之间的这种关系，对于建筑设计经济来说是非常重要的。一般认为，如一项指标升高，另一项与之相关的指标也呈升高的趋势叫正相关；一项指标升高，与之相关的另一项指标呈下降趋势叫负相关。把它们两两对应的数值在坐标图上描出点，这些点大体散布在一个椭圆形的区域内，这种图叫做相关图（或散布图）。画出这种图形有利于我们寻找各种因素之间的正相关或负相关关系。

相关点大体散布在一个椭圆域内，椭圆的中心线大体能成为一条直线，这种相关关系称为线性相关，如果图上相关点散布杂乱无章，布满多个区域，就是不相关。还有许多因素之间呈曲线相关的形式。相关点散布图的形式如图3-11所示。

相关性是因果关系的必要但不充分条件。在参数化的算法中相关关系经常会被误认为因果关系，图中的直线是各种相关关系的数据全部落在回归线上时才出现的。在建筑设计中，我们不能期待有完美的线性拟合（线性函数），总有一些离群值是常规下的例外，却往往意义重大。例如，设计标准与成本之间是符合正相关经验常识的，但是无限增加成本并不能使设计标准无限提高。以安全设计为例，不论是消防还是抗震的安全标准在防火规范和抗震规范中分别有规定，因此达到既定设计标准后再投入的成本是无效的，新增成本构成了浪费部分。从综合标准角度看，建造技术进步和方案设计能力是异常值的代表。正如前面说过的"好方案"与"坏方案"之间投入的建设成本相差不多，但是产出的效果（包括有形的与无形的产出）却差别巨大。建筑标准化（Building Standardization）的目的是合理利用原材料，促进构配件的通用性和互换性，实现建筑工业化。如果上升到更高层面，比如建筑设计领域，将面临巨大挑战。因为民用建筑设计是典型的非标准化，表现在建筑与场地环境的关系上甚至是极端非标。

除了无相关关系之外，相关关系研究中有两点值得注意，一个是相关分析中有强相关和弱相关之分；第二个值得注意的是，相关关系是一个普遍的客观的联系。除了相辅相成

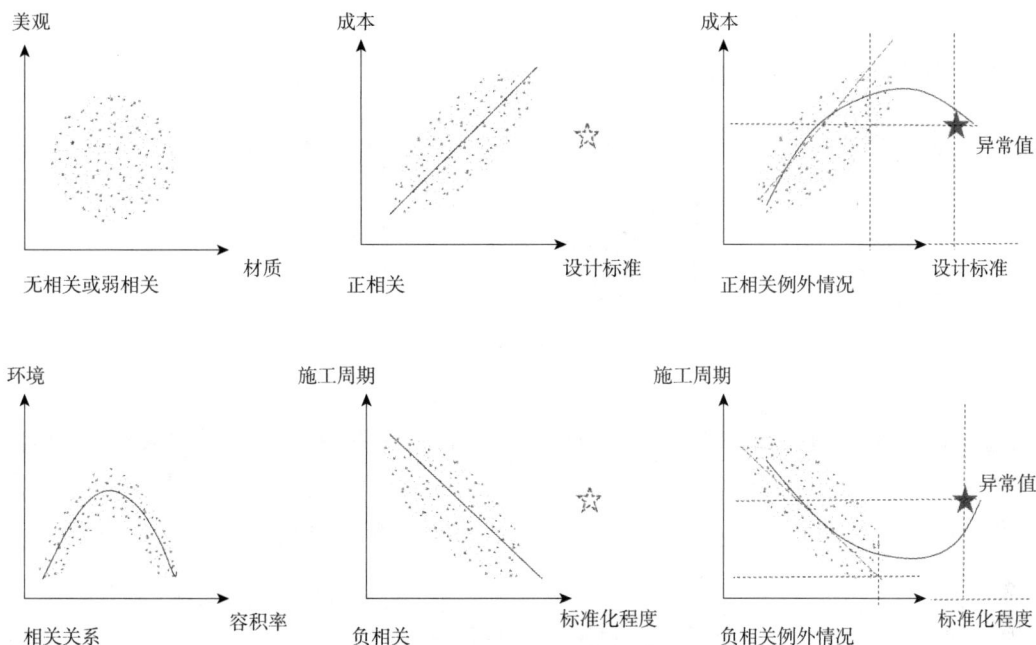

图 3-11　建筑设计中两两目标之间的相关关系图

的正相关之外，我们更多地面临各种交替关系或竞争关系。例如，一个社会资源所面临的典型的交替关系是"大炮与黄油"之间的竞争——这是绝大多数经济学教材中都借用的比喻——当我们把更多的钱用于国防以保卫海岸免受外国入侵（大炮）时，能用于提高国内生活水平的个人物品的消费（黄油）就减少了。在现代社会，同样重要的是效率与平等之间的交替。效率是指社会能从其稀缺资源中得到最多东西的特性，平等是指这些资源能被大多数人合理共享的特性。换句话说，效率是指蛋糕的大小，而平等则涉及如何分割这块蛋糕。这两个目标往往不一致，存在着相互竞争关系。

在建筑设计中，适用、经济、美观、环境质量与生态性等作为共同的目标群，它们之间显然存在着交替和相互竞争的关系。正是由于这种情况，建筑设计经济学要求建筑师做出选择之前应比较可供选择方案的成本与收益。

在很多情况下，设计方案的成本并不像进行投资核算那样明显。除了以货币的形式对方案进行成本计算之外（如概预算），设计方案的成本更多地、更一般地是用"代价"这个概念来表达的，或者是用经济学中的"机会成本"的概念来体现的，机会成本是一种隐性成本（图 3-12）。

由于我们普遍地面临着各种交替关系，因此，经济学家认为，在选择中，一种结果的机会成本就是为了得到这个结果所必须放弃的其他可能性。前面的生产可能性边界就表明一个选项是衡量另一个选项的机会成本。在一个社区规划设计中，当我们采用高密度方案时，这意味着我们是以放弃了可以获得开敞疏朗的外部环境的可能性为代价的，而这个代价就是高密度布局方案的机会成本。反之，如果我们采取了低密度的方案，那

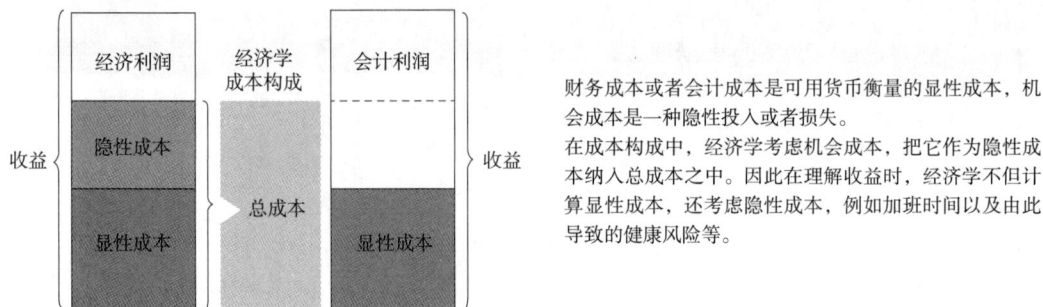

图3-12　机会成本与财务成本的概念

财务成本或者会计成本是可用货币衡量的显性成本，机会成本是一种隐性投入或者损失。

在成本构成中，经济学考虑机会成本，把它作为隐性成本纳入总成本之中。因此在理解收益时，经济学不但计算显性成本，还考虑隐性成本，例如加班时间以及由此导致的健康风险等。

么它虽然获得了园林般的外部环境，但同时，它就放弃了提高容积率的机会，从而使建筑的单位成本上升。上面两种方案如同鱼与熊掌一样不可兼得。一个方案是另一个方案的机会成本。从经济学上讲，机会成本小的那个方案应该具有比较优势（图3-13）。

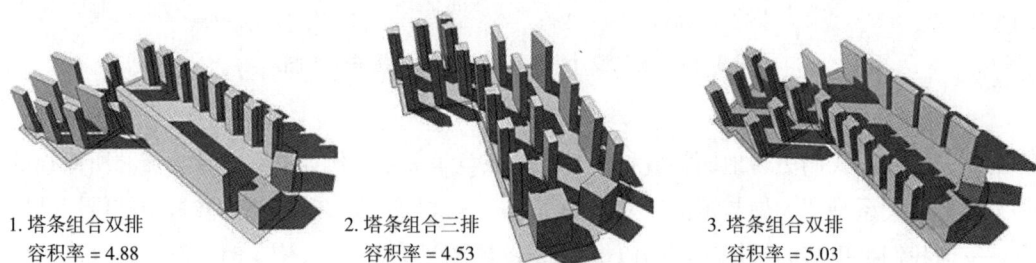

1. 塔条组合双排
容积率 = 4.88

2. 塔条组合三排
容积率 = 4.53

3. 塔条组合双排
容积率 = 5.03

图3-13　选项的机会成本：一个选项的价值不能被独立评价

　　图中"强排"三种选项，比较后的结论是：双排优于三排，场地南侧为塔式、北侧条形时，阴影最少。在双排布局中，第3种方案具有比较优势——板塔双排结合容积率最大，围合中心景观绿地最大——机会成本最低。

　　衡量机会成本的高低是很困难的事情，但总的说来，它仍然在市场经济分析的框架之内。从理论上讲，一个成熟的市场行为是"以销定产"而不是"以产定销"，换句话说，是从"现货式"供给向"定货式"的转变。这是决策者知道的事，也是设计者应该知道的事。对机会成本的衡量也是从考察消费者的行为开始的。经济学原理表明，影响一种物品的需求量，或者影响消费者决策的因素包括下列几方面：①价格。这似乎是第一因素。实际上，价格产生的影响作用分为两方面，一是单位价格，一是总体价格。两者的影响力之间的差别比较微妙，更多地体现在心理效用上。②收入。③预期。人们有时并不是根据他们现在的状况来改变自己的行为，而是根据他们对未来状况预期的变动来决定自己的选择。例如，如果人们预期低密度住宅会在未来升值，那么，他们就会优先考虑选择这种产品。④偏好。在收入的基础上，对于那些既不是"理性人"也不是"经济人"的群体，影响决策的最明显的因素是偏好，正如一句广告词所说："我喜欢，我选择"。建筑师一般并不想解释人们的偏好，但是他一定要考察当偏好变动时会出现什么变化。⑤心理效用。很明显，机会成本所衡量的东西大部分属于非金钱的，甚至是非物质性的，例如荣誉、名望和被赏识等。正是由于这个原因，把价格区分为单价和总价是有意义的，例如，在他们愿意支付的总价限度内，有人宁愿在城市 CBD 区域内选择一个面积较小的单元，以此来满足某种心理效用。在不动产领域，这种现象被称为"所有权的骄傲"。来自所有权的这个效用代表了对所有者的一种精神回报。21 世纪初有的小公司会因为获得像上海金茂大厦一样闻名于世的建筑物的一小部分所有权（无论多么小）而得到心理满足，在不动产市场中使用者愿意为某一特定位置而支付额外租金。当然，如果不考虑心理效用因素，在相同的总价水平上，使用者会优先选择较大的单元，尽管它从位置上看是处于城市边缘的。这时，影响决策的因素主要是单价。

尽管还没有一套全面的规则可以说明人们在交替关系中所承担的机会成本应该兑换成多少货币量，但是，只要我们在方案选择中能够记住或意识到我们所放弃的东西是什么，以及我们所得到的东西是否能够抵偿除金钱之外的损失，那么就会有效地避免许多想当然的推论，从而回到正确的决策基础之上。

机会成本原理简化了复杂的经济，并且跨越了所谓的经济与非经济之间传统的界线。它强调并澄清了一些基本思想，即效率、交替关系、机会成本和决策的前瞻性。换言之，机会成本原理有可能为人们思考设计经济和设计决策中的风险和潜在的代价问题提供一个简单的方法，这种方法是属于经济学的，而不是依据会计的财务报表统计。

3.3　设计决策：从目标合理性到过程合理性

从建筑经济的角度，我们把建筑设计看作是一种产品设计，设计工作是建筑产品的先导和依据。然而，建筑产品与批量生产的工业产品相比又具有个性，同时，与一般艺术品相比而又具有共性。在共性与个性、或者在产品与作品之间，我们常常把所有的精力都放在了后面的思考上。其实，如果我们可以向上或向前延伸，跨越个性化的局部环节，我们就会在实现目标的过程中洞察每一个基本环节的作用和影响，从目标到过程的双重合理性分析构成了建筑设计经济的首要核心内容。

3.3.1　建筑的深层结构：目标合理性解析

建筑的目的包含有功能和美学两大范畴，尽管这并不是人们建筑活动的全部目的，但至少可以说它们是最终答案的关键部分。如果我们把视野再放大放远一些，那么似乎可以肯定地说，人类从事建造的最初冲动纯属实用性的，任何企图"证明"他最初的建筑是象征性的努力全是痴心妄想——但这并不是否认一旦人类抽象思维的能力得到发展后，建筑作为象征的重要性。从这个意义上讲，建筑实践中的建筑设计在其合目的性方面实际上表现得更为宽泛一些。

　　建筑的历史研究表明，设计的合目的性大致经历了从"神"到"自然"、到"理性"再到"现实的人和社会需要"（功能）这样一个演变过程。前三个阶段虽然形式各异，但实质上都是一脉相承的，都是一个拟人的主体（上帝、自然或绝对理性），凭着自己的意志（天意、进化、自由意志）主宰设计的必然进程。如果把建筑的合目的性或建筑的深层结构放在人与建筑、建筑与外部世界之间种种关系中来认识（正如一些理论家实际上这样做的一样），那么，现代建筑理论在建筑的根源研究中为我们归纳了四个深层结构：建筑是人类活动的容器；建筑是特定气候的调节器；建筑是文化的象征；建筑是资源的消费者。

　　对其中任何一项都可得到详尽的阐述，由此构成一套完整的建筑理论，即：

　　（1）建筑作为人类活动的容器：延续了 19 世纪末出现的"空间目的论"。

　　（2）建筑作为气候的调节器：既是对传统建筑经验的概括，也是对 20 世纪 70 年代以来兴起的生态建筑思潮的反映。

　　（3）建筑作为文化的象征：这是在大量的遗址考古成果下不得不承认的现实，比如，就所谓的"功能性"建筑来说，象征仍然会起作用——俄国剧作家果戈理说："当诗歌和音乐都缄默的时候，只有建筑在诉说"——建筑是世界的年鉴。

　　（4）建筑作为资源的消费者：事实上新的建筑也增加了所处地段的价值。

　　这四个深层结构是相互联系的。比如说，人不可能从一个建筑的象征价值中排除其经济的价值——对这一点税务部门相当清楚。同时，这四个深层结构之间又具有一定的层级性，除了第四项之外，其他三项如果转换成与建筑设计相关的关注点，那么，这种层级性便更加清楚明了（表 3–1）。

与建筑设计相关的关注点

表 3–1

建筑学家				非建筑学家	
1 Vitruvius	2 Wotton	3 Gropius	4 Norberg–Schulz	5 Steele	6 Maslow
美观 （Venustas） 有用 （Utilitas） 坚固 （Firmness）	方便 （Commodity） 愉悦 （Delight） 坚固 （Firmness）	功能 （Function） 表现 （Expression） 技术 （Technics）	建筑任务 （Building task） 形式 （Form） 技术 （Technics）	任务工具性 （Tasks tool） 掩蔽 （Shelter） 安全 （Security） 社会交往 （Social interaction） 象征性识别 （Symbolic identification） 快乐成长 （Happy growth）	生存 （Physiological needs） 安全 （Safety needs） 社交归属感 （Social needs） 尊重 （Esteem） 自我实现 （Self–actualization）

注：1. 维特鲁威 Vitruvius（公元前 1 世纪）：古罗马建筑家，著有《建筑十书》

　　2. 沃顿 Sir Henry Wotton：英国建筑学家，著有《建筑的要素》（1624）

　　3. 格罗皮乌斯 Walter Gropius（1883—1969）：德国现代建筑创始人之一，鲍豪斯校长

　　4. 诺伯格·舒尔茨 C. Norberg–Schulz（生于 1926 年）：挪威建筑评论家，著有 *Intentions in Architecture* 等书

　　5. 斯蒂尔勒 le J. Steele：美国当代行为学家

　　6. 马斯洛 A. H. Maslow（1908—1970）：美国社会学家，著有《动机与个性》（1964）等书

在表 3-1 中，左四栏为建筑师提出的，从公元前 1 世纪的维特鲁威（Vitruvius）到当代的诺伯格·舒尔茨（C. Norberg-Schulz）横亘约 2000 年的关注点，其重要性从上至下排列，上面最重要；右二栏分别为社会学家和行为学家提出的"人的需要层次"，不限于对建筑，但肯定包括了对建筑及其环境设计的要求，其重要性从下至上排列，下面最重要。

需要进一步指出的是，相对于坚固、实用、美观这两千年之久的古典三原则，19 世纪末到 20 世纪初现代建筑时期的共识是"适用、经济、美观"现代三原则，经济学目标首次与美学目标等量齐观。现代三原则一直沿用至今。

以上的建筑合目的性分析往往是以美学、形式或某种特性方面的研究为基础的。随着时代的发展，建筑物作为一种经济产品和社会公共物品的属性日益凸显，这就迫使人们对建筑形式的分析再作其他方面的补充，主要来自设计合目的性与社会科学（包括经济学）方面的内在联系。在这方面，20 世纪 70 年代末美国建筑知识界曾进行一次题为"建筑中的含意框架"的调查研究，由美国纽约市立大学（The City University of New York）研究基金会赞助的这篇调查报告向当代建筑设计领域提供了一种"非理论性"的合目的性亦即对于建筑关注点的诠释。以下是该调查报告内容的部分摘录：

1）价值定向

这个建筑含意框架分析是对纽约 152 个设计公司及其所属建筑师进行研究的一部分，这些公司是从曼哈顿电话簿上随意选出的。对有四个雇员以上的公司，调查者采访了负责人（在一些例子中是一位合伙人），从而获得关于该公司及公司特点的信息。对更小的公司只送了提问表格，内容与采访内容大体相同。

在约见中提出的问题之一（但在交给小公司的表格中没有提）是："你们如何给成功的方案下定义？"（为澄清问题起见，在必要时可问："你的作品所要达到的目标是什么？"）答案归纳在表 3-2 的各个类型中。符合每种类型的人的答案或部分答案的百分比，标在第一栏，第二栏是被强调的或被突出提到的次数百分比。

设计公司的负责人评判"成功工程"的准则（根据 77 人的调查结果）　　表 3-2

准则	第一栏	第二栏
	提到此准则的占比（%）	强调此准则的占比（%）
1. 财政上成功；按进度出图；不超过预算；高效率	68.8	18.7
2. 业主满意	64.9	25.3
3. 满足美学要求，有诱人的建筑气质	49.4	16.0
4. 坚持了设计的目标（答问也内含美学的准则）	36.8	10.7
5. 个人满意	31.6	6.7
6. 合乎逻辑、合乎功能（答问也内含技术的准则）	28.6	2.7
7. 为人们的需要服务	25.0	8.0

续表

准则	第一栏	第二栏
	提到此准则的占比（%）	强调此准则的占比（%）
8. 与委托人保持良好关系；与房主和承包商之间没有重大问题	21.1	1.3
9. 对建筑思想有贡献；被专业人士所承认	13.0	0.0
10. 工程设计按使用需要而改进	6.5	1.3
11. 工程设计保持着感人的力量	5.3	0.0
12. 建筑师在构思上没有作让步	4.0	0.0
13. 工程设计表明了建筑师如何改善使用者的生活；它使业主和使用者都得到帮助和便利	3.9	0.0

财政准则（第 1 项）和公共关系（第 2 项）明显地决定着这些负责人所关注的方向。这可能是因为提问中出现过"成功"这个词，它进而引起与利益相关的联想。但这不能解释，虽然有许多人谈到美学准则和使用者的需要（第一栏中，特别是第 3、4、7、10、11 项），但相对较少强调它们（如第二栏所示）。

有两个原因可能说明财政与公共关系的重要性。一是相关内容只向大公司提问，关注公司的生存能力和财务情况是首要问题。二是这项研究完成于 20 世纪 70 年代第一次石油危机导致的社会经济萧条之后，建筑业刚刚恢复不久的背景下。因此，财政成功、业主满意（公共关系）和建筑的美学气质排名在前三位就不足为奇了。一旦财政压力减少，或者处在经济繁荣时期，建筑设计趋向于美学表现或者"个人精英的主观趣味"将成为价值含义的常态解释。

2）对含意的进一步探索

为了引出更切合个人表达的准确含意，研究挑选了 36 个建筑师、规划师和评论家的引语，据信它们可以代表流行于当代建筑界的普遍看法、意见和有争议的领域（表 3-3）。这些引语有的属于"人文主义"（第 1、2、3、4、7、10、14 条）、有的属于"技术性的"（第 22、23 条）"社会责任"（第 16、18、30 条）"实用主义"（第 6、9 条）和"表现主义"（第 17、20 条）等不同的倾向。对每个引语，答题者都要明确回答他们是否完全同意、基本同意、无固定意见、基本不同意或完全不同意。其结果按完全同意或基本同意的综合百分比列于表 3-3 的第一栏，没有固定意见的百分比列于同表中第二栏内。

同意表中引语所表述的想法的统计数据（答题者计 416 人）　　　　　表 3-3

引语	第一栏	第二栏
	完全同意或基本同意的占比（%）	不置可否的占比（%）
1. 好的房屋必须与其环境息息相关	94.6	2.9
2. 空间关系可以影响甚至决定人与人之间的社会关系	86.4	10.6
3. 建筑不应是为权贵或委托人设计的，而是应为使用者设计的	84.4	10.5

引语	第一栏 完全同意或基本同意的 占比（%）	第二栏 不置可否的占比 （%）
4. 应把更多的注意力放在使用者的文化价值观、空间需要和美学偏好上	83.7	9.4
5. 质地极其重要	83.7	10.5
6. 应优先考虑房屋的服务能力：交通的便捷、日照、公共安全、声学品质等	81.4	9.7
7. 建筑的目标应该是在我们的房屋和都市中保持人的尺度	80.9	12.3
8. 形式跟随功能	79.9	10.6
9. 最重要的是，开业者要显示具备的经营素质，职业上的诚实性和交往合作的能力	77.8	12.7
10. 每个时代都有它的"感受"和追求，建筑必须对此作出反应	75.4	16.5
11. 建筑设计宁可由内向外进行，而不由外向内进行	67.7	19.8
12. 少就是多	60.1	22.2
13. 建筑应该是集体努力的成果而不是孤立的自我发泄	59.1	15.2
14. 空间的性质反应空间自身的追求	58.5	24.6
15. 建筑比例至关重要	56.0	14.9
16. 建筑应带幽默感	48.0	30.8
17. 好的设计要有气度、戏剧效果、能打动人心	47.4	19.5
18. 现代建筑应把自己联系于已有结构的"再循环"，尽可能避免新结构	46.4	15.1
19. 我们无意将建筑当作文化的客体或用作事物的象征，我们厌恶纪念碑式的建筑，也厌恶"明星"建筑师	43.6	24.3
20. 好的设计必定生机勃勃	42.3	15.7
21. 卓越的建筑使人感觉像是从大地上长出来的一样	41.9	23.3
22. 好的设计大多是一种技术的成果	40.1	11.1
23. 真实性是在裸露的表面上表达出来的	39.8	17.2
24. 好的建筑才是宣传的途径	38.2	20.8
25. 纪念性仍然是一种长处	38.1	24.4
26. 我们需要居住的机器胜过教堂	36.7	21.2
27. 每个人都应具备建造能力	29.3	24.2
28. 建筑是精英分子的事情	26.4	11.8
29. 少就使人厌烦	23.4	31.0
30. 作一个建筑师就应该拒绝罗德西亚政府的委托	23.4	28.0
31. 国际式建筑不过是个平淡无奇的盒子	23.4	32.8
32. 小镇的大街总惹人喜爱	23.0	33.6
33. 社会学家对如何建设是一无所知的，只有艺术家才知道	22.7	18.0
34. 谁会从外面就想知道里面是什么样子	15.7	25.2
35. 我们所造的东西自有其用处，形式并不必要追随功能	14.6	12.6
36. 好是因为它"可怕"	5.2	14.9

由上可见，除了第 5 条"质地极其重要"之外，形式或美学的准则被排列在社会的和功能的准则之后。

3）结论

调查结果对建筑实践和房屋设计的未来趋势到底有哪些启示呢？在一个或几个资历较深的建筑师的指导下，大量工作由许多资历较浅的建筑师来做，这样的事务所会很快被由一些合作小组组成的松散的结构所代替，或至少是，许多建筑师希望这样。进一步强调使用者的需要、强调房屋与其环境之间的关系、强调技术的特性，这是建筑师有意同其他专家——规划师、社会学家和工程师——进行更大范围的合作所必需（是否也是意愿？）的共识。

由于技术与经济的原因，许多人预言在 20 世纪 70 年代初的"能源危机"之后，玻璃幕墙式的钢结构将成为过去的遗俗，这项研究支持了这个预言。如果将这种想法纳入建筑学——而他们明显地这样做了，甚至在建筑主要是被市场所左右的美国，也同样——这项研究清楚地表明：国际式风格的纪念性已让位，而更富有人性、更关心房屋使用者需要和更关注使用者生活方式的建筑风格正在涌现。

引语因子分析的结果没有着重强调美学准则，而是更强调社会特征，它唯一注重的美学风格则是表现主义（作为功能主义和最少主义的对立面），这也和建筑师精英人物因子分析中展示的风格明显地一致，它意味着，当有些无名建筑师不被看重的作品以简明、直截了当的面貌出现的时候，精英人物的作品却显示了富有鉴赏力和精益求精的品格。通过 20 世纪 70 年代受到推崇的建筑师斯特林和阿尔托，可以很好地理解这种对比（以及由它揭示出来的根本性争论，即对现代主义建筑的批评和后现代转变思潮）——把创新的工程技术和富于表现力的设计美学结合起来反映在人文主义的价值观中。

调查者深信，这项研究更有意义的是在社会实效方面，建筑师对其作品的想法和感受构成了不容忽视的延伸领域。事实相当明显，引语分析已指出当代职业精神的特征正是如此。具体地说，这些建筑师的方向和他们所受训练和普遍流行的职业观念极不一致，正像反映在报纸杂志中所有的文章一样，除了少数已有定见的评论家不在此例之外，建筑界的各种职业流派以及——我们在价值定向分析中所发现的——关心公司作品的负责人的态度一律都是这样。这种占支配性的执业精神，乃至政府政策和设计的经济性，在社会价值观和建造技术发生根本性的变化之前，从业建筑师的基本方向不会有所改变。对于（未来）从业建筑师们是否可能改变这些流行观念和设计经济性，还需拭目以待。

以上，我们讨论建筑的"设计定向"时，分别使用了深层结构、价值定向、建筑的含义、设计的关注点等概念。然而，在对建筑设计的目的性进行判断时，我们不应过分夸大概念之间的分歧。事实上，共性的东西更加具有认识价值，以上的结果清楚地表明了建筑中存在的最重要的争端并不是围绕着形式问题，而是趋于社会效应，在某种意义上讲，对建筑设计的恰当的评价准则在美学王国之外。在上面的研究中，如果说主流的职业精神、社会公共政策和设计的经济性等问题在 20 世纪 80 年代以前尚未取得根本性的进展的话，那么，在 20 世纪 90 年代以后，随着生态设计理论及实践的拓展，设计的合理性问题在人文主义目标的基础上获得了全面的和面向未来的定位。

纵览整体，设计决策的合理性包含两个方面，一是必须符合目的，二是必须符合条件。目的决定设计的方向与愿景，条件则决定其可行性与代价。

从设计决策的逻辑顺序来看，目的是激励人们做出决定的首要因素。在建筑设计过程中，所谓的目的，就是通常所说的设想、构思、立意和预期，是一种关于结果的愿景。但是一个设计方案仅仅符合目的还不够，还必须符合条件。目的是否合理并不是以目的本身是理性的或非理性来划分，也不会因为它是符合社会目的而非个人目的就更具有合理性，关键在于它是否合乎条件。在现代建筑史中，乌托邦式的设计和规划方案之所以行不通，并不是它不符合目的（未来愿景），而是因为它不符合条件，包括公共政策、市场需求以及土地资源的利用模式等人文和自然条件尚不具备，所以只能是一种空想。在现实中，有些设计和规划方案之所以被放弃、搁置和推延，其重要原因也是不符合条件，缺乏可行性，而只能成为一种图板上的活儿，其成果大多作为"纸上建筑"而尘封在历史档案中。

建筑，不论作为艺术还是作为产品，都是一种社会生产。设计则作为建筑生产的先导和依据，任何决策都必然受目的和条件这两个基本要素的制约。目的愿景必须经受条件可行性的评判。建筑设计经济学的知识虽然并不直接与目的发生联系，但是它却可以对一个设计的合目的程度提供评价和思考工具。

3.3.2　潜在的标准：过程合理性

大多数人不像建筑师那样思考问题，而建筑师也不像一般人那样思考问题，例如业主们谈论房间大小，建筑师考虑空间尺度；住户谈论的是私密性，建筑师考虑的是领域感；一般人谈论的是颜色，建筑师考虑的是材质；百姓谈论的是房子（House）；而建筑师考虑的是建筑（Architecture），等等。然而就像我们在生活中理解某些重要的东西一样，建筑师与公众对建筑的看法也有很多一致的地方，例如，建筑代表了一种投资对象，开发商和产权所有者可能并不了解设计的专业知识，但他们有权获得合理的回报。

1）人与环境：条件的两个方面

到今天为止，无论是建筑师还是建筑的用户，他们对建筑的理解都非常广泛。其中，从结果的角度来看，有一种观念——一个民主的甚至是伦理道德上的观念——认为受建筑影响的人应该对设计具有发言权。事实上，方案设计过程最具挑战性的方面之一是建筑师和业主之间合作的失败，即设计者与甲方之间在某些关键问题上互相不认同。设计领域是非常有挫折感的，因为对于建筑师而言，他们只是没有权力的建议者，有时他们受重视，有时不受重视。而且，有时在从设计图纸到方案落地的过程中，建筑师的脑力劳动结晶又被很大程度地改动了。因此，一般来讲，对那些没有毅力或抗挫折能力差的人而言，即使这个行业处于景气时期建筑设计也不是一个好的领域。尽管如此，建筑设计仍然被看作是一个具有成就感的工作，这种成就感不仅仅来自较高的收入和方案获得同行及业主的积极评价——当然，这些都是很重要的、明显的成功标志——而且，成就感还具有一个潜在的却又同样重要的含义：如果我们把社会公众和生活环境这些受设计影响的因素作为广义的"业主"的话，那么，成就感就会从一个能够为"公众利益"提供服务的设计决策和实施过程中产生。

由上可见，一个成功的建筑需要做到两方面，即公共关系和环境条件都满足。其中，公共关系体现在与直接的业主沟通方面，它涉及工程的委托人、项目命名、建设原因等，甚至在精神追求方面，使用者也有权利要求提供能够代表其形象的建筑。可见，这一领域的重要方面是它始终强调使用者如何思考和考虑什么。理想的状态是在建筑师的理想与使用者的要求之间达成共识，这是实际工程取得成功的一个重要的和共有的前提条件。相比之下，假如一个设计竞赛不是针对一个具体的建设项目，那么它通常是一种"概念"上的竞赛，它在本质上是学术性与理论性的，旨在增强对某一特殊问题的理解。概念竞赛没有真正的项目任务书，同时也缺乏业主与建筑师的对话，因此，对于竞赛上的"成功"，存在不同的理解。而在实际的建筑生产中，大多数建筑师都承认，要实现一个好的设计，首先要有一个好的业主，而且，除了直接的投资者之外，大多数建筑师也意识到，真正的业主应该或必须包含有公众（或纳税人）。在这一层面上，建筑用什么方式以及在什么基础上对公众福利作出反应呢？如果一个建筑破坏环境，损害了别人的健康，我们又怎能说它是一个好的设计呢？很明显，这涉及条件的另一个方面，即环境问题。

建筑经济中的环境问题主要涉及物质资源及其稀缺性方面。我们知道，建筑活动是将各种不同类型的资源转换成社会基础设施和生产生活场所的经济过程，这一过程包括规划、设计、投资、采购、施工、维护和运行使用等全过程。其中，建筑决策和建筑设计是该转换过程中的一个关键环节。另一方面，资源的有限性要求在相当的程度上使建筑设计的直接用户利益与社会总体目标保持一致。从这个意义上看，建筑设计不应仅仅是一套图纸的敲定，而应体现为微观与宏观福利相协调的一项行动计划。其实，实现这个要求不能完全寄希望于建筑师的美德，还需要公共政策和规范。在现实生活中也许很多人不懂得建筑设计，但是他们却不可避免地受到设计决策结果（后果）的影响，人们的生活环境与质量随着设计决策的合理与否以及设计水平的高低而提高或降低。

鉴于建筑活动在国民经济、资源配置和环境质量方面的影响日益扩大的现实，设计经济学不是以经典的目的论与道义论的形式来解释传统的伦理，追求好的、正确的东西，而是它尝试以一种普通的思维模式来定义建筑中的公平的与可持续的事件。那些只注意图纸上以渲染效果为标志的"最后视觉片刻"的人显然误读了设计要领的真正含义——设计是从特定目标到分析条件与环境、提出方案、综合评价从而选择方案的全过程。

2）过程合理性的当代研究：LCA（Life Cycle Assessment）的理论与方法简介

在环境问题尚未引起普遍关注的时候，建筑产品设计的知识背景主要是工程设计和外观设计等，设计的主导思想是以直接的用户为中心，满足使用者的当前需求为目的，以产品能否顺利地在市场上实现经济价值作为评价设计成败的标准。然而，随着环境问题的日益严峻，"建设性破坏"这一具有极强的时代色彩的修辞的出现，意味着设计决策似乎可以在一向各自单方面发展的工程技术与人文艺术之间担任一个基本的和必要的链条。

为什么宏观方面的问题对于微观的设计领域的决策如此重要？了解建筑史的人应该承认，建筑的问题都是社会的产物、时代的产物。之所以如此，是因为建筑是一种社会生产活动。在当代，作为社会生产的广义的建筑设计，其进行的条件、可能性和遇到的挑战是什么？这是设计决策的合目的性与过程合理性要分析的一个本质问题。

回顾20世纪以来的发展历程，宏观经济领域中发生了三种影响深远的变化：一是社会生产力的极大提高和经济的空前增长，创造了前所未有的物质财富，大大推进了人类文明的进程；二是人口的爆炸性增长，世界人口翻了两番，已接近60亿，并且仍以每年超过8000万的速度继续增长；三是由于自然资源的过度开发和污染物的大量排放，导致全球性的资源短缺、环境污染和生态破坏。这些问题的不断积累，加剧了人与自然的矛盾，严重威胁着人类自身的生存和发展。面对这种态势，人类不得不认真反思自己的发展历程，重新审视自己的经济行为，探索新的发展战略。

在这种形势下，人们开始重新认识环境问题与人类生产方式及消费模式之间的关系，通过新的技术手段、制度变革和管理创新来协调人与自然的关系，在物质生产方面提出在产品开发、设计阶段就开始考虑环境问题，将生态环境问题与整个产品系统联系起来寻求解决的途径与方法。

美国生态学会主席迈耶（Judy L. Meyer）于1996年在美国生态学会第81届年会上，回顾了西方生态学发展历史，在展望其趋势与前景时将产业生态学（Industrial Ecology）列为未来生态学发展的五个前沿领域之一。产业生态学就是将生态学的原则应用于工业产品系统，研究各种工业活动、工业产品与环境之间的相互关系，从而改善现有工业生产系统，甚至设计新的产品生产系统，为人类提供对环境友好的产品和服务。

产业生态学思想源于20世纪70年代初至90年代发展起来的"生命周期评价"（Life Cycle Assessment，LCA）的理论，即对产品从最初的原材料采掘到原材料生产运输、产品加工制造、产品使用以及产品用后处理的全过程（即所谓的"从摇篮到坟墓"Cradle-to-Grave，CTG）进行跟踪、定量分析与定性评价。当前生命周期评价已形成了完整的概念框架和技术框架，成为产业生态学主要理论与方法。

（1）思想萌芽阶段（20世纪60年代末至70年代初）

生命周期评价最早出现于20世纪60年代末至70年代初美国开展的一系列针对包装品的分析、评价，当时称之为资源与环境状况分析（REPA）。作为生命周期评价研究开始的标志是在1969年由美国中西部资源研究所（MRI）针对可口可乐公司的饮料包装瓶进行评价的研究。

从 1970 年到 1974 年，整个 REPA 的研究焦点是包装品废弃物问题。1972 年由美国国家环保局委托 MRI 进行的饮料包装瓶研究是 REPA 研究的一个里程碑。该项研究分析了大约 40 种包装材料，涉及玻璃、钢铁、铝、纸和塑料等工业部门以及其他相关辅助部门。该研究结束后，由美国国家环保局于 1974 年发表了一份公开的报告，提出了一系列较为规范的生命周期评价的研究框架。

据统计，在 20 世纪 70 年代初全球 90 多项研究中，大约 50% 针对包装品，10% 针对化学品和塑料制品，另有 20% 针对建筑材料和能源生产。

（2）学术探讨阶段（20 世纪 70 年代中到 80 年代末）

在 20 世纪 70 年代石油危机出现以后，环境问题的核心是能源问题。一方面人们开始意识到化石燃料将会用尽，必须进行资源保护，另一方面认识到能源生产消费是污染物主要排放源，因此这一时期的 REPA 研究普遍也采用了能源分析方法。然而从生产系统的角度看，如果系统不进行物流的测算，就不可能进行能源平衡分析。随着 20 世纪 70 年代末到 80 年代中期出现的全球性的固体废弃物问题，能源研究方法逐渐拓展成为一种广泛的资源分析工具，因而这一时期的 REPA 均着重于计算固体废弃物产生量和原材料消耗量。

（3）广泛关注，迅速发展阶段（20 世纪 80 年代末以后）

随着区域性与全球性环境问题的日益严重、全球环境保护意识的加强和可持续发展思想的传播以及可持续行动计划的执行，大量的 REPA 研究重新开始，公众和社会也开始日益关注这种研究的结果。REPA 研究涉及研究机构、管理部门、工业企业、产品消费者等方方面面，但他们使用 REPA 的目的和侧重点各不相同，而且所分析的产品和系统也变得越来越复杂，因此急需对 REPA 的方法进行完善和统一。

1989 年荷兰住房、空间计划及环境部（VROM）针对传统的"末端控制"产品政策，首次提出了制定面向产品的环境政策。这种政策涉及从产品的生产、消费到最终废弃物处理的所有环节，即所谓的产品生命周期管理，这种管理模式逐渐发展成为今天的"链管理"。链管理要求对产品整个生命周期内的所有环节的环境影响进行评价，同时也提出了要对生命周期评价的基本方法和数据进行标准化。

1990 年由国际环境毒理学与化学学会（SETAC）首次主持召开了有关生命周期评价的国际研讨会。该会议首次提出了"生命周期评价"（Life Cycle Assessment，LCA）的概念，将生命周期评价定义为："生命周期评价是一种对产品、生产工艺以及活动所产生的环境压力进行评价的客观过程，它是通过对能量和物质利用以及由此造成的环境废物排放进行辨识和量化来进行的。其目的在于评估能量和物质利用，以及废物排放对环境的影响，寻求改善环境影响的机会以及如何利用这种机会。"这种评价贯穿于产品、工艺和活动的整个生命周期，包括原材料提取与加工；产品制造、运输以及销售；产品的使用、再利用和维护；废物循环和最终废物弃置。

　　1993 年 SETAC 在《生命周期评价纲要：实用指南》中将生命周期评价的基本结构归纳为四个有机联系的部分：定义目标并确定范围（Scope Objective）；清单分析（Inventory Analysis）；影响评价（Impact Assessment）和改善评价（Improvement Assessment），分析框架如图 3-14 所示，分析步骤如下：

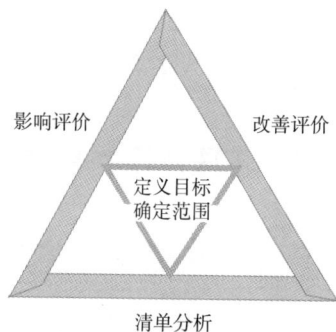

图 3-14　生命周期评价的基本框架

　　①定义目标并确定范围。这是生命周期评价的第一步，它直接影响到整个评价工作程序和最终的研究结论。定义目标即清楚地说明开展此项生命周期评价的目的和原因以及研究结果的可能应用领域。研究范围的确定应保证能满足研究目的，包括定义所研究的系统，确定系统边界，说明数据要求，指出重要假设和限制等。

　　②清单分析。对一种产品、工艺和活动在其整个生命周期内的能量与原材料需要量以及对环境的排放（包括废气、废水、固体废弃物及其他环境释放物）进行以数据为基础的客观量化过程。该分析评价贯穿于产品的整个生命周期，即原材料的提取、加工、制造和销售、使用和用后处理。

　　③影响评价。对清单阶段所识别的环境影响压力进行定量或定性的表征评价，即确定产品系统的物质、能量交换对其外部环境的影响。这种评价应考虑对生态系统、人体健康以及其他方面的影响。

　　④改善评价。系统地评估在产品、工艺或活动的整个生命周期内消减能源消耗、原材料使用以及环境释放的需求与机会。这种分析包括定量和定性的改进措施，例如改变产品结构、重新选择原材料、改变制造工艺和消费方式以及废弃物管理等。

　　目前清单分析的理论和方法相对比较成熟，其中最有权威的是美国国家环保局于1993 年发表的一份研究报告《生命周期评价：清单分析的纲要与原则》。影响评价的理论和方法正处于研究探索阶段，而改善评价的理论和方法当时研究较少。

　　LCA 的提出已经有了 30 余年的历史，随着可持续发展思想的广泛传播和认同，LCA的方法也正在建筑材料、建造技术乃至设计领域寻找新的专业结合点，例如，LCA 在发展过程中被冠以了许多新的称谓："从摇篮到坟墓"分析（Cradle to Grave Analysis）、生态平衡（Eco-balance）、生态面分析（Eco-profile Analysis）、为环境而设计（Design for Environment）、工程生态学（Industrial Ecology）、生态设计（Eco-design）等，这些称谓在当代建筑理论中已经成为一种普遍使用的术语。

　　20 世纪末 21 世纪初宏观社会经济领域再次出现了三个影响深远的变化，一是生态思想的深化，二是数字化技术及人工智能技术（AI）的普遍应用，三是人口老龄化。我们不得不再次思考同样的课题：为什么宏观方面的问题对于微观的设计领域的决策如此重要？当代作为社会生产的建筑设计，其进行的条件、可能性和遇到的挑战是什么？这一直是设计决策的合目的性与过程合理性需要分析的一个本质问题。在本章开始部分提到的"前策划—后评估"（Post-Occupancy Evaluation，POE）全过程咨询模式作为一种反馈型、反思性实践，可以看作是过程合理性问题在建筑师工作程序上的对策。

3.4 工程建设的基本程序与环节

建筑物在建成之前以及在建造过程之中本质上是一个工程，从属于国民经济基本建设的范畴。因此，建筑设计必然依据一定的法定程序进行。

基本建设程序（Procedure of Capital Construction）就是国家规定的进行基础工程项目建设工作的步骤和做法，它是人们在认识客观规律的基础上制定出来的工程项目建设全过程中各项工作必须遵循的先后顺序的程序。根据我国几十年来基本建设实践经验的总结，我国基本建设程序应遵循下列主要步骤：①根据资源条件和国家发展的长远规划要求，提出基本建设项目建议书；②进行可行性研究，编制设计任务书；③选定建设地点；④进行勘察设计，编制初步设计、技术设计和施工图设计；⑤制定年度基本建设计划；⑥设备订货和施工准备；⑦组织施工；⑧生产准备；⑨竣工验收，交付生产使用。

每个步骤的工作都要按照本身固有的规律，互相衔接，循序渐进。科学的基本建设程序是基本建设进程的客观规律的反映，决定了基本建设进程应遵循先计划、后建设，先勘察、后设计，先设计、后施工，先验收、后使用的程序，这是关系到基本建设工作全局性的一个重大问题。如果违反基本建设程序，就会遭受损失。

一个建设项目从设想、开发、建设到施工投产的全过程，可称之为"项目发展周期"。在这个过程中大致可分为三个时期：建设前期、建设时期和生产时期。每个时期又可分为若干个阶段，其中"审批决策"和"竣工验收"又是三个时期的分界线。该程序不能任意颠倒，但可以合理交叉重叠。当代执业建筑师的工作范围已经在向上延伸到参与策划，向下参与使用后评估（POE）。

由上可见，建设项目从策划到建成使用，建筑师各个阶段的工作内容和顺序必须执行下列程序（图3-15）。

建设前期（即投资前期）主要是开拓投资项目，并对项目进行规划、研究和做出决策的时期。可行性研究是建设前期工作的重要内容，建设前期的工作是建设时期和生产时期的基础，它对于投资项目的经济效益和项目对国民经济所产生的影响，起着决定性的作用，可以说是决定项目投资命运的关键时期。

我国建设前期的工作就是建设项目投资决策阶段的全过程，这个时期的工作主要包括：项目建议书（含初步可行性研究）、可行性研究与设计任务书、项目投资估算与报批报建等三个阶段。

项目建议书与初步可行性研究的主要任务是为建设项目的投资方向和设想提出建议。在我国，通常根据国民经济发展的长远规划和行业地区规划、经济建设方针、建设

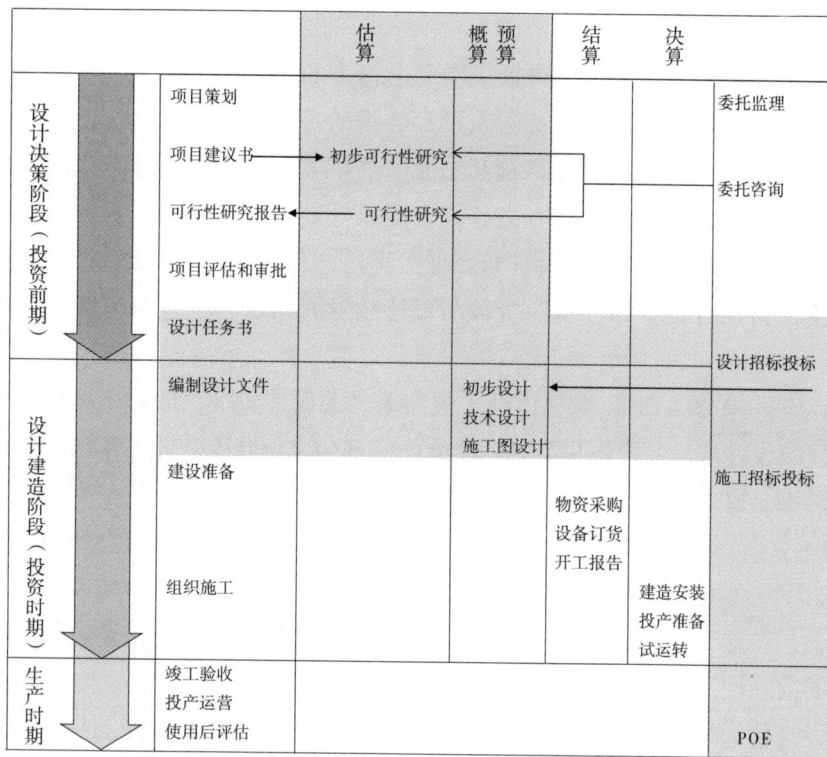

图3-15　工程项目建设程序（灰色部分是建筑师的工作范围）

任务和技术经济政策，在一个确定的地区或部门内，结合资源情况、市场预测和建设布局等条件，选择建设项目，寻找最有利的投资机会。

2020年10月15日中国建筑业协会发布的《全过程工程咨询服务管理标准》T/CCIAT 0024—2020中对项目建议书的定义是："项目建议书作为政府投资立项的重要依据，应对项目建设的必要性进行充分论证，并对主要建设内容、拟建地点、拟建规模、投资估算、资金筹措以及社会效益和经济效益等进行初步分析"。此外，对项目建议书的编制格式、内容和深度都作出了要求。对于政府投资建设的工程项目，首先应该进行的工作就是编制和报批项目建议书。

由上可见，在整个建筑产品的生产过程中，相对于建筑设计而言，设计前期工作具有决定性的先导作用。目前，建筑师的业务正在向这一领域拓展，缺少这一环节的知识，意味着建筑师的工作将缺乏参与未来的途径，同时也将失去建设未来的能力。

前期工作的中心内容是确定四个大问题，即"四定"：①定项目。要求正确判断和确定建设项目的客观必要性和现实可能性，亦即项目投资决策应通过项目建议书、可行性研究和编制设计任务书来解决。②定地点。要确定在何处建设问题，可通过分析建设地点来解决。③定设计。确定项目建设规模，可通过设计解决。④定计划。确定整个项目建设的分期和总进度，并经过国民经济的宏观综合平衡后正式列入计划。搞好前提工作，必须把发展国民经济的中长期计划和地区经济规划作为前提，而在此前又要做好全国性的土地普查和资源普查工作。

纵观整体，建筑设计经济与决策（本书上篇）的研究内容包含以下几方面：①设计在建筑生产中的地位和作用；②建筑设计经济的目标和原则同美学目的之间的统一性研究；③建筑产品的概念、分类及其功能标准研究；④占用土地、布局、密度、层数选择及一般经济分析；⑤设计方案评价方法、标准和指标体系；⑥建筑设计技术经济与设计阶段的成本问题；⑦可行性与合理性研究；⑧价值工程在设计中的应用；⑨建筑产品全生命费用分析；⑩环境、资源与可持续发展问题；⑪建筑节能与循环经济的问题。

其中，上述第⑩项和第⑪项体现了面向未来的设计要求，即对于新建、改建和扩建的公共建筑设计来说，应该从下面四个方面实现全方位转变，即：①从资源消耗型转向资源节约型；②从损害环境型转向环境友好型（或和谐型）；③从技术、材料、构造落后型转向技术先进、材料高效、构造合理型；④从施工、管理粗放型转向精细型。

总之，不论从物质方面，还是从精神方面来看，当代建筑设计本质上从属于一种社会生产活动，在这个过程中，建筑方案设计作为一个关键环节具有决策者的特征，应该保持必要的前瞻性。

建筑设计作为社会生产过程中的一个关键环节，社会、环境和经济目标的变迁所引发的前沿性课题无疑应该成为建筑设计所关注的重点。工程建设基本程序的核心不仅在于保障建设项目实施过程的透明度和科学性，更重要的是保障决策结果的合理性、可行性与可持续性。这就要求建设者或设计者既要能够洞察设计中的时代问题，又要能够处理好围绕这些问题的社会主导力量（社会人文与自然资源、艺术理想与技术经济等）之间的相互关系。从这个意义上讲，当代建筑设计的概念不仅仅是关乎技巧性或程序化的思维，而是在本质上更关乎设计者是如何思考的和思考些什么以及思考的深度与广度。问题一旦提出，新的知识和新的见识便会迅速积累起来。不论是知识结构方面，还是设计思维方面，在艺术与经济这两大范畴之间重建一种平衡意识和能力，将是未来建筑设计和方案决策的基础。

社会生产是一个宏观视野。虽然建筑设计思维对于社会现实的理解类似于管中窥豹，但是建筑师对于复杂现象的观察不妨多管齐下。建筑设计的经济性就是其中一个现实的视角。

思考题

1. 关键概念

实证分析	建筑决策	稀缺性	设计的合理性
规范分析	建筑设计	位址	项目建议书
建筑生产	机会成本	建筑关注点	全过程工程咨询

2.简答题

（1）在理解建筑现象时，作品观与产品观这两个视野能够经常取得平衡吗？在哪些类型的建筑设计中更需要保持平衡？为什么？

（2）改革开放以来，建筑设计市场出现了许多变化，结合你自己在竞赛、投标、工程实习等方面的感受，指出建筑设计经常受到哪些市场因素的影响（实证分析），同时指出，它（还）应该受到哪些客观因素的影响（规范分析）。请分别列举出这些影响因素，并按重要性大小进行排列。

（3）简述工程建设的程序及当代建筑师的业务范围。

（4）设计前期工作的主要内容和作用是什么？

第4章 建筑设计中的经济学原理

4.1 技术经济原理与可行性研究

4.1.1 技术经济的概念

我国早在 20 世纪 50 年代就开始进行建设项目的经济分析工作，我国经济学家于光远（1915—2013）当时提出"重视工程项目的经济效果"的观点。到 20 世纪 60 年代，技术经济学的学科名称虽然得以确定，但并没有能够明确地界定技术经济学的研究对象和研究范畴，始终认为项目经济评估只是基本建设的一项程序性工作，而没有科学理论和方法，所以 20 世纪 80 年代之前的技术经济学一直没有得到长足的发展。改革开放以后，由于工程建设实践领域的扩大和理论工作者的不断努力，技术经济学这个有中国特色的学科体系才得以确立，这与学科自身研究对象的逐渐明确有很大的相关性（图 4-1）。

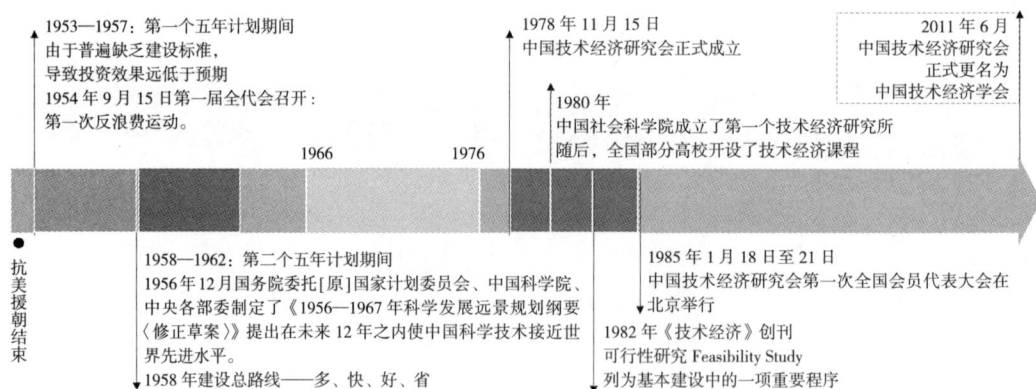

图 4-1 我国技术经济学科发展里程碑

瑞典学者埃里克·达克在《中国的技术经济学》一文中认为，技术经济学既不是西方的也不是苏联的，但它的方法与西方的成本效益分析有些相近。

作为一门新兴的交叉学科，"技术经济"术语至今还没有一个统一的英文翻译，常见的表达有"Engineering Economics、Technical Economics、Technological Economics、Technology Economics"等。第一个词组通常理解为"工程经济"，后面的词组中"技术"似乎变成了对经济的一种修饰，颠倒了含义。技术经济是在经济学范畴中探讨技术应用的效果、效率和效益问题，因此，技术经济学并不是工程技术与经济学的简单合并，而是二者有机融合、交叉贯通而产生的新的科学。由于内容的交叉性及涵盖的广泛性，所以技术经济学从学科诞生以来，对于自身的研究对象问题，学术界一直有不同的观点和意见，其中具有代表性的观点概括起来主要有五种，即效果论、关系论、要素论、增长论和综合论。

第一种观点称为效果论。技术经济学是研究人类技术实践的经济效果的科学，研究重点在于运用技术选择和经济评价的原理方法，在多个技术方案中选取经济效果最佳的方案。这样的观点偏重于微观领域的技术经济活动，例如技术措施和技术方案的选择、技术设备与工艺的选择、项目评估等。在技术经济学发展的初期阶段，持这种观点的学者占大多数，当时出版的教材、专著的主要内容是资金的时间价值、经济评价方法和指标、多方案比选等，这些内容至今仍然是技术经济学最基本的理论和方法。

第二种观点称为关系论。认为技术经济学是研究技术和经济相互矛盾、相互促进、相互影响的关系的科学，重点是研究技术与经济协调发展的条件、规律，以取得最佳的效果。这种观点的研究范围除了技术经济学的基本理论和概念外，还包括了技术政策、产业结构、技术扩散理论以及价值工程理论等。20世纪80年代后期和90年代初持这种观点的学者较多，显然这与当时引进技术和加大建设项目投资的时代要求有关。

第三种观点称为要素论，也称资源论。认为技术经济学的研究对象是生产过程和经济活动中的技术因素与经济因素之间的内在关系，通过对技术因素与经济因素的分析，把二者有机结合，达到矛盾的统一。土地、资金和劳动力是三个重要的生产要素。其中，资金的时间价值与等值计算以及现金流量分析是建设项目经济评价（财务评价）的主要内容之一，劳动力要素对于企业的经济活动是不可或缺的，土地要素分析将在第7章讨论。

第四种观点称为增长论。主要认为技术经济学是研究合理有效地利用各种要素资源，促进经济增长的规律的科学，研究重点是资源的最佳利用以及技术进步对经济增长的作用。这种观点从经济发展的角度出发，偏重资源利用的合理、有效，即技术经济学从经济发展的目的与要求出发，研究技术手段的采用与完善，力求用最小的投入达到一定的产出或以一定的投入获得最大的产出。

第五种观点称为综合论，即对上述多种观点的概括综合。这种观点认为技术经济学的研究对象既包括技术的经济效果，技术和经济的相互作用、协调发展关系，也包括技术进步促进经济增长的规律以及技术创新理论等。综合论是目前比较客观全面的观点，20世纪90年代中期以后在技术经济学界逐步占据了主流地位，得到了大多数专家学者的认同。

技术经济学在20世纪80年代后逐步确立其学科地位并得以迅速发展，原因之一就在于紧扣了我国经济建设初期的关键问题，即技术实践的经济效果问题作为学科的研究对象，这在当时具有重要的实践意义。然而当时由于计划经济观念的延续，我们在进行经济分析时只注重研究微观层次上的问题，为实现一定的经济目标选择一种较优的技术方案，而没有将技术发展同经济、乃至整个社会发展的相互作用问题纳入研究范畴，仅仅以技术的经济效果为研究对象的观点逐步暴露出滞后于市场经济发展的缺憾。关系论的核心思想是从技术与经济相互作用的角度出发，分析研究技术与经济的协调发展与合理匹配。关系论认为技术经济学除了分析技术的经济效果以外，还要研究技术进步对经济有什么样的溢出效应，以及什么经济条件下发展什么样的技术最为合理。这种观点显然比效果论前进了一步，符合经济与社会发展的需要。增长论把技术作为一种有限的和稀缺的资源，研究合理配置资源，促进经济有效增长的问题，把技术经济学的研究对象拓展到宏观层次，符合社会发展需要。经过上述多种观点的充分发展和不断积累，综合论逐渐形成并得到大多数学者的认可。这种观点认为技术经济学既要研究技术的经济效果，技术与经济的相互作用关系，也要研究技术与资源的优化配置与经济良性增长，以及社会可持续发展之间的规律，比较符合当前人类对于自身和社会发展的深层次认识。

4.1.2　技术经济原理

技术经济学是一门提供方法和方法论的科学，尤其是为社会物质生产活动提供规范性知识。所谓规范性知识，是指人在其活动领域中应该以它作为评价行为、选择行为的依据或价值准则，这些准则体现在下列技术经济原理中。

1）和谐原理

根据技术经济的概念和特性，和谐性原理针对的是技术经济的两重性：自然属性和社会属性。自然属性是指技术经济与生产力、生态环境相联系的属性。技术经济的自然属性要求技术经济活动有助于合理组织生产力、发展生产力、根治环境污染、保护生态平衡、提高人们的生活水平。技术经济的社会属性是技术经济与生产关系、上层建筑相联系的属性，它要求维护现行的生产关系，维护生产资料所有者的利益并尽可能实现社会公正。

现代科学技术革命和现代生态学已开始注重人与自然的协调与和谐统一。技术经济学作为一门综合性学科，要遵照和谐的原理，保持（科学）技术、经济、社会、生态和文化之间的大协调，大范围、多角度、全方位、多层次、系统化综合辩证发展地考察和研究技术经济问题，进行多维整合思维，以系统的综合发展观把握人类同自然界的相互关系，并以此为基础实现技术经济学各方面、各层次、各环节的协调与和谐，争取最大的宏观效益、最长久的物质利益、最协调的综合效益。

2）资源最优配置与要素替代原理

为提高综合效益，就要把有限资源进行最优配置，合理利用。用有限资源满足人类无限而递增的需求就要求人们对资源开发利用的布局、规模、结构和次序进行最优筹划、巧妙组合、综合利用，以达到增效和节约目的。资源既包括自然资源（硬资源），又包括社会资源（软资源）；既包括技术资源，又包括经济资源。

资源有限但种类繁多，性能各异。因此，用种类繁多、性能各异的有限资源来满足社会递增的需求和提供优质服务必然发生资源间生产要素的替代问题。为此，要根据弹性经济学理论，运用生产要素替代弹性方法，通过调整要素价格改变生产要素投入的组合比例或优化迭代，以实现理想的经济增长。

3）时间效应原理

时间就是金钱，这是至今仍被誉为知名度最高、最有影响力的口号。改革开放后的中国迈向市场经济的观念转折或许是从这句口号开始。

各种物质产品都有一定的使用周期和最佳使用期，即时间效应。技术经济学同样不能忽略或低估时间效应的作用。由于技术经济学涉及的各因素各环节都可能随时间变化而变化，因此，在技术经济理论建设和发展中，不仅要重视资金的时间价值，而且要了解技术方案与技术措施的效果随时间变化而呈现的"S"形曲线规律（事物发展到一定阶段必然会出现减弱现象），把握技术和经济所处"S"形曲线上的拐点位置及特点，以确定相应的发展战略和技术迭代方向。

决策的合理性包括两个方面，一是必须符合目的，二是必须符合条件。从时间效应原理的角度来讲，及时性是合理性的一个重要的时间条件。发现机会并能抓住机会，及时做出决策，采取行动，就有可能达到预期目的。错失良机表现为决策迟缓或决策不当。一个不合理的决策，其价值等于零甚至小于零。一个不及时的决策，其价值也等于零。

4）综合效益原理

随着人类对客观世界复杂性的认识深化和社会实践范围的扩大，考察处理技术经济问题不只考虑经济效益，而是经济效益、生态效益和社会效益的交集，即综合效益。技术经济学研究的是包括（科学）技术、经济、社会、生态、文化的大系统，其研究对象也不只是技术和经济及其相互关系问题，而是涉及上述五方面及其相互协调问题。

建筑经济是国民经济中的部门经济或产业经济的重要组成部分。建筑效益必然包含着长期效益与短期效益的矛盾，直接效益与间接效益的矛盾，宏观效益与微观效益的矛盾，因此找到一个令人真正满意的协调矛盾的科学方法尤为重要。

在人类经济社会发展的相当长一个阶段中，评价技术经济活动价值的程序往往是颠倒的：财务效益（或企业的经济效益）优先，社会效益和生态环境效益则后置。中外建设项目都曾经历一段"先破坏后建设"或者"先污染后治理"的路径。目前的环境影响分析有助于摆正财务效益与国民经济效益之间的关系，这是它的贡献，但它还不能彻底摆正全部效益的关系，它还需要发展符合时代要求的技术经济的评价方法和工程技术伦理（Engineering Ethics）。

总之，技术经济学的关注点经历了从局部到整体的进程（表4-1），虽然已经摆脱了"有想法却没办法"的尴尬困境，但仍然需要在社会工程实践中不断去深化和完善。

技术经济学发展阶段与侧重点 表 4-1

	侧重点	关联理论与概念
效果论	侧重点在于技术选择即在多个技术方案中选取经济效果最佳的方案。处于"有想法但缺少办法"的阶段。侧重于目的论	学科肇始于对项目投资效果的关注
关系论	侧重于产业结构、政策导向和技术扩散理论等。主张建筑业在国民经济发展中应成为主导产业。侧重于认识论	美国经济学家罗斯托在 20 世纪 50 年代提出主导产业应具备三个规定性： （1）能有效吸收新技术； （2）本身具有较高的经济增长率； （3）能带动其他产业的增长，即有扩散性
要素论	也称为资源论。 从物质生产的角度，经济学把各种投入概括为典型分析要素。 其中，土地、资本、劳动力、管理者才能是最基本的四种生产要素。或简化为土地、资本、人力三要素。2016 年增加了"数据"与"技术"要素。侧重于方法论	要素论中，土地是首要因素，尤其是关注城市建设用地的集约利用问题。 建设用地蓝皮书《中国城市建设用地节约集约利用报告 No.1：十二五（2011-2015）回顾与总结》归结三个结论： （1）建设用地节约集约利用总体水平尚有较大提升空间； （2）建设用地人口承载水平和投入产出效益比趋于下降； （3）人口、经济增长消耗的新增建设用地量偏大
增长论	一方面，五种生产要素（土地／资本／劳动力／数据／技术）也被称为生产资源，包括市场主体（政府／企业／个人）和市场客体（生产诸要素），另一方面，在关系论基础上，侧重研究资源配置的最高和最优用途。侧重于目的论＋方法论	世界三大顶级智囊团之首罗马俱乐部于 1972 年 3 月完成的《增长的极限》（Limits to Growth）报告认为，人口增长、工业发展、环境污染、粮食生产和资源消耗五个因素的变动限制经济增长，技术进步只能延长资源消耗的过程，推迟世界末日到来的期限，主张控制人口增长，以"全面发展"代替经济增长率
综合论	如果说传统的技术经济关心的是"最优效果"，那么现代建筑设计所关注的是在综合平衡和妥协下的"满意效果"。"最优"是理论模型上的，"满意"才是现实社会的	当代技术经济学（Engineering Economics）目的是研究（广义）投入与（广义）产出关系的理论与方法（skill）。其中，广义投入与广义产出包括有形要素与无形要素（例如空气质量等）

4.1.3　可行性研究

1）可行性研究的一般概念

20 世纪 80 年代初我国就开始在建设项目投资决策前期提出和推进可行性研究，将其作为项目技术经济论证的一种科学方法和工作程序。

2020 年中国建筑业协会发布《全过程工程咨询服务管理标准》T/CCIAT 0024—2020，其中明确强调《可行性研究报告》应重点分析项目的技术经济可行性、社会效益、环境影响以及项目资金等主要建设条件的落实情况，应提供多种建设方案比选，并提出具有必要性、可行性和合理性的结论。

可行性研究报告的编制格式、内容和深度均有相应的规定。

我国建设项目的可行性研究，是针对固定资产投资的新建、扩建和改建项目在投资决策前进行的技术经济研究，一般具有以下几个特点：

（1）前期性。可行性研究是投资决策的分析研究，是项目建设前期工作的主要内容。

（2）预测性。可行性研究是对未来拟建项目的需要、投资估算、成本测算、项目收益率以及社会经济效益和环境影响的预测。数据和指标应具有前瞻性。

（3）不确定性。这要求为应对、规避未来各种可能的风险提出预案。

2）可行性研究的作用

可行性研究在工程建设项目建设周期中的具体作用包括下列几方面：

（1）作为建设项目报批报审和编制设计任务书的依据；

（2）作为筹集资金向银行申请贷款的依据；

（3）作为项目主管部门商谈合同、签订协议的依据；

（4）作为项目工程设计、设备订货、施工准备等建设实施期工作的依据；

（5）作为项目采用新技术、新设备研制计划和补充地形资料、地质勘察工作和工业性试验的依据；

（6）作为环境保护部门审查项目对环境影响的依据，是向项目建设所在地政府和规划部门申请建设许可证的依据。

3）可行性研究的一般工作程序

工作程序也称工作步骤。可行性研究的工作程序分为以下五个步骤：

（1）数据与资料的调查收集。按照《全过程工程咨询服务管理标准》规定，以可行性研究的工作范围、重点、深度、进度安排、费用预算及协作方式等内容为导向，收集与项目有关的基础资料、参数指标、规范标准等基本依据。

（2）制定技术路线。根据项目建设地点、产品经济规模等制定包括原材料、建材、能源、工艺设备、运输条件、城市基础设施衔接、环境保护、组织管理和人员培训等技术路线和方案。

（3）方案选择和优化。在上述条件下编制几种可供选择的建设方案，明确选择方案的重大原则和优选标准，从若干个方案中比选推荐最佳方案。

（4）撰写研究报告。根据编制格式、内容和深度要求形成报告文本。

（5）研究成果验收、报审，或修改完善后报批。

4.1.4　民用建筑可行性研究的特点

1）民用建筑项目的范围和分类

可行性研究是我国基本建设中的一项重要程序。

基本建设（Capital Construction）是指国民经济各部门（建筑/交通/水利/工业/农业等）通过投资形式实现的固定资产的生产及再生产的过程。建筑物作为固定资产生产的产品表现形式主要是工业建筑和民用建筑（图4-2）。

民用建筑（Civil Building）系指居住建筑和公共建筑的总称。居住建筑（Residential Building）是供生活起居用的建筑物的统称，例如住宅、宿舍和公寓等。而公共建筑（Public Building）是进行社会活动的非生产性建筑物。

基本建设
— 不动产（适用于社会与个人）
— 固定资产
— 农业/水利/交通/电力/通信等基础设施
— 建筑业
— 工业建筑与农业建筑
— 民用建筑
— 居住建筑（房地产市场）
— 公共建筑（新建/扩建/改建）

占60%以上的公共建筑面积，是建筑节能的重点目标

办公建筑	商业建筑	旅游建筑	科教文卫建筑	通信建筑	交通建筑	宗教建筑
政府办公楼 企事业办公总部	商务写字楼 商场购物中心 酒店餐饮娱乐休闲 金融建筑	景区景点 文旅服务设施 文物展示场所	学校幼儿园 科研实验机构 医院 体育建筑 文化影视博览建筑	计算机电算中心 广播电视台 邮电邮政楼	物流仓储港口 公交铁路枢纽站 机场航站楼 高铁站	寺庙道观 清真寺

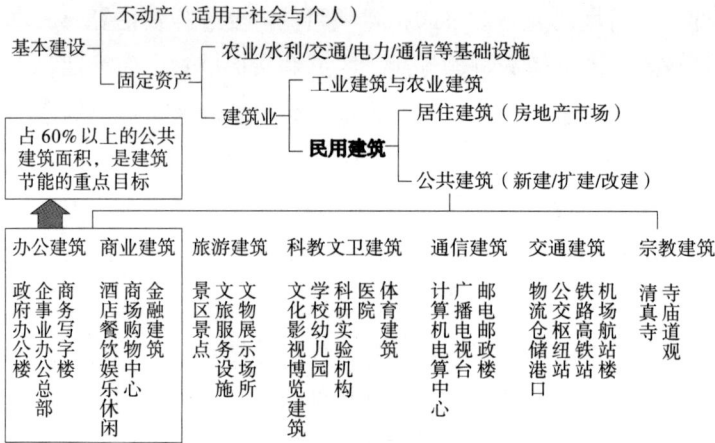

图4-2 民用建筑项目的范围和分类

民用建筑项目按其使用过程中能否带来盈利，划分为盈利性民用建筑项目与非盈利性民用建筑项目。

盈利性民用建筑项目有：城市综合体、写字楼、旅游宾馆、大中型百货商店、影剧院、餐馆、社会停车楼或地下车库、物流仓库、商品住宅、公寓和游乐场等工程项目。

非盈利性项目包括：院校、中小学、体育场馆及文化类建筑等。

2004年7月16日国务院正式颁布的《国务院关于投资体制改革的决定》（国发〔2004〕20号）中明确规定：对非经营性政府投资项目加快推行代建制，即通过公开招标等方式，选择专业化的项目管理单位负责建设实施，严格控制项目投资、质量和工期，竣工验收后移交给使用单位。在实践中，一些大型企业以政府城建项目合作伙伴的身份在经济适用住房、长租公寓、物流仓储、文旅养老以及城市综合整治等项目领域行使代建功能。最典型、最普遍的代建内容是用地红线范围内包含的市政道路、城市绿化带、小学幼儿园等非经营性公共建筑项目等，如图4-3所示。

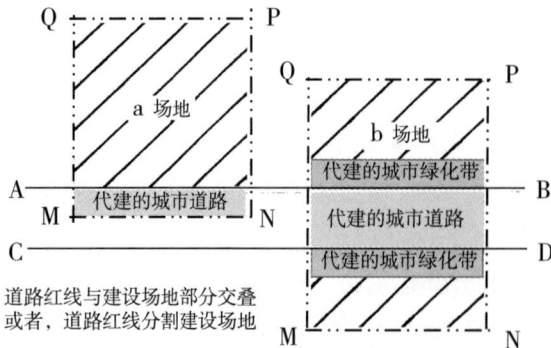

开发企业拍卖得到的土地不能全用于商业建筑项目，土地范围内包括代建项目。图中，AB，CD是道路红线，在道路红线之内和外侧的灰色部分就是城市道路和城市绿化带占用建设场地的面积，或者说是开发商代建的内容。

（左图）a 场地　代建的城市道路　道路红线与建设场地部分交叠或者，道路红线分割建设场地

（右图）b 场地　代建的城市绿化带　代建的城市道路　代建的城市绿化带

图4-3 代建的典型内容

代建制取代了以往政府投资部门的"自建制"，改变了政府在投资、建设、管理、使用方面四位一体的模式，实现了项目筹建主体向社会化、职业化、商业化的转换。代建模式在国外被称为政府采购（Government Procurement）。

2）民用建筑项目可行性研究的特点

民用建筑项目可行性研究主要有以下一些特点：

（1）民用建筑项目可行性研究的目的，根据项目的性质不同而有不同的侧重点。非盈利项目主要评价其社会与环境效果和宏观经济效果。

（2）民用建筑项目的经济效果，商业项目侧重于收益率，同时考虑环境效益及社会效益的评价。这些效果具有远期性和不确定性。

（3）民用建筑项目的"产出"不仅仅是实物产品，还为社会提供非物质财富和非生产性的劳务，这种非物质财富和劳务的价值往往没有适当的市场价格可以直接衡量，如安全便利的生活、愉悦的景观环境以及身处其中的人们对于"闲暇时间的消费"要求等。

（4）某些特定的民用项目的效果大部分是不宜用货币衡量的无形效果，它们很难规定一个统一的度量标准。

（5）民用建筑项目的融资模式和投资渠道呈现多元化。

4.1.5　民用建筑项目可行性研究报告的内容

民用建筑项目可行性研究报告主要包括下列几方面内容：

1）总论

主要提出民用建筑项目的背景及发展概况。其中包括：项目名称、项目主办单位、承担可行性研究单位与总负责人；项目投资的必要性和经济意义；项目研究工作的依据和范围；调查研究工作的简单过程和研究结果概要；可行性研究报告的内容要点、主要技术经济指标及评价结论意见与建议。

2）社会和市场调查与需求预测

社会调查包括了解社会的人口、职工的职业和人数，职工的平均工资、平均购买力水平和文化水平，社会对这类工程项目建设的需要程度、需求量和国家投资能力等。

市场调查和需求预测包括调查国内外需求情况；同类商品或劳务供需产销关系、销售预测和价格分析；研究如何通过提高产品和服务质量、改善管理、降低成本，探索进入国际市场增强竞争能力的前景。

3）确定项目的合理建设规模

按照预定的服务对象、数量和质量、经营管理和业务内容，在选定的建设地点和用地范围内，遵照地块的控制性详细规划或者修建性详细规划（包括①用地性质、②用地面积、③容积率、④建筑密度、⑤建筑后退、⑥建筑高度、⑦车辆出入口方位、⑧汽车停车位数量等）和建筑标准要求，经过多方案的技术经济论证与比选分析，确定项目的合理经济规模，应附有相关的调查资料和技术经济计算数据。

4）建设地点的方案选择

论述项目建设地区的地理位置、气象条件、水文地质、工程地质、地形地震与洪水情况以及社会经济现状；交通运输及水、电、气、热等供应现状和发展趋势；土地征购、移民拆迁和赔偿等条件，论述多方案选址的技术经济比较结果与选点意见。应附有选点的地形图（1/2000 或 1/500）及调查资料。

5）项目所需资源和原材料的投入

项目所需原料、材料、燃料等种类、数量、质量及其来源与供应的可能；所需水、电、气等公用设施的数量（含消耗量和费用）、供应方式和供应条件，并附有能源计算表。

6）项目工程设计方案

项目的构成范围（包括主要单项工程、主要工艺设施的组成）；主要建筑物和工艺设计及水、电、暖、通、动力等专业设计的多方案技术经济论证和比选情况；采取的新技术、新结构、新工艺、新材料和新设备（对于引进的新技术和设备阐明必要性，并进行其来源国别的比选）；工艺流程图和主要建筑物方案设计图与文字说明；附属建筑物和构筑物的配套情况；公用辅助设施和场内外交通运输方案选择；建设场地总体布局方案和总平面图；单项工程的工程量估算、投资估算表和主要设备材料表。

7）环境保护

预测新建、扩建、改建项目对环境造成的影响，同时制定针对性的环保方案。

8）组织机构、劳动定员和人员培训

9）项目实施进度计划安排

10）投资估算与资金筹措

投资总额包括主体工程和配套附属设施的投资，包括工程建设期应计贷款利息、设备器材投资、总图红线外的一切必须支出的费用；土地征购费、居民搬迁费、青苗赔偿费、家具费、职工培训费与筹建单位管理费等其他费用在内的全部基本建设支出的总金额；流动资金的估算；并附总投资估算表和主要设备材料表。

投资估算阶段的精度划分为三级：项目策划阶段可浮动 ±30%；项目建议书阶段允许浮动 ±20%；可行性研究阶段估算误差在 ±10% 以内。

11）社会经济效果分析与评价

包括项目的财务效益和国民经济效益（含社会效益）两个层次的评价。首先进行项目财务分析，包括企业流动资金利息、固定资产折旧和其他费用等。对于非盈利项目进行成本（费用）—效用分析，然后进行项目不确定性分析。在项目评价时应考虑与有可比性的相同类型规模的项目进行各项技术经济指标的比较，以衡量投资的实际经济效果。

12）综合评价、结论与建议

对拟建项目的各种建设方案采用多目标的决策方法，进行综合分析评价与方案选择，推荐一个以上的可行方案，从技术、财务、经济、环境和社会等各方面阐述该项目投资的可行性，同时提出存在问题和改进方案，最后对项目投资决策提供结论性意见和建议。

综上所述，民用建筑项目可行性研究的基本内容可概括为三大部分。首先是项目的社会调查、市场调查和需求预测研究。这是项目成立的重要依据和项目可行性研究的前提，项目的建设规模和企业效益均以满足市场和需求为先决条件。社会和市场调查与需求预测的主要任务是说明项目建设的必要性。第二是技术方案和建设条件。从资源投入、建设地点选择，工程技术方案设计和设备选型到环境保护等问题，这些都是可行性研究的技术基础和条件，它决定了建设项目在技术上的可行性。第三是社会经济效果的分析与评价。包括投资估算和资金筹措、营业成本与收入、盈利指标或社会经济效果指标等测算和分析评价。这项工作贯穿于整个可行性研究的全过程，反映了项目研究的最终成果，其最终目的是确定建设项目是否可接受和推荐最佳投资方案，这是决定项目投资命运的关键。因此它是项目可行性研究的核心部分。

除了研究投资效果之外，可行性研究报告也是申报设计方案的重要文件之一。

根据《国务院办公厅关于全面开展工程建设项目审批制度改革的实施意见》（国办发〔2019〕11号）工程建设项目审批流程主要划分为立项用地规划许可、工程建设许可、施工许可、竣工验收四个阶段（图4-4）。

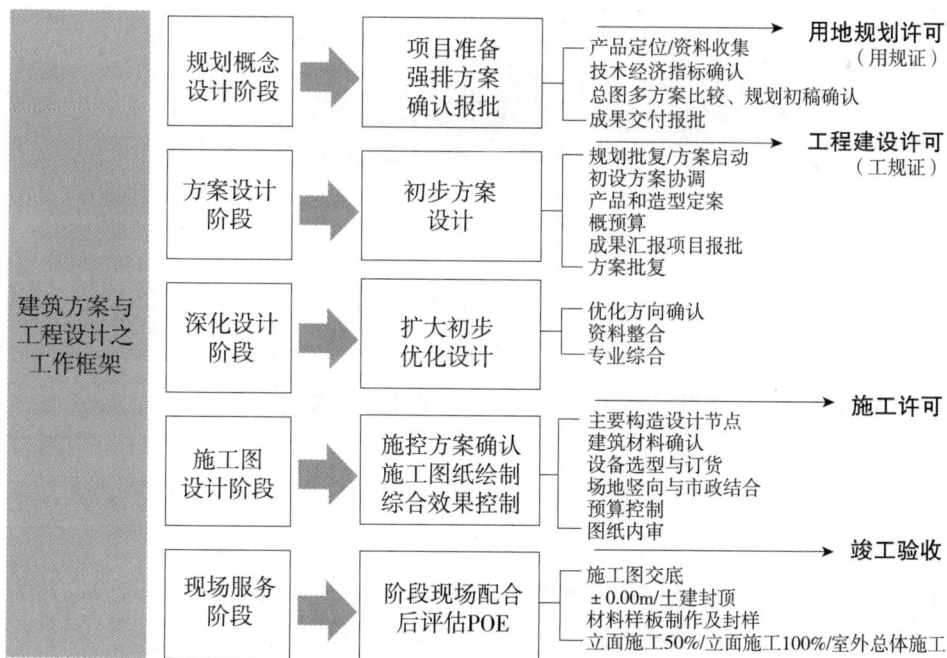

图4-4　工程建设项目工作框架与项目审批流程

从目前的实践看，申报的设计方案文件包括以下三类：

（1）设计说明书，包括工程名称、建设地点、占地范围、设计构思、结构类型、主要技术经济指标等。

（2）上级主管部门的立项批文、城市规划管理部门批准文件《建设用地规划许可证》（简称"用规证"）《建设工程规划许可证》（简称"工规证"）以及设计委托书等。

（3）总平面位置图（1∶500）平面图、立面图、剖面图（1∶100、1∶200）和效果图（透视图或动画演示）。

可见，民用建筑项目可行性研究是一项前置的、程序的和专业的环节。

4.1.6　不动产可行性分析

基本建设的产品是固定资产，也称为不动产。

所谓的不动产（Real Estate），简单地理解是指土地、建筑物及附属于土地的改良工程。建筑物作为一种不动产，实质上是从市场的角度看待建筑（产权）的一个经济概念。因此，不动产可行性分析中的一个关键环节便是市场环境分析。

1）不动产开发的决策环境：市场约束

综合短期及长期考虑，决策环境中存在着一系列现实的市场约束，分为四个层次：实体约束、社会约束、经济约束、法律约束（图4-5）。

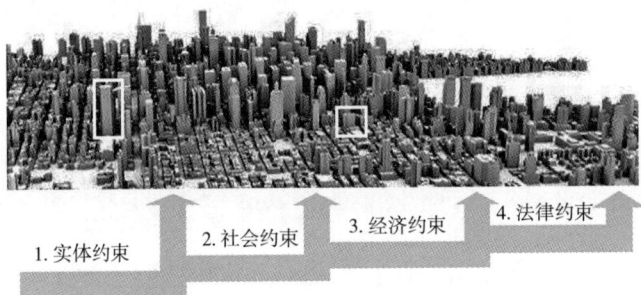

图4-5　不动产开发项目的市场约束（从左到右越抽象越重要）

（1）实体约束。许多建筑师很关注土地的约束，比如地块的大小与形状甚至它的地势及排水能力，而建筑物本身的约束也很重要。法律约束（分区）、经济约束（成本）或市场需求经常会导致像建筑物高度限制及规模（容积率和密度）这样的实体约束。对不动产实体特征的分析必须将位置及建筑物两方面结合起来。弗兰克·劳埃德·赖特（Frank Lloyd Wright）曾指出，没有伟大的设计，而只有针对特定位置的伟大设计。

未受过建筑或工程训练的学生容易忽视明显的实体约束。除了前面提及的地势及排水，场地形状的约束性也很强。至于不动产的周边环境，决策者应考察建设场地及其周围地区的先前使用情况，应特别关注是否（曾经）存在有害废物排放导致的土地污染问题。

（2）社会约束。社会学因素对土地的利用也有非正式的习惯或约束。这种约束富于变化，它随时代的不同而不同，也随地区的不同而不同。一些城市中，农贸集市是居住区的必备场所，而另一些城市的居住区则不容纳它。虽然社会约束随时间推移也在不断变化，它们在某个时空点上却是特定的。因此，在土地利用可行性分析中应充分意识到社会约束的重要性。

（3）经济约束。对于开发商来说，经济约束似乎是最重要的限制。这是因为要收集全部市场信息并将其与特定项目相联系需花费大量时间。此类工作需要具备市场、会计、金融及税收等多方面的知识。经济约束可能比法律、实体或社会约束易于理解，在这个资本化的社会中，人们参与不动产开发的动机是获利。

（4）法律约束。不动产开发的可行性决策涉及与所有权有关的一系列权利义务。在改建扩建项目中，已经存在的基于不动产的利益也对建筑开发决策有很大影响。任何可行性分析都应细致考察当前影响不动产的法律约束。

随着土地利用政策的改变，土地利用的法律约束也会改变。开发商在对一个想法要投入大量的金钱之前，最好先花大量的时间了解相关规定或要求。

由上可见，可行性分析不只依靠一组数据，更多的情况下或者更基本的层面上，可行性研究是在上述约束及其相互影响的环境下做出的。

2）市场研究的类型

市场研究的侧重点按分析的目的而定，通常面临下面四种情况。

（1）土地寻找项目

土地寻找项目首先是土地投资者所做的市场预判。这种投资者（有时是投机者）通常在购得某块土地后持有数年，然后进行开发或将其出售。未来当需要对土地进行开发时，需要注意市场情况已与购地时的市场情况可能大不相同。因此，分析师应在实体、社会、经济及法律约束已给定的情况下考察土地的潜在用途。

土地寻找项目的市场研究尤其强调周围土地利用或者未来规划情况对该块土地的影响，例如假设一块空地的所有者希望为该块空地寻找某种用途，如果邻近的建筑是法院，那么该块土地用来进行律师办公楼的开发就比较合适。这个例子说明区位效应（周围土地用途对土地的影响）能影响土地的设想用途的可行性。

（2）项目寻找土地

不动产可行性分析中最常见的情况是项目寻找土地，即选址问题。开发商经常在寻找能满足特定项目定位需求的土地。所有的土地用户都对场地位址有特定需求，包括最小交通流量、邻近社区的特定人口特征及泊车条件等。

项目寻找土地的情况要求分析师寻找几块不同土地的位置，这些位置能不同程度地满足用户的需求。这可能是同一个城市中的几个不同位址，也可能是不同城市或地区的几个位置。后者可能用于大规模项目，如工厂、公司总部、会议酒店及地区购物中心。市场分析师必须熟悉不同位址各自的特点，并能找出各自的优缺点，这要求投资者有位址选择标准。如果未能挑出最好的位址（常见情况），那么还需对多个位址进行仔细的权衡筛选，这通常是选址过程中最困难的部分。

（3）资本寻找投资机会

资本寻找投资机会的可行性分析通常最关注经济权衡，因为投资者通常根据税后收益率做出投资决策。市场研究可提供进行财务预测所需要的数据，如果数据不完整或有误导性，财务预测的可信程度就令人怀疑。有一点很重要，即分析师不能只比较财务预测，他还应核实数据的准确性并确保市场研究中假设的合理性。

（4）需进行改造的既有项目

分析一个现存项目时，挑战是正确评价项目在市场中的处境，即改造后的项目是否具有竞争力。当前的合同租金与市场租金水平是否相符。如果合同租金低于市场租金水平，原因是不恰当的管理还是维护保养不足，或是其他？分析师评估市场及现存项目对市场的适合状态，而且还要指出已发生或正发生的变化以辨明影响项目竞争力的因素。

总而言之，除了第三种情况外，其他市场类型都涉及土地与项目之间的关系问题。1976 年美国城市土地研究所（ULI）出版了第一本有关综合开发的专著《综合开发：土地利用的新方式》，其核心观点是强调在较大地块中各种项目在功能上的融合感与互补性。我国在土地供给方式上有五种（详见第 7 章），取得土地使用权的方式与相应开发项目也有要求。中华人民共和国国家发展和改革委员会把申请立项（Project Setup）的项目分为三类：鼓励类、许可类、限制类。它们分别对应的报批程序为备案制、核准制、审批制，即①对于企业不使用政府投资建设的项目一律不再实行审批制，区别不同情况实行核准制和备案制；②政府仅对重大项目和限制类项目从维护社会公共利益角度进行核准，无论采用直接投资还是资本金注入方式的政府投资项目，从投资决策角度政府只审批项目建议书和可行性研究报告，但同时应严格政府投资项目的初步设计、概算审批工作；③其他项目无论规模大小，均改为备案制。总之，土地与项目之间的匹配问题值得长期重视。

以上四种情况虽然需要不同的方法，但基本目标都是为有效决策提供必要的数据。数据收集工作可围绕以下五个领域进行：①地区分析；②邻区分析；③选址分析；④需求分析；⑤供给分析。这五个领域或者五个层次是不动产市场分析与研究的基础。

3）市场研究的基础

（1）地区资料分析

地区概念可以是一个城市、几个县，也可以是城市群。地区分析的关键资料如下：

①全国经济对地区的影响。例如，全国范围内的经济增长或衰退会如何影响地区？地区在全国经济中的角色如何？

②经济基础分析。此项将地区作为独立的经济体加以分析。地区的主要产业是什么？这些产业对服务的需求及最终对不动产的需求有何影响？地区的经济支柱在未来将会怎样？

③人口分析。人口变化及趋势（净流入或者净流出）可反映城市或地区的经济景气状态。此外，人口迁移模式、年龄、教育状况、流动性等都需要被评估。

④收入水平。地区平均收入、收入来源、失业状况及新就业机会都会影响地区的需求。

⑤交通运输。该地区是交通枢纽吗？或是与世隔绝的吗？查核通往各个市场的公路路线及铁路、航空等方面的服务。

⑥增长及发展模式。该地区是高增长地区，还是无增长地区？未来的发展将在何处发生？为什么？

（2）邻区分析

一个地区之中通常包含若干个地块或者地段，它们互相构成了对方的邻区。

邻区（Neighborhoods）的概念来自美国房地产教材《不动产评估基础》，其定义是："邻区是指财产群，这种财产群中的财产（绝大多数财产）具有相对类似的土地用途和价值。或者，较大社区中的一部分……在该部分中存在同质的居民、功能一致的建筑物或商业公司群体"。

可见，一个邻区可能是居住区，历史风貌保护区，也可能是商业区，还可能是文化区或者工业区，甚至是一个教区（Diocese）等（图4-6）。

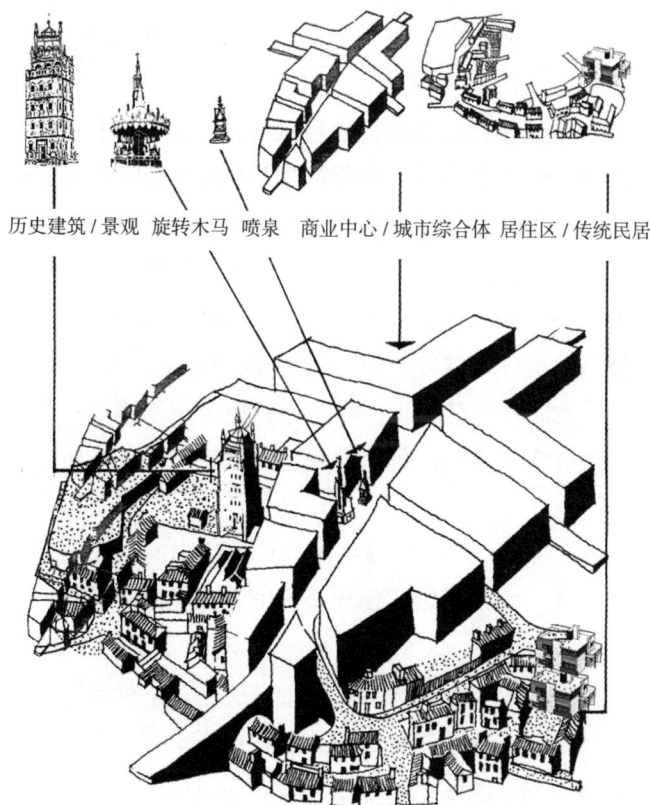

历史建筑/景观　旋转木马　喷泉　商业中心/城市综合体　居住区/传统民居

一个地区之中通常包含若干个地块或者地段，它们互相构成了对方的邻区。

左图包含有文化区、商业娱乐区和居住区等邻区。

邻区之间或者存在互补性质，或者存在（目前的或者未来的）竞争关系。

当各个邻区物业性质和功能达到互补时，这个地区才有活力。地区的活力反过来又提升了内部每个邻区房地产的价值。

邻区不同于"商圈"概念。

商圈（Trading Area）是指商店以其所在地点为中心，沿着一定的方向和距离扩展，形成吸引顾客的辐射范围。

图4-6　若干邻区构成地区

　　不动产市场研究中的邻区分析侧重于下列重点：

　　①地方经济对邻区的影响。地方经济主要指同一行业或一组密切相关的企业群，由于集聚在一个特定的地区形成溢出效应，所以这种影响分析非常重要。例如，地区的优势产业是什么？他们需要雇用什么样的人？他们想要什么样的不动产？

　　②地方交通运输。交通量、运输能力或瓶颈及交通模式。人行道、公共交通或私人汽车状况也是分析的一部分。

　　③邻区的竞争。虽然许多不动产项目是与整个地区的类似项目竞争，但通常要特别关注邻区的竞争。如果邻区对某种不动产的需求已经饱和，新建这样的项目就不明智。而在另外一些情况下，新建这样的项目会带来聚集效应的好处。

　　④未来竞争的可能。未开发的其他土地可能会带来未来的竞争。应该对未开发的土地及其城市规划分区加以关注。现存建筑的再分区（例如旧城改造）及废弃也会带来未来的竞争。邻区没有空地并不意味着未来不会有新的竞争，改造或再开发都可能发生，这些有可能会带来新的竞争。

　　⑤人口特征。当期及未来的邻区人口特征对可行性分析来说都很重要。年龄、婚姻状况、性别、住房面积、收入及教育状况都是人口特征。搬迁率和房屋出租情况导致的人口变动会改变已有或未来项目开发的可行性。

　　（3）选址分析

　　1991 年 8 月 23 日发布的《建设项目选址规划管理办法》从社会发展和对城市建设进行宏观调控的目的出发，按照建设项目名称、性质，用地与建设规模，供水与能源的需求量，采取的运输方式与运输量，以及废水、废气、废渣的排放方式和排放量等对不同项目实行分级规划管理，核发选址意见书。2019 年《自然资源部关于以"多规合一"为基础推进规划用地"多审合一、多证合一"改革的通知》（自然资规〔2019〕2号）将建设项目选址意见书、建设项目用地预审意见合并，自然资源主管部门统一核发建设项目用地预审与选址意见书。2024 年自然资源部为持续推进规划用地"多审合一、多证合一"改革，根据《自然资源规范性文件管理规定》（自然资源部令第 2 号），决定对文件部分修改后重新印发，其中在正文第四部分增加"在土地供应前编制不动产单元代码，记载到市、县用途管制数据库中，实现规划、供地、登记等全流程各环节信息共享、"一码关联"和"联合监管"；在附件中增加"建设工程规划许可证"和"乡村建设规划许可证"证书样式；删除附件中的"编号规则"。核发规划许可证书时，统一按照《国土空间用途管制数据规范》TD/T 1084—2023 规定，使用全国国土空间用途管制监管系统统一生成的电子监管号作为证书编号。

　　除了审批程序上存在差别，对于新建、扩建和改建项目选址还应注意下列事项：

　　①分区。在大部分城市中，城市规划中土地功能分区对选址分析来说都很重要。如果有对特定不动产有需求但不能划入相应的功能区，则土地与建筑项目就都无法按已有的想法加以利用。需要进行土地功能变更（必须通过修改城市规划）的位址选项往往事

倍功半，甚至失败。因此，与土地分区适配的地块位置是建设项目选址的优选项。

②公用事业。所有已进行开发的不动产都需要必备公用事业。能源电力、燃气、供水、通信及下水管道接入市政的条件，与城市防灾规划的衔接与协调也很重要。大部分城区都有这样的基础设施，但成本随着与接入点的距离不同而不同。

③可进入性。缺乏可进入性将严重限制项目的潜力。场地可进入性评估通常关注直接的进出条件，体现在能与外部交通干道相联通的场地出入口数量和位置上的要求。

④面积及形状。许多情况下，土地的面积及形状会影响其作为开发用地的吸引力。不规则形状会给泊车及其他土地规划需求带来困难。

⑤地势。植被、坡度、承重能力及其他特征会大大影响开发潜力。过陡的地面会造成雨水冲刷问题从而破坏项目及邻近项目。如果排水能力或底土太差，场地进行改良的成本会很高昂。

（4）需求分析

需求分析指评估来自邻区分析及选址分析的数据进而预测特定不动产项目的有效需求。需求分析的目标是确定一段时间内市场可以吸收的不动产面积及相应价格。需求分析包括以下主要内容：

①首先是界定市场（类似商圈分析），一旦完成界定，就可利用获得的信息来评估影响需求的各种因素，进而对一段时期内的需求进行预测及量化分析。

②竞争。必须通过市场调查来确定已有的及未来的竞争。这种调查包括每个类似项目的区位、租金或出售价格、空置状况及周围环境。因为竞争是供给的一部分，所以需求分析的这个方面与供给分析重合。企业通过制作表格对新开发项目与类似项目（竞品）进行对标比较，比较内容分为优势与劣势、机会与挑战等。

③人口分析。人口特征包括开发项目所在地区消费者的偏好、收入、年龄及住房面积都是重要的调查对象。虽然在商用不动产的可行性分析中不是特别重要，人口分析仍有助于指明消费者来源的情况。在人口分析中，已经收集到的人口方面的资料数据将被评估，被选用的部分有助于做出吸收时间表。

④趋势分析。分为当期市场趋势和预测未来市场的需求。未来预测非常重要，因为可行性分析是旨在帮助决策者评估长期投资的一种预期判断。这是需求分析中最难的部分，需进行很多方面的考虑。

（5）供给分析

供给分析要求房地产企业考察现有供给及预期未来供给。现有供给可通过市场记录加以考察。记录中应有每个项目的当期租金、空置率、区位及周围环境。未来供给（预期的新增供给）可通过考察下列方面进行估计。

①空置率及出租趋势。当期空置率可指明未来需求，较高的空置率说明当期需求少于供给，因此未来竞争也就不太可能发生。如果出租率上升，未来开发项目就更可行一些。

②政府服务。政府服务中公用事业最重要，公用事业的缺乏会严重限制不动产供

给。交通（单行线）及其他公共政策、管理办法或临时条例等也会影响供给。

③开工及建筑许可。建设开工意味着不远的未来供给将增加，建筑许可则意味着项目很快将开工。增量与存量之间的博弈是供给分析的重要方面。

④全面社区规划。地方规划部门会通过政策来鼓励或限制特定地区某种类型项目的开发。例如，工业项目可能只能集中在某个地区而不能在其他地区发展。

⑤建设成本趋势及可获取的融资。如果建设成本快速上升而预期租金不能以同一速度上升，未来的供给将受到限制。可获取的融资会鼓励或抑制供给的增加。如果利率比较高，权益收入将受到负面影响，这就会抑制不动产开发。

市场研究关注于市场对某类项目的需求，但这还没有具体到特定的项目。根据可行性研究的框架，在完成市场研究后，供给方应先进行市场细分，然后再考虑特定项目如何与市场结合。市场研究考察的是市场总体，而财务研究考察的则是特定项目。财务研究之前要先进行市场细分以得出特定项目的吸收时间表。

目前，区域市场研究中普遍使用一个关键概念是基准房价。基准房价是基于房地产市场价值而建立的统一性的房地产交易价格基准，它可以改变当前房地产价格标准不一、缺乏权威的房价计算依据以及房地产价格信息不对称的现状。基准房价是在一定区域内，对一般状况下的房屋存量中每一个基本单元，按照其规定用途（主要是住宅），评估确定的某一时间点价值在一定年期的平均市场价格。我国基准房价制度是由房地产管理部门、地税部门、财政部门联合制定出台的，房屋的成交价格可能高于或低于基准房价，但均在基准房价合理区间内波动。

由上可见，邻区是收集数据的起始点，是数据源。政府、企业和消费者个人都在使用这一工具。对于区域市场的物业价值来讲，邻区又起到晴雨表的作用。

需要指出的是，信息的数量与决策的质量并不总是成正比。

以上是不动产可行性研究中的主要部分，而完整的可行性分析还要包括其他部分，如前面提到的一般可行性研究的基本内容。其中有关项目财务评价的内容则放在本书的下篇。

4.2 价值工程原理与性价比值效应

价值工程（Value Engineering，VE），也叫价值分析（Value Analyze，VA），它起源于 20 世纪 40 年代的美国，在当时是一种新兴的技术经济方法。

第二次世界大战期间，美国的军事工业发展很快，但同时出现了原材料供应紧张的问题。美国通用电气公司（GE）工程师麦尔斯（L.D.Miles）在寻找和采购军工生产中一种特定功能的材料时碰到了不少困难。当时通用电气公司需要购买石棉板，由于货源紧张，价格成倍上涨，采购工作和财务开支都有困难。麦尔斯就考虑，为什么要使用石棉板？它的功能是什么？原来，工人给产品加涂料时，根据美国消防法规定，作业地板上一定要铺一层石棉板以防火灾。麦尔斯弄清楚其功能后，在市场上找到一种不燃烧的纸，不仅采购容易，而且价格非常便宜。经交涉，美国消防法通过了这一代用材料。这就是有名的"石棉板事件"。

麦尔斯在采购过程中注意到一个很重要的问题：顾客购买的不是产品这个实物，而是购买产品的功能。所以价值分析的本质，不是以产品为中心，而是以功能为中心。麦尔斯对功能进行了科学的研究，创立了功能分析、功能定义和功能评价的方法，使功能成为可以衡量的东西。在1947年这项研究以《价值分析》为题发表出来。

20世纪70年代末80年代初价值工程被引进到我国，并于1982年在建筑技术经济评价中开始应用。1987年10月4日国家标准局颁布了我国第一个价值工程国家标准《价值工程基本术语和一般工作程序》（Value Engineering General Terms and Work Program）GB 8223—1987。

4.2.1 "价值"的经济含义

在城市中一个人从A点走向B点，在各种可供选择的路径中，哪条路是最好的或最合理的？从几何学的角度来看，他应该选择最短的直线途径。这表明"价值"判断具有一定的中立性，是建立在客观基础上的认识问题。然而，在多数情况下，价值判断又是产生分歧最多的一个领域。一个人从A走向B，如果他想在阴凉处走得长一点；如果他还想顺路经过另一个他想去的地方C；如果他必须要避开在他最短途径上可能会存在的的危险；或者他只是碰巧喜欢更长一点的路，那么，他就会绕点弯。如果他决定绕点弯或者绕一大圈弯，我们必定可以推测，根据他的判断，达到那些次要目的（阴凉/顺路/漫步）比节省时间和路程更重要，那么，对他来说绕点弯根本不是绕弯，因为走长路使他得到更大的满足，或者预期所带来的满足大于通过较短的路所达到的直接目的。只有心中没有这些其他目的，人们才会把更长的路称为绕弯。因此，价值上的分歧与其说源于不同的认识，不如说是基于不同的利益诉求、主观需要或特别目的。同一项社会政策在不同阶层和社会利益集团中褒贬不一，原因正在于此。

由于"需要"一词很大程度上是一个心理学的概念，因此，为了把"价值"作为一个经济学问题来研究，通常把"需要"看作是资源的倒数，这一假定与现实并不矛盾。因为尽管从发展的角度看，需求或欲望是无限的，但是在某一阶段内它还是有限度的，构成这一极限的不是货币，而是可供生产产品和劳务的可用资源。每个人都想要更多的住房、更好的交通环境或一部新车，但即使最富裕的国家也难以创造每人想要的一切。因此，经济学所研究的价值问题实质上是面对限制条件下的（功能）最大化问题。

在工程领域和产品分析中，价值的含义是指产品的特定功能与获得该功能所耗费的全部成本之比。其数学表达式为：

$$V = F/C \qquad (4-1)$$

式中　　V——价值式或价值系数；

　　　　F——功能、性能或效用；

C——产品生命周期成本。

4.2.2　价值工程的基本原理

价值工程是研究用最小的成本支出来实现产品的必要功能，或以相同的成本如何提高实用价值。其定义可概括为：以提高产品使用价值为目的，以功能分析为核心，以开发集体智慧为动力，以定量计算为手段，研究用最少的代价以取得最合适的功能。

由 $V = F/C$ 关系式可知，提高价值有五条基本途径，即：

（1）通过改进设计，在功能不变的基础上，使实现功能的成本有所下降，即：

$$\frac{F \rightarrow}{C \downarrow} = V \uparrow \tag{4-2}$$

（2）通过改进设计，维持成本不变，而使功能有所提高，即：

$$\frac{F \uparrow}{C \rightarrow} = V \uparrow \tag{4-3}$$

（3）通过改进设计，虽然成本有所上升，但相应的功能得到更大幅度的提高，即：

$$\frac{F \uparrow\uparrow}{C \uparrow} = V \uparrow \tag{4-4}$$

（4）有时候，通过适当降低产品功能中的某些非主要方面的指标，以换取成本较大幅度的降低，即：

$$\frac{F \downarrow}{C \downarrow\downarrow} = V \uparrow \tag{4-5}$$

（5）理想的结果是，既可提高功能，又可降低成本，从而使价值大幅度提高，即：

$$\frac{F \uparrow}{C \downarrow} = V \uparrow\uparrow \tag{4-6}$$

一旦出现最后这种情况，很可能是初始方案太过于粗糙。

价值工程涉及价值、功能和生命周期成本等三个基本要素。在很多情况下，价值分析并不单纯追求降低成本，也不片面追求较高功能，而是要求提高 F/C 的比值，研究产品功能和成本之间的最佳匹配关系。因此，凡是有功能要求和付出代价的领域和环节，都可以应用到价值工程原理。

4.2.3　价值分析的程序与准则

价值工程是指以产品的功能分析为核心，其中，产品的功能是该产品能满足某种需求的一种能力。因此认真分析一下价值工程所阐述的"功能"内涵，实际上等同于使用价值的内涵，也就是说，功能是使用价值的具体表现形式。价值分析实质上是针对功能提出问题、定义（识别）问题、解决问题的过程，实现功能的成本要素分析实际上是技术经济决策的过程。具体地说，VE 就是对产品（功能）提出程序式的问题，找出产品在功能和成本上存在的问题和切实可行的解决问题的方案，从而提高产品的价值。整个活动是围绕七个基本问题展开的，这七个问题和价值工程的基本步骤相对应，见表4-2。

价值分析的程序 表4-2

决策的一般过程	价值工程活动程序		价值工程提问
	基本步骤	详细步骤	
分析	1. 功能定义	1. 收集情报	1. 这是什么
		2. 功能定义	2. 它的作用是什么
		3. 功能整理	
	2. 功能评价	4. 功能成本分析	3. 它的成本多少
		5. 功能评价	4. 它的价值多少
		6. 确定对象范围	
综合	3. 制定改进方案	7. 创造	5. 有其他方法实现这项功能吗
		8. 初步评价	6. 新方案的成本是多少
评价		9. 具体化调查	7. 新方案能可靠地满足要求吗
		10. 详细评价	
		11. 提案	

4.2.4　价值工程中的功能分析

价值工程应用于产品分析的核心内容是功能分析，因为任何产品都具备相应的功能，而这些功能的具备是产品存在的价值。不同的功能要花费不同的成本去实现，对功能分析的目的就是要用最小的成本去实现这个功能。

1）功能定义

我国《价值工程基本术语和一般工作程序》GB/T 8223—1987对"功能"的定义是：对象能够满足某种需求的一种属性。功能定义就是对产品或其组成部分应具有的各种必要的功能用简明的语言进行描述，并为每一个功能下确切的定义。通过下定义，可以加深对产品功能的理解，并为以后功能代用方案提供依据。因此功能定义下得是否准确，会直接影响以后的工作。

2）功能分类

我国《价值工程基本术语和一般工作程序》GB/T 8223—1987中，把"功能"一般概念细分为使用功能（Use Function，对象所具有的与技术经济用途直接有关的功能）、品位功能（Esteem Function，与使用者的精神感觉、主观意识有关的功能，如贵重功能、美学功能、外观功能、欣赏功能等）、基本功能（Basic Function，与对象的主要目的直接有关的功能，是对象存在的主要理由）、辅助功能（Supporting Function，为更好实现基本功能服务的功能）、必要功能（Necessary Function，为满足使用者的需求而必须具备的功能）和不必要功能（Unnecessary Function，对象所具有的、与满足使用者的需求无关的功能）等若干具体含义。

任何一种产品的功能，一般都具有基本功能和辅助功能。基本功能是要达到这种产品（或作业）的目的所必不可少的功能，如果不具备这个功能，这种产品也就失去存在的价值。所以用户购买某种产品的主要目的，就是为了获得该产品的基本功能。如手表的基本功能就是显示时间，塔式起重机的基本功能是垂直运输和吊装。辅助功能则是为了更有效地实现基本功能而附加的功能，如手表除显示时间外，"夜光表"就增加了无光显示的功能；为了保证手表的时间准确可靠，还需要密封防水、防尘和防振等辅助功能。

发现或定义基本功能时，可以通过三个问题来确定：

（1）它的作用为什么是必不可缺少的和最重要的？

（2）它的作用是不是它的主要目的？

（3）如果它的作用改变了，是否还有存在的必要性？

区分辅助功能时，也可以通过三个问题来确定：

（1）它对基本功能能否起替代作用和效果？

（2）它与基本功能的关系是和谐的还是矛盾的？

（3）它不存在时是否妨碍了主要功能的作用？

每项功能的实现都要花费相应的成本，即"功能目标成本"（Target Cost of Function，为功能设立的成本目标值）。划分基本功能和辅助功能的目的，主要是对产品的作用效果有一个明确的概念，将产品的基本功能和必要功能确切地表达出来，以免为不必要功能或者过剩功能（Plethoric Function，超过使用者需求的伪必要功能）而花费的额外成本。

品位功能（Esteem Function）是产品功能中的特别分类。有些产品（如建筑等）不仅要求质量好、成本低，同时还要求美观。而有些产品只要求使用功能，并不强调美观功能（比如钢筋、暗装管线等）。反之，有些产品（纯粹装饰物品或者演示性道具类）只要求美观功能，而不太要求其他功能。大部分产品需要兼顾实用和品位，美观悦目的设计能产生高附加值（即经济学中所说的"漂亮贴水"效应）。所以在运用价值工程时，首先要对功能的概念与定义加以追问。

3）功能整理

一个产品或它的一个部分，一般都有多个功能，按照有关功能方面的理论，找出这些功能之间的相互关系，并用适当的方式表达出来，这个过程就是功能整理。

把每一条功能定义列出并挑出一个基本功能，排在最上方，这是上位功能。首先针对这个功能提出问题：功能是怎样实现的？为回答这个问题，就要找出它的下位功能，并排在下边；再提问，这个下位功能如何实现？同样又找出一个下位功能，如此一直找下去。上位功能与下位功能的关系是目的与手段的关系。但目的与手段是相对的，某一个功能是实现它的上位功能的手段，但也是它的下位功能的目的。从下位功能找它的上位功能，只要回答："为什么需要这个功能？"即可。有时，为了实现一个功能，需要几个功能作为它的手段，排在同一垂直位置上，这些功能又各自有下位功能。这样排列的结果构成一个功能系统图，也称逻辑功能图。

研究改进方案时，可以在系统图中按照功能的顺序逐个研究，便可以比较清楚地了解各功能之间的内在联系，从而发现不需要的功能（多余、重复的功能），识别出隐藏在整体内的无益成本。这里需要区分一下"多余"与"冗余"（Redundancy）概念。在工程设计中，冗余是指一个系统中对关键部件或功能的备份，目的在于提高系统的可靠性。生物界有大量的冗余案例，如动物的眼、耳等器官都是成双成对，互为备份。在公共建筑的一个防火分区中，规范要求设置不少于两部疏散楼梯间，就属于合理的、必要的冗余设计。如图4-7所示是以楼梯间为例进行的功能整理图。

楼梯间的基本功能:	连接两个不同标高的平面；在地震或者火灾时的安全疏散通道	
上位功能:	以**安全疏散**为例 1.低层和多层建筑	2.高层建筑安全疏散楼梯形式
下位功能:	室外；或者**封闭并安装乙级防火门**	**封闭并加设防烟前室**
下位功能:	防火墙体材料，耐火等级 防火门须向疏散方向开启 规范要求宽度指标(m/百人)	防火墙体材料，耐火等级 防火门须向疏散方向开启 **防烟前室**
下位功能		位置与使用方式，最小面积6.0m² 前室短边不小于2.4m，排烟换气

图4-7 楼梯间的安全疏散功能整理图

4.2.5 从简单到复杂：设计中的价值

当前，很多产品设计的重心都倾向于关注环境方面的影响，例如节能减排、再生材料的使用和低放射产品的开发等。

改革开放以来的40余年，我国平均每年新增建筑面积超过20亿 m^2，取得了辉煌的经济成就和社会发展成果。然而，如果仅仅集中考虑单个或者少数标准，就可能忽略其他更重要的环境整体质量。事实上，人们越来越认识到，过去许多环境项目只是成功地将污染从一种媒介转移到另一种媒介——从水到空气，从空气到固体垃圾等。现在则需要一种更加全面的应对策略。全生命周期评价（LCA）的思想和方法是一个良好的开端。经过几十年的实践，现在更多的人喜欢称LCA为"从摇篮到摇篮"来取代"从摇篮到墓地"的说法，以此强调最后的重复利用，分解—重用—再生，即所谓的"3R"（Reduce，Reuse，Recycle）正是这一认识的深化。以美国为例，据全美住宅建筑商协会研究中心（National Association of Home Builders Research Center，NAHB/RC）估计，新建住宅建筑每平方米的建筑面积会产生3 ~ 5t的废物。建造和拆毁（Construction and Demolition，C&D）中的原材料估计占垃圾掩埋体积的20% ~ 30%，C&D废物的掩埋成本一般在20 ~ 80 ＄/t（1997年）。美国有些地方已经通过了关于C&D废物再生计划的法律，要求在建筑设计或建筑拆毁之前，建筑师或承包商应该准备C&D废物管理计划（C&D Waste Management Plan），这种做法很值得借鉴。

2015年1月29日，建筑垃圾资源化产业技术创新战略联盟在北京发布了《中国建筑垃圾资源化产业发展报告（2014年度）》。该报告显示，近几年我国每年产生的建筑垃圾总量约为15.5亿 ~ 24亿t，占城市垃圾的比例约为40%，产量惊人。建设全生命周期绿色建筑的价值观意义重大。

2004 年 9 月"全国绿色建筑创新奖"启动，标志着我国的绿色建筑实践进入快速发展阶段。2007 年住房和城乡建设部颁布了《绿色建筑评价标准》，次年住房和城乡建设部又出台了《绿色建筑评价技术细则（试行）》和《绿色建筑评价标识管理办法》，自 2015 年开始为推进绿色建筑，住房和城乡建设部发布了新版《绿色建筑评价标准》GB/T 50378—2014，2019 年住房和城乡建设部再次修订《绿色建筑评价标准》GB/T 50378—2019，自 2019 年 8 月 1 日起实施。在"两山理论"指导下，适合中国国情的绿色建筑评价体系逐步完善。

以上是从全生命周期范畴来考虑的价值含义。在设计决策阶段，影响价值的因素必须全盘地和提前地给予考虑。我们知道，决策有两大要求，一是合理性，二是及时性。其中合理性包括合目的性和合条件性，即可行性。这样，决策的价值便与它的合目的程度、资源条件的耗费程度、可行性和及时性密切相关。即：

$$决策的价值因素 = \frac{合目的性 \times 可行性 \times 及时性}{生命周期成本 + 机会成本}$$

这是一个关系式，而不是计算式，目的在于说明各因素对产品价值的影响。

4.3 外部性原理与设计中的公共价值

4.3.1 环境外部性

在环境经济学、公共经济学、制度经济学和福利经济学中，外部性都是一个很重要的概念。

假定在一条长河的流域内存在着一个生态系统，沿河上游地区的土地不宜耕种，而且起初是废置不用，下游土地归一位牧民所有，是一片使用河水灌溉种植草木的牧场，牧场饲养牛羊的平均利润足以维持土地种草而不必更换其他用途，牧民也不必改变职业。后来，上游土地由一位化工企业获得并修建厂房进行生产，同时利用河水作为污水排放的场所。结果导致河水水质下降从而降低了下游牧草的质量和产量，牛羊持续减产，最后迫使牧民离开了牧场（图 4-8）。

在这个简化的情境中，化工企业的生产行为产生了环境污染的损失，承担这个损失的（长期以来）不是化工厂，而是他人（例中是牧民），化工厂生产中一部分成本转嫁到外部处理。重大外部性常常表现为公害。

如果用经济学术语来表达，外部性是指某个微观经济单位（企业或个人）的经济活动对其他微观经济单位（企业或个人）所产生的非市场性的影响，简言之，外部性是一个人的行为对旁观者福利的影响，其中，对受影响者有利的外部影响被称为外部经济，或称为正外部性；对受影响者不利的外部影响被称为外部不经济，或称为负外部性。所谓非市场性，是指这种影响并没有通过市场价格机制反映出来：当企业或居民个人因为

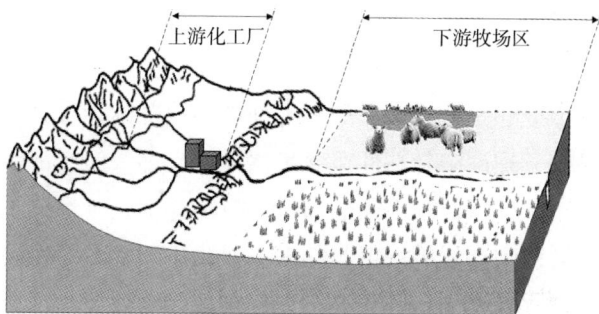

图 4-8　外部性的概念模型

外部经济而获益时，他们并不需要为此而向他人支付报酬；而当他们因为外部不经济而受到损失时，他们也得不到相应的补偿（现在可以通过征收污染税和法律诉讼进行损害补偿）。蜜蜂授粉给附近厂商的果园带来的收益，花园里鲜花的芳香给邻居带来的舒适感，这都属于外部经济；道路狭窄坑洼造成的拥挤和车辆使用年限的缩短，公共绿地被占用给附近居民带来的不便，这都属于外部不经济。受影响者因外部经济而得到的收益和因外部不经济而受到的损失分别被称为外部收益和外部成本。

在经济学文献中，典型的外部性现象是污染，有害污水排放、噪声、粉尘等常常被看作外部不经济的例子。在当代，外部性的应用已经扩展到更加宏观范围，例如日本排放核污水计划表明一国的某些经济活动给全球带来的外部不经济，有些甚至达到灾难级别。

工业化以来，人类经济活动所引起的气候变化是有目共睹的。早期的煤矿企业基本上不会关心酸性矿水的排放，因为它只负担采煤成本；电厂也不会关心空气的污染，因为它的利润来自供电量；农场经营者不大会考虑若干年后土地盐渍化，因为他更关心的是近期内谷物的收成；造纸厂并不为附近的河流污染忧虑，因为它心目中是纸张的成本、市场行情和销路等。生产或生活过程中所发生的外部性大多表现为外部不经济，就是说，环境破坏者本应使之内部化的那些成本（例如企业为消除污染或提高排放标准而应更新设备时的费用）转嫁到外部的公共机构或微观经济单位，即做了外部处理。因此，环境外部不经济问题也应该是建筑经济学关注的重点。

4.3.2　环境外部性的特点

人类对环境资源的开发利用过程会产生环境外部性，特别是环境污染会造成外部不经济，这是整个经济学界公认的事实。但一般的理论经济学虽然承认外部性的存在，却认为在经济系统中外部性的作用是有限的，影响是次要的，因而企业在生产中只关注直接的有形成本，如果缺乏外部监管，企业常常有意无意地将环境外部性作用抽象掉。实际上，环境外部性是经济系统运行中正常的、无处不在的和不可避免的组成部分，对现代经济系统能否顺利运转有着十分重要的影响。例如温泉疗养院附近的养猪场建设肯定会对疗养院的收益产生影响，在综合开发中项目之间不相容的现象也可用外部性来解释。

在现代，无论从广度还是从深度方面，外部性问题普遍存在，这是环境外部性的第一个特点。在传统经济学理论中外部性概念虽然早已有之，但经济活动的收益问题基本上局限于生产部门与消费部门内部之间的衡量，对于外部经济性或不经济性的考虑也多是从资金的角度出发形成闭环思维。但是随着工业化进程，企业作为现代社会经济组织的普遍形式，其生产过程既密切依赖环境，也深刻地改造环境。从这个角度上看，外部性是人类总体经济活动过程中一个不可避免的经济现象，其作用范围要比一般意义上的经济外部性广泛得多，普遍得多，作用程度也严重得多。

环境外部性的第二个特点是它具有很强的公共性质。在讨论外部性时人们易产生一种感觉，认为与污染有关的外部性基本上是一个由排放者对受害者的两分问题，于是，只要将排放者和受害者识别出来，就能够通过私下交易，使边际污染造成的损害与边际废物处理成本相抵。然而事情并非如此，外部性的双方常常是不易区分的，要么受害者众多且很难识别，要么损害是由众多排放者共同造成的。

大部分环境外部性具有公共性。不但污染的肇事者具有公共性，污染的受害者也具有公共性，也就是说，污染密度或强度不因部分人的消耗而减轻对其他人的作用。以空气污染为例，它影响的是某一地区的每个人，而非某个人，该地区人口的增加虽增加受害人数，但并不因此减轻污染。这个人的呼吸也不改变那人的空气质量。环境外部性的这种特性使之成为一般市场价格体系无法克服的难题。

环境外部性的第三个特点是它的作用时间比一般外部性要长远得多，具有向未来延伸的特性。

自然生态环境的变化受自然生态规律支配，人类不顾自然生态规律滥用环境资源所造成的生态环境破坏，不是靠人工调控在短期内能恢复的。因此，环境外部不经济性的一个重要影响方式是现在经济活动的副作用由未来人口承担，当代的人承担着前人遗留下来的环境恶化后果，同样，我们也在不断将这类后果传递给后代。其中，有些副作用既直接影响着当代人同时又对后人造成不利影响，森林锐减、物种灭绝、水土流失和沙漠化等都属于此类副作用。另一类副作用是当代人受益后代人受害的，当代人"高消耗、高消费、高污染"的发展模式会对后代产生倍增的能源、资源短缺和环境污染危害。当代人的某些经济活动如开发滩涂和湿地，可能会给自己带来更多的经济产出，但却破坏了滩涂和湿地的水土保持、生物多样性以及防灾害等重要作用，将使后代面临更多的自然灾害，更多的物种损失，更严重的生态环境破坏。最极端的例子是在荒凉地带埋藏核废料，由于今日的荒凉并不意味着明日的无用，当这样的地带具有实际开发价值时，由今日的埋藏导致的未来开发成本的上升就完全由那时的社会承担了。

4.3.3　环境外部性的根源

环境外部性问题之所以特别普遍、特别严重，主要原因有三点：

第一，环境资源的公有财产性质，使人们对其使用具有无偿性。与私有财产不同，一旦提供了一种公共财产，每个人都可以享用，享用者不会主动付费，破坏者也不会主动赔偿。人们的生产和消费活动无时不有，无处不在，对环境的污染和破坏随时随地都会发生。生产者关心的是利润，消费者则只关心个人消费的效益，谁都不会主动关心个人行为对这种公共财产的影响。经济活动越深化，人们对环境资源的开发利用越广泛深入，环境的外部损失就越严重。

私有财产的费用支付只是消费者个人的事，而公共财产却不同，一旦提供了一种公共财产不管是否有人支付费用，每个人皆可享用。假如个人是依照对公共财产的增值效用来决定该支付多少费用，则基于自私的动机，往往会低估由公共财产所得到的好处。从而没有使整个社会的总收益最大化。

可见，只要有些人支付公共财产费用，则那些没支付费用者将获得更多的好处，但如果没有一人肯支付费用的话，社会上每一个人都将得不到利益。

第二，环境影响的时空差，使环境的损益与当事人往往不直接发生经济利益关系。由于污染物质具有迁移、聚积、扩散以及长期性等特性，使环境污染的肇事者与受害者相去甚远（如空气污染、水域污染、酸雨污染等），在时间上和空间上都存在着差异。

生态平衡的破坏也有同样的问题。即使点源污染和小范围的生态破坏，在空间上可能会危及几个国家和地区，甚至全球，在时间上可能会影响数十年甚至几代人。环境的治理亦有时空差，受益者不一定是直接投资者。例如中国三北防护林带的营造，开支在当代，主要受益在后代，且受益者不仅局限于造林地区。但是，私人一般不会无缘无故地去为生态环境保护投资，常见的是对环境的滥用，把环境的损失和破坏作为一种外部成本转嫁给他人和社会。

环境资源的公共财产性质和环境影响的时空差，使得市场在环境资源的配置上显得十分无力，经济学家们把它叫作"市场失灵"。

第三，制度原因。制度最简单的含义是为约束人的行为而制定的一系列规则。前两条原因都是由资源的特点产生的，而这第三条原因主要强调政府行为的失误。

值得进一步讨论的问题是，既然市场在环境资源配置中失灵，靠政府的计划管理是否有利于环境资源的优化配置呢？从理论上讲，一个完备的计划经济体系可以达到理想状态。因为中央计划者掌握完备的信息，知道每一种要素或产品的价格与供求，知道每一个消费者的效用函数与生产者的成本曲线，各利益主体之间完全协调，没有外部冲突，但这种完备的计划经济体系并不存在，计划经济国家环境资源滥用的现实已经充分说明了这一点。普遍的情况是，在同等的发展水平下（或者说在相同的发展阶段），计划经济国家的生态环境问题要比发达国家严重得多。这种情况被经济学家们称为"计划失效"。导致计划失效的主要原因是：

（1）计划配置的失效。在传统的计划经济下资源的配置是通过编制计划和指令划拨。价格是根据社会战略目标而制定，不随供需变动。由于经济系统的复杂性，中央计划部门不可能收集完备的信息，及时调整价格与产量以反映资源的稀缺程度。另外，中央计划目标与地方政府、企业和个人之间的利益不可能完全一致，使得计划的制定及实施过程中充满不确定性。

（2）公有产权的失效。在计划经济下，土地、河流、森林等环境资源都归国家或集体所有，这些资源大多被免费使用，并且在使用过程中会产生很强的外部性。前面的分析证明，环境外部性会导致环境资源的不合理使用，生活中的"搭便车现象"也表明人们会努力去通过无偿使用乃至滥用公共资源来获益。公有产权的失效还表现在产权实施和保护上的高昂成本。此外，计划经济条件下市场机制的缺乏与政策的失效也可以用来说明环境外部性严重的原因。

上述分析说明，无论是在市场经济条件下还是在计划经济条件下，环境外部性都普遍存在，只不过程度和范围不同，因为任何经济体制下的经济体系都不是完美无缺的。只要有私人利益和公共利益的区别，局部利益和全局利益的区别，以及眼前利益与长远利益的矛盾，由利益分割形成的裂隙就足以使外部不经济现象存在，并在缺乏适当控制机制的情况下发展。总之，环境资源本身的特点以及与之相关联的利益的分散性是环境外部性的终极根源，如何针对环境资源特点克服并协调分散的利益关系，便成为我们解决环境外部性问题的主要思路。

4.3.4 外部性原理与设计评价

外部性理论是现代环境经济政策的理论支柱。一方面，外部性理论揭示了市场经济活动中低效率资源配置的根源；另一方面，它对评价和判断设计决策的好坏提供了一个宏大的视野。实践表明对设计结果的恰当的、全面的评价准则往往来自于美学之外。

设计结果的好坏大多可以立足于经济性判断上。但经济上的考虑只是设计的一个侧面，不过因为本教材限定在建筑经济方面，所以不涉及其他领域。但只要经济是一个侧面，就不会独立于其他侧面而存在。本书只讨论建筑的经济活动对外部社会与环境的贡献价值，这个价值不是建筑师在介绍方案过程中阐述的，而是在人们生活的评价中产生的。

首先，在联合国 WHO（世界卫生组织）的 SHEC 价值模型里，它列举并承认 S（安全性）、H（健康性）、E（效率性）、C（舒适性）四种价值。对于建筑来说，这些价值都很重要，缺一不可。但是不能认为所有的价值都同样重要，应该根据时间和地点以及建筑的种类、使用者的诉求等加以区别。在经济高速发展阶段，效率性似乎很重要，于是历史上曾出现过"先污染后治理"之说；健康性和安全性是普遍价值，规范中有明确标准；舒适性则要看具体的实际情况。

其次，资源问题既陈旧又新颖，资源枯竭型城市（Resource-Exhausted City）这个词已不再陌生。关于国内资源对于特定的问题的关注重点已经有所改变，2008 年、2009 年、2012 年中国分三批确定了 69 个资源枯竭型城市（县、区）。在国际或全球规模上看问题，由于资源概念广泛，依据不同情况，既可以是资源保护和节约资源，又可以是资源分配合理化和有效利用资源，例如石油和煤炭。因此，为了和评价相联系就必须以特定的资源作为对象，所谓保护和节约以及能源替代概念就是从具体特定对象中引申出来的。

消除公害同样是既陈旧又新颖的观念。被称为当今三大公害的碳排放、地基下沉及城市热岛等都与建筑活动有直接或间接的联系，作为建筑设计的外部性则必须分担消除公害的责任，设计过程既是决策行为，也是一种博弈过程（图 4-9）。

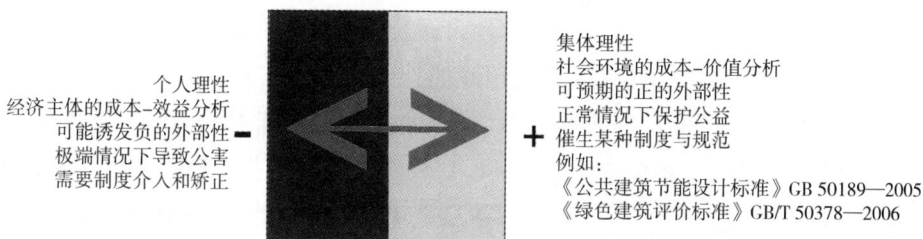

个人理性
经济主体的成本-效益分析
可能诱发负的外部性
极端情况下导致公害
需要制度介入和矫正

集体理性
社会环境的成本-价值分析
可预期的正的外部性
正常情况下保护公益
催生某种制度与规范
例如：
《公共建筑节能设计标准》GB 50189—2005
《绿色建筑评价标准》GB/T 50378—2006

图 4-9 外部性表现为局部与整体、个人理性与集体理性之间的博弈

上文对价值内容，更确切地说对评价现象做了若干考察，每个现象都有现实意义，即使作为建筑，其行动主体可以是个体也可以是集合体，二者具有密切的关系。归纳起来看，任何评价都具有历史性和地域性，两者构成价值的经纬，在时间分析上必须抓住历史性，在空间分析上必须抓住地域性，否则，评价就会变得抽象，价值的意义被掏空。如果再附加条件的话，就是评价不能脱离社会阶层，因为即使价值种类一样，由于人们所属的阶层不同，其评价标准也不同。不仅如此，个人评价因基于兴趣而变得更为复杂，但对价值的追求不能背离规范和共同道德的约束。更重要的是要让共识导致正确的行动，知行合一，否则，建筑设计就不会发挥它的生产力。

美国学者查尔斯·E·哈里斯等在《工程伦理：概念与案例》（*Engineering Ethics：Concepts and Cases*）写道，1970 年以前大多数工程伦理章程将工程师与设计师的首要责任界定为忠诚于顾客需求，没有明确提及对公众与环境的责任。工程伦理对于设计师的"责任障碍"（Responsibility Barrier）的关注是近年来的热点领域之一。从个体的角度看责任障碍常见的原因是由私利、害怕、无知、微观视野、从众思维等导致的，如果把个体嵌入某种职业岗位和社会阶层之中，那么，职业道德和共同道德将成为评价个人道德水平的重要标准。伦理、道德和责任构成了职业操守的三个维度，对建筑师的思维和行为都具有要求，在工程伦理方面表现出不同层次（图 4-10）。

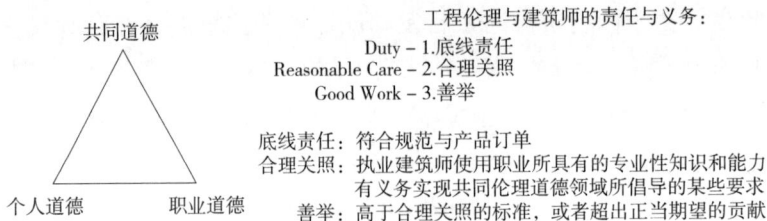

共同道德

工程伦理与建筑师的责任与义务：
Duty – 1.底线责任
Reasonable Care – 2.合理关照
Good Work – 3.善举

底线责任：符合规范与产品订单
合理关照：执业建筑师使用职业所具有的专业性知识和能力
　　　　　有义务实现共同伦理道德领域所倡导的某些要求
善举：高于合理关照的标准，或者超出正当期望的贡献

个人道德　　　职业道德

图 4-10　道德水平与工程伦理的三个层次

根据建设项目性质以及项目对环境影响的程度，建筑师应该坚守底线责任，不拒绝善举，提倡与鼓励合理关照，兼顾各方利益。

由上可见，外部性或外部效应的应用非常广泛，包括法律、历史、风俗、文化、技术以及其他许多经济以外的无形因素。依据分析的目标、影响强度与广度，外部性可以有多种类型，除了正的外部性与负的外部性，还有生产的外部性与消费的外部性；代内外部性与代际外部性；单向的外部性与相互的外部性；公共外部性与私人外部性；竞争条件下外部性与垄断条件下外部性；制度外部性与科技外部性；可预期的外部性与不可预期的外部性；简单外部性与复杂外部性；稳定的外部性与不稳定的外部性，等等。建筑的外部性主要涉及社会与生态环境，正是这些因素与建造活动的过程与结果紧紧地联结在一起才形成设计的外部性。

一般认为，传统市场学即仅限于研究物质资料的生产和消费结构的理论作为经济学的第一阶段；第二阶段的经济学理论的范围则扩大到全面研究产品生产过程乃至消费者行为领域。这时，不管公共利益是严肃的社会学或经济学的分析对象，还是心灵鸡汤或道德至上的分类，当代经济学的特征在于它要研究的是问题的本质关系而不管该问题是否具有商品性或物质性。经济外部性分析，可以说是一个把所有因素反映到经济模型中的判断工具。

总的看来，外部性（Externality）概念始于 19 世纪末的（私人）企业对（公共）环境污染问题。英国经济学家庇古（A. Pigou，1920）提出通过征税和补贴来矫正负外部性。除了污染损失之外，其他负外部性（比如振动、噪声、遮挡采光、城市热岛以及玻璃幕墙的反射眩光等）的影响很难被量化。因此，外部性主要是表现出一种主 – 客观效应，通过影响人们的价值预期，间接反映到价格（交易成本）。

4.4　建筑设计作为公共物品的生产

国家统计局公布 2020 年国民经济数据：全年国内生产总值 101.6 万亿元，经济总量首次突破百万亿台阶，其中，房地产业增加值为 74533 亿元。这对我们个人而言有多少影响呢？有关经济适用房建设政策对个人有何益处？城市街道的加宽对人们有什么直接影响吗？这些问题自然而然地把我们引到对经济学中产品和服务的分类上来。

4.4.1　产品特性及分类

产品的一般特性可以在物品体系中解释。经济学理论通常是根据两个特点来对物品进行分类，一个是排他性，即可以阻止其他人使用某种物品时该物品本身的特性。另一个是竞争性，即一个人使用某种物品而减少其他人使用该物品的特性。根据这两个特性经济学把物品划分为四种类型，如表4-3所示。

四种类型物品　　　　　　　　　　　　　　　　　　　表4-3

		竞争性	
		是	否
排他性	是	私人物品 ·位置 ·衣服 ·拥挤的收费道路	自然垄断 ·消防 ·有线电视 ·不拥挤的收费道路
	否	共有资源 ·海洋的鱼 ·环境 ·拥挤的不收费道路	公共物品 ·国防 ·知识 ·不拥挤的不收费道路

（1）私人物品既有排他性又有竞争性。例如考虑一个已经出售的高铁座位的属性。在特定的时间内一个高铁座位之所以有排他性，是因为在相同时间内可以阻止其他人坐在相同位置上——在你不同意换座的前提下。高铁座位之所以有竞争性，是因为如果一个人提前完成了付款预订，其他人就失去了购买和使用相同位置的机会。对竞争性物品的消费表现为"拥挤"和"排队"现象。经济社会中的大多数物品都具有类似的私人物品属性。

（2）公共物品既无排他性又无竞争性。即不能排除和限制人们使用同一种公共物品或服务，而且，一个人享用某种公共物品并不减少其他人对它的享用。例如，国防是一种公共物品，国防力量保卫国家整体安全，就不可能排除任何一个人不享有这种公共服务，而且，当一个人享受国防的好处时，他并不减少其他任何一个人的好处。

（3）共有资源有竞争性但没有排他性。例如，海洋中的鱼是一种竞争性物品，因为当一个人捕到鱼时，留给其他人捕的鱼就少了。但这些鱼并不是排他性物品，因为几乎不可能对渔民所捕到的鱼收费。

（4）当一种物品有排他性但没有竞争性时，可以说这种物品具备了自然垄断的属性。例如，封闭管理的居住小区内部的道路具有排他性，因为它可以阻止小区外部人员穿行（快递或消防人员除外）。但它没有竞争性，因为小区道路上一户人使用并不会减少小区内其他人使用，而且在使用中一般不会出现"拥挤"和"排队"现象。

按照竞争性与排他性考察建筑产品的属性时，同样能得出四类产品，按照四象限分析法如图4-11所示。

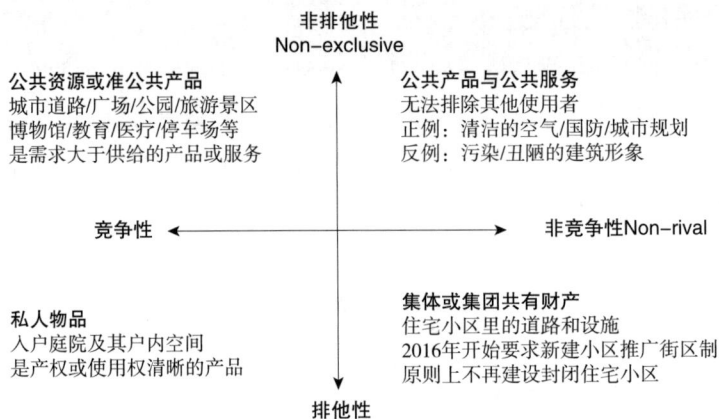

图 4-11 建筑物属性的四象限划分

第一象限"双非"属于公共产品，第三象限"双有"属于私人物品。这两者是完全对立的属性。在另外一条对角线上，公共资源与共有财产这两种产品属性是接近的，在某种条件下可以相互转化从而具有对方的属性。

4.4.2 公共物品与共有资源

建筑设计提供的产品属于什么类型的物品范畴呢？一个普遍的观点认为，其产品就是空间，更加准确地说，是一段时间内附带某种服务的空间，例如，室内网球场可以理解为按小时销售的运动休闲空间，度假旅馆是按天销售的临时住宿空间，而商品住宅的销售却没有时间限制。显然，这些租赁空间不同于自然的空间，在市场交易中属于私人物品。这里所说的"私人"是指一个具有独立决策行为的主体，它可以是一个人或者是一个公司，总之，是一个直接的买家或消费者。然而，当我们从空间概念转移到环境的概念时就会发现，建筑设计还提供另一种产品，如漂亮的外观、开放的广场以及宜人的绿化园地等。这些与外部效应密切相关的产品便是公共物品或共有资源。

根据产品分类特性，公共物品既无排他性，也没有竞争性，但却具有外部效应。公共物品的外部效应源自它的另外两个特性：效用的不可分割性（Non-divisibility）与供给的不可分割性（Jointness in Supply），即为一个消费者生产公共物品的同时也必须或已经为所有的消费者生产该物品。现实生活中有很多重要的公共物品（公共服务），例如环境卫生、城市治安措施等。还有许多公共物品与建筑设计相关的例子，下面主要考虑三种最重要的公共物品。

1）历史建筑

历史建筑与人类文化遗产（Heritage）是重要的公共产品和资源，也是当代文化旅游产业的基础。文旅即把文化和旅游有机地结合在一起，以自然景观与地域文化资源（外部性）作为核心价值，推动旅游产业的转型和升级。

1972 年 11 月 17 日联合国教科文组织通过的《保护世界文化和自然遗产公约》成为里程碑文件。公约将世界遗产分为三类：自然遗产、文化遗产、自然与文化双重遗产。1992 年 12 月联合国教科文组织世界遗产委员会（UNESCO World Heritage Committee）将"文化景观"列入世界遗产。中国列入的名单包括庐山、五台山、西湖、红河哈尼梯田、广西花山岩画。2003 年 10 月联合国教科文组织通过了《保护非物质文化遗产国际公约》（图 4-12）。2004 年，中国成为第 6 个加入该公约的国家。

在中国的历史建筑与人类文化遗产中，1982 年国务院公布了有重大历史价值和革命意义的 24 个历史文化名城，1986 年第二批 38 个，1994 年第三批 37 个，共计 99 个。保护内容分为文物古迹、历史地段、传统格局和风貌特色。

1997 年国务院《关于加强和改善文物工作的通知》第一次提出"大遗址"概念。2000 年国家文物局向国务院提交《大遗址"十五"计划》，重点实施 50 处大遗址保护项目（图 4-13）。2019 年国家文物局将"保护革命文物、传承红色基因"作为主题。

中央的正方形是人类创造的形状，它与圆圈代表的大自然之间是相互依存的关系。

图 4-12　世界文化遗产公约标志

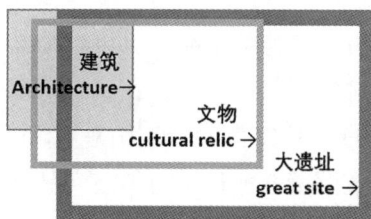

遗址的分布范围 3km^2 以上者称为"大遗址（迹）"

图 4-13　历史建筑与文物和遗址的关系

修复、保护和利用历史建筑具有正的外部经济效应，不仅因为所有在这种建筑物附近散步的人会享受到环境的惬意，感受当地的地域文化，而且它们还能创造更多价值。

在历史建筑再利用方面，20 世纪末最成功的一个案例无疑是上海新天地项目。上海新天地是具有浓厚"海派"风格的都市旅游景点。它的前身是上海近代建筑的标志之一——破旧的上海石库门居住区。改造之后，上海新天地被创新性地注入了诸多时尚的商业元素，从而变成一个集餐饮、购物、娱乐功能于一身的国际化文化休闲、娱乐中心（图 4-14）。

凭借对历史建筑的开发利用，上海新天地一举成为一个具有国际知名度的时尚场所，并被纳入上海旅游景点的清单，成为中国房地产区域改造的经典案例，它的成功经营模式长时间以来一直被国内房地产开发商们所青睐，很多人都将其成功模式进行"移植"，一时之间全国各地建设"某某新天地"热持续升温。上海新天地的运营模式已经成为国内房地产区域改造的标杆。

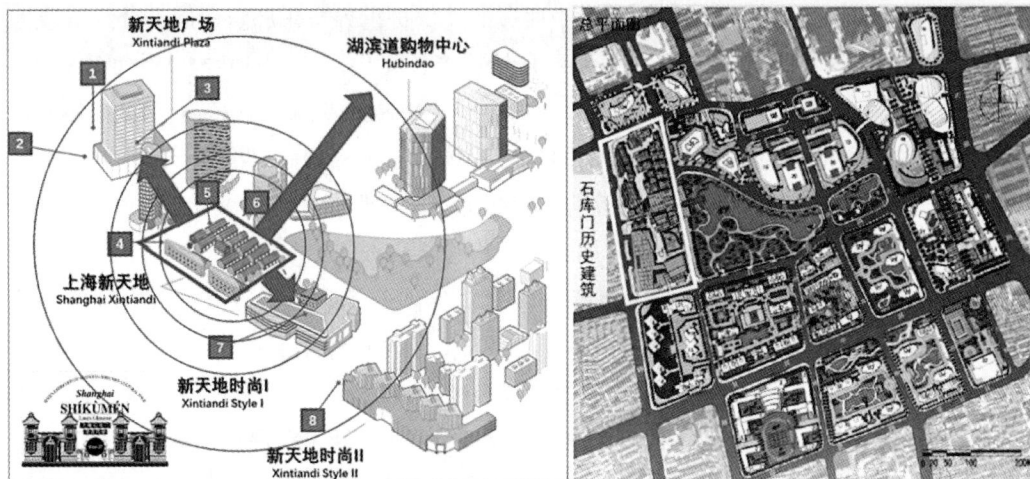

图 4-14 "上海新天地"太平桥项目（1996-2001 年），总占地 52hm²，总建筑面积 80 万 m²
位于上海市中心卢湾区。其中石库门历史建筑区南北占地 3 万 m²，修复历史建筑面积 6 万 m²

2）道路与交通

道路可以是公共物品，也可以是共有资源。如果道路不拥挤，一个人使用道路就不会影响其他任何一个人，在这种情况下使用没有竞争，道路是公共产品。但如果道路是拥挤的，那么道路的使用就会引起负外部性，来自其他地方的任何一个人开车进入时，该道路就会变得更为拥挤，其他车辆必然开得更慢，在这种情况下道路是共有资源（不排他，但有竞争性）。

我国的城市路网密度普遍偏低（表 4-4）。增加道路建设，提高路网密度是提供城市公共产品的一项重要内容。

部分城市路网密度比较　　　　　　　　　　　　　表 4-4

国际城市		路网密度（km/km²）	国内城市	路网密度（km/km²）
美国	纽约	13.1	北京	6.3
	芝加哥	18.6	上海	6.7
日本	东京	18.4	武汉	9.8
	横滨	19.2	深圳	5.7
	大阪	18.1	大连	6.0
欧洲	巴塞罗那	11.2	杭州	5.2

2019 年度《中国主要城市道路网密度与运行状态监测报告》显示，截至 2018 年底，全国 36 个主要城市道路网总体平均密度为 5.96km/km²。

2016 年 2 月中共中央、国务院《关于进一步加强城市规划建设管理工作的若干意见》（后简称《意见》）是中央城市工作会议的配套文件。《意见》指明我国新建住宅区要推广街区制，原则上不再建设封闭的住宅小区，已建成的住宅小区和单位大院要逐步打开，实现内部道路公共化，解决目前交通路网布局问题，促进土地节约利用。树立"窄马路、密路网"的道路布局理念，建设快速路、主次干路和支路级配合理的城市道路网系统，《意见》提出"到 2020 年，城市建成区平均道路网密度提高到 8km/km²"。

3）清洁的空气和水

2005 年 8 月，时任浙江省委书记的习近平同志在浙江考察时提出了"绿水青山就是金山银山"的科学论断。良好生态环境是最公平的公共产品，在经济、社会、环境层面均有巨大的实践价值。

人们对高档社区的青睐，使景观要素已经成为人们最现实也是最难舍弃的选房标准。特别是水景概念在景观设计中的兴起，使得众多开发商对水景的重视程度越来越高，依河借景、挖湖造景等手段都被运用在水景住宅的建设中。

所谓水景住宅，顾名思义就是依水而建的住宅。20 世纪 90 年代末期，现代水景住宅设计之风迅速在国内流行。随着人们对美好住区环境的追求，水景已经成为建筑中不可或缺的要素。据不完全统计，21 世纪初天津市出现的水景住宅的项目约占当时全市开发项目的 30%。由于国家对水景住宅的认定并没有标准，开发商将自己的项目贴上水景的标签，无非是为了制造卖点，吸引购房者眼球的一种手段。实际上，在这些楼盘中大面积亲水的住宅并不多，多数都以一些水景小品作为住宅楼盘的点缀而已，更确切的定义充其量是"临池"取意。

一般而言，水景住宅可分为三类。第一类是开发商为了丰富配套内容而营建的微型景观，所谓的水景实则水景小品。由于这类楼盘的规模较小，水景小品多以各类喷泉、水池为主，通常只是起到点缀作用，所以这些住宅在严格意义上并不能被称为水景住宅。第二类被称为水景住宅的项目多是邻近天然水系的楼盘，例如邻近自然河流、湖泊周边的楼盘，业主凭窗倚栏就可以欣赏到新修的河岸，或者在小区内登高远眺，便有水景映入眼帘。该类住宅有得天独厚的地理优势，楼盘布局多以小高层和高层为主。第三类是人工水景住宅，这些项目通过在小区内兴建较大面积的水景，使水景成为小区配套的有机组成部分。

4.4.3 资源的品质与建筑产品市场

广告构成了现代资讯的重要部分。但是，大部分不动产广告并不是直接告诉人们产品的价格或产品本身的质量，它只展现建筑与周围公用设施（如交通枢纽、购物中心或学校等）之间的空间关系，或者展现出在一个阳光明媚的日子里，或水边或园林里各种悠闲惬意的生活情景。

这种"空间叙事"作为开发商广泛接受的广告模式只是开始。为了进一步理解建筑产品与一般消费品的差别，我们必须超出环境外部性的一般解释，从供给和需求方面来界定建筑产品市场的经济学特性。

1）产品差别与垄断竞争

在经济学中，产品差别不是指不同产品类型之间的差异，如建筑物与汽车，而是指同一种类产品中在质量、形式、使用方式以及消费服务等方面的差别。对于建筑设计产品建筑物而言，是什么因素造成了产品差别，以及哪些因素对产品差别的影响更大？

从设计角度看，众多的设计理论和思潮的出现，意味着产品差别无处不在。但是，这样一个包罗万象的答案是没有意义的。为了勾勒出产品差别的一般框架，我们来考察三种有代表性的设计基础理论：图底理论、结构主义和场所理论。

（1）图底理论（Figure-ground Theory）

图底理论（或称图形—背景分析）主要研究的就是作为建筑实体的"图"和作为开敞空间的"底"所占用地的比例关系。在更高维度上看，任何城市的形体环境（Physical Environment）都具有类似格式塔心理学的视觉结构。

格式塔是德文字 Gestalt 的译音，一般把它译为"完形"，它主要研究图形从背景中分离出来的各种条件和各种分离的要素组织成一个整体图形（完形）时所遵循的原则。通过大量的心理实验，格式塔心理学首先提出一个假设，即人在观察事物时有一种最大限度地追求内心平衡的倾向，这是一种"格式塔需要"。这种需要使得人在观看一个不规则、不完美的图形时总是倾向于将构图中各种分离的要素朝着有规律性和易于理解的方向上重新组织，例如，如果不考虑数学上的定义，两条成85°或93°角的交叉线段常常被看作是一个直角；轮廓线上有中断或缺口的图形也往往会自动地被补足成一个连续整体的完形。上述"格式塔需要"有时也被某些心理学家生动地称为"完形压强"。

由于"完形压强"的存在，我们在建筑造型中所讨论的那些形式美的范畴，如对比与微差关系、节奏与韵律关系、对称与均衡关系等都可以看作是"完形压强"的作用结果。作为一种观察方式，这些原则使得格式塔具有两种基本特征：一是强调整体优先；二是强调结构优先。这就是为什么我们在做素描练习过程中时常眯起眼睛或者后退几步来观察对象时的原因。在这个过程中，我们还是不断地从整体特征和结构关系的角度来权衡、安排局部造型的位置和形状、色调的轻重和窗墙虚实等具体问题。

在建筑构图中，人们经常出现的失误在于只将我们认为"有用的"方面如建筑物实体所占据的位置及其轮廓特征（称为正形或阳形）展示给视觉，而对于与之相对应的建筑物之间的剩余空间（称为负形或阴形）却视而不见，这不符合格式塔原则。显然，图底理论强调一种源自整体感和秩序感上的整体形态差别，例如城市中同一地段上的住宅产品——两个相邻的居住小区——之间的差异主要来自整体规划布局上的不同，即住宅楼之间的剩余空间（负形）环境的好坏对消费者构成了不同的吸引力。

（2）结构主义（Structuralism）

"结构""结构主义"或"结构主义建筑思潮"这类词语对于多数人来讲似乎是很抽象的、复杂的，因为它带有明显的哲学背景。其实，如果我们在图底关系的分析中已经建立了必须从正反、虚实两个方面或双重视角来观察一个完整的形式（Gestalt）的习惯，那么我们就都可以被称为"结构主义者"。

所谓结构主义，实质是一种思维方式或思考方法。这种思维方式的核心原则建立在这种假设上，即世界的"现实"本质上不属于事物自身，而属于我们在事物之间发现的关系，所谓"事物"，乃事件之中的物。否认"实体的"观点而赞成"关系的"观点，这在物理学和数学以及经济学思维中尤为突出。

结构作为整体性概念而存在于实体的排列组合之中。改革开放初期，专家在评价一个城市或地区的居住水平时，除考虑人均建筑面积指标之外，还常常用每户"成套率"这一整体性指标。当两户合住一套住宅时，即所谓合租户或合住户，其成套率就低，因为每户都不完全、不完整地使用同一套住宅内的空间或设施。这种情况下，可以说我们在合住户型中观察不到一个完整的结构。另一种情况是，人们在购买住宅时总会反复权衡和比较或观察两套或两套以上的同类户型，作出选择的依据除了价格、区位等因素之外，更为关心的还有户内的布局、房间之间的关系等"结构上"的因素。当一种户型内部起居室、卧室、厨房、厕所等空间和设施一应俱全时，人们为什么还更在乎各房间之间的关系（比如动静分区或者厕所的位置）呢？显然，这反映出了一种"整体性"的要求。结构的整体性不同于一个集合体或混合物，各部分相加之和不等于整体。反之，一个完整、连贯与合理的结构整体带来的属性和优势远远多于其组成部分单独获得的属性和优势之和。

（3）场所与文脉理论（Place & Context）

不论从时间上还是从实践上看，场所和文脉是一组典型的"后现代"（Postmodern）概念。建筑的历史总是被划分为各种概念性的时期：古典时期、中世纪、文艺复兴、巴洛克、浪漫主义……现代主义和后现代以及当代的生态主义等，每一个时期都为我们的思考方式提供一种建筑之外的支点，而不同的支点反过来又影响着人们对建筑现象乃至建筑产品的观察角度和解释的方向。后现代建筑师摒弃了自包豪斯（Bauhaus）以来的现代主义，转向历史细节寻找灵感，借助语言学的能指与所指、表层和深层的二元对立模式进行视觉传达设计。

Context 是语言学科（语言学、语用学、符号学等）的关键概念之一，属于语意分析（Semantic Analysis）技术，即通过考察词语片段所处的"上下文语境""前后关系"来确定其具体含义，这时 Context 有"文脉"之意，也可引申为"背景""四周环境"（Environment）和"周围事物"（Surroundings）等语境（语言的文化背景、风格习俗、时空环境等）之意。另外，有人也用"关联性"（Relevant）来解释，如美国第一位全职的建筑评论家赫克斯特布尔（Ada Luoise Huxtable）；有人又用"特别化＋都市化"来概括，如后现代建筑理论家詹克斯（Charles Jencks）。可见，文脉有虚实之分。视觉的、实体的物质环境是文脉的第一层含义；有关历史传统、精神文化的延续则是文脉的第二层含义。第二层含义被称为"意境"，具有含蓄、模糊、不确定性，最终需要通过第一层物质形态来转译并引导联想和象征。第一层含义被称为"物境"，即具体的物质形态、可见的环境特征等对建筑设计有最直接最有力的影响。由文脉理论主张的在物境层面上的反映（Reflect）或者在意境层面上的反应（React）而引发的空间场所设计，其形式应具有图形—背景的清晰性、结构关系的相似性，以及主题或含义的连续性等特征。一方面，体现出空间上的和谐，即建筑与环境有机结合；另一方面体现为时间上的和谐，即当代建筑与历史传统的有机结合。

以上理论共同主张，包括在建筑空间（建筑产品）设计中所追求的图底关系、"整体大于各部分之和"的结构性以及文脉中的场所精神，实质上就是要在建筑产品中挖掘出使用者所认同的和对之有归属感的环境特征，包括物质形态特征和由此引发的精神文化联想。产品之间的"非物质性"的统一性反过来强调了产品之间物质性和视觉上差别的意义和价值（图4-15）。

由此可见，形成产品差别的因素来自两方面，一方面是属于个人消费物品范畴，另一方面是属于公共消费物品范畴。前者包括那些能直接增加使用者满意程度的功能配置和服务，如房间面积和尺寸，适当的建筑风格、形式符号，以及合理的日照、通风、安全性等。后者则相反，指个人不能够辨析或区分具体的个人收益的共有资源或公共物品，如建筑立面、立面造型对于街区整体特色的贡献、开放空间的位置与大小，以及区位等。根据情况不同，一些物品属性可以在私人物品与公共物品之间相互转换，例

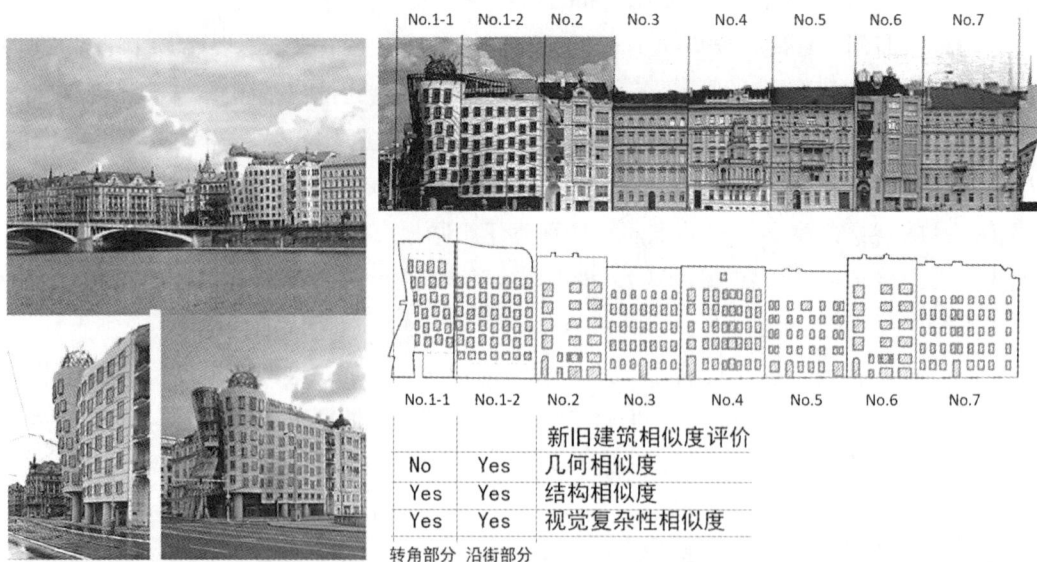

No	Yes	几何相似度
Yes	Yes	结构相似度
Yes	Yes	视觉复杂性相似度

转角部分 沿街部分

图4-15 捷克布拉格尼德兰大厦（荷兰国民人寿保险公司大楼），Frank Gehry，1992-1996年。项目位于历史街区伏尔塔瓦河街区的转角，转角处的原建筑毁于二战。该街区西侧共有6栋建筑属于巴洛克、新哥特、新艺术风格形成连续的界面。
No.1-1和No.1-2是案例分析的目标建筑。建筑产品边界与立面既是美学的要素，也是政策的与城市经济的要素，是城市设计与城市经济中一个核心内容之一。
案例来源：天津大学建筑学院博士论文《历史街区建筑立面相似度量化分析》

如，根据产权关系和管理方式，封闭社区中的公共空间相对于城市其他居民而言更像是一个私人用品，而根据有关的公共政策，在既定的建筑覆盖率和建筑容积率的建筑基地内，如果建设单位愿意以部分空地或建筑的一部分作为开放空间，无条件地永久提供作为公众交通、休息、活动之用时，那么该用地内的建筑覆盖率和建筑容积率可予以提高。

在上述引起产品差别的因素中，哪种因素对产品差别的影响更大一些？有明确的证据显示，区位因素是决定产品差别的第一级要素。这一点在作为现代消费文化代言者的广告领域得到了充分诠释。在不动产经济中，所谓的区位因素，可以看作是对环境、共有资源以及在一定范围内公共物品的数量和质量的一种表达，是产品周围所有能够变成产品身份和价值的东西。

正如土地价值可以转化成房屋价格一样，环境资源赋予建筑差别。这是一个正确结论，但不是真正完整的结论。有关资源品质与建筑产品差别的关系在市场逻辑下值得深入探讨其中经济开发利用的边界问题。

2020 年全国科学技术名词审定委员会审定的《经济学名词》公布的 2368 条名词中有一个"效用的不可分割性"（Non-divisibility），即公共物品或劳务是向整个社会提供的，整个社会成员共同享用公共物品或劳务的效应，而不能将其分割为若干部分，分别归属于某些企业或个人享用。或者说不能按照谁付款谁受益的原则，赋予为之付款的个体排他性权利。

自然生态景观就是具有"效用的不可分割性"的公共物品。

秦岭是中国南北地理分界线，更是涵养八百里秦川的一道生态屏障，具有调节气候、保持水土、涵养水源、维护生物多样性等诸多功能。一段时间以来，秦岭北麓不断出现违规、违法建设的别墅，试图将"国家公园"变为"私家花园"。2014 年 3 月，秦岭违建别墅群破坏生态环境情况被媒体曝光。从 2014 年 5 月到 2018 年 7 月，习近平总书记对秦岭违建别墅严重破坏生态问题和秦岭生态环境保护战略先后六次作出批示和指示。最终查明共有 1194 栋违建别墅需要被依法整治，并责令对相应区域进行生态恢复。2019 年 7 月 15 日开始，秦岭南麓 400 亩山地名为"益丰国际·汉山郡"的别墅群 62 栋违法建筑全部被拆除。

某些特色产品的生产只有在法律允许、政策许可的前提下才可以谈论经济学原理。

当我们把不动产市场界定在城市区域层面上时，建筑产品市场依然是一种完全差异化市场。与非差异化市场如日用品市场相比，完全差异化市场具有下面典型特征：①垄断性。按照经济学的解释，产品差别会引起垄断。这是因为每一种有差别的产品都会以自己的特色吸引一部分消费者，从而形成对这部分消费者的垄断。建筑产品的垄断性源自于每个项目都占据着一个独一无二的位置。②竞争性。当产品从位置属性降级到功能属性时，就会发现有差别的产品又是同一种类物品，相互之间存在着一定的替代性，这些有替代性的产品之间必然为争夺消费者而竞争，这就使市场具有竞争性。

在不同的层面上，产品差异引起垄断，同时又因为有替代品而引起竞争，建筑产品市场就是介于完全垄断与完全竞争这两种极端市场之间的一种情况，经济学称之为垄断竞争，即提供相似而不相同的产品的市场结构，像书籍、电脑、电影、网络游戏、餐馆、住宅、社区等都属于垄断竞争的市场。

建筑产品市场在垄断与竞争两个状态之间倾向于哪一端，取决于两个层面的事件或因素。一是城市建筑用地的供给方面，城市同一区域的土地供给量（地块）越多，那么地块之间的差异减少，由差异造成的垄断程度也变小；二是产品设计决策方面，产品定位与设计特色明确，那么产品之间的差异增强，替代品减少，从而竞争性也减小。但是，从更加长期和更加地域性的角度来看，越来越多的证据表明，建筑设计和土地开发的整体风格和特色不仅涉及居住者的个人利益，而且也可能转变成附近环境的公共物品或共有资源。也就是说，由于设计的外部性，周围环境和物业价值将受到建筑师能力的影响，高水平设计带来的正的外部性常常会促进周边土地的需求量快速增长。

2）整体设计

2019年中华人民共和国商务部公布我国已有219家国家级经济技术开发区。为什么开发区的建筑与环境看起来不一样？本节将通过"整体性"概念来提供一个思路。

城市环境质量通常并不等于各地块质量的简单相加。城市生活质量受到客观环境整体美观程度的影响，包括社区建筑物之间建筑风格的和谐性以及公共服务空间（包括广场、绿地、停车场等）的设置规模和设计质量情况。此外，诸如空气、水质和废物处理这样的环境条件，对于城市是否宜居也有很大影响。

如果开发区是个特例的话，那么回到身边的观察，为什么有些社区能够提供高品质的生活环境，而有些社区却不能？为了简化问题，我们考虑一个新社区的形成，而且把"高品质的生活环境"因素假定为提供一块开放空间这一项要求。那么就可以这样展开分析：在其他条件不变的情况下，假设某一社区有 n 位业主，每位业主都有一块已开发的土地，这些地块面积相同。同时，在社区中心还有一块尚未开发的地块，各位业主均打算将该地块保留下来作为开放空间。

根据外部性原理，开放空间让每户的物业价值都提升 ΔV 元，ΔV 就是这 n 套物业中每套物业因为毗邻开放空间而产生的增加值。如果该开放空间卖给私人用于物业再开发，那么它的市场价值是 P 元，如果业主们想要保留开放空间，就需要按照该市场价值购买下来。假设开放空间带给每位业主的价值增量小于购买该地块的价值（即 $\Delta V < P$）；同时，带给所有业主的价值总和（$n \cdot \Delta V$）大于购买该地块的价格（$n \cdot \Delta V > P$），如图4-16所示。

根据这些假设，可以得到以下两个结论：

（1）没有任何一位业主愿意单独购买这块土地并将其作为开放空间；

（2）如果共同出资购买这块土地，那么每位业主分担的费用仅为 P/n，但是每位业

图 4-16 关于开放空间的问题模型

主都想逃避这种义务（只要存在 $P > \Delta V$ 的情况），即存在搭便车心理。

因此，短期的个人利益和长期的集体利益之间就存在着这样一个基本分歧。从这个简单的例子可以看出，这种分歧来源于以下三个方面：第一，根据已有的假设，将这块土地用作开放空间所带来的好处是非排他性的，该社区任何一位业主都能享受到开放空间的好处。第二，将这块土地用作开放空间给每一位业主带来的利益是客观存在的，这与多少业主来分担购买费用无关。第三，在"共同出资购买"决策中，没有使用任何契约性的、法律性的或者行政性的机制来强制这 n 位业主执行。可见，不论对业主进行"经济人"还是"理性人"假设，即便是一个"正常人"，这三种情况都足以导致"共用地悲剧"（The Tragedy of the Commons）故事变成现实。

需要对上述决策过程进行说明。假设社区住户针对"所有业主均出资 P/n 来购买该土地"这一提议采用投票机制进行决策，且每位业主仅限于"接受或者离开"两种选择。在给定 ΔV 和 P 的值存在 $P > \Delta V$ 的情况，而且所有业主对开放空间的估价一致，那么这种投票的结果必然是一致同意购买该土地作为共用。如果业主面对的不是这种"所有业主均出资 P/n 来购买"的决策，而是出于自愿原则参加该项购买，那么这种结果就不会出现。公共环境具有外部性这个问题的本质在于每个业主都希望搭别人的便车（附带收益）。如果不存在强制参与的机制，要想使所有 n 名成员都参与创造（或者保护）公共品，虽说不是不可能的，但也必将非常困难。

从程序的角度来看，如果这 n 套物业在销售给各业主之前就提出这个关于开放空间的决策，该问题会大不一样。换言之，如果社区最初就被规划为开发 $n+1$ 个地块，即只开发 n 个地块，留下来一块作为开放空间（这样做带来的价值与前面的假设一样），那么这 n 块地块的总价值就会提高 $n \cdot \Delta V$；而如果对留下来的地块也进行物业开发，能够获得的价值只有 P，由于 $P < n \cdot \Delta V$，社区开发者自然会决定选择价值更大的方案，即保留这块土地为开放空间。

1998 年中国城镇住房制度改革之初，房地产市场刚刚步入正轨之际，一些居住小区规划中大多留出一块中央绿地，有的规模达数千平方米。原建设部住宅产业办主任聂梅生教授把这种以苏联住宅建造模式为主的规划方式概括为"四菜一汤"，即地块周边四幢"L"形住宅楼，中间围着一个大大的中心绿地（称为周边式布局）。这种居住小区规划中的"四菜"就是四个组团，"一汤"就是小区中央的绿地，或者是小区的商业中心。几十年后即便住宅价值在不断折旧，但是小区中央的绿地公园作为业主的共有资源至今仍弥足珍贵。

城市中的绿地或开放空间是保留还是再开发问题往往不是单纯的经济学问题。著名的纽约中央公园最终通过立法才得以保留下来。

2013 年 10 月 3 日在英国伦敦，时任伦敦市长鲍里斯·约翰逊（Boris Johnson，2019 年开始成为英国第 77 任首相）和中国开发商倪召兴（Ni Zhaoxing）漫步在水晶宫（Crystal Palace，建成于 1851 年伦敦世博会，1854 年被迁到伦敦南部，1936 年毁于大火）遗址台基上时，双方酝酿了一个颇具情怀的重磅商业项目：未来五年内（2013—2018）计划斥资 5 亿英镑在原址重建曾经辉煌一时的"水晶宫"。尽管像扎哈·哈迪德（Zaha Hadid）、大卫·奇普菲尔德（David Chipperfield）和理查德·罗杰斯（Richard Rogers）也在争夺这个项目，但对于建筑大师们来讲这个项目或许只是一个历史与现代建筑概念的"重叠"（Reduplication）练习，伦敦政府和开发商更希望通过打造一个"文化圣地"而对周边土地进行开发。据《金融时报》的报道，导致重建项目迟迟不能启动的主要原因是（私人外企）商业开发和公共资源之间的平衡问题，其中主要争论焦点之一就是建设项目造成公共绿地损失的顾虑，以及如何界定开发商对公共土地的控制权限。

这个事件除了立项审批程序上的问题外，更值得关注的是我们所讨论过的两个概念：历史建筑的外部性和公共资源（以空地为代表）的价值问题。在这个案例中，历史建筑不存在修复问题，而是重建。2014 年伦敦自由评论家沃德－阿尔丹（Digby Warde-Aldam）在 *Apollo-The International Arts Magazine*（2 APRIL 2014）发表了一篇推文 "Why rebuilding the Crystal Palace is a bad idea"，其观点被广泛转载。推文认为即使尽可能精确地复制原件，但作为一个 150 年后进行克隆的庞然大物，它也只是一个"在解剖学上不正确的恐龙"（It's even got anatomically incorrect dinosaurs）。推文中第二个观点认为"废墟本身就具有价值"（Ruins have a value in themselves），这种价值所蕴含的力量不太可能被一砖一瓦的复制品所超越。这个公园（项目场地）是真正独特的，它的"景观无政府状态"（Landscaped Anarchy）使得这个没有主题装饰的空地更加令人兴奋。总之，推文认为如果伦敦还有哪一个开放空间值得保留下来，那就是这个（水晶宫遗址）。

除了华丽的辞藻和生动的比喻，该推文更有价值的内容在于它反映了公共项目建设需要在效益与价值之间进行协调平衡的经济现实。

上面的例子表明，市场可以做许多好事，但是并不能做好每一件事，尤其是在公共物品的生产方面。在开放空间的决策中，由于有"搭便车"的问题，志愿合作更加困难，个人决策的结果常常是什么公共品都得不到，在业主人数众多的情况下尤其如此。

与之相反，作为产品生产的先导和依据的环节，土地的整体开发和规划设计在此时却能有效地改善市场的结果，这意味着公共规划和整体设计在保证私人利益和集体利益中起着极其重要的作用。

思考题

1. 关键概念

技术经济　　民用建筑　　私人物品　　邻区分析

价值工程　　基准房价　　共有资源　　供给（效应）的不可分割性

外部性　　　公共物品　　产品差异与竞争

2. 简答题

（1）如何考察、识别建筑产品的属性？

（2）什么是市场约束？在规划和建筑设计中为什么要考虑外部性影响？

第5章　建筑设计中的经济学参数

建筑设计是通过对具有围合、隔离和遮蔽功能的物质界面制作，在人与自然之间建造出一个满足社会生产生活要求的人工环境产品。从建筑艺术的观点来看，可以根据下面的内容来考虑产品设计：

（1）平面——涉及形状与大小，以及内部空间划分与功能分区、流线组织；

（2）立面——围合内部空间的垂直面或者体块的表面；

（3）外观——建筑立面的艺术处理效果、风格与建筑造型；

（4）形式与结构的关系，形式与功能的关系——流派之间对"真实"的看法问题；

（5）视觉心理影响，比例与尺度、平衡与简洁等——秩序感的追求。

建筑产品如果从工程的观点来看，则可以转换成下列语言来描述：（1）形状的平衡与稳定；（2）结构的选型与约束；（3）材料的强度与刚度；（4）标准与造价及经济。

产品的观点反映了建筑设计的经济实质。

建筑设计看似分为艺术性设计和经济性设计，事实上它们不是前后独立的两个阶段。适用、经济、绿色和美观是并列关系，构成设计的目标集合。虽然不同的时代有不同的排列顺序，形成相应的流派和创作倾向，但是总的来说，设计不是拆盲盒，设计的结果不应像飞机的"黑匣子"（Flight Data Recorder）只能在任务失败时再事后解读，任何设计行为都是有目标导向的。事实上，好的设计不仅仅是在校学生得高分的作品，也不仅仅是刊登在广告上的图片，或者是被建筑杂志的评论家所称道的建筑。在现实的生产过程中，对建筑学影响巨大的并不是各个学派所持的不同观点，而是一些相互依存的力量如建设程序与城市规划、形式与结构、设计的主观性与客观的社会经济状况等。从这个角度看，一个建筑作品或产品的成功不仅取决于"好概念"，还取决于它对建筑设计中的经济学各种参数，尤其是对费用的有效控制。这个缺乏诗意的结论也许令人意外。建筑方案得以实现的前提是进行合理的工程设计，因此费用问题从来就是所有工程的一个大问题，甚至是设计的中心问题之一，费用的控制和分配应从设计之初一直贯穿到工程建设的整个过程。费用意识对建筑设计实践至关重要，考虑到前面曾经提到的设计限度问题，可以说，对费用的认识会给设计带来最大的自由度。因此，理想的情况是，既要对建筑美学理论的发展有学术的立场和眼光，同时又对日常的、大量的建筑经济活动有明确的认识和了解。把这两者结合起来审视，这样才能对建筑设计有一个比较接近真实的把握和感知。

5.1 建筑费用的概念、构成及功能

所谓费用（Expense），一般的理解是对应于某项经济活动而投入的东西，用货币量来评价时称为费用。按照我国《企业会计准则》的表述：费用是企业生产经营过程中发生的各项耗费。生产期间发生的各项直接费用，直接计入生产经营成本，生产期间的各项间接费用，按一定标准分配计入生产经营成本。

费用的计算是按经济用途（生产、管理、销售、财务）分类，成本的计算对象是产品。费用是企业在日常活动中形成的，不管是否生产产品都会产生，例如法定假期中的工资、银行贷款的法定利息等。

产品成本一般与产品的生产周期内的直接材料、直接人工和制造费用相关。一定时期内，费用总额不等于产品成本总额，因为两者的内容、计算期和价值量不尽相同。产品成本是费用总额的一部分（不包括期间未完工产品的费用等）。

对于建筑生产而言，建筑物的投入是指社会所拥有的各种资源，其中最主要的包括土地、资本（资金和物质资料等）、劳动力（含智力）三大项。2019 年 11 月中央全面深化改革委员会第十一次会议通过的《关于构建更加完善的要素市场化配置体制机制的意见》中把"数据"作为一种新型生产要素写入文件，与土地、劳动力、资本、技术等传统要素并列。在此之前，党的十九届四中全会就提出过健全劳动、资本、土地、知识、技术、管理、数据等生产要素由市场评价贡献、按贡献决定报酬的机制。本章所说的经济学各种参数就与生产要素市场密切相关，这是一个广泛的体系。根据研究目标不同，我们只讨论建筑生产过程中的方案设计环节所涉及的少数但又关键的指标，比如费用、造价、材料以及建筑物的物理特征等。

在建筑生产的投入中，如果考虑到时间的因素，可以获得两种费用观念，一个是静态概念，即一次性投资额，也称为初建费用（Initial Cost）；另一个是动态概念，即全生命周期费用（Life-Cycle Cost，LCC）。这两个概念对于设计决策的影响是不同的，一次性投资额主要影响建筑的经济标准，反映在工程的单位造价（Construction Unit Cost）指标方面，而全生命周期费用则影响建筑的经济效益。

工程建设初期，不管是公益性投资项目还是盈利性投资项目，不管是政府投资还是私人投资项目，在建设项目立项时都需要估算项目投资。因此，工程造价指标是工程费用宏观管理决策的基础，是制定修订投资估算、概预算定额和其他技术经济指标以及研究工程造价变化规律的基础，能够帮助设计人员快捷地得到每种设计方案所对应的工程造价和材料消耗，从而在对不同方案进行比选时，得到技术上可行、经济上合理的方案，使设计体现艺术与经济的统一，在满足功能要求的前提下降低成本。

一次性投资额分为两个层次。首先要满足一定程度的安全要求，即付出第一层次费用，它包括下列基本但重要的分项：地基处理、基础及建筑结构；防火设施及消防系统；监控设施及警报系统；其他安全投入（例如防雷击、屏蔽辐射、抗震、防尘、防振动等）。

据粗略估算，各类建筑中第一层次费用占一次性投资额的比例在 35% ~ 55%，这是一个平均的量级概念。

在保持一定的建设标准的前提下，付出第一层次费用之后，余额才能用来满足其他功能要求，即第二层次费用。这部分费用一般用于舒适与美观的需求，它包括下列分项，即保证一定的室内舒适度的要求，例如地面防潮、外墙与屋面围护结构的保温隔热、遮阳系统、采暖或制冷空调设施和系统，以及必要的人工照明设施及系统等；保证使用及交通运输的要求，例如载客电梯及运货电梯、自动扶梯，卫生间、厨房设施及给水排水系统，废物及垃圾处理设施，通信设施、AI 智能装置和楼宇自动控制系统等；保证人体健康及环境美化的要求，例如自然通风及人工换气设施、室内庭院和室外花台、室内外装饰及装修等。

以上两个层次费用大致区分了两类费用项目（Cost Item），费用项目是对建设投资额的再分配，构成各个阶段的限额。

我国的建筑工程项目大多采用限额设计。下面以方案设计为例说明各阶段限额的目的与要求（表 5-1）。

工程项目限额设计的目的与要求　　　　　　　　　　　　　　表 5-1

	概念方案设计阶段的限额设计	初步方案设计阶段的限额设计
目的	概念方案阶段的目的是进行多方案比选，在投资限额目标之内探讨最佳设计方案	初步设计是整个设计过程中最重要的部分，起着将概念具体化、并付诸实施的作用，重点在技术方案的研究与选择
要求	1. 造价目标确定以后，将造价（估算）限额下达给建筑设计单位； 2. 根据不同方案做出造价估算，并作价值分析； 3. 根据功能、价值分析和造价限额要求对选定方案进行设计优化，再调整造价估算	1. 设计合理且无漏项、满足功能及技术指标要求，符合法规； 2. 各工种都符合质量要求、达到设计深度； 3. 如作为采购招标的图纸，图纸和技术标准的深度须满足招标要求

所谓限额设计，就是按照批准的设计任务书及投资估算控制初步设计，按照批准的初步设计总概算控制施工图设计。限额设计控制工程投资有两个途径，一种是从前往后依次进行控制，将上阶段设计审定的投资额和工程量先分解到各专业（建筑工程、结构工程、电气暖通设备工程、室外工程等），然后再分解成各单位工程和分部工程。各专业在保证使用功能的前提下，根据限额进行方案筛选和优化，尤其应避免技术路径和施工图设计上的不合理变更，保证总投资不被突破，称为纵向控制；另一种途径是对设计单位及内部各专业设计人员进行考核，实行奖惩激励以保证设计质量的一种控制方法。如设计方案突破控制额，则应修改设计，把造价控制在限额以内，称为横向控制。

实践证明，限额设计是促进工程建设真正做到用最少的投入取得最大产出的有效途径，它不仅是一个管理问题，更确切地说是技术经济的核心问题。

费用项目是建筑工程经济核算的基础。根据项目管理实践，一个建设项目是有统一规划设计和统一经济核算（总概预算）的一次性工程；一个项目包含有若干个（具有独立设计文件、独立功能）单项工程（Single Construction）；单项工程可拆分成若干个（可独立进行专业设计与施工组织）单位工程（Unit Construction）；单位工程（根据建造程序或施工顺序）再划分为若干个分部工程（Parts of Construction）；直接的建筑材料、人工和机械等分别核算后加成构成了分项工程（Kinds of Construction），是施工图预算中最基本的计算单位（表5-2）。

从整体到局部顺序费用项目划分　　　　　　　　　　　　　　　表5-2

一个建设项目 ▶	单项工程 ▶	单位工程 ▶	分部工程 ▶	分项工程
举例：中学学校项目	1. 教学楼 2. 体育馆 ……	1. 土建工程 2. 设备工程 3. 室外工程 4. 景观绿化 ……	1. 土石方工程 2. 打桩基础工程 3. 脚手架工程 4. 楼地面工程 5. 屋面工程 ……	1. 混凝土 2. 钢筋 3. 玻璃 4. 石材 5. 管材 ……

以上是项目总投资（Gross Investment）或工程的总造价（the Contract Price）的费用项目划分顺序。计价（Cast-up）过程正好相反，从分项工程开始。

按照《住房和城乡建设部 财政部关于印发〈建筑安装工程费用项目组成〉的通知》（建标〔2013〕44号），建筑工程的概预算由下列（分部与分项）五部分费用组成：①建筑安装工程费：人工费/材料费/施工机具使用费/企业管理费/利润等五部分；②设备及工器具购置费；③工程建设其他费；④预备费；⑤建设期利息。为了便于计算建筑安装工程造价，按照实际顺序划为分部分项工程费、措施费、其他项目费、规费和税金（图5-1）（详见本章后附录）。

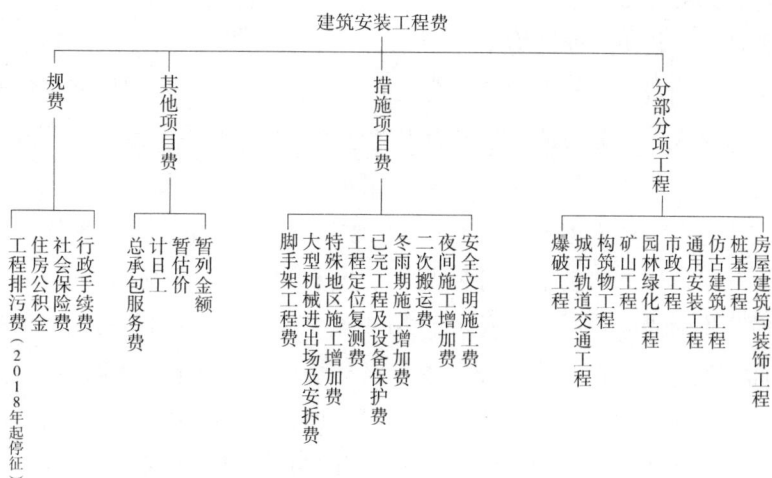

图5-1　建筑安装工程费划分

工程概算和预算是建设工程项目"五算"中建筑方案阶段的工作内容之一（图 5-2）。

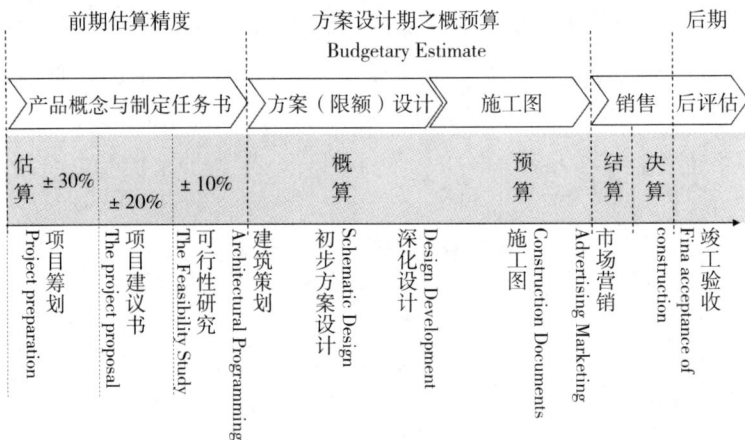

图 5-2　设计阶段与工程"五算"

　　建筑方案设计阶段的概算（Budgetary Estimate）是在初步设计或扩大初步设计阶段由设计单位依据初步设计或扩大初步设计图纸、概算定额或指标、工程量计算规则、材料与设备的预算单价、建设主管部门颁发的有关费用定额或取费标准等资料，预先计算出工程项目从筹建至竣工验收交付使用全过程的建设费用文件。

　　施工图预算（Construction Documents Estimate）是在施工图绘制阶段，设计单位依据各专业设计的施工图编制的工程造价预算，是确定工程量清单和招标投标报价或者合同定价的重要基础以及贷款的依据。

　　迄今为止，在多数场合下建筑师必须在各种安全规范（防火、抗震、结构）的框架内进行工程设计，如果总费用分配不合理，就会在安全性或者在使用功能之间降低对方的限额和性能标准。因而，概念上对设计阶段的费用评估体现为两方面的影响，如果高估了单位造价，则会导致一些不切实际的设计，方案就要被调整；如果低估，则低标准的投入也会毁掉一些新颖的设计构思。

　　关于全生命周期费用，当人们把建筑视为"作品"时，艺术创作随着建筑物的竣工而宣告完成，这时人们所关心的只是最大限度地利用或节约一次性投入。但是，如果我们把建筑视为一种功能"产品"时，建筑物则随着对它的使用而开始与经济支出发生持久的联系，它所付出的费用远远不止于一次性建造的支出，而是还包括横亘于整个生命周期内的各项支出，称为"全生命周期费用"，它的大小取决于最初设计方案的优劣。

　　建筑师对全生命周期费用的重视始于 20 世纪 70 年代，特别是第三次中东战争后由于石油禁运而引发的"能源危机"使石油价格猛涨（每桶石油从 1973 年的 2 美元上涨到 1980 年的 24 ~ 30 美元）。能源危机使建筑物在日常使用中的经常支出费用（主要是机电服务设施的运行）大幅度上升。考虑到现有的办公建筑大多是在 20 世纪 60-90 年代期间建造，这些建筑中仅能源消耗一项就十分惊人，例如据英国 1981 年的资料，一幢 10000m^2 的办公建筑，造价约为 400 万英镑，而其使用期间每年的能源费用就达 112 万英镑，如果使用期限为 50 年，那么总的能源费用将是最初造价的 14 倍。此外，建筑的维修费用也会超过建造费用，如德国的一般住宅（80 年使用期）的维修总费用就为建造费的 1.3～1.4 倍。进入 21 世纪，欧洲全部街区的建筑正在以每年 1%～2% 的速度被加以翻新和重建，翻新措施的重点就在于减少能源消费。欧洲的一项能源消费指南（Energy Consumption Guide 19，BRECSU）调查显示，空调办公室和自然通风办公室之间能量消耗的比例约为 3：1，两者能耗项目的具体对比见表 5-3。

空调办公室和自然通风办公室之间能量消耗的比例　　　　　　　　　　表 5-3

能量消耗	空调办公室	利用自然通风布局开放的办公室
取暖和热水	222	95
风扇和水泵	61	32
制冷设备	33	0
给养	7	4
合计（单位：kWh/m^2）	323	131

20 世纪 90 年代，柯克和德尔（Kirk & Dell's Isola，1995）关于美国房屋建筑能源成本占比分析的研究表明，在建筑全生命周期内人工照明所占能源消耗的比例是极其惊人的（表 5-4）。从这个角度理解，能够自然采光与通风的房屋就是低能耗建筑。传统民居大多属于此类，城市建筑因分布密度和单体平面进深较大等原因而影响了采光通风。

房屋能源成本年度比例　　　　　　　　　　表 5-4

耗能项目	5%	10%	15%	20%	25%	30%	35%	40%	45%	50%
地基	0.2%									
基础	0.2%									
上层结构	0.1%									
外部结构			9.5%							
屋面	1.0%									
内部结构				14.5%						
运送系统		5.0%								
机械设备：暖通空调		5.4%								
机械设备：管道		5.0%								
机械设备：防火系统	1.0%									
电气照明					47.1%					
动力		8.0%								
其他设备	1.0%									
平整场地	2.0%									

在目前绿色建筑设计策略中，首先提倡被动式节能设计。被动式设计是指在建筑的选址规划、平面布局、建筑构造等每个阶段中，合理利用自然通风和自然采光的原理从而达到建筑节能的目的。

以上述能源消耗费用一项为例，全生命周期费用观念表明，如果建筑师通过改进建筑平面及空间布局，采用保温隔热性能高的材料等被动式节能措施，那么，即使把最初的建筑造价提高 3 倍也是值得的。

5.2 建筑形态特征与造价的关系

民用建筑的产品特征是非标准化。建筑物的形状设计需要考虑多种因素，除了符合建筑规划密度指标、朝向方位、红线与间距乃至建筑节能等强限制要求，还包括临街环境、建筑功能、建筑层数或高度和建筑艺术表现等弱限制因素。据统计，工程设计阶段对造价的影响程度达 75% 以上，越来越多的工程项目都将控制造价的重点转移到设计阶段，即成本前控。

在影响建筑物造价的各种因素中，有些因素是相互关联的。建筑师应该充分认识建筑物的形状、尺寸、外墙与建筑面积比、交通流线、层数层高、总高度、窗墙比甚至窗户排列等建筑特征的变化对造价的影响，这对建筑的艺术性与经济性都是至关重要的。

1）平面形状

建筑物的平面形状对建筑造价有显著的影响。一般来说，建筑平面形状越简单，其单位造价就越低。一个不规则的建筑外形将基于其他原因而引起费用增加，仅以放线、模板、场地室外工程以及排水工程为例，通过对两座具有相同建筑面积的建筑物的比较，可以看得很清楚（图 5-3）。

A、B 是两个平面面积相同但是形状不同的建筑设计方案，在建筑物 B 中，围合相同建筑面积的外墙多了 6%，放线费用约增加了 50%，挖土费用约增加了 20%，排水工程的费用增加近 25%（增加 100mm 直径的排水管 2m 和两个检查井）。所增加的费用并非这些，

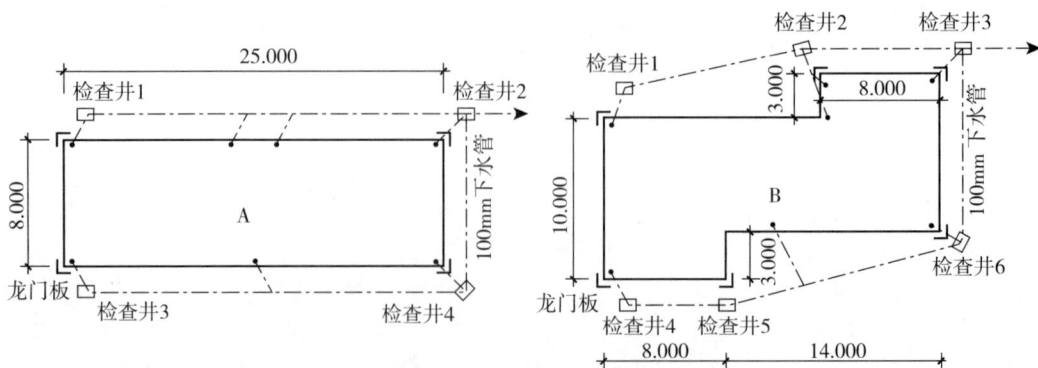

图 5-3　两个具有相同建筑面积的建筑物的比较（单位：m）

脚手架工程、模板支护与砌砖工程以及屋面工程由于施工比较复杂，同样也将更为费钱。建筑物形状的变化会导致造价增加。简化形状是一种从根本上降低造价的方法。当然，有时改变建筑物形体可能更符合场地环境要求或者更能表达某种设计意图。这时就需要在建筑经济与形式美学之间做出全面的判断。

理论上最简单的平面形状是正方形的建筑物，它在施工方面最为经济，但却不一定总是切合实际的使用要求。这是因为大多数公共建筑项目不论是在场地形状、建筑层数、高度、建筑功能流线还是在外观造型诉求上都存在着明显差异，其平面形状也随之需要改变。住宅、较小的办公楼、学校以及医院建筑，优先考虑的是使建筑物大多数房间都能获得足够的自然采光。一座大型并且是正方形的建筑物，其中心部分的自然采光是不足的，在平面设计以及室内设备布置中也可能产生困难。因此，虽然一个由多种图形组合而成的建筑平面比一个建筑面积相同的方形建筑平面造价要高，但从实用性或功能方面考虑，包括审美要求在内，最后可能还是决定采用组合平面。这说明在不同设计标准之间，即在造价、功能和外观之间必须保持平衡。如果造价师提出的变更方案虽能节约费用，但不能满足使用或美观的要求，则是毫无意义的。总之在造型方面如有必要，可增实体，同时也应记住一条流传至今的格言"如无必要，勿增实体"（Plurality Must Never Posited without Necessity）即英国神学家奥卡姆的"剃刀"原则。

某些类型的建筑，尤其是高层建筑，具有它们本身的特殊问题，这些问题基本上决定了建筑物的形式与形状。例如，旅馆建筑或办公写字楼，为了丰富城市天际线、为使用者提供优美景观及开阔的视野，或者就是为了节约土地，因而需要设计成高层建筑。建筑的平面形状以及各层平面中能够用于使用或者出租的面积比例是影响高层建筑经济性的重要因素，使用或出租面积比例一般在 60% ~ 70% 范围内。纤细的塔式建筑尽管美观，但其使用面积与毛面积（包含外墙与交通设施在内的建筑面积）的比例过低，因而常常导致造价极其高昂却不实用。采用塔式建筑，通常会对其标准层面积做出经济上的限定（图 5-4）。

在具体的房间设计方面，办公大楼的进深也受到功能上的限制，在美国和澳大利亚，18m 以内的进深是可以接受的，但是每平方米建筑面积所能获得的租金却随着建筑物进深的增加而减少。进深小的建筑，比如 12m 以内比较容易划分为小办公室，并可适用于各种各样的租户。显然，由一个大的企业公司租用的一座办公楼，可能主要设置一些大间的通用办公室，进深达到 15m 也是完全合适的。而且某些大型企业或公司总部往往还要求每层楼有约为 900m² 的办公室面积。

大多数情形下，建筑物所处的地点决定了建筑物的风格或形状。在极端情况下，设计师甚至可能抱有劝告建筑开发商在切实可行的条件下去购买额外土地的冲动，以便使这项开发计划更为经济合理。有时，为了保证设计一幢比较经济和形状规则的建筑物，即使建筑的形状不能贴合环境，或者场地没有得到充分利用也可能是值得的。例如一块可能容纳 8 ~ 10 层高度的建筑物的狭长开发地块，仅仅考虑安全疏散距离这个因素，

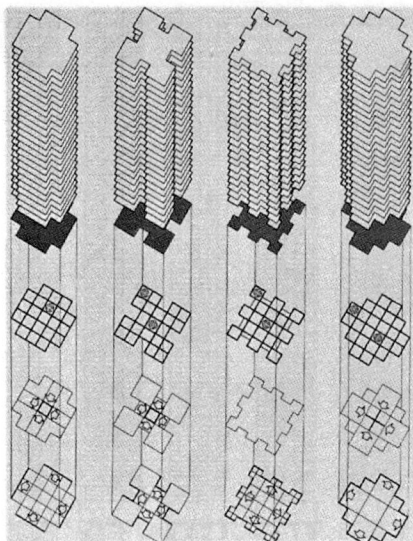

标准层平面（Typical Floor）在美学和经济方面或许可称为"最佳单变量"。

在高层建筑设计中，标准层是指最能反映高层建筑主体的结构类型特征和空间布局模式的建筑楼层平面。由于它被大量地重复和重叠使用，因此具有放大设计优缺点的作用。因此标准层最能体现建筑的美学特征和经济效益。

统计表明，标准层的使用效率（平面系数 K 值）一般不应低于65%。标准层使用面积 m^2 与外墙长度比值应为 $0.08 \sim 0.12m/m^2$。

图 5-4　高层建筑标准层平面的经济特性

就可决定建筑物的最经济性长度，即在此长度内可以不必额外增加疏散楼梯，从而保证建筑使用面积（或可出租的面积）与建筑总面积的比率最大化。

建筑物的平面形状，也可能受到将来使用方式的影响。例如工业厂房建筑形状先前的决定因素主要考虑生产过程的协调、机器布置和成品的流水线生产组织的合理性，但其形状在若干年后对该工业建筑再利用时可能会产生一定的限制。以前的建筑设计不会考虑其未来变更的用途，现在则不然。在当代循环经济理念下，建筑设计和建造方式要求把"未来"纳入"现在"的方案之中。

对于学校、住宅和医院等建筑以及较少数的办公楼，影响建筑平面形状的相当重要的因素是满足自然采光和通风的需要，这两点在应对公共卫生事件的挑战方面尤其重要。

2）建筑物的大小

建筑物尺寸的加大，一般会造成单位造价即每平方米建筑面积成本的降低。某些固定费用，例如运输、现场临时道路和辅助工程的修建及其拆除、材料及构件储存场地、临时给水排水的安排等准备工作的费用，在较大的建筑工程中不一定因建筑面积的扩大而有明显变化，反而这些固定费用占建筑总造价的比例会相应地降低。较大平面的工程项目的平均建造费用往往是比较低的，因为墙与建筑面积的比率缩小，使用面积势必相对增加（图 5-5）。

图 5-5 表示矩形建筑的长度增加一倍时（从 A 到 B）对外墙与建筑面积比率的影响。每平方米建筑面积（仅以一层计）的外墙长度从 383mm 降低到 317mm，降低了17.23%。而内部隔墙、装饰、墙裙、顶棚和地板等工程量也会成比例地减少。高层建筑的电梯如能为更多的建筑面积和更多的住户服务，虽然有利于降低造价，但也增加了等候电梯的时间，因此需要在效率与标准之间权衡。

	建筑物 A	建筑物 B
建筑面积（m²/层）	120	240
外墙长度（m）	46	76
外墙长度与建筑面积之比	0.383	0.317

图 5-5　建筑物大小变化对经济性的影响

3）外墙周长与建筑面积的比率

建筑平面的周长是由外墙、窗和门三者共同组成的一种组合构件——围护墙。不同的平面设计可通过以平方米计的围护墙与建筑面积之比（墙建筑面积的比率）来加以比较。墙建筑面积比率越低，设计就越经济。圆形建筑的墙建筑面积比率最理想，但是墙体工程量所节约的费用，通常被圆形建筑较高的施工费用所抵消，增加的施工费用一般在 20% ~ 30% 之间。

图 5-6 所示的是两座建筑物的轮廓图形，其一（建筑物 A）是 L 形的，另一座（建筑物 B）的外轮廓则很不规则。两座建筑物每层的建筑面积都是 244m²，并且假设两座建筑物都是两层，因而它们各自总的建筑面积都是 488m²。为了简化计算，在这个例子中，墙的厚度被忽略。建筑物 A 的围墙长度总计 70m，而建筑物 B 的围墙长度总计为 100m，比 A 增加了 43%。假设墙高是 6m，建筑物 A 的围墙面积是 420m²，而建筑物 B 的围墙面积是 600m²，于是，墙建筑面积的比率为：建筑物 A 外墙面积与建筑面积比 = 420/488=0.86，建筑物 B 外墙面积与建筑面积比 =600/488=1.23。建筑物 A 外墙周长与建筑面积比 =70/244=0.29（m^{-1}），建筑物 B 外墙周长与建筑面积比 =100/244=0.41（m^{-1}）。

建筑物 B 较之建筑物 A 的外墙面积要大得多，外墙周长与围合的面积比也大得多，所以 B 建筑平面设计很不经济。

在研究外墙周长时还必须考虑到另一方面的因素，即建筑物内部的采光是否充分，大多数公共建筑物的房间都需要自然采光。减少立面宽度和增加房屋的进深可以降低外墙周长与建筑面积的比率，但建筑内部也可能出现没有外墙的黑空间。此外，一个进深较大的建筑物通常不适合分隔出过多的小空间单元，因为容易出现一些比例失调的房间，比如狭长窄小的不适合摆放家具的办公室或客房标准间等。所以建筑物的进深要受限制，否则随着房间进深的增加，在不依靠人工照明的前提下，建筑物可能被迫增加层高，以便设置较高的窗口来补偿房间深处光线的不足。在这种情况下应当既考虑采光因素又考虑建筑造价，以获得一个平衡的理想方案。此外，较大的房间进深，可导致建筑物的周长与建筑面积比率降低，从而使外墙施工和维护费用以及房间采暖费用随之降低，但是这样所节约的费用可能因照明与空调费用的增加而抵消。对于房间高度比较大

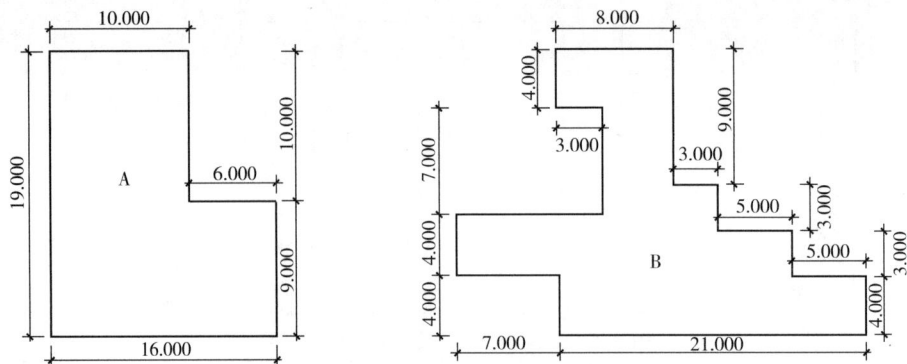

图 5-6　两座建筑物的轮廓图形和尺寸（单位：m）

的建筑，情况则相反。

1958 年，英国建筑经济学家克雷格（Craig）在他的公寓设计研究中发现，尽管有些公寓建筑是 U 形、L 形、Y 形或 T 形的，但多数公寓是长方形的。他得出的结论是大楼的形状和进深对外墙与建筑面积的比率有影响（表 5-5）。

形状和进深对外墙与建筑面积的比率的影响　　　　　　　　　　　　　　表 5-5

外形	（正）方形	U 形	H 形	Y 形	L 形	O 形
变化幅度（%）	100	105 ~ 109	102 ~ 105	103 ~ 107	103 ~ 108	107 ~ 113

研究发现，墙建筑面积的比率的变化介于从最复杂形状的 1.43 到最简单和进深最大的长方形的 0.56 之间。克雷格建议平均比率为 1，这可能是个适中的指标。

在几何学中，周长与面积比（Perimeter-area Ratio）用来度量多边形的紧凑程度。当形状为正圆时，周长与面积比最小；越呈长条状，周长与面积比越大。

在建筑平面设计上，周长与面积比则反映了单位长度的外墙对于其围合建筑面积大小的贡献率。从市场的角度理解外墙与面积就更能说明问题，建筑面积用于被使用和租售，能带来收益，而建筑外墙增加的只是成本。

由于节能标准的提高，当代建筑的外墙构造越来越复杂（图 5-7）。（超）高层建筑的外墙造价很高，约占总造价的 5% ~ 10%。并且，外墙过长还会损失大量能量，不利于建筑节能。特殊构造的外墙的建造成本会更高昂，但可能有利于长期节能，因此需要权衡考虑。

4）交通空间

建筑物的经济平面布置的主要目标之一，是将交通空间减少到最小程度。门厅、过道、走廊、楼梯以及电梯井等空间，被认为是"非盈利空间"，都不是为了直接的获利目的而设置的面积，但是却需要相当多的采暖、采光、清扫和装饰及其他方面的费用。几乎每一种类型的建筑物，都需要基本的交通空间，以便保障大楼的正常使用。另外人们也注意到，在一些重要的建筑物中往往设有宽敞的门厅、豪华的大堂和景观走廊等，

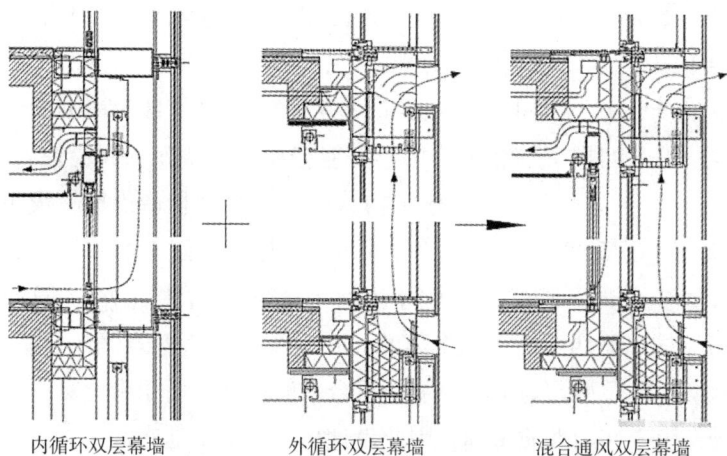

特殊构造的外墙造价更高
比如：呼吸式幕墙，又称双层幕墙、双层通风幕墙、热通道幕墙等。内外幕墙之间形成一个相对封闭的空间，空气从下部进风口进入，又从上部排风口离开这一空间，这一空间中的空气经常处于（可控下的）流动状态。

内循环双层幕墙　　外循环双层幕墙　　混合通风双层幕墙

图 5-7　当代建筑的外墙构造越来越复杂

这时的交通空间设计策略已经从最初的"能用"上升到"享用"，再以此给人们更加深刻的印象，达到空间营销的目的，技术经济上升到了"形象经济"的层面。

在大多数的建筑中都有一个明确的要求，既能将交通空间减少到最小的限度，又能满足建筑物的使用要求。交通空间设计从"能用"到"好用"或者"适用"是一个看似很低但却极高的要求，即"恰到好处"。单纯地减少走廊长度而造成的穿堂过屋式的交通方式，或者完全采用"开敞式平面"而不加以区分的布置，都不是最为经济的方案，充其量是"能用"而"不好用"。把走廊的宽度减少到人们都感到不便的程度，并不会达到真正经济合理，走廊还必须作为在出现地震或者火警等特别时刻保证楼内人员安全疏散的路线（图 5-8）。建筑防火规范中对于走廊和楼梯间净宽度均有规定，有最低限值要求。

正如前文对建筑物其他特征的分析一样，造价不是唯一准则，其他如美观和功能也是非常重要的。随着建筑高度的增加，交通空间的要求亦相应地提高，因此，当设计高层建筑时对交通空间方面给以特殊的考虑是完全值得的。

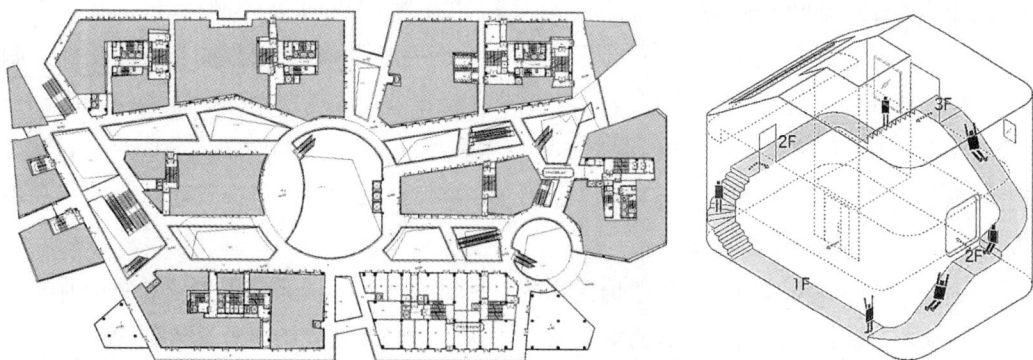

图 5-8　不论规模大小，交通空间都是保证安全疏散的唯一路线

在不同的建筑类型之间，楼层空间或面积分配中交通面积的占比会有显著变化，这是无可置疑的。下文的流通比（交通面积与建筑总面积之比，类似于"平面系数"或者住宅的"得房率"概念）为方案设计提供一个大致的参考：多层办公楼的流通比约19%；实验室约13%；公寓建筑（四层）约21%。用户可能会发现这些比例高得惊人，但从建筑设计实践来看只是一个平均水平。当把建筑物的单位建筑面积造价换算成单位使用面积造价时，其意义就十分清楚了。例如，一座办公大楼单位建筑面积造价为1400元/m^2，具有20%的交通空间时，相当于单位使用面积造价为1750元/m^2。这对于建造可供出租的像商务写字楼、酒店、城市综合体Shopping Mall或者开发区的厂房、实验楼等面向市场的物业类型时就显得尤为重要，因其租金一般按使用面积来计算。

对于某些类型的建筑物，由于使用性质不同，因此设计出适当的交通布局（动线组织和交通面积的占比）是一项十分复杂且重要的工作。其中，如果整个建筑物的经济性采用单位建筑面积造价和单位使用面积造价两项指标来表示，那将会对建筑师和物业经营者都有很大的帮助。因为前一指标即单方造价是建造标准，对建筑师的方案构思形成制约，在限额原则下能快速判断什么样的方案是可能的或者不可能的；后一指标是租金基准，给经营者的盈亏分析提供了一条客观的基准线。

5）层高

层高是指上下两层楼面（或室内地面至楼面，或楼面至屋面）结构标高之间的垂直距离。增加层高可以改善房间的采光与通风效果，减少压抑感，提高空间舒适性。

在不改变各层建筑面积的情况下，层高的改变会引起建筑物造价的变化。层高是影响概算中的体积法指标的重要因素之一。供暖体积热指标法（Heating Volume Heat Index）是建筑热负荷概算中的一种方法，即室内外温度差为1℃时，每立方米建筑物外围体积的供暖热负荷，单位为W/（m^3·℃）。其值的大小主要与围护结构及外形尺寸有关。此外，受到层高变化影响的主要建筑部位是墙和隔断，以及与其有关的粉刷和装饰。由于增加层高而可能受到影响的一些次要项目有较长的管道线缆以及垂直运输量等。

住宅是受层高变化影响最显著的类型。《住宅建筑设计规范》从编号GBJ 96—86开始到编号GB 50096—2011，一直规定住宅层高宜为2.80m（非强制标准）。实践中有的住宅设计层高降至2.6m，在100m限高内，后者将比前者可多增加三层；在80m限高内（根据2018年住房和城乡建设部发布的《城市居住区规划设计标准》GB 50180—2018规定，容积率在2.0～2.6时限高54m，容积率在2.7～2.9时限高80m）后者将比前者可多增加两层。当前《住宅项目规范》GB 55038—2025规定：新建住宅的层高不应低于3m。

对于建筑物层高增加而引起造价提高的一种粗略估算方法，是根据建筑物的垂直部件，如墙体、隔断和立柱及管材的增加量来估算，这些部件大约占总造价的30%。如果层高的增加量非常大，则应该对前面所列举的重要部分或全部次要项目的可能影响予以全盘考虑，即在舒适性与经济性之间做出权衡取舍。

6）建筑物的总高度

建筑工程造价是随着建筑物高度的增加而提高，一般通过节约昂贵的土地和减少内部交通空间的面积占比的途径，使因增加高度而增加的造价可能部分地得到补偿。通常情况下，塔式高层办公楼的建筑造价比低层建筑要昂贵得多，但是，若塔式高层通过增加层数、减少占地面积，标准层每层的面积不小于$1000m^2$，则可获得的综合效益足以补偿增加的费用。

下面是与增加建筑物高度有关的一般性原则，在采用高层建筑时应予以考虑。

（1）出于经济以外的原因，有时在一个特定的地点需要建造一座超高层建筑。根据高层建筑与都市人居委员会（The Council on Tall Buildings and Urban Habitat，CTBUH）不完全统计，超高层建筑总高度中平均有1/4没被充分利用，它们位于高层建筑顶部被称为"虚荣心"（Vanity）高度或者"荣耀"高度。如果曼哈顿城市建筑平均高度是30层，那么在容积率不变的前提下，曼哈顿建筑在理论上存在着10层院落式替代方案。最终我们看到，"荣耀高度"在政治文化心理上均获得了历史性的优势。

（2）超过一定的层数和高度时，地下基础和地上结构形式就要改变，消防措施也要升级，垂直交通设施也会增加，因而单位造价通常会增加。比如规范规定建筑高度超过27m的住宅、高度超过24m的公建均属于高层建筑范畴，仅消防措施一项就比多层建筑的要求复杂得多。仍然以住宅为例，据《住宅项目规范》GB 55038—2025规定：新建住宅建筑中入户层为二层及二层以上的住宅建筑，每单元应至少设置1台电梯（2019年的规定是入户层为四层及四层以上，或入户层楼面距室外设计地面的高度超过9m的住宅建筑，每单元应至少设置1台可容纳担架的电梯）；入户层为十二层及以上的住宅建筑，或入户层楼面距室外设计地面的高度超过33m的住宅建筑，每单元应至少设置2台电梯，且其中至少应有1台为可容纳担架的电梯，至少应有1台为消防电梯。可容纳担架的电梯采用宽轿厢时，轿厢长边尺寸不应小于1.60m，轿厢短边尺寸不应小于1.50m；采用深轿厢时，轿厢宽度不应小于1.10m，轿厢深度不应小于2.10m。可容纳担架电梯的电梯轿厢门净宽不应小于0.90m。电梯要求的变化对住宅设计影响明显，至少增加了公摊面积。

（3）作为一般规律，维修费用是随着层数的增加而提高。

（4）随着层数增加，屋顶面积和墙的比率降低时，采暖费用就可能下降。采暖费用显著地受屋顶面积和墙之间关系的影响，因为屋顶是导致热损失的重要部位。

7）建筑造型与体形系数

同一块场地中在总建筑面积或容积率不变的前提下，高层建筑与低层建筑布局是两个典型选项（图5-9）。这时，平面形状、建筑物的大小、外墙周长与建筑面积的比率以及建筑物总高度等对造价的影响因素集中表现在这两个类型上。采用哪个选项常常会受到经济学之外的因素制约。

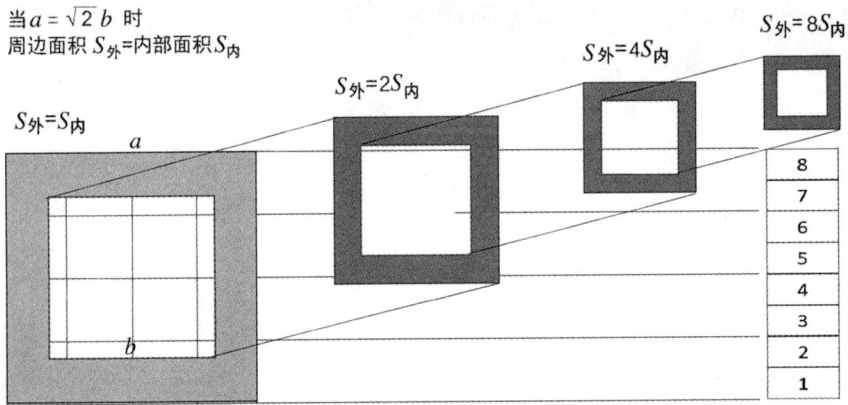

当 $a = \sqrt{2}\,b$ 时
周边面积 $S_{外}$ = 内部面积 $S_{内}$

$S_{外} = S_{内}$

$S_{外} = 2S_{内}$

$S_{外} = 4S_{内}$

$S_{外} = 8S_{内}$

图 5-9　面积相同的两个选项：最右边的 8 层建筑面积等于最左边 1 层外围面积（灰色区域）

如果从节能的角度看，两个选项都要考虑体形系数。建筑的体形系数 S 是建筑物与室外大气接触的外表面积 F_0 与其所包围的体积 V_0 的比值。跟外墙周长与建筑面积的比率的概念类似，体形系数 S 实质上是指单位建筑体积所分摊到的外表面积。

$$S = F_0/V_0$$

我国《公共建筑节能设计标准》GB 50189—2015 规定：严寒和寒冷地区公共建筑体形系数应符合表 5-6 的规定。

严寒和寒冷地区公共建筑体形系数　　　　　　　　　　表 5-6

单栋建筑面积 A（m²）	建筑体形系数 S
$300 < A \leq 800$	≤ 0.50
$A > 800$	≤ 0.40

《公共建筑节能设计标准》GB 50189—2015 主要技术要点中所规定的 S 是指单栋建筑的体形系数，并按照面积分为两档，对于小于或等于 300m² 的单栋建筑，其体形系数不做限制。

当建筑高度超过 150m 或单栋建筑地上建筑面积大于 200000m² 时，除应符合本标准的各项规定外，还应组织专家对其节能设计进行专项论证。

严寒和寒冷地区建筑物的体形系数是最重要的被动式节能措施之一，也是强制标准。

经验表明，体形系数每增加 0.01，建筑能耗平均增加 2% ~ 3%，因此需严格控制严寒和寒冷地区建筑物的体形系数，以达到节能又节材的效果。

减小体形系数的方法一般有：容积率不变，增加建筑层数提高建筑高度；建筑平面形状宜减少不必要的小尺度变化；增加进深，减少宽或长，使之近正方形等。

研究表明：

（1）2～4 层的低层建筑的体形系数在 0.40 左右；

（2）5～8 层的多层建筑的体形系数在 0.30 左右；

（3）高层和超高层建筑的体形系数一般小于 0.25。

总之，体积小、体形复杂的建筑以及单层和低层建筑，体形系数较大，对节能不太有利；体积大、体形简单的建筑以及多层和高层建筑，体形系数较小，对节能较为有利。从建筑类别的角度看，公共建筑单位面积能耗远远大于居住建筑单位面积能耗。

公共建筑用能定额管理早在 2007 年就作为公共建筑节能监管体系建设的一部分而提出。2010 年 6 月 10 日住房和城乡建设部发布的《关于切实加强政府办公和大型公共建筑节能管理工作的通知》（建科〔2010〕90 号）中提出：在能耗动态监测的基础上，各地要结合本地实际，研究制定当地国家机关办公建筑和大型公共建筑的用能标准、能耗定额，逐步建立超定额加价制度。2011 年 5 月 4 日财政部、住房和城乡建设部《关于进一步推进公共建筑节能工作的通知》（财建〔2011〕207 号）中再次提出实施能耗限额管理。

需要注意的是，建筑造型是平面形状、建筑物大小、外墙周长面积比率、层高与层数等形态特征的综合体现。一味地减小体形系数可能会导致建筑形象呆板、单调，甚至会妨碍建筑正常功能。建筑设计是一项针对多重目标的综合又复杂的创作过程，需要结合建设项目中其他同样重大且实际的需求而综合加以考虑。

5.3　建筑费用的计量单位与设计参数

建筑工程设计各专业均有若干反映其专业特定含义的设计参数，建筑设计的经济技术指标和设计参数是评价和衡量设计合理性和投资效果的重要参考依据。无论是盈利性建筑还是非盈利性建筑，各类技术指标和设计参数的表现形式一般有以下几种：

1）单位造价指标或参数

工程造价（Project Costs，PC）是指工程项目在建设期内预计或实际支出的建设费用。民用建筑项目以建筑面积或者主要使用功能、经营能力来计算。工程造价在项目建设的不同阶段有不同的名称内容和衡量单位。

建筑费用中在项目建设期内预计或实际支出的建设投资额均摊在单位建筑面积上的价格（Construction Unit Cost）称为"单位造价"或者"单方造价"（元 /m²），即：

$$建设投资 \div 建筑面积 = 单位造价$$

单位造价也称为土建成本，或者建安成本。按照单位建筑面积计算工程成本是大多数项目的通用指标参数，但不同地区之间存在差异（表 5-7）。

单位造价指标（元 /m²）（2012 年）   表 5-7

	北京	天津	石家庄	太原	呼和浩特	长春
1. 住宅						
多层高标准	1500 ~ 1800	1350 ~ 1550	1200 ~ 1500	1100 ~ 1200	1250 ~ 1400	1300 ~ 1500
高层一般标准	1500 ~ 1600	1400 ~ 1500	1350 ~ 1500	1300 ~ 1500	1000 ~ 1500	1200 ~ 1700
2. 办公写字楼						
高层一般标准	3100 ~ 3500	2200 ~ 3000	1200 ~ 1500	1300 ~ 1500	1600 ~ 1800	1400 ~ 1800
3. 旅游酒店						
多层一般标准	2700 ~ 3000	2500 ~ 3000	1700 ~ 2050	1600 ~ 1800	1500 ~ 2000	1500 ~ 2000
高层一般标准	3500 ~ 4100	3200 ~ 3500	2200 ~ 2700	1800 ~ 2200	1800 ~ 2000	2800 ~ 3300

此外，不同性质的项目还可以使用能够反映该项目经济性的其他计量单位。

例如，当民用建筑项目以主要使用功能、经营能力来计算时，其计量单位有如旅馆招待所为"元 / 客房间"、影剧院为"元 / 座"、医院疗养院为"元 / 病床"、学校为"元 / 学生"、图书馆以藏书量"元 / 万册"、公寓为"元 / 套"来辅助说明。民用建筑中其他设备安装公用设施工程，如锅炉房以蒸发量"元 / （t·h）"、空调制冷以制冷量"元 / kW"、变配电以容量"元 /kVA"、管线以长度"元 /km"等表示。这些指标均反映在编制指标期内的单位造价。

2）单位建筑材料消耗指标

建筑材料是造价计算的基本要素之一，反映单位工程、单项工程中的钢材、木材和水泥等主要材料的单位耗用量，在分项工程中计算（表 5-8）。

分项工程是分部工程的细分，是构成分部工程的基本项目，又称工程子目或子目。分项工程除了材料费之外，还有施工机械费和人工费等。材料指标计量单位钢材

单位建筑材料消耗指标   表 5-8

一个建设项目	单项工程	单位工程	分部工程	分项工程
举例：中学学校项目 	1.教学楼 2.体育馆 ……	1.土建工程 2.设备工程 3.室外工程 4.景观绿化 ……	1.土石方工程 2.打桩基础工程 3.脚手架工程 4.楼地面工程 5.屋面工程 ……	1.混凝土m³ 2.钢筋kg 3.玻璃m² 4.石材m³ 5.管材m ……

钢材消耗量：一般包括各种规格型号的钢筋、钢管、钢板、钢梁、铁器件、钢制件以及施工周转使用的钢管脚手架、钢模板等的摊销量；

木材消耗量：一般包括各种板枋材、圆木以及施工周转使用的木脚手架、木模板等的摊销量，各种板枋材消耗一般均换算为圆木或圆条；

水泥消耗量：一般包括各种强度标号的普通水泥、装饰用白水泥以及特种水泥的单位耗用量。

为 "kg/m²" 木材为 "m³/m²" 水泥为 "kg/m²" 等反映单位建筑面积的三材耗用量。其中，钢筋混凝土结构是建筑业采用最多的结构类型，因此，分项工程中钢材消耗量占总建材的份额也是最大的，每平方米含钢量（kg/m²）在实践中被视为"指标中的指标"（表5-9）。

建材耗用量指标中强调的每 m² 含钢量　　　　表 5-9

序号	项目名称	结构类型	每 m² 建筑面积耗材量		备注
			钢材（kg）	单方造价（元/m²）	
20世纪90年代住宅建筑钢材消耗参考指标					
1	板式高层住宅	框架、外挂板	65～70	—	一般标准
2	塔式高层住宅	混凝土、滑升	65～70	—	
2001年度北京地区高层民用建筑钢材消耗参考指标					
1	塔式高层住宅	混凝土、滑升	50～55	平均2300	一般标准
2	高层办公楼	现浇框架结构	80～100	平均2350	

3）相对造价比指标

分部工程不能独立发挥能力或效益，但具有结算工程价款条件。分部工程由于采用不同构造、材料或施工方法等措施而发生了造价变化（表5-10）。

分部工程中的相对造价比　　　　表 5-10

一个建设项目	单项工程	单位工程	分部工程	分项工程
举例：中学学校项目 	1.教学楼 2.体育馆 ……	1.土建工程 2.设备工程 3.室外工程 4.景观绿化 ……	1.土石方工程 2.打桩基础工程 3.脚手架工程 4.楼地面工程 5.屋面工程 ……	1.混凝土m³ 2.钢筋kg 3.玻璃m² 4.石材m³ 5.管材m ……

例如：土建工程的楼地面做法，普通水泥地面造价20元/m²，水泥自流平的造价约50元/m²
如果以普通水泥费用作为基数100，则水泥自流平费用是2.5倍左右。
又：一般框架结构民用建筑，如果在设计地震烈度为5度时，其造价基数为100时，那么在7度地震烈度区其造价指数为106左右，这表明：由于地震烈度等级的变异，7度区的框架结构建筑比5度区的同类工程造价要提高6%左右（非线性关系）。

4）投资或费用构成比指标

单位工程具有独立的设计文件。这类指标反映单位工程内各专业之间投资的比例关系，以占总投资额的"%"表示（表5-11）。

上述几种技术经济指标各有其适用范围：

①单位造价：反映建设项目的整体性与综合性的标准；

②单位建材消耗：以"含钢量"为代表的耗材量，主要用于分项工程；

③构造做法相对造价比：主要用于分部工程；

单位工程投资占比 表 5-11

一个建设项目	单项工程	单位工程	分部工程	分项工程
举例：中学学校项目 	1.教学楼 2.体育馆 ……	1.土建工程 2.设备工程 3.室外工程 4.景观绿化 ……	1.土石方工程 2.打桩基础工程 3.脚手架工程 4.楼地面工程 5.屋面工程 ……	1.混凝土m³ 2.钢筋kg 3.玻璃m² 4.石材m³ 5.管材m ……

序号	项 目 名 称	造价比例 %	备 注
1	±0.00以下基础或地下室	5～15	左边数据以20世纪90年代的旅馆为例
2	±0.00以上主体结构	20～30	结构类型为普通钢筋混凝土框架结构
3	建筑装修	20～30	造价比例会随着标准不同而有所浮动
4	机电设备	30～50	随着信息化和智能化要求提高，占比
5	建安工程合计	50～80	渐高
6	其他投资	20～50	其他投资是指建安工程以外工程费用

④投资或费用构成占比：主要用于单位工程和单项工程。

一般而言，单位建筑材料消耗指标的编制主要依据较为稳定的建筑结构及公用设备专业的设计规范，通过概预算定额确定的材料消耗量计算的，反映相当时间内的建筑材料、施工工艺及管理水平，所以参考数值也较为稳定。相对造价比指标和投资或费用构成比例指标不直接体现单方造价的具体绝对值，而以其相对比例形式显示，其参考数值也较为稳定，便于形成经济造价概念的直观认识。

这里值得特别注意的是，单位造价指标由于它的编制基础是在不同定额与不同地区材料价格上形成的，定额和价格两者无论时间性和地域性均很强，因此具体采用其指标进行概算时，应注意分析调整地区差异，尤其应及时掌握材料市场的价格变化情况。

综上所述，一般建筑工程的技术经济指标内容范围很广，且指标表现形式与涵盖内容又难以统一。因此，在技术经济指标的编制中，务必阐明指标涵盖的内容、编制时间、采用价格和费用的取值标准及有关依据等，便于使用和调整。对于指标的应用者，又必须注意全面了解指标的含义与内容，充分考虑指标的时间性和地域性，切不可不加分析地盲目照搬套用，以免在设计方案阶段的经济效果比较和投资估算中出现失误。

5）设计经济参数与一般经济概念（表5-12～表5-21）

民用建筑土建工程建筑与结构的造价比 表 5-12

序号	结构类型	建筑造价：结构造价	备注
1	一般砖混结构	6.5：3.5	
2	框架结构（一般标准）	4：6	框架结构"一般标准"或"略高标
3	框架结构（略高标准）	5～6：5～4	准"系指建筑装修标准
4	砖混结构别墅	7.5～8：2.5～2	
5	框架结构体育馆	4.5：5.5	

多层建筑物层数不同对土建造价的影响　　　　表 5-13

层数	1 层	2 层	3 层	4 层	5 层	6 层
造价比（%）	100	90	84	80	82	85

住宅建筑中各单位工程造价比　　　　表 5-14

序号	单位工程名称	造价比例（%）		备注
		多层住宅	高层住宅	
1	土建	81.2 ~ 82.4	80.0 ~ 81.6	
2	水卫	4.8 ~ 5.4	3.2 ~ 5.2	
3	暖通	3.6 ~ 4.4	2.0 ~ 3.6	通风系指有人防者
4	电气	5.2 ~ 5.6	2.0 ~ 3.0	
5	弱电	1.5 ~ 1.7	0.3 ~ 0.5	系指电视共用天线
6	煤气	1.7 ~ 1.9	0.7 ~ 0.8	
7	电梯	—	8.0 ~ 9.0	
	合计	100.0	100.0	多层为砖混结构、高层为钢筋混凝土结构

高级旅馆建筑造价构成比　　　　表 5-15

序号	项目名称	造价比例（%）	备注
1	±0.00 以下基础或地下室	5 ~ 15	
2	主体结构	20 ~ 30	
3	建筑装修	20 ~ 30	
4	机电设备	30 ~ 50	
5	建安工程合计	50 ~ 80	
6	其他投资	20 ~ 50	指建安工程以外其他工程费用

多层建筑物层高不同对土建造价的影响　　　　表 5-16

层高（m）	3.0	3.3	3.6	3.9	4.2	4.5
造价比（%）	100	104	108	112	116	121

注：层高每增减 10cm，造价约增减 1.33% ~ 1.5%。

地震烈度不同对土建造价的影响　　　　表 5-17

序号	项目	5 度	6 度	7 度	8 度	9 度	备注
1	民用建筑（砖混）	100	略低于 7 度区	105	110	—	指住宅、宿舍、办公楼等
2	民用建筑（框架）	100		106	110	115	
3	厂房（砖混）	100		102	105	108	
4	厂房（框架）	100		104	107	112	指多跨重型厂房

土建工程直接费中人工、材料、机械费构成比   表 5-18

序号	结构类型	构成比例（%）	备注
1	人工费	10 ~ 15	或称土建工程直接费中，人工工资约占15%；材料及机械使用费约占85%
2	材料费	70 ~ 80	
3	机械使用费	5 ~ 10	

民用建筑三材消耗参考指标   表 5-19

序号	项目名称	结构类型	每 m² 建筑面积消耗量		
			钢材（kg）	水泥（kg）	板枋材（m³）
1	板式多层住宅	砖混	21 ~ 23	140 ~ 160	0.025 ~ 0.03
2	板式高层住宅	框架、外挂板	65 ~ 70	260 ~ 280	0.035 ~ 0.04
3	塔式多层住宅	砖混	21 ~ 23	140 ~ 160	0.025 ~ 0.03
4	塔式高层住宅	滑升	65 ~ 70	230 ~ 250	0.03 ~ 0.035
5	教学楼	砖混	25 ~ 28	160 ~ 180	0.03 ~ 0.035
6	教学楼	框架	70 ~ 75	250 ~ 270	0.035 ~ 0.04
7	图书馆	框架	80 ~ 90	270 ~ 300	0.04 ~ 0.045
8	办公楼	砖混	27 ~ 30	160 ~ 180	0.03 ~ 0.035
9	办公楼	框架	60 ~ 65	240 ~ 260	0.04 ~ 0.045

注：以上木材为板枋材，未考虑周转用材摊销量。南方地区若将板枋材折合成杉圆条，并考虑周转用材摊销量，类似上述民用建筑一般木材消耗量参考指标为 0.045 ~ 0.058m³/m²。

高层公寓、写字楼、宾馆三材消耗参考指标   表 5-20

序号	项目名称	结构类型	每 m² 建筑面积消耗量		
			钢材（kg）	水泥（kg）	板枋材（m³）
1	高层公寓、写字楼、宾馆	框剪、框筒	70 ~ 105	280 ~ 350	0.04 ~ 0.06

注：框剪结构公寓或写字楼消耗量略低；框筒结构宾馆消耗量略高。

全国部分城市建筑工程造价参考资料（2012—2015 年）（单位：元 /m²）   表 5-21

	北京	天津	石家庄	太原	呼和浩特	长春
1.住宅						
低层一般标准	1200 ~ 1500	650 ~ 1500	—	800 ~ 900	700 ~ 800	650 ~ 800
低层高标准	2000 ~ 2400	1500 ~ 2000	—		1000 ~ 1200	1200 ~ 1400
多层一般标准	1000 ~ 1100	1150 ~ 1400	600 ~ 800	900 ~ 1000	700 ~ 800	650 ~ 750
多层高标准	1500 ~ 1800	1350 ~ 1550	1200 ~ 1500	1100 ~ 1200	1250 ~ 1400	1300 ~ 1500
高层一般标准	1500 ~ 1600	1400 ~ 1500	1350 ~ 1500	1300 ~ 1500	1000 ~ 1500	1200 ~ 1700
高层高标准	2000 ~ 2300	1800 ~ 2200	—	1200 ~ 1900	2000 ~ 2500	1850 ~ 2500

续表

	北京	天津	石家庄	太原	呼和浩特	长春
2. 宿舍						
多层一般标准	900 ~ 1000	1000 ~ 1200	600 ~ 800	900 ~ 1000	600 ~ 700	700 ~ 800
高层一般标准	1300 ~ 1500	1300 ~ 1500	1300 ~ 1500	1500 ~ 1300	1000 ~ 1200	1200 ~ 1800
3. 办公楼写字楼						
多层一般标准	2000 ~ 2300	1350 ~ 1600	1200 ~ 1300	1200 ~ 1300	900 ~ 1350	1000 ~ 1200
多层高标准	3000 ~ 3400	1400 ~ 1700	1350 ~ 1600	—	1800 ~ 2000	1350 ~ 1500
高层一般标准	3100 ~ 3500	2200 ~ 3000	1200 ~ 1500	1300 ~ 1500	1600 ~ 1800	1400 ~ 1800
高层高标准	4800 ~ 5600	3500 ~ 4000	2500 ~ 3800	1200 ~ 1400	2500 ~ 3000	2500 ~ 3000
4. 旅游酒店						
多层一般标准	2700 ~ 3000	2500 ~ 3000	1700 ~ 2050	1600 ~ 1800	1500 ~ 2000	1500 ~ 2000
高层一般标准	3500 ~ 4100	3200 ~ 3500	2200 ~ 2700	1800 ~ 2200	1800 ~ 2000	2800 ~ 3300
三星级	4200 ~ 4700	3500 ~ 4500	2900 ~ 3800	—	3500 ~ 4000	3200 ~ 3700
五星级	5600 ~ 6500	5000 ~ 6000	4000 ~ 4500	—	4500 ~ 5000	4500 ~ 5000
5. 商店						
多层一般标准	1500 ~ 1800	1800 ~ 2200	1200 ~ 1300	1100 ~ 1200	1000 ~ 1200	1300 ~ 1600
多层高标准	3000 ~ 3900	2500 ~ 3500	1400 ~ 1800	—	1200 ~ 1500	1800 ~ 2500
高层高标准	4000 ~ 5000	3800 ~ 4300	2000 ~ 2500	—	2500 ~ 3500	2500 ~ 3000
高层一般标准	2500 ~ 3000	2300 ~ 2900	1600 ~ 2000	1500 ~ 1800	1800 ~ 2200	1800 ~ 2300
6. 中小学校						
多层一般标准	1200 ~ 1500	1100 ~ 1200	800 ~ 1000	800 ~ 1000	700 ~ 800	800 ~ 1100
多层高标准	1800 ~ 2500	1400 ~ 2000	1100 ~ 1300	1000 ~ 1200	1000 ~ 1200	1200 ~ 1500
7. 医院						
多层一般标准门诊部	2000 ~ 2200	2000 ~ 2300	1200 ~ 1500	1200 ~ 1300	1200 ~ 1500	1300 ~ 1600
多层一般标准医技楼	2300 ~ 2600	2200 ~ 2500	1400 ~ 2000	1300 ~ 1500	1500 ~ 1800	1500 ~ 2000
多层一般标准住院部	2100 ~ 2400	2100 ~ 2600	1500 ~ 2000	1300 ~ 1500	1800 ~ 2000	1600 ~ 2100
高层一般标准住院部	2900 ~ 3300	2600 ~ 3000	1650 ~ 2200	1600 ~ 1800	2000 ~ 2500	1800 ~ 2300

	南昌	济南	南宁	广州	武汉	长沙
1. 住宅						
低层一般标准	—	700 ~ 800	800 ~ 900	650 ~ 850	600 ~ 800	700 ~ 800
低层高标准	—	1500 ~ 2000	—	1400 ~ 1530	—	—
多层一般标准	900 ~ 1000	700 ~ 800	650 ~ 750	800 ~ 1000	800 ~ 1000	700 ~ 800
多层高标准	—	1300 ~ 1600	—	1400 ~ 1600	900 ~ 1100	1100 ~ 1300
高层一般标准	1200 ~ 1300	1600 ~ 1800	1400 ~ 1500	1100 ~ 1300	1300 ~ 1500	1300 ~ 1500
高层高标准	—	—	—	1800 ~ 2000	1600 ~ 1900	1700 ~ 2100
2. 宿舍						
多层一般标准	800 ~ 900	700 ~ 800	650 ~ 700	800 ~ 1000	800 ~ 1000	700 ~ 800
高层一般标准	1000 ~ 1200	1300 ~ 1500	1100 ~ 1300	1000 ~ 1200	1150 ~ 1250	1000 ~ 1300
3. 办公楼写字楼						
多层一般标准	800 ~ 1000	800 ~ 1000	1000 ~ 1200	1000 ~ 1200	1000 ~ 1250	1000 ~ 1350
多层高标准	1150 ~ 1350	—	1400 ~ 1600	1500 ~ 1800	1000 ~ 1200	1500 ~ 1800
高层一般标准	1400 ~ 1500	2000 ~ 2500	2300 ~ 2500	1200 ~ 1400	1300 ~ 1800	1600 ~ 2100
高层高标准	—	—	—	2500 ~ 3500	2500 ~ 3500	2300 ~ 2800
4. 旅游酒店						
多层一般标准	1500 ~ 1800	1500 ~ 2000	1500 ~ 1800	1000 ~ 1200	1200 ~ 1600	1800 ~ 2000
高层一般标准	—	2500 ~ 3000	—	1200 ~ 1400	1800 ~ 2500	2200 ~ 2500
三星级	2500 ~ 3200	3500 ~ 4000	3000 ~ 4000	3500 ~ 4500	3200 ~ 3900	2800 ~ 3000
五星级	—	4500 ~ 5000	—	4500 ~ 5500	4000 ~ 5000	3500 ~ 4000
5. 商店						
多层一般标准	1000 ~ 1200	1200 ~ 1400	1300 ~ 1400	1450 ~ 1800	1000 ~ 1200	1000 ~ 1300
多层高标准	1500 ~ 1800	2000 ~ 3000	1500 ~ 1900	2100 ~ 2410	1800 ~ 2100	1800 ~ 2500
高层高标准	—	—	—	2800 ~ 3500	—	3000 ~ 3500
高层一般标准	—	1800 ~ 2000	—	—	—	1800 ~ 2000
6. 中小学校						
多层一般标准	900 ~ 1000	800 ~ 1000	850 ~ 950	900 ~ 1100	800 ~ 900	850 ~ 1100
多层高标准	1000 ~ 1200	1500 ~ 1800	1200 ~ 1300	1200 ~ 1400	1000 ~ 1100	1300 ~ 1500
7. 医院						
多层一般标准门诊部	1300 ~ 1500	1300 ~ 1400	900 ~ 1000	900 ~ 1100	1000 ~ 1200	1200 ~ 1400
多层一般标准医技楼	1400 ~ 1600	1400 ~ 1600	1000 ~ 1200	1000 ~ 1200	1300 ~ 1500	1400 ~ 1600
多层一般标准住院部	1300 ~ 1500	1300 ~ 1400	900 ~ 1000	1000 ~ 1200	1500 ~ 1800	—
高层一般标准住院部	—	1800 ~ 2000	2700 ~ 2900	1300 ~ 1500	1450 ~ 1700	—

续表

	哈尔滨	沈阳	上海	南京	杭州	福州
1. 住宅						
低层一般标准	850 ~ 1000	750 ~ 900	—	750 ~ 800	700 ~ 800	700 ~ 800
低层高标准	1200 ~ 1500	600 ~ 700	1250 ~ 1400	900 ~ 1100	—	1500 ~ 2000
多层一般标准	700 ~ 800	900 ~ 1000	1200 ~ 1400	900 ~ 1000	1000 ~ 1100	800 ~ 1000
多层高标准	1350 ~ 1550	1400 ~ 1600	800 ~ 1000	1000 ~ 1200	—	1200 ~ 1400
高层一般标准	1300 ~ 1500	1400 ~ 1500	1500 ~ 1700	1200 ~ 1400	1250 ~ 1500	1600 ~ 1800
高层高标准	1600 ~ 1800	1800 ~ 2000	2200 ~ 2600	1500 ~ 1700	—	2000 ~ 2500
2. 宿舍						
多层一般标准	700 ~ 800	700 ~ 800	800 ~ 1000	800 ~ 1000	800 ~ 1000	750 ~ 850
高层一般标准	1250 ~ 1400	1300 ~ 1400	1500 ~ 1600	1200 ~ 1400	1200 ~ 1500	1600 ~ 1800
3. 办公楼写字楼						
多层一般标准	1250 ~ 1350	900 ~ 1000	1200 ~ 1400	1000 ~ 1300	1100 ~ 1300	1000 ~ 1250
多层高标准	1400 ~ 1600	1450 ~ 1600	1800 ~ 2000	—	—	1400 ~ 1700
高层一般标准	1350 ~ 1850	1800 ~ 2000	2400 ~ 3200	1400 ~ 1500	1400 ~ 1600	1800 ~ 2200
高层高标准	2400 ~ 3200	3000 ~ 3500	4200 ~ 5000	2000 ~ 2500	—	3000 ~ 3500
4. 旅游酒店						
多层一般标准	1800 ~ 2000	2200 ~ 2500	2600 ~ 3200	1800 ~ 2000	1600 ~ 2200	2100 ~ 2300
高层一般标准	2500 ~ 3500	3000 ~ 3500	3200 ~ 3800	2400 ~ 2600	2500 ~ 2800	2800 ~ 3500
三星级	3500 ~ 4000	3500 ~ 4000	4500 ~ 5000	2800 ~ 3300	—	3000 ~ 3500
五星级	4500 ~ 5000	4600 ~ 5500	5000 ~ 8000	4000 ~ 4500	—	4000 ~ 4500
5. 商店						
多层一般标准	1300 ~ 1500	1000 ~ 1500	2100 ~ 2800	1200 ~ 1300	1200 ~ 1400	1200 ~ 1500
多层高标准	1500 ~ 2000	2000 ~ 2500	3100 ~ 4000	1400 ~ 1600	1350 ~ 1700	2000 ~ 3000
高层高标准	2300 ~ 2800	3000 ~ 3500	4500 ~ 4800	1800 ~ 2000	—	3500 ~ 4000
高层一般标准	1700 ~ 2200	2000 ~ 2500	2600 ~ 3000	1600 ~ 1800	—	2500 ~ 3000
6. 中小学校						
多层一般标准	1050 ~ 1250	1050 ~ 1200	1200 ~ 1500	900 ~ 1000	1000 ~ 1100	800 ~ 1000
多层高标准	1200 ~ 1500	1300 ~ 1800	1600 ~ 2000	1100 ~ 1300	1200 ~ 1400	1200 ~ 1500
7. 医院						
多层一般标准门诊部	1300 ~ 1600	1600 ~ 1800	2200 ~ 2500	1200 ~ 1400	1300 ~ 1500	1200 ~ 1450
多层一般标准医技楼	1500 ~ 2200	1800 ~ 2200	2500 ~ 3200	1500 ~ 1800	1400 ~ 1600	2100 ~ 2300
多层一般标准住院部	1650 ~ 2300	1850 ~ 2300	2500 ~ 3000	1400 ~ 1600	—	1200 ~ 1500
高层一般标准住院部	1800 ~ 2200	2000 ~ 2500	3000 ~ 3500	1350 ~ 1500	—	1800 ~ 2000

续表

	郑州	贵阳	昆明	成都	重庆
1. 住宅					
低层一般标准	600 ~ 800	600 ~ 700	—	700 ~ 800	800 ~ 1000
低层高标准	—	—	—	1000 ~ 1300	1150 ~ 1300
多层一般标准	600 ~ 700	1000 ~ 1100	1000 ~ 1200	800 ~ 900	1000 ~ 1200
多层高标准	—	—	1400 ~ 1500	1000 ~ 1200	1300 ~ 1600
高层一般标准	1200 ~ 1400	1100 ~ 1300	1200 ~ 1400	1200 ~ 1500	1300 ~ 1500
高层高标准	—	—	1500 ~ 1800	1800 ~ 2000	1900 ~ 2400
2. 宿舍					
多层一般标准	600 ~ 700	800 ~ 1000	800 ~ 1000	700 ~ 800	850 ~ 1000
高层一般标准	1200 ~ 1400	1200 ~ 1400	1100 ~ 1200	1200 ~ 1400	1150 ~ 1400
3. 办公楼写字楼					
多层一般标准	1100 ~ 1200	1000 ~ 1200	1000 ~ 1200	800 ~ 1000	1300 ~ 1500
多层高标准	—	—	1300 ~ 1500	1300 ~ 1500	1450 ~ 1650
高层一般标准	1300 ~ 1500	1300 ~ 1500	1500 ~ 2000	1800 ~ 2200	2000 ~ 3000
高层高标准	—	—	—	2300 ~ 3600	3000 ~ 4000
4. 旅游酒店					
多层一般标准	1500 ~ 1800	1560 ~ 1600	1500 ~ 1800	1500 ~ 2000	1500 ~ 2000
高层一般标准	2200 ~ 2500	700 ~ 2000	1700 ~ 2000	2300 ~ 3000	3000 ~ 3300
三星级	—	—	3000 ~ 3500	3200 ~ 4000	3300 ~ 4000
五星级	—	—	4000 ~ 4500	4500 ~ 5000	4500 ~ 5500
5. 商店					
多层一般标准	1200 ~ 1500	1600 ~ 1800	1400 ~ 1600	800 ~ 900	1000 ~ 1100
多层高标准	1400 ~ 1600	1800 ~ 2200	1800 ~ 2200	1500 ~ 1800	2000 ~ 3000
高层高标准	—	—	—	2400 ~ 3000	3500 ~ 4000
高层一般标准	—	—	—	1800 ~ 2400	2200 ~ 2600
6. 中小学校					
多层一般标准	900 ~ 1100	700 ~ 900	700 ~ 800	800 ~ 1000	1000 ~ 1200
多层高标准	1200 ~ 1400	—	1000 ~ 1200	1300 ~ 1500	1400 ~ 2000
7. 医院					
多层一般标准门诊部	1350 ~ 1600	1200 ~ 1300	1200 ~ 1300	1200 ~ 1300	1200 ~ 1300
多层一般标准医技楼	1500 ~ 1650	1300 ~ 1600	1400 ~ 1500	1300 ~ 1500	1300 ~ 1500
多层一般标准住院部	—	—	1300 ~ 1500	1000 ~ 1200	1000 ~ 1200
高层一般标准住院部	—	—	1600 ~ 1800	1800 ~ 2000	1800 ~ 2000

5.4　设计参数的政策含义

从微观领域回到宏观领域时，建筑经济学就会面对这样的两个问题，即一个国家究竟能花多少钱来用于建筑生产；同时，一段时期内的固定资产投资究竟能生产多少建筑。前一个问题取决于国民经济的宏观平衡，后一个问题则取决于建筑的标准。可以说，数量、标准与效益之间的关系是设计参数所体现的政策含义中的基本方面。

宏观方面，需要从国民经济现有水平及发展速度来确定社会可以提供用于建筑的资源；从本国人口规模及增长率确定所需的建筑规模；然后从建筑规模与资源条件来确定社会"付得起"（Affordable）的建筑标准（以单位造价表示），它是一个平均值，或者叫做基准（Benchmark），而不是标准（Standard）。不同类型的建筑，都可以根据社会现实和预期确定相应的基准值。

微观方面，先要确定社会将允许建筑在其使用生命周期中有多大的安全度或可靠度，从而优先确定第一层次费用，舒适性则取决于满足安全以外的功能与美观要求的第二层次费用，然后再在各种要求之间进行合理的划分。

从要素市场参数到制定政策标准，两者之间具有明显的层级结构（图5-10）。

要素市场出现的事件和现象，都有可能支持或者否定某个特定政策；反之，制定政策来引导要素市场的走向，配置社会资源。

以土地要素为例来说明这个层级结构。进入21世纪随着城镇化进程的快速推进，我国城市居民的居住条件得到巨大改善，城市人均住宅建筑面积近十年增加了10m²，2010年底已达到31.6m²/人（住房和城乡建设部，2011），2012年部分城市（如北京、长春等）的人均住宅建筑面积已接近高收入国家的35m²/人。

当前，虽然我国城市人均住宅建筑面积在不断提高，但在大量的居住用地开发建设过程中，住宅配建停车位、小区游园与组团绿地等公园绿地（根据《城市绿地分类标准》CJJ/T 85—2017条文说明2.0.4条及《城市用地分类与规划建设用地标准》GB 50137—2011条文说明3.3.2条第8款对"公共绿地"更名的阐释，公共绿地统称为"公园绿地"）配建的严重不足、不合理，以及公共服务设施配套的不完善等居住用地公共

图5-10　从数据到政策的层级结构（右侧是举例）

利益缺失的问题却逐步凸显。因此，2020年8月18日《住房和城乡建设部等部门关于开展城市居住社区建设补短板行动的意见》（建科规〔2020〕7号），2022年住房和城乡建设部办公厅印发了《完整居住社区建设指南》（建办科〔2021〕55号），其工作目标要求到2025年基本补齐既有居住社区设施短板，新建居住社区同步配建各类设施。其重点任务包括：

1）合理确定居住社区规模。

以居民步行5～10分钟到达幼儿园、老年服务站等社区基本公共服务设施为原则，以城市道路网、自然地形地貌和现状居住小区等为基础，与社区居民委员会管理和服务范围相对接，因地制宜合理确定居住社区规模，原则上单个居住社区以0.5万～1.2万人口规模为宜。要结合实际统筹划定和调整居住社区范围，明确居住社区建设补短板行动的实施单元。

2）落实完整居住社区建设标准。

按照《完整居住社区建设标准（试行）》，结合地方实际，细化完善居住社区基本公共服务设施、便民商业服务设施、市政配套基础设施和公共活动空间建设内容和形式，作为开展居住社区建设补短板行动的主要依据，等等。

除了公共服务配套之外，土地利用强度和效益一直是政策关注重点。

开发强度控制是控规的核心内容。开发强度控制主要指控规"规定性控制要素"中的"环境容量控制"。环境容量（Environment Capacity）又称环境负载容量。其生态含义是指在环境标准规定的最大容许值的情况下，每年所能容纳的某污染物的最大负荷量。这个概念在土地开发和规划管理方面的应用前提，是城市经济的发展与土地的使用之间存在着密切的关系。环境容量控制是为了保证良好的城市环境质量，对建设用地能够容纳的建设量和人口聚集量做出合理规定。其控制手段便是制定以容积率为核心的开发强度指标，包括容积率、建筑面积、建筑密度、人口密度、绿地率、建筑高度等。城市环境容量分为城市自然环境容量和城市人工环境容量两方面。因此，从城市规划角度，居住用地效益保障与控规开发强度控制中的环境容量控制，是与容积率主导的开发强度指标密切相关。

然而，容积率（FAR）指标现今并没有在国家层面规范上制定相应的强制性条文。在地方管理程序上，具体地块容积率的调整需要先进行上位规划的调整。这个程序不仅耗时长，而且难度大。在实际的开发建设中，容积率经常会不遵循规划而随意变动。住房和城乡建设部、监察部开展的专项治理工作数据显示，截至2010年底，专项治理工作查处的2007～2009年间城市房地产开发领域违规变更规划、调整容积率项目中，涉及未按规划容积率建设的项目数占到了总违规项目数的近90%（《中国城市规划发展报告2010—2011》）。

2007 年我国学者提出"空间绩效"概念，开始引起规划界的普遍关注。如果居住开发项目的土地开发强度过低，就会导致支撑配套设施的人口规模不足，配套设施不经济运转甚至闲置。1998—2008 十年间，我国房地产市场共投入土地约 31 万公顷，其中有近 40% 的被投入土地直到 2008 年末仍处于闲置状态（戴德梁行 DTZ，2008）。为此，国务院于 2008 年出台了《关于促进节约集约用地的通知》（国发〔2008〕3 号），国土资源部于 2012 年出台了《闲置土地处置办法》（2012 国土部 53 号令），这些措施都是对于隐性"囤地"问题在政策法规层面上的反应。

据 2019 年建设用地蓝皮书《中国城市建设用地节约集约利用报告 No.1："十二五"回顾与总结》数据，2015 年"十二五"期间在建设用地经济强度方面达到地均 GDP 为 210.00 万元 /hm²，相比 2010 年可比价提高了 67.41 万元 /hm²，增幅为 50.0%，年均增幅为 8.5%，但增幅逐年下降，建设用地地均 GDP 最高的是深圳市，为 1793.05 万元 /hm²，最低的是黑龙江讷河市，仅为 21.34 万元 /hm²。2015 年全国参评城市单位人口增长消耗新增城乡建设用地为 441.3m²/ 人，相比于 2011—2014 四年平均值 539.2m²/ 人下降了 97.9m²/ 人。从经济增长新增耗地量看，全国参评城市 2015 年单位 GDP 增长和单位固定资产投资消耗新增建设用地量分别为 8.11hm²/ 亿元和 0.78hm²/ 亿元，分别比 2011—2014 年平均新增耗地量低 1.60hm²/ 亿元和 0.44hm²/ 亿元。

可见，建设用地节约集约利用总体水平尚有较大提升空间，须发挥规划编制及调整修改在节地中的作用，规划节地是最大的节地。全国正在不断健全土地市场体系，一方面充分发挥市场机制在配置土地资源过程中的决定性作用，另一方面加快建立规划节地评价制度，将节约集约用地评价纳入规划全流程管理，促进城乡统筹、人地和谐。

思考题

1. 关键概念

费用与费用项目	体形系数	外墙周长与建筑面积比率
单位造价	三材	建设用地地均 GDP
相对造价	开发强度	单位 GDP 增长用地量

2. 简答题

（1）在同一设计题目下，选择两份设计作业（你与同学的作业），分别计算它们的周长与建筑面积比率、流通比或平面系数，比较其数值大小，并解释其含义。

（2）简述费用项目的划分顺序与概预算价顺序。

（3）一次性投资与全生命周期费用对建筑设计结果的影响一样吗？

（4）影响建筑土建造价水平的因素有哪些？

（5）简要概括一下设计参数控制的政策含义。

附录：北京工程造价（建设工程）费用指标（2022年6月）

本费用指标是指《关于印发〈关于执行2021年〈北京市建设工程计价依据—预算消耗量标准〉的规定〉的通知》（以下简称《通知》）中规定的"费用指标"，包括不可精确计量措施项目和费用项目的费用指标。

（一）不可精确计量措施项目

不可精确计量措施项目是指依据施工图纸的图示尺寸不能精确计算工程量的措施项目，其费用大小与施工方案和（或）投入时间直接相关，一般表现为按项计价。费用指标包括的内容如下：

1. 脚手架费包括满足施工所需的脚手架及附属设施的搭设、拆除、运输、使用和维护费用，以及脚手架购置费的摊销（或租赁）等费用，不包括脚手架底座以下的基础加固及安全文明施工费用中的防护架及防护网。

2. 垂直运输费包括满足施工所需的各种垂直运输机械和设备安装、拆除、运输、使用和维护费用，以及固定装置、基础制作安装及其拆除等费用，包括垂直运输机械租赁、一次进出场、安拆、附着、接高和塔式起重机基础等费用，不包括塔式起重机基础的地基处理费用。

3. 冬雨期施工增加费包括冬季或雨期施工需增加的临时设施、防滑、除雨雪，人工及施工机械降效等费用。

4. 工程水电费包括现场施工、办公和生活等消耗的全部水费、电费，含安全文明施工、夜间施工和场地照明以及施工机械等消耗的水电费。

5. 现场管理费指施工企业项目部在组织施工过程中所需的费用，包括现场管理及人员工资、现场办公费、差旅交通费、劳动保护费、低值易耗品摊销费、工程质量检测配合费、财产保险费和其他等，不包括临时设施费。

（二）费用项目

1. 企业管理费指施工企业总部在组织施工生产和经营管理中所需的费用，包括总部的管理及服务人员工资、办公费、差旅交通费、固定资产折旧费、工具用具使用费、劳动保险和职工福利费、劳动保护费、工会经费、职工教育经费、财产保险费、税金（含附加税费）和其他等，不包括现场管理费。

2. 利润指施工企业完成承包工程获得的盈利。

3. 总承包服务费包括施工总承包人为配合、协调发包人的专业工程发包，提供施工现场的配合、协调和现有施工设施的使用便利，竣工资料汇总等服务，以及对发包人自行供应材料运至现场指定地点后的点交、保管、协调等服务的费用。

4. 应用费用指标确定建筑安装工程费的，各项费用项目的计价程序详见表5-22：

各项费用项目计价程序表　　　　　　　　　　　　　　　　　　　　表 5-22

序号	项目	计算式	备注
1	依据《预算消耗量标准》计取的费用	人工费＋材料费＋机械费	
1.1	其中：人工费		
1.2	其中：机械费		
1.3	其中：设备费		
2	安全文明施工费	（1.1+1.2）× 相应费率	按相关规定，费用应根据措施方案等自主测算确定，且不低于下限费用标准
3	施工垃圾场外运输和消纳费	（1.1+1.2）× 相应费率	
4	不可精确计量措施项目费	按费用指标的计价规则计算	按《通知》规定，费用应根据措施方案等自主测算确定。最高投标限价中，各项费用应按不低于相应费用指标的中间值计取
5	企业管理费	（1-1.3+2+3+4）× 相应费率	
6	利润	（1-1.3+2+3+4+5）× 相应费率	
7	总承包服务费	专业工程造价（含税）× 相应费率	
8	规费	（1.1）× 相应费率	
9	税前造价	1+2+3+4+5+6+7+8	
10	税金	（9）× 相应税率 / 征收率	
11	工程造价	9+10	

（三）费用指标

1. 房屋建筑与装饰工程费用指标，见表 5-23。

房屋建筑与装饰工程费用指标　　　　　　　　　　　　　　　　表 5-23

序号	措施项目名称			单位	指标	
					一般计税	简易计税
1	脚手架费	综合脚手架	钢筋混凝土结构	元 /m²	38 ~ 68	40.9 ~ 73.2
			型钢混凝土结构			
			钢结构	元 /m²	10 ~ 38	10.8 ~ 40.9
		室内装修脚手架	层高 ≤ 4.5m	元 /m²	10 ~ 22	10.8 ~ 23.7
			每增 1m	元 /m²	4 ~ 8	4.3 ~ 8.6
2	垂直运输费			元 /m²	48 ~ 68	51.4 ~ 72.8
3	冬雨期施工增加费			元 /m²	2 ~ 6	2.2 ~ 6.5
4	工程水电费			元 /m²	18 ~ 30	19.6 ~ 32.7
5	现场管理费			%	3.7 ~ 4.5	3.4 ~ 4.2

注：综合脚手架、装修脚手架和垂直运输不适用于体育场馆、影剧院等大跨度钢结构。

2. 仿古建筑工程费用指标，见表 5-24。

仿古建筑工程费用指标 表 5-24

序号	措施项目名称			单位	指标	
					一般计税	简易计税
1	综合脚手架费	木结构	楼、阁	元/m²	176 ~ 216	189 ~ 232
			单层建筑檐高 6m 以下	元/m²	264 ~ 324	284 ~ 349
			单层建筑檐高 12m 以下			
			12m 以上每增加 1m	元/m²	25 ~ 35	26.9 ~ 37.7
			亭	元/m²	400 ~ 490	430 ~ 527
		钢筋混凝土结构	楼、阁	元/m²	58 ~ 78	62.4 ~ 83.9
			单层建筑檐高 6m 以下	元/m²	88 ~ 108	94.7 ~ 116.2
			单层建筑檐高 12m 以下			
			12m 以上每增加 1m	元/m²	12 ~ 15	12.9 ~ 16.1
			亭	元/m²	137 ~ 177	147 ~ 191
2	垂直运输费	钢筋混凝土结构	楼、阁	元/m²	30 ~ 68	32.1 ~ 72.8
			单层建筑檐高 12m 以下			
			12m 以上每增加 1m	元/m²	5 ~ 7	5.4 ~ 7.5
3	工程水电费			元/m²	25 ~ 35	27.3 ~ 38.2
4	现场管理费			%	3.0 ~ 3.5	2.8 ~ 3.2

3. 通用安装工程费用指标，见表 5-25。

通用安装工程费用指标 表 5-25

序号	措施项目名称		单位	指标	
				一般计税	简易计税
1	脚手架费	住宅建筑	元/m²	1.0 ~ 2.9	1.1 ~ 3.1
		公共建筑	元/m²	4.9 ~ 5.9	5.3 ~ 6.4
2	热力设备安装工程系统调试费	生物质锅炉分系统调试	元/台·单位蒸发量	1549 ~ 1937	1646 ~ 2034
		预处理系统调试	元/套·单位出力	145 ~ 203	155 ~ 213
		补给水处理系统调试	元/套·单位出力	213 ~ 310	223 ~ 329
		废水处理系统调试	元/套·单位出力	194 ~ 387	203 ~ 407
		二级钠交换系统水处理试运行	元/套·单位出力	145 ~ 397	155 ~ 416
		生物质锅炉整套启动调试	元/台·单位蒸发量	678 ~ 1065	726 ~ 1114
		生物质锅炉化学整套启动调试	元/台·单位蒸发量	252 ~ 387	271 ~ 407
3	静置设备与工艺金属结构制作安装工程措施费	内浮顶油罐胎（模）具制作、安装与拆除（1000 ~ 5000m³）	%	10 ~ 15	11 ~ 16
		球罐胎（模）具制作、安装与拆除，防护棚制作、安装与拆除，脚手架搭拆（3000m³）	%	40 ~ 50	41 ~ 51

续表

序号	措施项目名称		单位	指标	
				一般计税	简易计税
4	电气设备安装工程系统调试费	住宅建筑民用照明通电试运行（8h）	元/m²	0.19～0.28	0.20～0.29
		公共建筑民用照明通电试运行（24h）	元/m²	0.38～0.47	0.39～0.48
5	智能化工程系统调试及试运行	计算机应用、网络系统	元/点	173～192	179～199
		建筑设备监控系统 2000点以内	元/点	33～37	34～37
		建筑设备监控系统 5000点以内，每增加300点	元/点	2.9～4.8	3.0～4.9
		有线电视、卫星接收系统	元/点	10～14	10～15
		公共广播、背景音乐系统	元/点	43～48	44～50
		安全防范系统（住宅建筑2000点以内，公共建筑3000点以内）	元/点	38～42	39～43
6	通风空调工程系统调试费	风机盘管加新风系统	元/m²	6.9～9.8	7.3～10.6
		变风量系统	元/m²	14.7～19.6	15.9～21.1
7	消防工程系统调试费	自动喷水灭火系统	元/个	143～191	145～193
		消防炮灭火系统	元/台	570～855	575～862
		消火栓系统	元/点	19.0～28.5	19.2～28.7
		气体灭火系统	元/分区	1443～1732	1496～1795
		火灾自动报警系统	元/点	28.5～38.1	28.8～38.4
		消防广播系统	元/点	43～48	44～50
		智能应急照明疏散指示系统	元/台	48～52	48～53
8	采暖系统调试费	住宅建筑	元/m²	2.4～3.9	2.6～4.2
		公共建筑	元/m²	1～2	1.1～2.2
9	现场管理费		%	3.7～4.5	3.4～4.2

4. 市政工程费用指标，见表5-26。

市政工程费用指标　　　　　　　　表5-26

序号	费用项目名称	单位	指标	
			一般计税	简易计税
1	脚手架费	元/m²	22～38	24～41
2	水处理构筑物垂直运输费	元/m³	41～45	45～49
3	冬雨期施工增加费	%	2.2～2.8	2.3～2.9
4	工程水电费	%	4.5～5.6	4.7～5.8
5	现场管理费	%	3.7～4.5	3.4～4.2

5.园林绿化工程费用指标，见表5-27。

园林绿化工程费用指标 表 5-27

序号	措施项目名称			单位	指标	
					一般计税	简易计税
1	综合脚手架费			元/m²	12 ~ 18	13 ~ 20
2	工程水电费	绿化工程	栽植工程	元/m²	7.5 ~ 8.5	7.7 ~ 8.8
			季节性花卉		9.3 ~ 9.7	9.6 ~ 10
		庭园工程		%	2.5 ~ 3.0	2.6 ~ 3.1
3	现场管理费			%	3.0 ~ 3.5	2.8 ~ 3.2

6.构筑物工程费用指标，见表5-28。

构筑物工程费用指标 表 5-28

序号	措施项目名称		单位	指标	
				一般计税	简易计税
1	综合脚手架	滑模筒仓外井架 20m 以下	元/座	25800 ~ 31800	28600 ~ 35000
		滑模筒仓外井架 24m 以下	元/座	29750 ~ 35750	32900 ~ 39500
		滑模筒仓外井架 28m 以下	元/座	32700 ~ 40700	36200 ~ 45000
2	垂直运输费	钢筋混凝土水塔 20m 以下	元/座	4650 ~ 5650	5060 ~ 6160
		钢筋混凝土水塔 每增高 1m	元/座	226 ~ 286	246 ~ 311
		钢筋混凝土贮仓及漏斗	元/m³	27 ~ 33	29.4 ~ 36.0
		其他构筑物（砌体为主）	元/m³	8 ~ 10	8.7 ~ 10.9
		其他构筑物（混凝土为主）	元/m³	32 ~ 40	34.9 ~ 43.6
3	工程水电费	混凝土构筑物	元/m³	27 ~ 33	29.4 ~ 36.0
		砌筑构筑物	元/m³	17 ~ 21	18.5 ~ 22.9
4	现场管理费		%	3.7 ~ 4.5	3.4 ~ 4.2

7.城市轨道交通工程费用指标，见表5-29。

城市轨道交通工程费用指标 表 5-29

序号	措施项目名称		单位	指标	
				一般计税	简易计税
1	脚手架费	土建地下工程	元/m²	24 ~ 59	25 ~ 62
		设备安装工程	%	1.5 ~ 2.5	1.6 ~ 2.6
2	冬雨期施工增加费		%	0.08 ~ 0.27	0.08 ~ 0.28
	设备系统调试费	供电系统	元/站	345320 ~ 421950	355699 ~ 434754

续表

序号	措施项目名称		单位	指标	
				一般计税	简易计税
2	设备系统调试费	综合监控	元/站	165870 ~ 202730	171302 ~ 209326
		BAS系统	元/站	98649 ~ 120571	112908 ~ 124160
		FAS系统	元/站	61110 ~ 74690	62953 ~ 76921
		自动售检票系统	元/站	48277 ~ 59005	49722 ~ 60771
		通信系统	元/m	42 ~ 52	44 ~ 53
		信号系统	元/m	233 ~ 291	243 ~ 300
		站台门系统	元/单门	1397 ~ 1707	1436 ~ 1756
3	工程水电费	土建高架工程	元/m²	50 ~ 60	53 ~ 63
		土建明挖工程	元/m²	102 ~ 128	107 ~ 135
		土建暗挖盖挖工程	元/m²	216 ~ 238	228 ~ 251
		土建盾构工程	元/m²	140 ~ 154	148 ~ 162
		轨道工程	元/m	8 ~ 13	9 ~ 14
		设备安装工程	%	2.5 ~ 3.5	2.6 ~ 3.7
4	现场管理费		%	3.0 ~ 3.5	2.8 ~ 3.2

8.各费用项目，费率，见表5-30。

各费用项目费率表　　　　表5-30

序号	费用项目名称		单位	指标	
				一般计税	简易计税
1	企业管理费	房屋建筑工程与装饰工程	%	4.5 ~ 5.5	4.2 ~ 5.1
		通用安装工程			
		市政工程			
		构筑物工程			
		仿古工程		4.0 ~ 5.0	3.7 ~ 4.6
		园林绿化工程			
		城市轨道交通工程			
2	利润		%	3.5 ~ 6.5	3.3 ~ 6.1
3	总承包服务费		%	1.5 ~ 2.5	1.4 ~ 2.3

第6章 建筑设计中的综合效益评估

在上一章中，我们曾强调指出了一个基本国情，我国虽然地大物博，但由于人口众多，许多重要建设资源的人均拥有量比世界平均值要低。这种情况给我国的基本建设和建筑物（产品）的生产提出了综合效益的目标，就是必须妥善地处理好数量、标准与效益三者之间的关系。

数量、标准、效益是相互紧密联系的。为了达到一定的数量，在资源匮乏的条件下只能维持相对的低标准，低标准的数量意味着短期的高效率，但难以实现长期的综合效益，结果使相当多的建筑处于"标准低、消耗高、折旧快"的状态，反而提高了建筑物的全生命周期费用，实际上是降低了建筑综合效益，增加了国家及投资者的总支出。事实证明，不注重长期效益，低标准或高能耗产品建造的数量越多，导致国家的包袱越重。这就是我们主张在数量、标准与效益三者之间保持适当的平衡的原因。

另外，我们也常常听到"当前首先要解决有无问题，然后才是好坏问题"这样的说法。其实，"有无"与"好坏"都很难说有绝对的标准，以致可以确认某年某月"有无"问题业已解决，"好坏"问题开始出现。

其实，"有无"与"好坏"问题从一开始就是现代建筑设计中并存的两大要求。例如，早在20世纪20年代，当第一代现代主义建筑大师登上设计舞台时就打出过"功能与经济"的旗号，柯布西耶在《走向新建筑》中号召像设计飞机、汽车、轮船那样地去设计住房，并称之为"居住机器"。1925～1930年恩斯特·迈尔（Ernst May）在德国法兰克福建造的众多工人住宅社区中，终结了按照客户要求"定制设计"的传统，针对未来"不固定的大多数居住者的未知需求"，以日照时间为依据，基于动线设计的平面合理性并测算人体尺寸和活动尺度，追求类型化及最小实用面积。这项号称为"新法兰克福"计划的社会住宅建设项目研究了如何充分利用人体工效空间，以实现"最低生存标准"（Existence Minimum）的要求，在当时的新生活元素中，法兰克福整体式厨房是最响亮的名片，被视为现代整体式厨房的鼻祖。1929年10月国际现代建筑协会（CIAM，1928—1958）第2次会议在法兰克福召开，主题就是"最小限度住宅"（Minimal Housing）。第二次世界大战后，日本建筑师池边阳针对战败后的日本都市住宅短缺问题提出过"立体最小限住宅"（1950年）概念，1952年日本建筑师增泽洵的作品"最小限住居·自邸"竣工。自此，现代建筑关于"功能与经济"的核心主张首先在住宅设计领域被发扬光大了。

6.1　建筑效益的概念与内容

随着社会越发展，财富越增多，社会对建筑的投入也越多，同时，人们对建筑的效益和标准要求也越来越高。建筑效益的概念和内涵也在随着社会的发展而不断扩大。当代建筑理论和实践表明，建筑物的作用和影响表现在下列几个方面，即作为掩蔽物和人类活动的场所；作为文化的符号和交流媒介；作为资源的消耗者和改变土地价值的投资对象，这些观点是对建筑产品的定性要求。对建筑物的衡量还需要有定量的指标，在建筑设计中，定量的指标就是建筑的效益。

建筑工程是一项社会化的生产过程，因此建筑效益主要体现在三个方面：

（1）经济效益（Economic Financial Benefit），以工程投资的收益率来衡量。

（2）社会效益（Social Benefit），体现在对生活的多样性和便利性要求的满足程度。

（3）环境效益（Environmental Benefit），有助于对可持续性的健康生存系统的维护。

可见，在人与物、物与环境的关系中，建筑物作为最大的人造产品能够满足我们的东西，既可以称为效益（Benefit）也可以称为价值（Value）。

在建筑经济中效益与价值是两个概念，有时候允许互指，有时候我们又必须加以区别对待。效益属于客观数量关系范畴，衡量投入（费用或者成本）与产出的效果（经济收益的高低），它所衡量或评估的是企业与项目之间的内部关系，主要指项目投资的收益情况。

价值则更常体现在主体的一种主观需要范畴，反映客体（产品）对主体的意义、客体（产品）满足主体需要或者期待的程度。相对于效益，价值所评估的是项目的外部关系，即项目与社会、项目与环境之间的关系。因此，根据项目所涉及主体（个人、企业）、对象（社会、环境、公众）的需要不同，就会有不同的效益类型或者价值类型，比如在经济效益之外，我们常用社会效益、社会效果、社会价值和环境效益、环境效果、环境价值等概念来衡量项目对于社会与环境的影响和贡献。

建筑综合效益（Comprehensive Results）的概念与内容应该包括企业及项目的内部效益与外部效应（价值）。

以上三种效益是相互依赖的，但在某种情况下也可能发生矛盾。这时需要政府部门的监管和在政策、法律和经济措施层面上的干预。

为了创造尽可能高的综合效益，建筑设计方案阶段就需要引入定量的衡量或评价的判据（Evaluative Criteria）或指标（Index）。通常，我们采用的主要判据及指标来自经济效益、社会效益及环境效益三个维度。

6.1.1　经济效益

效益既然首先属于一种数量范畴，那么，建筑项目的经济效益就与该项目的成本费用直接相关，包括一次性投资额即建筑建造费（包括第一、二层次费用）和全生命费用（Life Cycle Cost，LCC）。后者主要包括：投资返本期的贷款利息；建筑物折旧与维护费用；建筑物拆除及其固体垃圾处理等费用。

在讨论经济效益时，有必要区别整个社会与单一业主的效益，也就是我们通常所说的国家与企业或个人之间的利益。两者在总体上应当是一致的，但也往往发生冲突。在有的文献中，把前者称为国民经济效益（National Economic Benefit），后者（单一的企业或个人的效益）称为财务效益（Financial Benefit）。

社会经济效益（国民经济效益）或者建筑业经济景气指数（Prosperity Index）脱离不了众多单一企业的财务效益贡献。虽然财务效益衡量评估的是企业及项目的内部关系，但是房地产企业的财务效益无疑构成了国民经济效益的一个重要内容。房屋产品或建筑物生产的本质是由企业（或者政府）投资推动的一个工程项目。对于新建项目，企业投资利润与项目的经济效益可以不加以区分，项目投资（成本）—生产建筑产品—流通销售（利润即效益）就是一个简单的企业投资项目流程，也可以理解为：利润 – 成本 = 效益。因此，对房地产企业项目经济效益或财务效益的评价主要来自两个物质性指标：一是成本利润率，反映项目支出中单位生产投资所带来的利润额；二是产品节约率，反映单位产品生产中材料及能源消耗量（节地、节能、节水、节材）。

建筑产品生产中建筑效益是一个包括经济、社会和环境效益在内的三位一体的综合效益。从成本与效益的关系或者投入与产出的关系上理解，综合效益是广义的产出，不仅包括如建筑房屋等有形产品，即可以用货币价值来衡量的因素，更重要的是它还包括很多无形因素（Intangible Elements），例如风景景观、空间秩序、城市声望等好的结果以及城市热岛、大气污染、眩光、噪声等坏的结果，无形产出是一些难以换算成货币价值的因素（参考第 4 章关于"外部性"内容）。建筑作为公共物品的属性以及建筑的外部性经济问题都只能纳入到广义的经济学思考、比较和选择之中，而难以在定量的财务经济核算中讨论。

对经济效益的追求意味着以最少的投入取得最大的产出。严格地说，这一说法是很难真正实现的，更确切及符合实际的说法应是：以同样的投入取得更大的产出，或以相对少的投入取得同样的产出，价值工程公式反映的就是这个关系（图 6–1）。

$$\frac{F\uparrow}{C\downarrow}=V\uparrow\uparrow \qquad \frac{F\uparrow}{C\rightarrow}=V\uparrow \qquad \frac{F\rightarrow}{C\downarrow}=V\uparrow \qquad \frac{F\uparrow\uparrow}{C\uparrow}=V\uparrow \qquad \frac{F\downarrow}{C\downarrow\downarrow}=V\uparrow$$

理想状态难以实现。或以同样的投入取得更大的产出，或以成本边际变量寻求满意的边际产出

图 6–1 价值工程（Value Engineering，VE）改善建筑效益的五种基本途径

因而，寻求经济效益的实质是合理地支配建设资源，在对货币价值、实物支出和实际影响效果的综合衡量比较中，提高资源利用的效率。

6.1.2　社会效益

房屋建筑产品作为社会和个人的固定资产和不动产，具有社会经济属性。因此房地产开发项目经济评价分为两个层次：财务评价和国民经济评价，社会效益侧重于后者。

国民经济评价（National Economic Evaluation）是在宏观上为满足合理配置社会有限资源的需要，从社会整体角度考虑投资项目能否达到社会资源的最有效配置和利用，是否能取得最佳的社会（国民经济与社会福利）效益。

在投入与产出方面，国民经济评价中的项目费用包括非货币形式支出的直接和间接的社会资源的投入，国民经济评价中的项目效益同样包括非货币形式收益的产出，即项目的外部效益。建筑物作为人们生产生活的场所，房地产项目建设不仅应对地区经济增长 GDP 有贡献，还必须满足社会发展过程中某些特定的宏观目标（通常被列入五年计划）。这些社会目标构成了一个衡量生活质量的指标体系。

就一个项目而言，社会效益用基本功能指标（如住宅套数、医院床位、图书馆藏书册数等）以及必要的辅助指标（如服务半径、使用人数、频率及服务特定人群等）来衡量；就全社会而言，则通常用生活质量指数（Quality of Life，QOL）来衡量。

社会效益评价随社会制度的不同而不同。在商品社会中经济效益往往起主导作用，但人们已发现它不可能成为唯一的评价准则，在以可持续发展为目标的社会中就更如此。在这种情况下，把经济效益和社会效益的评价分开进行，往往更能反映实际。

对于社会效益的评价，国外经济学家和社会学家提出过许多方法，例如：用价值工程或"功能分析"（Function Analysis，FA）的方法改进效益；用"费用有效度分析"（Cost-effectiveness Analysis，CEA）的方法对同一问题进行多方案比较择优；用"社会影响评价"（Social Impact Assessment，SLA）进行综合的社会效益评估等。

从我国国情来看，我们认为可以主要采用后两种方法对我国建筑工程项目的整体社会效益进行评价，同时适当吸取 VE（或 FA）的经验来探讨具体功能的改善。

首先，费用有效度分析（CEA）主要用于对同一个问题的多方案比较，其中，费用项（C）以货币量表示，而收益项（B）则以实物指标表示，如某综合医院评价中采用的 C（元）/B（床位）指标，在其他条件不变的前提下，单一床位所需的费用（C）越低，或相同的费用可提供的床位数（B）越多，则评价为较优方案。

运用这种方法时需要注意的是：

（1）必须是同类项目、同等条件下的方案比较。例如不能把综合医院与专科医院进行比较。同类综合医院，在床位及门诊人数比例、科室设置、面积及设备定额等方面，至少应当是相当的，才具备可比性；

（2）式中的费用项（C）是全生命周期费用，并按一定的折现率换算为现值；

（3）除了 C（元）/B（床位）指标外，还可以列出一些辅助指标，如项目占地面积、有效面积系数，建筑能耗值；还可以对一些不能完全用定量指标表示的方面（如空间布局、与室外环境协调等）做出记录或用打分方式参与评价。

　　表面上看，这种方法与我国常用的技术经济指标相似，但一个重要的区别是这里使用了全生命周期费用，而不是初建费用。实践证明，只采用初建费用作分析就很容易得出一些不全面甚至错误的结论。

　　其次，社会影响评价（SIA）是一种新方法，它的特点是对项目建设的社会（或社区）整体影响进行预先评估，并以"生活质量指标"（QoL）为判据。这种方法适用于从建设项目所在地的社会（或社区）整体利益角度对一些大型公共建筑或成片开发项目进行评价。

　　生活质量概念最早出现在美国经济学家加尔布雷思（John Kenneth Galbraith）所著的《富裕社会》（The Affluent Society，1958）一书中。美国 Olsen 等社会学者为 SIA 分析提出了一个庞大的包括 50 项指标的生活质量指标体系，见表 6-1，分为人口、经济、社区结构、公共财务、社会福利等五项主要内容。

Olsen 的 QoL 指标体系　　　　　　　　　　　　　　　　　　表 6-1

表中带 * 指标为重点指标（共 22 项）　　每项指标中（a）为名称，（b）为美国 1974 年该指标平均值		
1 人 口	* （1）人口规模	（a）社区居民数；（b）缺
	（2）人口变化	（a）人口自然增减及移居数；（b）缺
	* （3）人口变化率	（a）社区内人口年平均变化率；（b）0.8%
	* （4）城市化	（a）常年住在 1 万人口以上城镇中人口 %；（b）25%
	（5）性别比	（a）社区内每百名妇女相应男子数；（b）95
	（6）年龄结构	（a）社区人口年龄中数；（b）29
	* （7）种族	（a）社区人口中非白人 %；（b）12%
	（8）家庭状况	（a）有 18 岁以下成员的家庭 %；（b）缺
	* （9）教育	（a）25 岁以上成员受教育年限（中值）；（b）12.4 年
2 经 济	* （10）总产值	（a）社区人均总产值；（b）全国平均 $6300（按 1972 币值为 $5700）
	（11）总产值变化	（a）人均总产值年变化率；（b）6%（按 1972 币值为 2%）
	（12）经济分散度	（a）每种人口中企业数；（b）8.7 个
	* （13）就业机会	（a）每千劳力中可就业人数；（b）101 个
	（14）就业率	（a）劳力中已就业 %；（b）93%
	（15）妇女就业率	（a）18～64 岁妇女有雇佣收入 %；（b）45%
	* （16）个人收入	（a）人均年收入（中值）；（b）$5400
	* （17）生活费用	（a）社区消费价格指数；（b）168（以 1967 年为基础）
	（18）零售设施	（a）社区人均零售设施固定资产值；（b）$300
	（19）财产值	（a）社区人均地产值；（b）$4200
	（20）政府收入	（a）地方政府年收入（按人均计）；（b）$550
3 社 区 结 构	* （21）职业结构	（a）社区劳力中从事专业、行政、管理、办公、技术工作 %；（b）19%
	* （22）邻里组织	（a）万人口中邻里组织数；（b）缺
	* （23）服务组织	（a）万人口中服务组织数；（b）10 个（估计）
	* （24）居住稳定性	（a）五年内未迁移的人口 %；（b）57%
	* （25）居住质量	（a）社区住房平衡市场价格（以 1967 年为基础）；（b）$13000（现值 $22000）
	（26）住房提供量	（a）（b）缺
	（27）投票登记	（a）18 岁以上成员登记选举投票数 %；（b）67%
	（28）地方政府规模	（a）每千人口中受地方政府雇佣人数；（b）15 人
	（29）文化组织	（a）社区人均非盈利文化组织年预算费用；（b）缺
	（30）社会运动	（a）每年社区内重要运动数；（b）缺

续表

4 公 共 财 务	（31）政府投资公共服务设施	（a）人均年投资额（地方政府投资在内）；（b）$100（估计）
	*（32）政府公共服务设施运行费	（a）人均年运行费；（b）$450（估计）
	*（33）学校	（a）地方公共学校平均师生比；（b）22 名学生
	（34）医院	（a）每千人口床位数；（b）7
	*（35）医疗服务	（a）每千人口医师数；（b）1.5 人
	（36）警察	（a）每千人口警察数；（b）26 人
	（37）消防	（a）每万人口消防队员数；（b）14 人
	（38）公共社会服务	（a）人均年社会福利费（地方政府）；（b）$22
	（39）私人社会服务	（a）人均年社会福利费（私人提供）；（b）缺
	*（40）公园及娱乐设施	（a）人均投资额；（b）$13
	（41）公共交通	（a）人均交通设施年费用；（b）$9
	（42）公共设施	（a）人均政府公共设施（路、水、污水费）；（b）$51
5 社 会 福 利	（43）少数民族的机会	（a）非白人与白人家庭收入比较；（b）62%
	*（44）妇女机会	（a）社区内妇女与男子收入比较；（b）48%
	*（45）经济安定性	（a）社区内年收入低于贫穷线家庭 %；（b）11%
	（46）经济平等	（a）社区内最富有的 20% 人口收入 %；（b）41%
	*（47）个人安全	（a）每千人遭遇严重犯罪次数；（b）4.6 次
	（48）财产安全	（a）每千人遭遇财产侵犯次数；（b）44 次
	*（49）个人稳定性	（a）每千人因配偶等不良行为被拘留次数；（b）8.3 次
	（50）家庭稳定性	（a）每千人年离婚次数；（b）5 次

这 50 项指标的提出，无疑反映了分析者本人的社会观点，不能机械搬用，尤其在社区结构和公共财务（相当于公共财政 Public Finance）方面各国国情之间差异巨大。但是，从方法论的角度，用一些定量的指标来反映一定时期社会发展水平或者社会的某些侧面，反映某一政策或投资项目所产生的社会效益，显然是有价值的。

此前普遍认为，项目的经济效益（项目投资的直接目的）就可以弥补任何可能的负面影响，即项目利润中的现金补偿可以弥补任何不利的社会与环境后果。这就是广为后人诟病的"先污染、后治理""建设性破坏"等西方模式或途径。

2009 年，联合国环境署（UNEP）与国际环境毒理学和化学学会（SETAC）联合出版的《产品生命周期社会影响评价指南》对产品的 S-LCA 分类进行了详细阐述。该指南主要针对的是一般性产品，比如一辆汽车或者电池等的社会环境影响评价，并不是针对一个建筑物或者道路桥梁这样的土木工程项目的社会影响评价。

2012 年，欧盟委员会（European Commission）发布了新的规范文件《建筑工程的可持续性—建筑物的评估—第 3 部分：社会绩效评估框架》（Sustainability of Construction Works—Assessment of Buildings Part 3：Framework for the Assessment of Social Performance，以下简称"欧标 EN15643-3"），它对于欧洲建筑评价体系中的社会性能方面进行了初步设计。欧标 EN15643-3 是关于建筑的社会影响评价的第一个规范性文件。

欧标 EN15643-3 中规定要求建筑物评估的内容包括五个方面：建筑工人、建筑项目所在的当地社区、社会、建筑的用户、价值链参与者。

社会影响评价（SIA）和欧标 EN15643-3 都是以生活质量指标为判据。生活质量又称为"生存质量"或"生命质量"，是全面评价社会功能与居民生活优劣之间相关性的概念，也是在社会政策与计划发展框架下规范项目建设的一种途径。

前文中提到的 50 项生活质量指标（QoL）可分为两类：

（1）客观条件指标：包括人口变化率、居民收入和消费水平、产品的种类和质量、就业情况、居住条件、环境状况、教育程度、卫生设备和条件、社区团体种类和参与率、社会安全或社会、公共服务保障等。通过对这些客观条件指标的比较分析，可以权衡社会发展程度。

（2）主观感受指标：主要测定人们的生活满意度和幸福感。这些主观感受指标是由建成环境、人际关系、社会结构、公共服务等因素决定的。

社会影响评价的基本模式采用"AB 历时比较模式"，即新项目（B 工程）通过回顾回访另一个已经建成的类似工程（A 工程），对比工程（A）建设之前与之后的社区社会状态变化，以此预测评估新项目（B）对项目所在地的社会影响。对于工程（A）的研究是比较研究，对于工程（B）的研究就是影响研究。

社会效益侧重于局部（项目）与整体（社会）的权衡。对建筑工程而言，这种较为全面的社会效益分析，显然主要适用于一些比较大型的项目，如成片的旧城改造或移民新区建设、新的卫星城、经济开发区、大型工厂生活区的建设等。对于中小型的项目，只需要就其本身直接发挥的作用或产生影响的因素进行分析即可，但即使是这种局部性的分析，如果以一个全面的生活质量指标体系的总体概念为背景，也有利于树立全局观念，得出更加全面的结论。

6.1.3 环境效益

在局部与整体的关系上，建筑物作为城市空间中最具有影响力的实体应该对周围环境产生积极的影响或者贡献，即要求项目对于环境具有正的外部性。

所谓的环境，包括自然生态环境和建成区环境。

建筑对自然生态环境的影响正在日益扩大，仍以城市中 CO_2 的排放为例，其中几乎 50% 的排放总量是来自建筑物的建造和使用过程。此外，负的外部性还有：

（1）不正确的土地开垦方法。自然资源部发布的《2015 年全国耕地质量等别更新评价主要数据成果的公告》（2017 年第 3 号）中把全国耕地评定为 15 个等别，2021 年自然资源部公布第三次全国国土调查主要数据成果显示，优等地占比下降，低等地占比在提高。

（2）废气排放。PM2.5"可入肺颗粒物"（暂无标准中文名）大多来自城市汽车交通、工业废气、民用燃煤烟雾等污染，严重影响居民健康。

（3）污水直排。河流、湖泊及地下水大量受到工业排放物的污染，使许多水生物大幅度减少，饮用水水质受到威胁。

（4）城市噪声。表现为干扰居民的工作、学习、休息和睡眠，严重危害人类健康，导致疾病和噪声性耳聋。

（5）拆真造假。自然风景名胜古迹历史文物遭到破坏。

针对环境问题，各国所采取的对策中最重要的一条就是立法。在建设程序上，各国的环境保护法中都要求大型工程或可能造成严重公害的项目在建设前，必须进行"环境影响评价"（Environmental Impact Assessment，EIA），并且根据评价结果，在工程设计中采取必要的技术措施，以确保法规所要求的环境质量（Environmental Quality，EQ）。

世界各国的环境质量要求反映在指标项目上大同小异，但具体的数值要求则随各国的国情有所不同。表 6-2 是美国国家环保局（NEPA）规定的 EIA 指标体系，由 8 个部分组成，即空气、水、土地、生态、音响、人文、经济、资源，有的指标（如人文、经济等）与前面所述的经济与社会效益的评价有交叉。

美国 EIA 评价指标体系

表 6-2

主要指标	主要指标的细化内容
1. 空气	包括（1）扩散因数；（2）固体尘粒含量；（3）硫氧化物浓度；（4）碳水化合物浓度；（5）氢氧化物浓度；（6）一氧化碳浓度；（7）光化学氧化剂；（8）有毒物质；（9）臭味
2. 水	包括（1）地下供水层安全供水量；（2）流量变化；（3）水中含油量；（4）放射量；（5）悬浮物；（6）水温；（7）酸碱量；（8）生物化学需氧量；（9）溶氧量；（10）溶解固体量；（11）含脂量；（12）有毒化合物；（13）水中生命物；（14）大肠杆菌量
3. 土地	包括（1）水土流失量；（2）自然灾害；（3）土地使用模式
4. 生态	包括（1）大动物；（2）食肉禽；（3）小猎物；（4）鱼类；（5）农作物；（6）受威胁品种；（7）自然植被；（8）水生植物
5. 音响	包括（1）生理作用；（2）心理作用；（3）对人际交流影响；（4）功能需要；（5）社会行为影响
6. 人文	包括（1）生活方式；（2）心理需要；（3）生理系统；（4）社团需要
7. 经济	包括（1）地区经济稳定性；（2）公共部门收入；（3）人均消费
8. 资源	包括（1）燃料消耗量；（2）非燃料（木材、金属、非金属等）消耗量；（3）美学（人文资源）

从 1986 年开始，世界银行（The World Bank）要求所有受资助项目都要提交"环境影响评价"报告。我国发改委每年都会发布世界银行贷款备选项目规划。

《中华人民共和国环境影响评价法》（2003 年 9 月 1 日施行）第三章建设项目的环境影响评价第十七条规定，建设项目的环境影响报告书应当包括下列内容：

（一）建设项目概况；

（二）建设项目周围环境现状；

（三）建设项目对环境可能造成影响的分析、预测和评估；

（四）建设项目环境保护措施及其技术、经济论证；

（五）建设项目对环境影响的经济损益分析；

（六）对建设项目实施环境监测的建议；

（七）环境影响评价的结论。

环境影响报告表和环境影响登记表的内容和格式，由国务院生态环境主管部门制定。我国环境影响评价（EIA）有以下特点：

（1）按时间顺序分为环境现状评价、环境影响预测与评价及环境影响后评价；

（2）按评价对象分为规划和建设项目环境影响评价；

（3）按环境要素分为大气、地面水、地下水、土壤、声、固体废物和生态环境影响评价等七项。

环境效益的计算，可以用"费用有效度分析"（CEA）或者"成本—效益分析法"（Cost Benefit Analysis，CBA）进行，其中，费用或成本项即为达到环境质量指标而采取的额外技术措施时所支付的一次性以及经常支出；而效益项则可从采取与不采取上述措施的后果之差异中算出其实物代价（如由于污水排放而造成的水生物减少或疾病率之增加）或经济投入（如排放后社会所必须支付的治理费）。

环境效益的计算还可以采用意愿调查法进行环境估价。无费用选择（Costless Choice）是意愿调查法之一，即采用问卷方式直接询问使用者的支付意愿或可接受的赔偿数额，通常用来确定环境产品的最低价值。其中，支付意愿（Willing to Pay，WTP）是指人们接受或者为保持一定标准的环境所愿意支付的金额，或者失去该环境时所愿意接受的最小补偿，是使用者对特定物品或环境的个人主观估价。

无费用选择与环境估价的一个小型案例，来自1996年8月2日北京大学校园未名湖水质改良的调查——为保持一定标准的水质所愿意支付的金额（表6-3）。

三种水质等级分别对应的支付意愿（单位：元）　　　　　　　表6-3

不同水质等级的支付意愿	平均值	标准差	最大值	最小值	选择人数
AP 可饮用	19.40	25.36	100	0	1
BP 可游泳	24.25	28.60	100	0	10
CP 可看清水下 0.5m 景物	25.45	44.11	150	1	21

注：环境标准（水质）设定 A、B、C 三级，平均支付意愿递减。共发放问卷 32 份。

设定筹款方式：1. 每年学费中按一定比例支付；2. 收门票（因反对人数较多而废弃）。有效问卷回收 32 份，统计计算结果如下：

加权平均支付意愿 =19.40 ×（1/32）+24.25 ×（10/32）+25.45 ×（21/32）= 24.89 元 /（人·年）

1996 年按在校学生 20000 人计算，

每年共支付 24.89 × 20000 = 49.78 万元

贴现率（未来资产折算成现值的比率）按 10% 考虑，

环境资产的永续年金 = 49.78 ÷ 10% = 497.8 万元，即未名湖的总体估价（1996 年）。

以上所称的环境质量或环境效益，主要涉及自然环境生态健康状况。应当说按照基本环境质量标准进行设计，是设计师的最低限度要求，与按照规范要求保证建筑安全的性质相仿。除了保证自然环境质量的最低限度要求之外，设计师的责任还在于通过创造一个良好的人造环境，去实现最佳或较佳的总体环境效益。

6.2　不同条件下方案选择的目的与原则

经济学家、社会学家和环境学家从各自的专业研究范围出发，分别提出了对建设项目进行经济、社会和环境效益的评价方法，并各自提出了一套评价指标。这些指标有的是相互重复的，说明三项效益的界限是交叉的；同时，他们都有一种把自己的准则覆盖于全部问题的企图：如经济学家企图把各种社会及环境因素都换算成货币值，社会学家企图把各种经济和环境因素都与人的行为挂钩，而环境学家又把经济与社会因素都纳入环境概念的范畴内。这种"各自为政"又互相交叉的情况也不无好处，它既可以促使人们更广泛地探索合理的评价方法，又可以促使三大效益的评价走向协同。

6.2.1　方案之间可比条件的建立

各类建筑产品所寻求的效益侧重点是不同的，根据这种差别，我们可以按照我国特点区分三种不同的产品类型：

（1）盈利性产品：如旅馆、商店、餐厅等。它们在满足社会需求时，必须创造经济效益。因此，在评价中往往以经济效益为主，并相应地注意社会及环境效益。

（2）非盈利性产品：如学校、医院、国家机关办公楼、博物馆等。它们以实现社会效益为主，适当考虑经济效益，并注意环境效益。

（3）半盈利性产品：如体育场馆等。它们往往需要根据项目性质，兼顾社会及经济效益，并注意环境效益。

住宅建筑在我国原来属于非盈利性产品，但自从市场化以来，经济效益的因素明显上升，但社会效益仍然应居主导地位，环境效益也不容忽视。

可见，由于建筑的性质不同，它们之间的建筑效益是难以笼统地进行比较。那么，对不同方案之间的建筑效益进行比较的前提是什么呢？显然，同类相比原则是一个大的前提。在此基础上，再根据其他更为具体的要求建立起方案的可比条件。比选方案时如果缺乏可比性，就等于失去了分析比较的共同标准，结果会使工作无法进行或得出错误的结论。一般说来，可比性包括下面四项要求：

（1）建筑功能的可比性。对比标准和评价对象应具有相同的功能条件，如建筑性质、类型、建筑面积、层数、高度以及建筑等级标准等。

（2）消耗费用的可比性。通常包括建造阶段和使用阶段两部分消耗费用。

（3）预算价格的可比性。应采用统一的价格水平进行计算，各类设计参数的定额和价格调整系数等应具有相同的依据和标准。

（4）时间因素的可比性。包括建筑建造周期、使用年限及折旧等因素。

其中对于建筑功能的可比性所涉及的单项、单位工程，需要进一步说明如下：

（1）建筑类型、建造标准与功能：住宅与公建不可比；高层与低层、与单层不可比。因为不同类型、不同功能的公建有正常的造价差别。

（2）项目所在地区：城乡之间、东部与西部城市之间存在客观现实的差别。

（3）建筑物的等级与分类：国家规范按照重要性、防火、耐久年限等角度划分了建筑物级别。例如，特等分类包括具有重大纪念性、历史性、国际性和国家级种类建筑为一级耐久年限 100 年以上；甲等包括高级居住建筑和重要的公共建筑等为二级耐久年限 50 ~ 100 年；一般性或者次要建筑为三级耐久年限 25 ~ 50 年；临时性建筑为四级耐久年限在 15 年以下。

（4）结构类型与抗震安全等级：常规与大跨、多层与高层，以及框架、剪力墙、钢结构等结构类型之间的造价差异明显。抗震等级取决于抗震设防烈度、结构重要性、结构类型、结构高度。

（5）地上与地下工程：大多数情况下，建筑方案之间的比较基本上是在针对同一个项目的不同方案之间，即在规划要求、经济技术指标、场地环境等相同的前提条件下针对同一项目设计所得到多种可能性方案之间的比选。

6.2.2　两个模式与两个实例

建筑效益的比较是在面对同一功能要求所产生的不同方案之间进行的。为了简化问题，我们以办公楼设计为例，建立了两个平面模式，一个是核心式平面布局，另一个是非核心式平面布局。其中核心式的建筑布局方式，即把楼梯、电梯间、卫生间等放在平面的中心部位，把办公室放在周围，这种形式成为近年来国内高层办公楼的典型布局模式。这种布局增大了使用面积的比例，减少了交通面积和管线长度，也有利于结构的稳定性。

第一个例子是关于技术指标作为设计方案选择依据。

图 6-2 是北京外贸谈判楼，于 1976 年建造，是我国自主设计建造的较早的核心式平面的办公楼。在拟定方案阶段，设计者曾就同一基地，对核心式平面布置与非核心式布置作了比较。其中，第一方案（核心式）与第二方案（内廊式）都是框架—剪力墙结构，标准层面积相同（约为 690m²/ 层）、建筑层数也相同（9 层）。

两个平面布局中的几个技术指标比较见表 6-4：

第一方案（核心式）与第二方案（内廊式）技术指标比较　　　　　表 6-4

关键指标	第一方案（核心式）	第二方案（内廊式）
K_1= 使用面积 / 建筑面积（%）	58.16	54.32
K_2= 外墙长度 / 建筑面积（m^{-1}）	0.156	0.229
远房间至电梯的距离（m）	14	18
最远房间至厕所的距离（m）	19	37
最远房间至服务台的距离（m）	20	23
风道出口至最远房间距离（m）	14.5	29

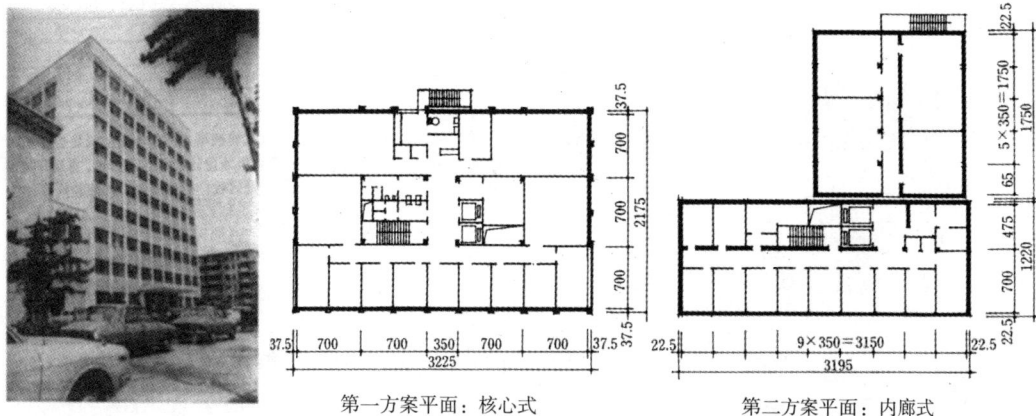

第一方案平面：核心式 第二方案平面：内廊式

图6-2 北京外贸谈判楼（单位：cm）

指标中的第一部分表明核心式平面的使用面积更多、外墙总长度更短，第二部分指标显示核心式平面中的服务性距离更短。可见，在相同的工作进深条件下，核心式平面比内廊式平面的空间关系更为紧凑，经济性更好。早期的技术经济方法更像是对关键指标的抽样分析。

北京外贸谈判楼这类核心式布局早已被许多高层办公楼所采用。但在当时，它打破了传统办公楼常见的中间一条长走廊、两面排列着一间间办公室的老格局，虽然增加了东西朝向的空间，但对于高层建筑来说，已经达到了建筑布局与结构布局的高度统一。

第二个例子是关于土地使用和建造形式方面的比较研究。

为此，我们考虑两种模式，一是占地较小的高层塔楼方案，另一个是占地较大的低层中庭式方案。中庭式建筑源自传统教堂，应用于现代建筑的第一个标记出现在20世纪60年代中期，即波特曼（John Calvin Portman）在波特兰大设计第一个海特摄政旅馆（Hyatt Regency Hotel，1967）中超大尺度的中庭空间。

在海特摄政旅馆竣工之前，1966年4月勒斯里·马丁爵士（Sir Leslie Martin）出版了《土地的使用和建造形式》（剑桥大学出版社）。书中对当时发展中的庭院形式与塔式高层建筑形式的相对功效进行了比较。作者以法国数学家弗莱斯内尔（Fresonel）方形为例，即依据正方图形中存在每一圈的面积都相等的数学特点，对土地使用和建造形式进行分析：退入基地界线内、将空间堆积起来的做法（塔式高层建筑），与通过把建筑空间安排在基地的周边红线上形成相应较低的建筑物（庭院式建筑）相比，同样能提供相同的楼层总面积，如图6-3所示。

如果只考虑建造高度（或者楼层数）而不考虑容积率，那么关于土地利用和建造形式方面的比较研究将无从谈起，如果只考虑容积率而不对建造方式加以限制，那么与社会效益和环境效益相背离的经济效益也将似是而非。19世纪曼哈顿的建设历史为我们深入理解土地利用与建造方式之间的关系提供了生动案例。1811年纽约曼哈顿规

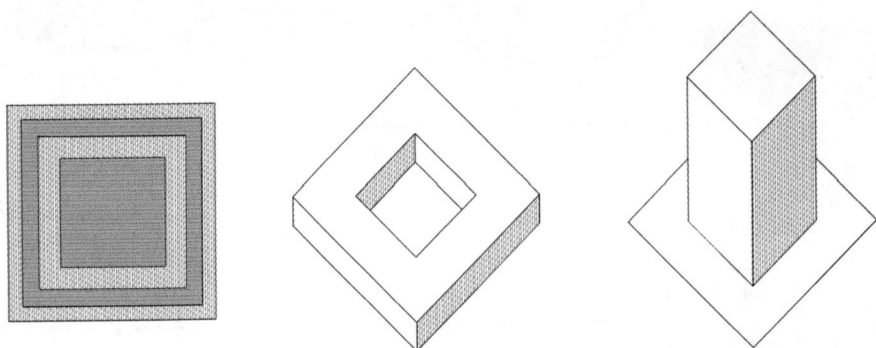

图 6-3　左图是弗莱斯内尔（Fresonel）方形，中图和右图显示容积率相同时的两种建造方式

划委员会认为城市是由房子构成的，街道成为直角有利于减少房屋造价、缩短建设周期，不建设城市广场以免浪费土地（1858 年，经过长期争论，最后保留了中央公园是个例外），因为人们需要的只是房子。在这种价值观下，曼哈顿中城和上城的城市规划采用笛卡尔式经纬线方格网，唯一的斜线是百老汇大街（是历史遗留问题）。土地利用规划要求把对房屋建造的限制降至最低，这种最低限度规划只为一个目的，即专为开发商而规划，形式追逐利润。曼哈顿区共规划出 12 条南北大道，宽 100ft（约 33m）、间距 650 ~ 920ft（约 200 ~ 300m），155 条短而窄的东西走向大街，街道间距 200ft（约 60m），形成密路网、小街区（Block），共计 1860 个地块，每个矩形地块划分面积在 1 ~ 2hm^2 之间，地块规模及地价适中，便于房地产开发。每个地块只有编号、没有历史，只有利润：密路网增加了临街线，倍增了商业价值。

　　建造过程中，1915 年建设完成的百老汇 120 号公平大厦（Equitable Building）是一个著名的历史案例。这个具有 42 层的大楼完全不考虑退线，其工字形平面标准层 30000ft^2（约 2787m^2）占满了场地。如果每个建筑项目都这么贪婪，势必对周围建筑和街道的采光造成很大的影响，纽约街道将变成昏暗峡谷。这个极限项目促成了纽约州的 1916 年分区法（The 1916 Zoning Resolution），是全美第一部分区法（图 6-4）。

　　下面以弗莱斯内尔方形模式考察容积率相同的塔式与庭院式两种方案情况。

　　1）第一种情况：容积率为 12 的塔式方案，如图 6-5 中的右图

　　（1）塔楼总共 27 层

　　总建筑面积：43375m^2：

　　–1 层：1550m^2（车库）

　　–2 层：1550m^2（车库）

　　1 层：900m^2（底层局部架空）

　　2 ~ 26 层：1575m^2/ 层

　　（2）可用面积比：

　　2 ~ 12 层：75%

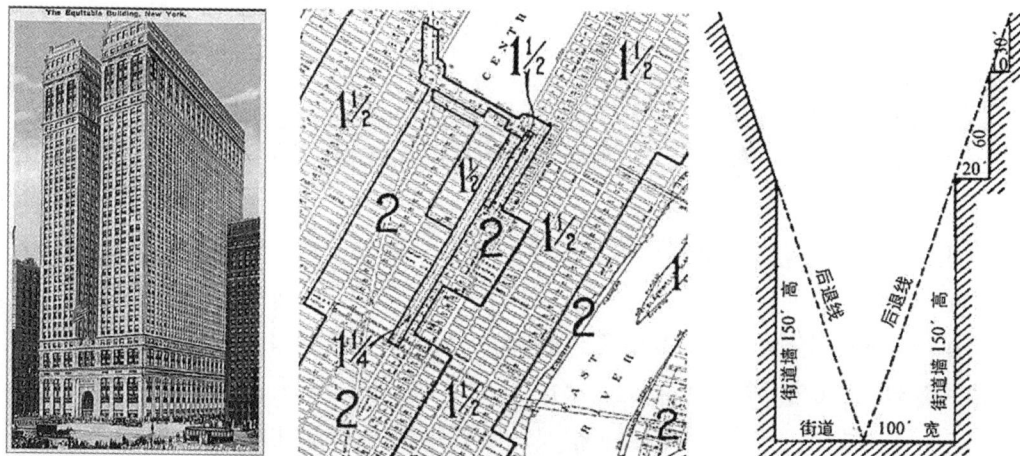

图6-4　曼哈顿的极限项目催生规则

左图是公平大厦的明信片。中间图是分区法对高层建筑的高度和体量加以规定之后并相应地将城市土地分为五类建设高度分区（1倍区，即建筑高度与街道宽度的比例是1，1.25倍区、1.5倍区、2倍区、2.5倍区的含义类推），右图是建筑高度与街道宽度之比的图则，超过一定高度之后的建筑立面必须做出收分或者退让处理。

14～26层：80%

可用面积中70%是自然采光

（3）设备机房设在地下室、第13层和第27层。设备层平面内50%的有效空间为全空调。

（4）电梯设两个电梯区段：1～12层，14～26层两段各设六部高速电梯。另设两台从停车层到门厅的液压电梯（611个大气压）。

（5）建筑结构：采用7.5m跨度的钢梁或混凝土框架结构。抗风支撑由核心筒体和部分隔墙组成，层高3.9m。

（6）主要建筑材料：门厅和广场用上等材料（大理石）饰面。外

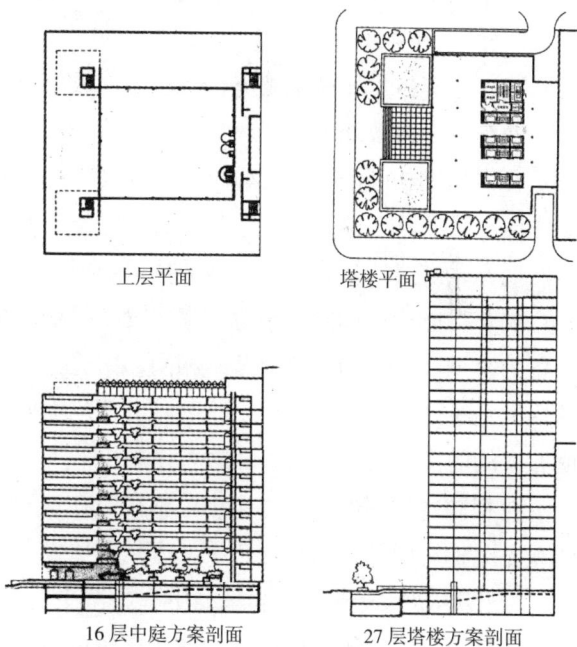

上层平面　　　　塔楼平面

16层中庭方案剖面　　　27层塔楼方案剖面

图6-5　容积率相同的塔式与庭院式两种方案

层围护采用铝板幕墙、反射玻璃，1.5m模数，内部使用空间未设固定分隔。

（7）消防：全楼设消防喷淋系统，空气压力差楼梯间，无排烟道，但有烟雾探测系统。

（8）停车数量：两层地下车库，可停小汽车300辆。

2）第二种情况：容积率为12的中庭方案，如图6-5中的左图

（1）中庭建筑总层数：16层，总建筑面积：43500m^2，其中：

地下室：地下一层和地下二层各为 $3000m^2$/ 层

首层：$3000m^2$，夹层：$700m^2$

2 ～ 14 层：$2600m^2$/ 层

（2）可用面积比：首层 55%，夹层 80%，2 ～ 14 层 83%。可用面积中 90% 是自然采光。

（3）设备机房设在地下室、第 9 层和第 16 层，除地下机房外，其他设备间 100% 可用自然通风。

（4）电梯 6 部分成三组，其中两部在中庭内为玻璃观光电梯。另设两台从停车层到门厅的液压电梯（611 个大气压）。两部自动扶梯从底层门厅通往夹层。

（5）建筑结构：钢或钢筋混凝土框架，10 层以下为 7.5m 柱距，上部除支撑在 9 层设备桁架的联系桥廊层外，均为 7.5m×15m 柱距。层高 3.9m，基本上不需要防风支撑。

（6）主要建筑材料：外墙与塔式方案相同。中庭墙用高质量玻璃和白色层压板来分隔。中庭地面和电梯厅大理石与塔式方案相同。

（7）消防：全楼设消防喷淋系统，空气压力差楼梯间，无排烟道，但有烟雾探测系统。

（8）停车数量：两层地下车库，可停放小汽车 500 辆。

两个方案比较如下：

在容积率相同的方案比较中，塔式与中庭式相比有一点明显差异，即优势倾向于中庭方案。它们基础的造价（单位造价）趋于相等，因为两者的地下室均满铺基地。但在某些地方，塔式的基础需要特殊的技术处理，这时中庭式的基础或许会便宜些。

倘若功能标准相同，中庭方案的设备投资较少，夏天的冷负荷较少，从而可以降低设备的容量。两者的热负荷基本相同。中庭方案虽然需要装排风扇，但它同时也是中庭的回风系统之一。按照法规，这两种方案均需安装消防喷淋设备，由于高度的原因，中庭方案的盥洗间的供水投资相对可以减少。

在相同容积率的中庭方案中电梯投资在这种情况下可减少一半以上。虽然特殊定制的观光电梯有两部，但总数较少，这是单项投资下降中最可观的一项。

绿化与景观投资比较起来，中庭方案更为有利。假定两个方案的室外部分采用同样的标准，塔式建筑室内铺地的建造比较简单，那么。相比之下虽然中庭的铺装比较复杂，但取得的景观效果更加令人满意。

如果建筑面积大致一样，塔式方案的造价比中庭式约高 15%。由于中庭建筑有较好的空间有效率，塔式的使用面积的造价比中庭式的要提高 20%。虽然大进深方案要付出运营费用，但与塔式小进深方案相比，更多的空间具有舒适性和内部景观优势。

以上主要的比较结论是来自美国亚特兰大建筑师汤姆森（Thompson）、文图来特（Ventulett）和斯坦贝克（Stainback）及合伙人工程师布拉迪（Brady）和安格林（Anglin）的一份尚未公开的调查研究报告。1978 年他们用一个中庭方案与一位业主的纲要（类似于建造高层的任务书）做了比较，这个任务书参照了1973年在北卡罗来纳的夏洛特建成的一座塔式建筑。其结果按照不变的美元价值，16层的中庭方案投资只需塔式的85%。在此之前，1976年安大略省威罗氏尔市工程联合有限公司的罗伯特·坦布林（Robert Tamblyn）在加拿大也做过研究，其结论非常相近。

中庭建筑与常规形式的建筑相比也很有竞争性，在基建投资和运营费用以及在投资回收能力方面，中庭建筑都可以优于常规建筑。由于人们经常受到先入为主的评价影响，认为中庭是"过分铺张""浪费空间"和"奢华"的，也许会对上述一般性的结论感到惊奇。的确，与常规建筑比较，许多中庭的处理是花哨的，中庭引入夸张的处理。然而，真正的中庭的概念并非都是高造价的，在当代的学术研究和大量建造实践中，中庭式空间已经被证明是生态建筑设计的一个重要方法。

以上比较的目的不是要提供一个精确的中庭造价报表，而是要提出一个经济评价纲要。不同地域和不同业主需要有他们自己的比较。我们建议经济评价分三步进行：

（1）初始建造费，与常规建筑比较的中庭基建投资。

（2）经常性费用，在建筑的经济生命周期中建筑的运营费用。

（3）投资的回收，中庭展示了它与常规建筑之间在市场吸引力上的不同。

一般而言，建设投资随着建筑物高度的增加而增长，随着建筑的进深增加而减少。建筑的平面进深会明显地影响到建筑的运营费用，也影响到它的商业价值。

在所有安排已知数量空间的方法中，大进深、低层数的方案很可能是投资最省的解决形式。然而我们也要清醒地知道，不论是建筑师还是业主，出于对美学和造型或景观方面的考虑，人们对设计方案的选择并非总是依据经济最优这一因素。当地建造建筑物除了满足经济效益、社会效益、环境效益之外，使用者的主观愿望和心理需求也会强烈地影响到建筑高度和建筑形象。这就是我们强调进行综合效益评估的理由。

第三个例子是在限定高度内追求面积最大化的问题。

北京亮马河大厦工程（图6-6）为中国和新加坡合资兴建的综合性公共建筑，由中国建筑科学研究院与香港巴马丹拿事务所合作设计。总建筑面积为107000m²。

其中办公楼为切角正方形（32m×32m）斜置塔楼，高度104m，设10部电梯。

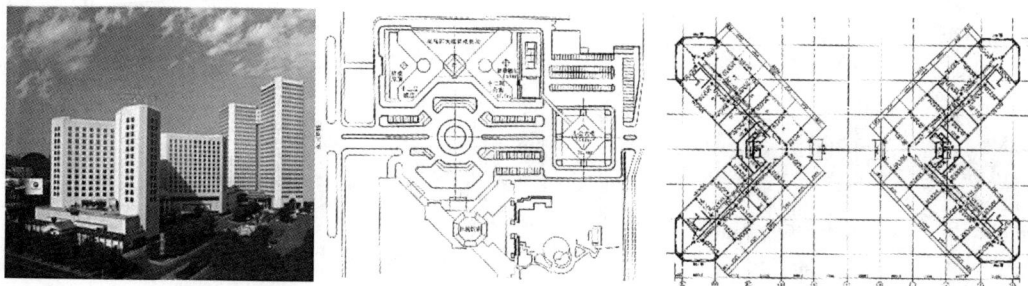

图6-6　北京亮马河大厦工程　左：建成效果；中：总图；右：标准层平面

饭店、公寓建筑面积各 76000m²，地下 3 层，地上 15 层，总高度为 50m。基础为桩基，地上 1、2、3 层为商场、酒吧、会议室等。楼板采用双向密肋楼盖，10m×10m 正交柱网，4 层为转换层。4~15 层柱网轴线旋转 45°，东、西塔楼呈对称双"V"字形，西塔楼为饭店，东塔楼为公寓，层高均为 2.65m。作为四星级的饭店和公寓，首层和二层均不做吊顶，采用小尺寸的井字梁格造型，以结构形式作为室内装饰。

为了在规划限高 50m 内多建一层，实现 2.65m 层高的关键是对各类管线精心设计和走廊楼面板的合理安排。比如，饭店和公寓的走廊采用无梁的变截面板设计，方便了板下机电管线穿行和建筑专业做含有灯槽的吊顶设计。由于各个专业真正做到了相互融合统一，使得这一极限设计得以实现，在不影响环境质量的前提下，取得了很好的经济效益和社会效益。该项结构设计完成于 1987 年 9 月，整体建筑于 1991 年全部建成。

第四个例子是天津凯旋门大厦，同样是在规划限高内追求层数最多，其外观和首层平面图如图 6-7 所示。

该工程功能定位是一座集商业、娱乐、居住、办公于一体的综合性建筑。位于天津小白楼 CBD 中心区，总建筑面积 5.2 万 m²，基地面积 4995m²，覆盖率 58.19%，容积率 9.07，总高度为 100m。

地下工程为桩筏基础，地下设两层公共地下室。地上 1~4 层为商业用房，层高 4.5m，要求大开间，采用框架剪力墙结构，柱网 8.1m×8.1m，钢筋混凝土井字梁楼板。上部主塔出于使用要求，标准层外筒剪力墙无法落地，形成框支结构，框支柱为 1400mm×1400mm。第 5 层为设备层即结构转换层，层高 2.2m。第 6~28 层为标准层，层高 2.8m，采用预应力混凝土板。第 29~31 层是办公层，层高 3.6m。

由于采用了后张无粘结预应力混凝土楼板，在层高为 2.8m 的情况下，室内净空可达 2.55m，适用性好，同时，在 100m 限高的条件下，使主体建至 31 层成为可能，比采

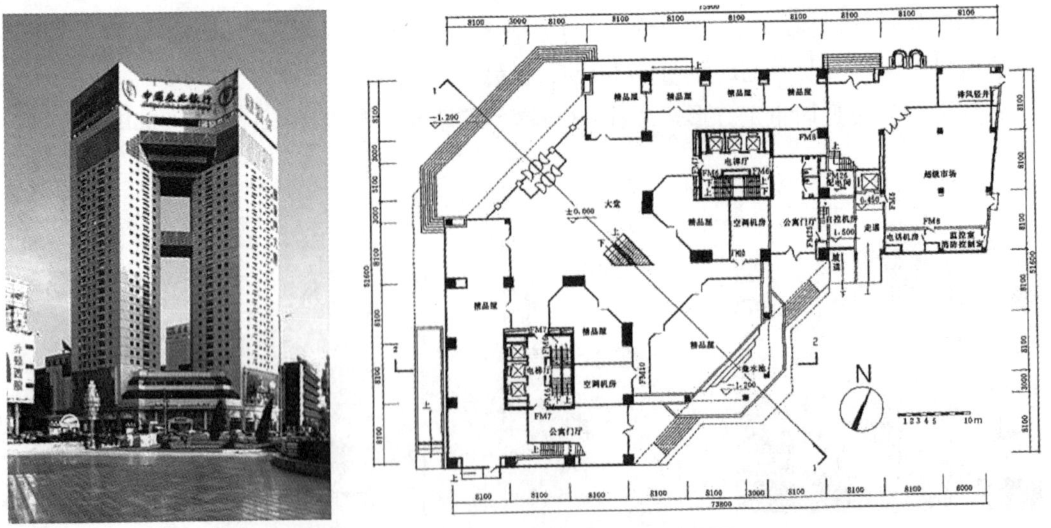

图 6-7　天津凯旋门大厦外观和首层平面图

图6-8 某国际商会大厦的外观及标准层平面图

用其他结构多出两层，经济效益明显。

第五个例子关于对综合效益的理解问题，以某商务写字楼的营销为例，见图6-8。

该商会大厦位于深圳中心区。总建筑面积47405m²，地上建筑面积36150m²，占地4655.6m²，容积率达7.76，最高层数为28层。2001年3月竣工。

作为一个商业项目，在2000年9月进入销售前期准备阶段时，当时深圳的写字楼市场状况极不乐观。截至2000年上半年，写字楼租赁空置率约为40%，销售空置率为16.3%，即全深圳市有约408万m²的写字楼待租，有51万m²的写字楼待售。针对市场低迷导致中心区商务气氛严重不足的外部环境，决策者运用价值工程原理对该物业进行了重新定位。

根据价值工程公式 $V=F/C$，可通过适当降低功能标准中的某些非主要方面的指标，以换取成本的大幅度降低，从而赢得整体效益。对于该项目原定的甲A级写字楼标准定位而言，可以降低某些方面的硬件配置，使物业的形象和档次不会受到明显的影响，同时，还可以适应更多更广泛层次的客户需要。这就是"甲B级"的物业概念（表6-5）。

深圳写字楼分级标准（2000年）   表6-5

等级	类型	区位	层高	公共交通	社区配套	心理预期	形象性	会所	商务中心	会议中心	车位比	电梯	空调	卫生间	装修标准	物业管理	智能化管理	网络	备用电池
										特征								
甲A级	超高层	中心区	3.3m以上	公共交通便利有地铁	完善	极佳	昭示性极强	大规模2000m²以上	配套完善	齐备同声传译多媒体	充裕	群控进口高速电梯	进口中央空调可分户计量	使用位充足	高档	国际认证一流物管	5A程度高综合布线	宽频信息点接口多	进口
甲B级	高层	金融商业区或城市主干道	3.3m以上	便利	完善	好	昭示性强	较大规模1000m²以上	配套较完善	齐备	车位比低	进口高速电梯	进口中央空调分体空调	充足	高档	一流物管	有智能化管理	宽频信息点接口多	进口

以上几个案例主要涉及经济效益和社会效益的部分内容。近年来，随着建筑市场的变化和建筑教育的发展，建筑师的业务逐渐开始向上延伸至项目策划，向下延伸至营销领域等全过程服务。建筑师对建筑物的建造和拆毁（Construction and Demolition，C&D）能够有一个全盘考虑。比如国外有些地方已经通过了关于 C&D 废物再生计划的法律，它要求在建筑设计或建筑拆毁之前，建筑师或承包商必须准备 C&D 废物管理计划（C&D Waste Management Plan），这很值得借鉴，这个计划对于建筑师把握综合效益是一个很好的机遇。

6.2.3　效益层次与目的系统：构成与流向

前文主要从经济的角度来看待建筑效益问题。在实际生活中，建筑有不同的类型，如民用建筑与工业建筑，民用建筑又分为公共建筑与居住建筑，而公共建筑中又有不同的性质，如盈利性项目与半盈利项目及非盈利项目等。不同性质的建筑决定了人们对建筑效益的关注点也各有侧重，如有的项目侧重于短期效果，有的项目则侧重于长期收益；又有的项目侧重于微观效益，有的项目则侧重于宏观效益，等等。实质上，建筑效益中的短期与长期、微观与宏观、直接与间接效果之间的差异，反映了人们建造目的的差异。

一般说来，建造的目的可以划分为三个层级：

一是直接目的，即建筑设计要直接实现的东西，如任务书的指标和特定的功能；

二是上位目的，即直接目的所从属的更大的目标，如社会影响和环境要求等；

三是下位目的，即为实现直接目的的那些具体条件措施，如一定的建筑标准、适宜的结构选型、合乎设计规范的空间组织等。

通常所说的设计合目的性，一般是指在符合直接目的基础上，同时符合上位目的。例如在高档别墅区的开发中，建筑设计不但要符合其居住功能（直接目的），同时，更要符合城市土地资源的合理利用（上位目的之一）。2003 年国家停止别墅用地和高尔夫场地项目的审批决定，正是因为项目建设的上位目的没有得到合理的满足。但是，合目的性即要求同时合乎上位目的的观点并不意味着上位目的就比下位目的或直接目的更应该优先。事实上，各层目的之间的关系有着更为复杂的表现。

首先，目的之间有一种递进关系。实现一个目的是为了实现另一个目的，考虑下位目的是为了实现直接目的。例如，居室朝南向布置并开设足够大的窗户（具体条件措施作为下位目的）是为了满足居住健康的目的。空间的分区组织和符合相应的防火规范条件是为了满足必要的使用功能。

其次，目的之间有一种"分担"关系。在工程实践领域，目的分担关系表现为两种情况。一种情况是下一层目的"分担"上一层目的，例如在我国的安居工程和经济适用房建设上，建筑的标准和规模等是从上位目的中产生的，是为了体现这个大目标而设置的。第二种情况则与上面的现象相反，在这种"分担"关系中，不是下一层次为上一层次而存在，而是上一层次目的为实现下一层次的目的而存在。这种关系也可以称为目的的集合。如部落联盟之于部落、欧盟组织之于欧洲各成员国、俱乐部之于会员等。在城市建设中，城市CBD整体效应对于其中的银行楼、写字楼及商贸建筑，小区周边环境和地段优势对于小区内住宅价值的影响都属于这种分担现象。

最后，目的之间不仅有从属关系，如上面的递进关系和分担关系，还存在一种并列关系。一个直接目的可以分解成几个下位目的，这几个下位目的之间常常并重，不可偏废。例如在高级办公楼设计中虽然办公室内装修得很得体，但由于卫生间的数量和标准太低，使得全楼印象骤然降档；又比如在防火设计中，防火分区、防烟分区、疏散宽度和疏散距离等各下位目的既体现同一防火标准（即分担上一层目的），同时，它们之间又是并列关系，不能顾此失彼。

以上从资源的配置和利用的角度阐述了建筑目的系统的构成和内部流向。那么，目的层级与建筑效益系统（经济、社会、环境效益三者构成的系统）之间有什么对应关系呢？事实上，由于建筑性质不同以及建筑物在使用过程中评估的重点不同，它们之间的关系不能一概而论。对于有的建筑，经济效益可能是直接目的，而社会效益和环境效益则是上位目的或下位目的，如住宅的开发设计以及旅馆酒店、商场和出租办公楼的效益评价；而对于其他建筑，社会效益或环境效益可能是直接目的，经济效益则变成了下位目的，如纪念性建筑、文化建筑及景观建筑等。另外，同一个建筑在不同的阶段，对建筑效益的关注点也会发生变化，在建造过程中可能主要考虑经济问题，在使用过程中，则可能把社会效益作为直接目的，环境效益为上位目的，例如作为标志性建筑的图书馆大楼就体现这种特性。可见，当代建筑设计的目的层级与综合效益本质上是一个问题的两种说法（图6-9）

在建筑设计实践中建筑师常常遇到多目的、多准则和多效益的决策问题，然而，对于每个具体项目而言，问题也许不如想象中的那么复杂。目的层级的构成和流向早已在人们的日常生活中被自觉或不自觉地应用。把目的层级与建筑效益层次对应起来统一理解，有助于建筑师在工程项目实践中能更好地评价一些复杂的设计方案。

设计决策的目标层级与建筑效益层次

直接目的：→	设计任务书[订单] 特定的经济指标和指定的功能	首先是经济效益 投入与产出 成本与效益
上位目的：←	项目所从属的更大更高的目标 如社会文化环境伦理等价值观	其次是社会效益 再者是环境效益 节能与环保
下位目的：	为实现直接目的所采用的各分项目标 如结构选型、建筑材料与设备标准等	

图6-9　目的层级与效益层次具有一致性

6.3　综合效益评估的基本原理和方法

　　建筑师全过程工程咨询服务分为前期、设计与建造、后期三大阶段，其中设计与建造是主要内容，此阶段又以方案设计为核心环节。建筑方案设计是建筑师将业主意图和项目目标、社会法律法规和资源等限制条件以及建筑师的专业技巧、创造力乃至个人意志等加以整合、统筹并演化成视觉图像、技术语言、可初步计量其综合效益和效果的决定性阶段。建筑生产是一种社会化生产，在设计与建造的各个阶段都有不同主体参与，建筑设计的用户不仅仅是业主。

　　综合评估，抽象地理解应该是通过发掘各种价值或者效益的交集（Intersection）或者是并集（Union）或者是交叠（Overlap）实现各方面诉求。在具体的应用上，可以在前几节讨论的基础上，提出以下主要的设计评价准则：

　　（1）建筑物作为一项物质产品，应当产生经济、社会及环境三方面的效益。这三种效益随着产品性质之不同各有所侧重，但是每个产品仍要尽可能地兼顾到这三个方面。

　　（2）建筑产品评价的基本原则，是争取以较小（或最小）的费用（C）去实现较大（或最大）的收益（B）。用数学式表示就是求 B/C 比值为较大（或最大）的结果。

　　（3）每项效益的评价应当分两个层次进行，即项目（业主）本身以及社会。

　　综合效益评估有以下几种：项目财务效益、经济效益；项目社会效益、整体社会效益；项目环境效益、整体环境效益。显然，设计评价准则遵循着从局部到整体，或者说从直接目的到上位目的的顺序，既重视盈利性也兼顾公益性。对于某些公建项目来说，上位目的有时需要排在第一位。表 6-6 中列举了每种效益中主要评价的两个层次方法，即项目（业主）评价与社会（环境）评价。

建筑设计的评价方法

表 6-6

效益类型	项目（业主）的评价法	社会（环境）的评价法	备注
经济效益	用净现值（NPV）法 B/C= 项目经济收益（现值）/LCC_p（现值）	用费用效益（CBA）法 B/C= 社会经济收益（现值）/LCC_p（现值）	收益、费用均以货币价值计算，项目收益按市场价格及项目折换率算为现值，社会收益则用影子价格及社会折现率
社会效益	用费用有效度（CEA）法 B/C= 项目社会收益（实物）/LCC_p（现值）	用社会影响分析（SIA）法 B/C= 生活质量指数改善（现值）/LCC_p（现值）	1. 项目社会收益，按实物指标（医院床位，学生人数等） 2. 生活质量指数在人口、经济、社区结构、公共服务、社会福利中选最有关的项目
环境效益	用环境影响分析（EIA）法 B/C= 环境质量改善（实物）/LCC_p（现值）	用环境影响分析（EIA）法 B/C= 环境质量改善（实物）/LCC_p（现值）	环境质量指标选择对周围空气、水、土地、生态、音响等最有关的项目，并适当考虑人文环境的影响
费用计算	项目全生命费用（LCC_p）取市场价格及项目折现率计算现值	社会全生命费用（LCC_s）取影子价格及社会折现率计算现值	

从表面上看，我们对每个项目要进行两个层次 6 种效益的评价，每种效益按 B/C 的分数中的分子及分母来算，要计算 12 项，其中有的项（如生活质量指数）又要分为许多子项，实在不胜其烦。

事实上，以上 6 项只需计算 5 个 B 值及 2 个 C 值，共 7 项，而每项中的子项又只需选择与设计关系最大的一些因素，因此，对每个具体建设项目而言就不会如想象中复杂。

举例来说，如建设一个 300 病床的社区综合医院，项目为非盈利性，则评价以社会效益为主，兼顾经济与环境效益，其主要评价内容可以如下：

（1）主要评价指标

①项目社会效益：本项目指标 300 床 $/LCC_p$ 与其他同类可比的医院进行比较，即用同一 LCC_p 可建造的床位数；

②整体社会效益：以同一 LCC_s 与其他社区比，在建成后可以减少死亡率及疾病发生率的幅度，并减少本社区居民因未建本医院而需要去远处求医等的损失等方面作为对社区生活质量的直接影响因素。

（2）次要评价指标

①项目经济效益：LCC_p/m^2（因本项目不是追求利润收入的，所以只与同类医院比较单位建筑面积的费用支出）；

②社会经济效益：LCC_s/m^2（可以反映节能设计等方面的效果）；

③项目及整体环境效益：以同一 LCC_p 或 LCC_s 能减少废水、废物、废气污染的污染程度以及由于绿化及设计造型等因素给病人的亲切感等。

由此可见，在建筑效益评价之前，建筑师应当从本项目的性质、规模及有关特点出发，确立评价本项目的主要指标和次要指标。而这些指标的确定和选择，归根结底又从属于目的层级的分析，换句话说，在综合效益评价中，明确目的是制定评价指标的第一步，这关系到评价的方向、方法和价值。

在面临多目的的问题时，明确目的的过程应注意以下几点：

（1）要明确目的，首先应明确其上位目的是什么。我们已经说过，项目的直接目的应符合它的上位目的，直接目的实现也应有助于它的上位目的的实现。如果不是这样，那么，建筑效益的评价就不能说是在一个综合的水平上进行的。实际上，明确上位目的对于保持某些方面的综合平衡是非常必要的，例如，同一个建筑方案可以选择不同的结构类型，从砖混结构到框架结构以及钢结构方案均可供选择。不同的结构方案对于空间的经济效益是不同的，也就是说，它们的产出（即获得同样的建筑面积）相同而投入成本（与结构类型对应的造价）却差别很大。在这种情况下，我们应考虑到它们的上位目的，即结构的可靠性问题（包括安全性、适用性和耐久性）。在现实的情况中，结构的可靠性并非是越高越好，建筑物也并非是越坚固越好。在规定的时间（建筑的使用期限）内、在规定的条件（使用方式、荷载情况、防火等级和抗震标准等）下取得必要的可靠度，这才是结构效益的评价基点，换言之，建筑结构设计要解决的根本问题是，在结构的可靠与经济之间取得一种合理的平衡。

（2）要尽可能地减少目的的数量。我们选择目的时必须考虑条件，区分出有实现可能的目的与暂时还无法实现的目的，从而把后者排除；或者，区分出目的之间的轻重缓急关系，把影响最大的方面确定为主要评价对象；或者，合并某些相关的目的，把几个区分意义不大的相近目的合并成一个综合目的，等等。

（3）对于不能再减少的目的，应尽可能地再次分出轻重主次。一般来说，在特定的时间和空间、特定的条件下，几个并列的目的中总是有些会显得重要一些，有些显得次要一些。例如，在住宅品质越来越相同的今天，居住环境上的美化要求已经成为消费者和投资者更为强调的理由。环境美化的目的可以由多种途径达到，包括建筑密度、容积率、健身设施及场地、中心绿地花园、小品及人工水景等方面。其中，有些要求容易实现，而有些则难以实现，如挖湖造景形成的超大水面景观，尤其是在西北缺水的城市中。考虑到水资源紧缺，水价可能上涨的这种市场因素的影响，用水量可能成为影响项目长期综合效益的敏感性因素，通过分析其投入与收益关系，在实际可能性限度内来选定最优的景观美化目的。

以上，我们通过对目的的分析和选择中分析了主要评价指标的作用和影响，制定好的、关键的合理的指标，是综合效益评估的基础。但是，同目的系统一样，主要评价指标也不是唯一的，而且不同指标的满足对效益的影响也是不同的。对于建筑师来说，通常没有必要同等地去看待各种要求，而是需要从项目的性质（盈利性、半盈利性、非盈利性）出发，突出重点，综合分析，从中判别不同设计方案的优劣，并探索改进设计效果的途径。

6.3.1 静态分析：比较优势原理

对建筑效益的考虑通常有两种角度，一个是整体角度，即对最终效益进行一次性的预期评价；另一个是分阶段式的，即从开始到最后的每一阶段都是实现最终目的的一部分，通过积累性的评价来获得整个目的效果。

第一个角度，我们以商品住宅效益分析为例考虑两种情况，一种是北方城市中建有大面积水景的小区住宅，另一种是在南方水乡具有相同标准的水景住宅。由于自然条件因素，北方水环境面临蒸发量大、降水不足、地下径流严重、后期水源养护等问题，因此，比起南方水环境，北方带有超大水面的楼盘平均成本要明显高于南方，在其他条件相同的情况下，在南方建造水景住宅的投入要比北方少。在这种情况下，我们说南方水景住宅比北方水景住宅具有绝对优势。经济学家用绝对优势这一术语来衡量两种具有相同性能产品之间的投入与产出关系，达到同样性能而投入的生产要素较少的一方，该生产者在生产这类物品时具有绝对优势（图6-10）。

在上述条件下，开发商把水景住宅建在北方或建在南方两种决策中，哪一个方案更

问题：为什么在少雨地区开发水景楼盘？

绝对优势：异区同质
[两个选项]南方水景住宅 vs 北方水景住宅
结论：南方水景住宅具有绝对优势

比较优势：同区异质
[两个选项]北方水景住宅 vs 北方普通住宅
结论：水景住宅具有比较优势

差异和区分策略：创造差异，向上归类
同质化产品 vs 稀缺性产品
水景宅在海南属于同质化产品
在西北地区则归属稀缺性产品

图 6-10 问题模型：绝对优势与比较优势

合理呢？假设住宅的价格一样，数量相同，两种方案的总收益也是相同的。

即：总收益 = 价格 × 数量。

或，总收益 = 元 /m^2（租售价格）× m^2（总建筑面积）。

虽然总收益一样，但实际上由于南方产品具有绝对优势，因此两者的经济效益是不同的，即：经济效益＝总收益 – 总成本。

由于北方水景住宅的总成本（LCC 成本）明显高于南方水景住宅，因此，北方的水景住宅效益要低于南方。这表明，从企业的目标角度来看，在南方开发水景住宅方案更为合理，既合乎目的，也合乎条件。上述分析在某种程度上只是一种理想化的结论，它只是从资源使用的角度加以说明，而与它们所面临的很多市场条件无关。我们知道，不动产市场常常是一种地区性市场。在同一城市或同一块用地开发中，某个方案的选择，或对建筑效益的预期不仅要考虑绝对优势，作为一个理性决策者还要考虑比较优势。为了说明问题，我们在同一地区市场中考虑两种住宅，一个是上面提到的水景住宅，另一个是与特定资源条件无关的普通住宅。

当这两种住宅都可供选择时，选择一种方案就意味着放弃另一种方案。从第 3 章内容知道，某种东西的机会成本是为了得到它而放弃的东西。换言之，两个选项中你放弃的选项也是你目前选项的（机会）成本。在我们的例子中，两个选项即两种住宅方案之间面临交替关系，亦即它们互相作为对方的机会成本而存在。在相同的市场条件下，水景住宅获利较高，那么开发普通住宅的机会成本就高；反之，普通住宅获利较少，那么开发水景住宅的机会成本就低。在描述两种产品的机会成本时，经济学家用了比较优势（Comparative Advantage）这个术语，即生产一种机会成本较少的产品在市场中具有比较优势（图 6-11）。

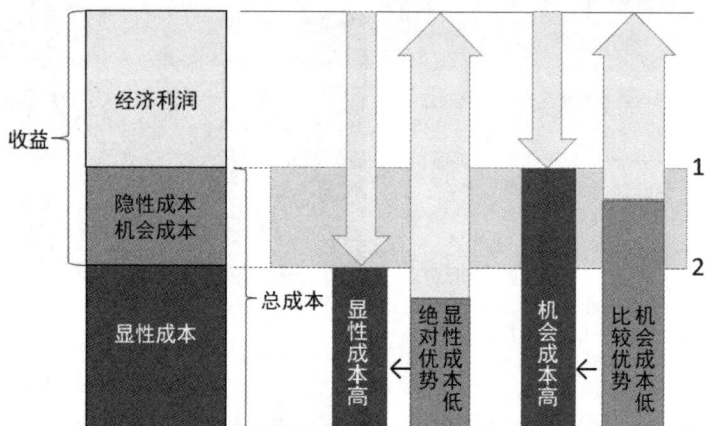

图 6-11 比较优势与机会成本呈负相关
1. 比较优势：两个选项中机会成本低者具有的优势
2. 绝对优势：两个选项中显性成本低者具有的优势

很显然，比较优势原理较好地反映了市场状况。例如，在北方缺水的城市之所以开发水景住宅，在建设用地短缺的地区之所以开发花园别墅，在旧城改造中之所以采取居住与商业土地功能置换，以及小区开发由普通标准配置向文化体育居住复合地产项目的转变，等等，都可以看作是出于对机会成本衡量而引出的考虑比较优势原理的市场行为。

比较优势原理反映了相对较低的机会成本。值得注意的是，当人们从更大的范围内来考虑机会成本时，那么，有时候原来成为定论的比较优势和机会成本的大小就会面临重新估量。例如有的业主（包括建筑设计师）为了追求本项目的经济效益（更高的利润或更低的造价）而牺牲环境质量，造成大气、水及土地的污染，甚至破坏社会生态，这时，企业较高的经济效益中所隐含的代价转移到了项目外部。

在城市建设方面从不缺乏经验教训。如在旧城改造中，有的房地产开发公司为了追求利润，大量兴建可以创造高收入的公共建筑和高标准的住房，把原来居住的普通居民大量迁出，造成了西方社会学家所称的"过滤"（Filtering）现象，加剧了社会矛盾等。最著名的案例来自 20 世纪战后的美国郊区化与城市更新（Urban Renewal 1949—1973）。1949 年第 33 任美国总统杜鲁门签署《住房法》标志着美国"战后"城市更新运动的开始。20 世纪 60 年代的郊区化第二阶段被认为是基于收入、种族和生活方式的社会生态隔离，这时中心城区占高比例的人口特征的是少数族裔、外国人、低收入居民、工人阶级和自由民。至 1970 年美国郊区人口超过了城市中心人口。

广泛的社会批评来自简·雅各布斯（Jane Jacobs）于 1961 年出版的《美国大城市的死与生》一书是这一时期开始的标志。雅各布斯认为这一时期的城市更新只是把贫民窟从一处转移到另一处，更糟糕的是它摧毁了已有的邻里和社区关系，中产阶级的租客替代了原来的居民。我们注意到 1960—1970 年代的美国城市规划理论界对规划中的社会学问题的关注超过了过去的任何一个时期，在近 20 年内发表的近百部重要的规划文献中有关社会学讨论占了 2/3。有关规划的具有影响力的社会学讨论除了《美国大城市的死与生》中提出的"为谁规划"——作者在尖锐的专业批判同时称建筑师是资本家的"乏走狗"之外，1965 年保罗·达维多夫（Paul Davidoff）在"辩护性规划理论"中提出"倡导式规划"（Advocacy Planning），主张规划师借鉴律师角色，为低收入弱势群体的利益辩护；1969 年规划史上著名的"斯凯芬顿报告"["Skeffington-Report"即《人民与规划（公共参与委员会的报告）》People and Planning Report of the Committee on Public Participation in Planning] 呼吁建立社区论坛等形式鼓励公民参与的"联络性规划"；1972 年英国地理学家大卫·哈维（David Harvey）的名著《社会正义与城市（Social Justice and the City）》所关注的"规划与正义"问题，则把规划社会学理论推向马克思式的高潮与深度，等等。

布法罗大学（University at Buffalo, the State University of New York）教授戈特迪纳（Mark Gottdiener）在《城市空间的社会生产》（The Social Production of Urban Space，1985 年）一书中敏锐地看到 20 世纪城市社会学空间理论受到有机体的隐喻（现代建筑宪章关于城市 4+1 功能分区），忽略了阶级结构和资本的扩张后果，是一种意识形态的局限，回避了空间的剩余产品。城市更新中的房地产具有作为"地点"开发和"资源"利用的双重特征，"地点"空间既是经济的也是政治和符号学的多维度产品，不仅是社会关系的产物，也是社会关系的生产者。因此房地产项目建设本质上是资本的第二次循环。该书一出版就成为城市规划领域里程碑式的著作。

在综合效益评估中存在利润与价值、经济增长与社会发展的双重思考。联合国开发计划署（UN Development Programme，UNDP）在《1996 年人类发展报告》中以"增长与发展"为主题警示了五种有（经济）增长而无（人类）发展的情况：

（1）无工作的增长（Jobless Growth）：经济增长较快，但不能增加足够的就业机会。

（2）无声的增长（Voiceless Growth）：经济增长并不始终伴随着民主和自由的扩大。

（3）无情的增长（Ruthless Growth）：经济增长较快，但收入分配不平等反而更加严重了。

（4）无根的增长（Rootless Growth）：排外和歧视性的增长模式毁灭了文化多样性，降低了生活质量。

（5）无未来的增长（Futureless Growth）：以资源耗竭与环境恶化为代价的增长是不可持续下去的。

总之，效益与价值、增长与发展问题是局部与整体关系的另一种说法，不只是哲学问题，更是现实问题。双重思考构成了综合效益评估的框架。

6.3.2　动态分析：边际效用理论

考虑建筑效益的另一个角度是通过分阶段式的积累性地评价，也就是说通过局部变动来影响总收益。

每一项技术进步无不得益于人类知识积累。反之，如果一项发明能够改变世界，那么，我们说这项发明比其他发明具有更大的边际贡献。

在建筑设计经济学中，设计变量（如层数、密度、容积率、结构类型等）与经济参数（如成本、效益、指标等）之间的关系是边际研究的基本内容。许多设计决策都会涉及对现有行动计划进行微小的变动调整。从经济学的角度看，这些微量调整称为边际变动（Marginal Change）。

"边际"（Margin）一词，用数学语言来说，指的是自变量的变动所引起因变量的变动。可以把边际理解为"增加"的意思，"边际量"也就是"增量"。在许多情况下，人们可以通过考虑边际量来作出最优决策。

例如，大学三、四年级的学生经常问老师关于要不要继续读研或转行的问题。如果你用哈佛大学三年级时的比尔·盖茨辍学创业、组建微软 Microsoft 公司的例子作为判断依据，不但会因"幸存者偏差"（统计分析时过度关注成功的样本）而导致错误的结论，学生也会抱怨这种比较没有任何参考价值。为了做出继续或者放弃读研的决定，他需要知道多上几年学所带来的额外收益和所花费的额外成本。额外就是增量，也是边际量。通过比较这种边际成本与边际收益，他自己就可以评价多上几年学是否值得。

再看一个关于航空公司如何决定对余票定价或者退票再售情况下的定价问题。假设一架 200 个座位的飞机国内飞行一次时航空公司的成本是 10 万元，每个座位的平均成本是 10 万元/200 座，即 500 元/座。于是有人会得出这样的结论：航空公司的票价在任何情况下都不应该低于成本价，即 500 元/座。

但航空公司可以通过考虑边际量来增加利润。假设一架飞机在即将起飞时仍有 10 个空位，但在登机口等票的乘客只愿意支付 300 元买一张票。航空公司应该卖给他票吗？当然应该。如果飞机有空位，多增加一位乘客的成本是微乎其微的。虽然一位乘客飞行的平均成本是 500 元，但边际成本仅仅是这位额外的乘客将消费的一包花生米和一罐汽水的成本而已。只要等票的乘客所支付的钱大于边际成本，卖给他机票就是有利可图的。

正如这些例子说明的，个人和企业通过考虑边际量会作出更好的决策。一项行动只有在它的边际收益大于边际成本时，一个理性决策者才会采取这项行动。

在边际分析或边际效用理论中，决策者使用了边际成本和边际收益两个概念。为了进一步说明这两个概念，我们进一步考虑在成本构成中的两个重要类别，一类是固定成本，另一类是可变成本。例如，在小区开发过程中，我们就会遇到这两类成本。在同一块用地中考虑两种方案，低密度方案与高密度方案，假设住宅层数相同，那么，低密度方案中住宅产量（总建筑面积、户数、住宅楼的多少）少，高密度方案中住宅产量高，在相同的单位造价标准下，住宅产量高的方案其总建造成本也高。在总成本构成中，这种随着产量变动而变动的成本就是可变成本。与之相对应的土地位置与规模却是一样的，获得土地使用权的成本或购买土地的成本不随住宅楼栋数的多少而变化。在上述两种方案中，不随着产量而变动的成本就是固定成本。

$$总成本 = 固定成本 + 可变成本$$

由于低密度方案中住宅少而投入的总成本也少，高密度方案由于住宅多而总成本也高。低密度方案似乎更合理。但是，如果用边际效用理论来分析，结果会不一样。从低密度向高密度变动时，人们主要考虑的是边际成本与边际收益。通常边际成本要低于平均成本，因为平均成本包含着固定成本。多建一栋住宅，如果增加的可变成本（边际量＝建造一栋楼的成本）小于增加的收益（边际量＝销售一栋楼的利润），那么，在低密度方案基础上提高建筑密度的决策就是理性的决策，反之，如果边际成本大于边际收益，那么提高建筑密度的做法就是非理性的。从理论上说，当边际成本等于边际收益时，这时的建筑密度就是最大密度也可说是最优密度（图6-12）。

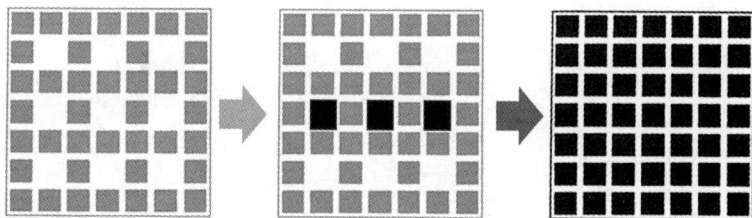

图6-12　从低密度向高密度变动，当边际成本等于边际收益时达到最优密度

以上以建筑密度为例，从成本与收益的变动关系中考察了建筑效益问题。事实上，开发密度不仅仅是住宅的一个重要的经济学属性，而且还是一个极其重要的生活质量参数，尤其是在大城市，它已成为一个额外的衡量指标，受到多种因素的影响。例如建筑规范、日照标准、通风效果以及消费者的购买意愿等因素都会影响开发密度。

建筑密度有两层含义，一个是上面使用的概念，即建筑占地密度。根据定义，建筑密度（Building Density；Building Coverage Ratio），指在一定范围内，建筑物的基底面积总和与占用地面积的比例（%），有时也称为建筑物的覆盖率，它可以反映出一定用地范围内的空地率和建筑物密集程度。另一层含义是指建筑面积密度，即容积率（Plot Ratio；Volume Fraction；Floor Area Ratio），是指一个小区的地上总建筑面积与用地面积的比率，又称建筑面积毛密度。

结合比较优势原理或者机会成本概念，我国住宅小区的规划设计实践常常采用容积率拆分和不均衡使用策略，也就是在总容积率不变的前提下，小区内部各个组团之间的容积率不尽相同，高层住宅组团的容积率高但建筑密度小，多层住宅组团的容积率适中，别墅组团的容积率最低但密度更大。通过拆分和不均衡使用策略进行的规划设计体现了边际效用原理，通过局部调整来增加整体收益，同时小区整体容积率仍控制在许可的指标下（图6-13）。

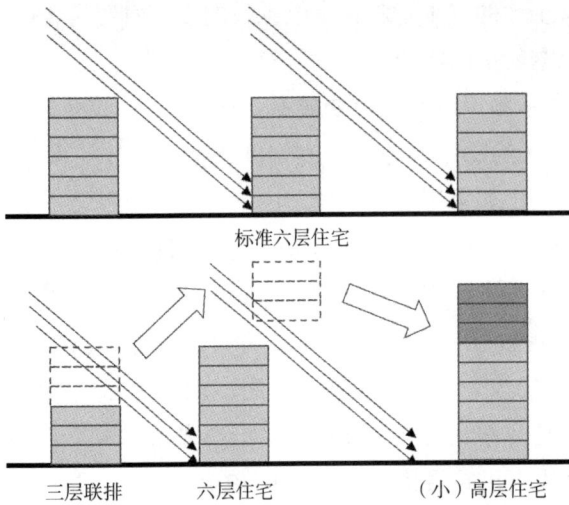

图中，在保持总容积率不变的前提下，将六层住宅楼拆分重组成三层和九层两种。三层联排住宅向别墅概念靠拢，在形成高层住宅地块内，加大楼间距，减小（局部）占地密度。

很显然，这既涉及了比较优势概念，又用到了边际变动方法。

标准六层住宅

三层联排　六层住宅　（小）高层住宅

图 6-13　地块内部容积率拆分

实践证明，经济、社会及环境效益以及局部与整体效益之间，往往会发生矛盾或冲突，需要综合协调。为了避免效益之间的冲突，有必要确立优先次序：

所有项目设计都必须达到国家规定的环境质量指标；

一般情况下，项目效益要服从社会整体效益（对大型建设项目尤其必要）。

在其他情况下，针对各种效益之间的冲突，建筑设计师应该根据项目的性质以及冲突的具体内容和程度，按照工程伦理的"合理关照"义务责任提供专业建议。

思考题

1. 关键概念

建筑效益的层次	方案的可比条件	绝对优势与比较优势
费用有效度分析	设计的目的系统	边际效益与边际成本
社会影响评价	无费用选择	综合效益

2. 简答题

（1）对建筑设计结果的定性与定量评价各涉及哪些内容？

（2）综合效益评价中各指标在重要程度上会随着哪些因素而给予优先考虑？

（3）比较优势原理与前面学习过的机会成本概念之间有什么内在联系？

第7章 建筑设计经济中的产品价值论

建筑产品的开发过程是将想法转变为不动产及相关服务的过程。这是一个复杂的流程，需要各个阶段高质量成果的积累以及许多职能部门的协同作业（图7-1）。

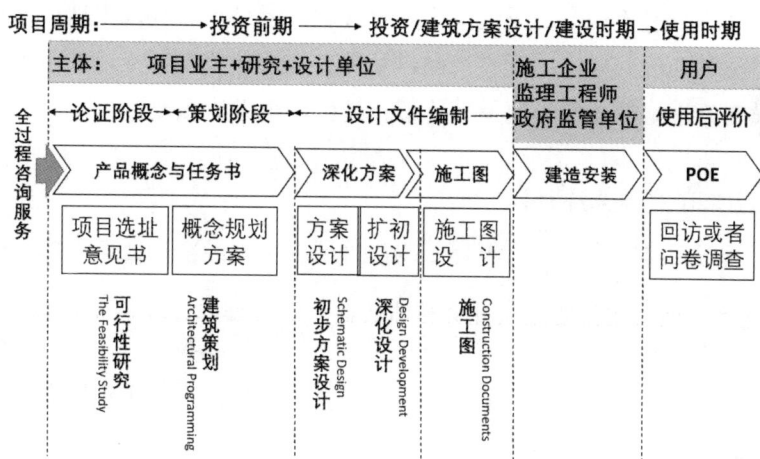

图 7-1 全过程流程与各阶段主体

投资方（项目业主）可能会面对各种挑战，比如建设项目在其全生命周期中基于风险与收益的评估后所产生的现金流必须能够吸引其他投资者（例如商业银行），项目策划还要符合未来的消费市场预期，项目的建设阶段要求建筑师、工程师及施工企业承包商之间能够互相配合，公共部门（特别是地方政府）必须审核项目在土地分区、建筑法规等方面的合法性，用户的需求必须得到满足，这要求建筑开发首先应有明确的市场定位，以使项目有足够的有效市场需求。

建筑师的任务是将企业、政府和个人等多方面的想法整合成建筑蓝图，从中实现某些价值。约翰·波特曼（John Portman）是一位出身于建筑师的开发商，二战之后的经济复苏时期，只是建筑师身份的他认为当时的开发商无法实现他的想法，因此他自己转变成开发商以便实现其建筑产品价值。他证实了"战后"的消费市场以及公众对独特且富于创造性的建筑产品有着需求，他的理念是建筑策划或者产品的价值应着眼于人们新的需求。历史证明，建筑价值不仅仅体现在满足用户的主观需求上而成为流行的东西，建筑产品的价值还应有更加持久和坚实的基础。

7.1 城市土地经济学：关于价值的基础

本书第 4 章 "市场研究的类型" 中给出过四种常见的开发情况，每一种都为开发商提供了不同的开发可能。第一种是 "土地寻找用途"，即土地所有者希望土地得到开发或被购买，而没有事先制定开发计划，这是最常见的一种情况；第二种是 "用途寻找土地"，开发商需要一块土地以实现其拟定的开发计划，这样他就要寻找最合适的位置；第三种情况是 "资本寻找机会"，投资者拥有资金且需投放出去；最后一种情况是存量建筑再开发，既有建筑物可能会被加以（节能）改造或转变用途。

虽然四种情况都很常见，第二种情况则是将理想变为现实的最有效途径。第一种情况开发的目标是满足经济、社会与环境等综合需求。资本寻求投资的情况中应考察所有的投资机会，而不仅是不动产。不论是土地寻找项目还是项目寻找土地，都指向了项目定位与土地价值的匹配问题。由于在产品供给侧存在着建筑物与土地的不可分割性，故而建筑经济学对于土地概念的理解及其价值分析就变得尤为重要。

7.1.1 土地的概念与特性

土地是土地经济学研究的物质客体，因此，研究土地经济问题首先应了解什么是土地，即明确土地的概念内涵。

一般理解，土地（Land）是地球的特定部分。但究竟地球的哪个部分、哪些因素属于土地的范围，对此，长期以来人们的理解并不一致，这可以从土地内容与土地特性两个角度进行分析。

从内容上看，人们对土地所包含的空间内容或范围有以下四种观点：

（1）土地即土壤（Soil），亦即地球陆地表面疏松的、有肥力的、可以生长植物的表层部分；

（2）土地即地球的纯陆地部分，不包括陆地上的水域；

（3）土地即陆地及其水域，其中水域是指地球表面除海洋之外的江河、湖泊、水库、池塘以及沼泽等；

（4）土地即地球表面，亦即地球的陆地部分和海洋部分都包括在内。

上述四种观点中第一种观点范围过窄。土壤只是具有肥力的土地，土壤是土地的组成部分之一，并不是土地的全部。土地的非土壤部分虽然不具有肥力，不能生长植物，但仍具有土地的基本功能，不应排除在土地之外。

第四种观点又范围过宽。陆地与海洋是地球的两个不同的生态系统，具有不同的物质形态与功能。地球的海洋部分不具有土地的一系列功能，因此不应包括在土地范围之内。

第二种观点认为土地是陆地中不包括水域的部分，这是狭义的土地定义，只在某些特定的场合适用这种概念，例如岛、屿、礁的划分。

第三种观点是比较确切的。陆地中的水域面积和形状可能发生变化，但终归是陆地的附属物，因此广义的土地概念应该包括陆地中的水域。马克思曾说过："只要水流等有一个所有者，是土地的附属物，我们也把它作为土地来理解。"

从特性上看，土地的特性属性是在人类社会发展的进程中被发现和赋予的。

英国著名经济学家马歇尔（A. Marshall）认为："土地是指大自然为了帮助人类，在陆地、海上、空气、光和热各方面所赠予的物质和力量。"

美国土地经济学家伊利（R.T.Ely）在其著作《土地经济学要素》中认为："经济学家所使用的土地这个词，指的是自然的各种力量，或自然资源……经济学上的土地是侧重于大自然所赋予的东西。"

上述观点所概括的土地特性似乎偏广，是把土地本身的构成要素与土地发挥功能的因素等量齐观了。光、热是来自于太阳，不能作为土地特性的构成因素。

联合国粮食及农业组织（FAO）1976年制定的《土地评价纲要》中对土地作了如下定义："土地是由影响土地利用潜力的自然环境所组成，包括气候、地形、土壤、水文和植被等。它还包括人类过去和现在活动的结果，例如围海造田，清除植被，以及反面的结果，如土壤盐碱化。然而纯粹的社会特征并不包括在土地的概念之内，因为这些特征是社会经济状况的组成部分。"

综上所述，土地的概念是由地球地表陆地部分及其一定高度（地上空域）和深度（地下空间）的岩石、矿藏、土壤、水文、大气和植被等要素构成的自然综合体，即陆地及其自然附属物。

上述概念是就土地作为自然资源而言的。而在现实经济活动中，绝大部分土地资源都经过人类长期开发、改造与使用，投入了大量的人类劳动并形成了各类成果。可见，现实的土地已不仅仅是一个单纯的自然综合体，而是一个由各项因素构成并综合了人类正反面活动成果的自然——经济综合体，如图7-2所示。

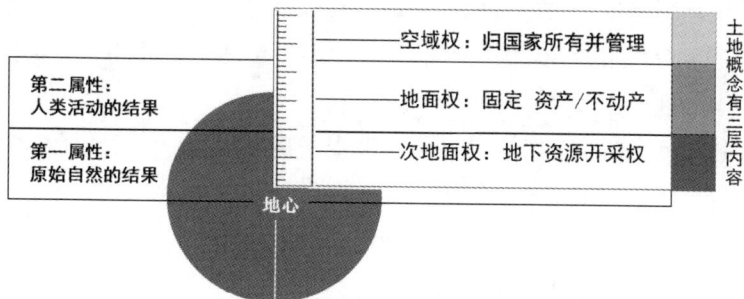

图7-2 土地的概念：土地是自然与经济综合体

土地具有一系列与其他物质相区别的特性。正确认识并掌握土地的特性，对于学习与研究土地经济学、合理利用和管理土地具有十分重要的意义。实践表明，成功的土地利用是以对土地特性的正确认知为基础的。

土地的基本特性包括自然特性和经济特性。土地的自然特性是土地自然属性的反映，是土地所固有的，构成了土地的第一属性，与人类对土地的利用与否没有必然的联系；土地的经济特性是人类在对土地利用过程中产生的，成为土地的第二属性，在人类诞生以前尚未对土地进行利用时，这些特性并不存在。

1）土地的自然特性

土地是自然历史形成的，存在四个自然特性。

（1）位置固定性

土地的空间位置是固定的，不能移动。在地球形成发展史上虽曾出现过大规模的"沧海桑田"的变迁，但这早已成为历史的陈迹。目前大陆漂移、岛屿隐现等对陆地面积和位置的影响，即使在几十年、几百年间也微不足道，没有很大的实际意义。从人类的生产活动看，虽然从理论上说部分土地表层的移动也是可能的，但这不仅数量有限，而且代价高昂，因而也没有很大的实际意义。所有这些变化都不能从根本上改变土地位置固定性的特点。土地位置的固定性要求人们因地制宜地利用各种土地。

（2）面积有限性

地球是自然演化形成的，因此从人类时间尺度上说，地球陆地面积具有不可再生性。人类可以改良土地，改变土地形态，提高土地质量（由贫瘠变为肥沃），甚至在沿海地区通过填海工程少量扩大陆地面积，但一般不能无限扩大土地面积。土地面积的有限性迫使人们必须节约、集约地利用土地资源。

（3）质量差异性

由于土地自身的条件（地质、地貌、土壤、植被、水文等）以及相应的气候条件（光照、温度、雨量等）的差异，因而造成土地质量上存在巨大的自然差异。这种差异性不仅存在于一个国家或一个地区的范围之内，即使在一个基层单位内也同样存在着。随着生产力水平的提高和人类对土地利用范围的增大，这种差异性也逐步扩大。土地的自然差异性是土地级差生产力的基础。土地的自然差异性要求人们因地制宜地利用各类土地资源，确定土地利用的合理方向与方式，以取得土地利用最佳综合效益。

（4）功能永久性

土地之外的任何生产资料都会在使用中磨损，最后报废。然而土地作为一种生产要素，只要处理得当，土地就会被持续地改良。在合理使用与维护的条件下，农用土地的肥力可以不断提高，非农用土地可以反复利用，永无尽期，这已为人类发展的长期历史所充分证明。以上土地的这些自然特性为人类合理利用和保护土地提供了客观基础与可能性。

2）土地的经济特性

土地的经济特性是以土地的自然特性为基础，在人类对土地的利用中产生的，主要表现在对农业用地和城市建设用地等的供给与需求方面。

（1）土地供给的稀缺性

在人类出现以前，没有人类对土地的利用和需求，当然也就无所谓土地供给的稀缺性。随着人口的不断增加和社会经济的发展，特别是农业生产和城市化进程对土地需求不断扩大，而可供人类利用的土地又有限，因而便产生了土地供给的稀缺性，并日益增强。

目前，地球表面的土地并非都可以被利用。土地供给的稀缺性，不仅表现在土地供给总量与土地的需求总量的矛盾上，还表现在由于土地位置固定性和质量差异性导致的某些地区（城镇地区和经济文化发达、人口密集地区）和某种用途（如农业用地）土地供给特别稀缺上。

由于土地稀缺性日益增强，土地供需矛盾日益尖锐化，导致一系列土地经济问题的产生。土地供给稀缺性是引起土地所有权垄断和土地经营权垄断的基本前提。由于土地供给稀缺，尤其是具有"好的"区位优势的地块稀缺，就可能出现地租和地价猛涨、土地投机泛滥等现象。

（2）土地利用方式的相对分散性

由于土地位置的固定性和位置的差异性，对土地只能是因地制宜地分别加以利用，因而土地的存量和利用方式是相对分散的。1967年希腊城市规划师康斯坦丁诺斯·多夏迪斯（Constantinos Doxiadis）创造了一个词"普世城"（Ecumenopolis）：一个由整个世界组成的单一城市。显然其目的之一是忽略文化差异，以土地为单一变量研究土地存量（Stock）与功能结构（图7-3）。

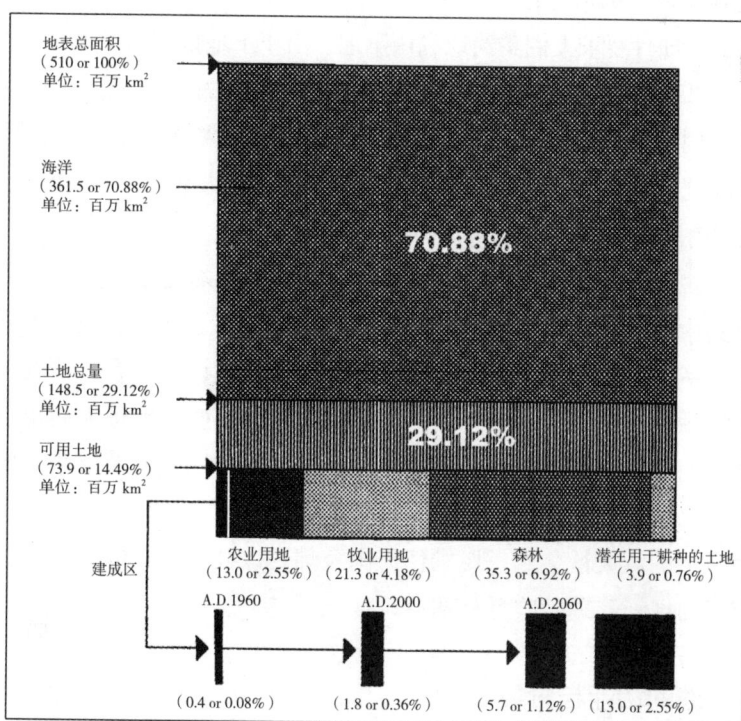

图7-3　世界城市建成区：从1960年的0.08%到2060年预测的2.55%

分散性这一特点在农业土地上表现得更为明显。农业（种植业）是利用绿色植物从土地中吸取营养物质，将太阳的光、热能转化为生物能，生产农产品。并不是所有的土地都进行上述过程。因此，农业生产只能是根据土地质量（土壤）状况及环境分散地进行利用和生产，沃野千里的大片整体农田可遇不可求。

土地利用方式相对分散这一特性，要求人们在利用土地时要进行统筹区位选址，并注意保障地区间的交通通信联系，以提高土地利用的综合区位效益。

（3）土地利用方向变更的困难性

一块土地往往有多种用途，土地一经投入某项用途之后，要改变其利用方向，一般来说是比较困难的。这首先受土地自然条件的限制。例如在海拔5000m以上的地带被称为无人区，除了生态功能外就不具备生产生活的自然条件。其次由于在工农业生产上轻易变更土地利用方向往往会造成巨大经济损失，因而是不合理的。在农业生产中由于农作物生长周期较长，在生长周期没有结束前，改种其他作物或做其他用途势必造成一定的经济损失；林木等多年生植物生长周期更长，投入的资金和劳动更多，任意改变土地用途，经济损失很大。在建筑业和其他非农产业中，建筑物和其他设施使用周期很长，如果在建成后随意改变土地利用方向，其经济、社会甚至生态环境方面的损失将更大。

土地利用方向变更困难这一特征要求在确定土地利用方向时，一定要进行详细勘察，作出长期周密的规划，绝不能朝令夕改，频繁改变土地用途。

（4）土地报酬递减的可能性

土地供给的稀缺性要求人们集约地利用土地。由于土地报酬递减规律，在技术不变的条件下对单位面积土地的投入超过一定限度，就会产生报酬递减的后果。这要求人们在对土地增加投入时，必须寻找在一定技术、经济条件下投资的适合度，确定适当的投资结构，并不断改进技术，以便提高土地利用的经济效果，防止出现土地报酬递减的现象。

（5）土地利用后果的社会性

土地是自然生态系统的基础因素，每块土地和每一区域土地利用的后果，不仅影响本区域内的自然生态环境和经济效益，而且必然影响到邻近地区甚至整个国家的生态环境和经济效益，产生巨大的社会后果。如在一块土地上建设一座有污染的工厂就会给周围地区带来环境污染；在一个城市中心的繁华地段建设一座占地很大而单位面积效益较低的仓库，不仅使该地段的土地效益不能充分发挥，而且还影响城市繁华地段综合效益的提高。

土地利用后果的巨大社会性，要求任何国家都要以社会代表的身份，对全部土地及其利用进行宏观的规划管理、监督和调控。

7.1.2 土地的功能与分类

土地具有以下基本功能：

1）承载功能

土地由于其物理特性而具有承载万物的功能，成为人类进行一切生活和生产活动的场所和空间，成为人类进行房屋、道路等建设的地基。"皮之不存，毛将焉附"，在一定意义上比喻了土地对于人类社会发展的这种承载功能。

2）生产功能

在土地的一定深度内，蕴含着很大的滋生万物的生产能力，如土壤中含有各种营养物质以及水分、空气，还可以接受太阳照射的光、热等，这些是地球上一切生物生长、繁殖的基本条件。没有这些环境与条件及其功能，地球上的生物也就不能生长繁育，人类也就无法生存和发展。

3）资源（非生物）功能

人类要进行物质资料生产，除了需要生物资源外，还需要大量非生物资源，如建筑材料、矿产资源和动力资源（石油、煤炭、水力、天然气、地热）等。这些自然资源蕴藏于土地之中。没有土地、没有这些丰富的自然资源，人类就无法进行采矿业和加工工业生产。没有这些生产，也就不能生产各种机械设备，不能进行各种房屋、道路建设，不能生产人民生活需要的各种工业品。同样没有这些资源，人类也无法生存和发展。可见，土地的资源功能对于人类的可持续发展也是绝对不可缺少的。

当然，土地在国民经济各个部门中所发挥的作用是不同的。因而，土地的位置、质量和数量在不同部门有着不同的意义和要求。

在旅游业中，要以自然景观的优美、奇特、险峻为特殊的利用价值。此外，交通的便利也是旅游区开发建设不可或缺的条件。并不是任何一块土地都具备便利的交通条件，因此重要的旅游景点往往都具有特殊的土地资源。

在工业、建筑业和交通运输业中，土地主要是作为地基、操作的场地和空间发挥作用。在这些部门中，土地的数量、质量，尤其是土地的位置发挥着重要的作用。在工业部门中，建设工厂需要选择合适的厂址，要求土地坚实、地基稳固，并有一定的面积以满足生产工艺要求。

基于土地功能认知基础上的土地分类，是土地管理与利用的核心工具。

为了全面、准确地掌握土地的状况，除了要了解土地总量以外，还必须对土地进行科学的分类，了解各类土地的数量及结构，以便对各类土地分别进行合理地开发、利用与管理。因此，科学的土地分类对促进土地市场的健康发展功不可没。

由于土地质量的差异性和用途的多样性，一个国家或一个地区的土地往往是千差万别的，对具体的土地资源必须划分出各种类别。

土地分类的标准有多种，不同的分类标准满足不同的活动需要。按地貌特征可以把土地划分为山地、高原、丘陵、盆地、平原等；按土壤质地可以划分为黏土、壤土、沙土等；按土地所有权的性质可以划分为国有的、集体所有的，等等。还可以按土地的实际用途分类，例如住宅用地、学校用地、城市绿地等。

1981 年 7 月中国农业区划委员会和土地资源调查专业组提出了《土地利用现状分类及其含义（草案）》。经过几年的实践，于 1984 年 7 月修改完善了《土地利用现状分类及其含义》，并将其作为一章纳入了全国《土地利用现状调查技术规程》。由于近年来城乡经济的迅速发展，现行的《土地利用现状调查技术规程》（1984 年）已经不能完全适应实际工作的需要，亟需修正完善。

2017 年 10 月至 2019 年 11 月第三次全国国土调查（Land Resource Survey，原称为第三次全国土地调查，是一次重大国情国力调查，也是国家制定经济社会发展重大战略规划、重要政策举措的基本依据。以下称"三调"）工作的数据成果进入全面核查阶段，2021 年 8 月 26 日中华人民共和国自然资源部召开新闻发布会，公布了第三次全国国土调查主要数据成果。数据显示，我国耕地面积 19.179 亿亩，园地 3 亿亩，林地 42.6 亿亩，草地 39.67 亿亩，湿地 3.5 亿亩，建设用地 6.13 亿亩。

"三调"之后，《土地利用现状分类》GB/T 21010—2017 国家标准采用一级、二级两个层次的分类体系，由原来的 8 大类增加到 12 个一级类、73 个二级类。其中一级类包括：耕地、园地、林地、草地、商服用地、工矿仓储用地、住宅用地、公共管理与公共服务用地、特殊用地、交通运输用地、水域及水利设施用地、其他土地。表 7-1 是"三调"后公布的中国《土地利用现状分类》GB/T 21010—2017 的主要内容。

"三调"后的土地利用现状分类、含义及编码表　　　　　　　　　　表 7-1

一级类		二级类		含义
编码	名称	编码	名称	
01	耕地			指种植农作物的土地，包括熟地，新开发、复垦、整理地，休闲地（含轮歇地、休耕地）；以种植农作物（含蔬菜）为主，间有零星果树、桑树或其他树木的土地；平均每年能保证收获一季的已垦滩地和海涂。耕地中包括南方宽度 < 1.0m，北方宽度 < 2.0m 固定的沟、渠、路和地坎（埂）；临时种植药材、草皮、花卉、苗木等的耕地，临时种植果树、茶树和林木且耕作层未破坏的耕地，以及其他临时改变用途的耕地
		0101	水田	指用于种植水稻、莲藕等水生农作物的耕地。包括实行水生、旱生农作物轮种的耕地
		0102	水浇地	指有水源保证和灌溉设施，在一般年景能正常灌溉，种植旱生农作物（含蔬菜）的耕地。包括种植蔬菜的非工厂化的大棚用地
		0103	旱地	指无灌溉设施，主要靠天然降水种植旱生农作物的耕地，包括没有灌溉设施，仅靠引洪淤灌的耕地
02	园地			指种植以采集果、叶、根、茎、汁等为主的集约经营的多年生木本和草本作物，覆盖度大于 50% 或每亩株数大于合理株数 70% 的土地。包括用于育苗的土地
		0201	果园	指种植果树的园地
		0202	茶园	指种植茶树的园地
		0203	橡胶园	指种植橡胶树的园地
		0204	其他园地	指种植桑树、可可、咖啡、油棕、胡椒、药材等其他多年生作物的园地

续表

一级类		二级类		含义
编码	名称	编码	名称	
03	林地			指生长乔木、竹类、灌木的土地，及沿海生长红树林的土地。包括迹地，不包括城镇、村庄范围内的绿化林木用地，铁路、公路征地范围内的林木，以及河流、沟渠的护堤林
		0301	乔木林地	指乔木郁闭度 ≥ 0.2 的林地，不包括森林沼泽
		0302	竹林地	指生长竹类植物，郁闭度 ≥ 0.2 的林地
		0303	红树林地	指沿海生长红树植物的林地
		0304	森林沼泽	以乔木森林植物为优势群落的淡水沼泽
		0305	灌木林地	指灌木覆盖度 ≥ 40% 的林地，不包括灌丛沼泽
		0306	灌丛沼泽	以灌丛植物为优势群落的淡水沼泽
		0307	其他林地	包括疏林地（树木郁闭度 ≥ 0.1 且 < 0.2 的林地）、未成林地、迹地、苗圃等林地
04	草地			指生长草本植物为主的土地
		0401	天然牧草地	指以天然草本植物为主，用于放牧或割草的草地，包括实施禁牧措施的草地，不包括沼泽草地
		0402	沼泽草地	指以天然草本植物为主的沼泽化的低地草甸、高寒草甸
		0403	人工牧草地	指人工种植牧草的草地
		0404	其他草地	指树木郁闭度 < 0.1，表层为土质，不用于放牧的草地
05	商服用地			指主要用于商业、服务业的土地
		0501	零售商业用地	以零售功能为主的商铺、商场、超市、市场和加油、加气、充换电站等的用地
		0502	批发市场用地	以批发功能为主的市场用地
		0503	餐饮用地	饭店、餐厅、酒吧等用地
		0504	旅馆用地	宾馆、旅馆、招待所、服务型公寓、度假村等用地
		0505	商务金融用地	指商务服务用地，以及经营性的办公场所用地。包括写字楼、商业性办公场所、金融活动场所和企业厂区外独立的办公场所；信息网络服务、信息技术服务、电子商务服务、广告传媒等用地
		0506	娱乐用地	指剧院、音乐厅、电影院、歌舞厅、网吧、影视城、仿古城以及绿地率小于 65% 的大型游乐等设施用地
		0507	其他商服用地	指零售商业、批发市场、餐饮、旅馆、商务金融、娱乐用地以外的其他商业、服务业用地。包括洗车场、洗染店、照相馆、理发美容店、洗浴场所、赛马场、高尔夫球场、废旧物资回收站、机动车、电子产品和日用产品修理网点物流营业网点、居住小区及小区级以下的配套的服务设施等用地
06	工矿仓储用地			指主要用于工业生产、物资存放场所的土地
		0601	工业用地	指工业生产、产品加工制造、机械和设备修理及直接为工业生产等服务的附属设施用地
		0602	采矿用地	指采矿、采石、采砂（沙）场，砖瓦窑等地面生产用地，排土（石）及尾矿堆放地
		0603	盐田	指用于生产盐的土地，包括晒盐场所、盐池及附属设施用地
		0604	仓储用地	指用于物资储备、中转的场所用地，包括物流仓储设施、配送中心、转运中心等

续表

一级类		二级类		含义
编码	名称	编码	名称	
07	住宅用地			指主要用于人们生活居住的房基地及其附属设施的土地
		0701	城镇住宅用地	指城镇用于生活居住的各类房屋用地及其附属设施用地，不含配套的商业服务设施等用地
		0702	农村宅基地	指农村用于生活居住的宅基地
08	公共管理与公共服务用地			指用于机关团体、新闻出版、科教文卫、公用设施等的土地
		0801	机关团体用地	指用于党政机关、社会团体、群众自治组织等的用地
		0802	新闻出版用地	指用于广播电台、电视台、电影厂、报社、杂志社、通讯社、出版社等的用地
		0803	教育用地	指用于各类教育用地，包括高等院校、中等专业学校、中学、小学、幼儿园及其附属设施用地，聋、哑、盲人学校及工读学校用地，以及为学校配建的独立地段的学生生活用地
		0804	科研用地	指独立的科研、勘察、研发、设计、检验检测、技术推广、环境评估与监测、科普等科研事业单位及其附属设施用地
		0805	医疗卫生用地	指医疗、保健、卫生、防疫、康复和急救设施等用地。包括综合医院、专科医院、社区卫生服务中心等用地；卫生防疫站、专科防治所、检验中心和动物检疫站等用地；对环境有特殊要求的传染病、精神病等专科医院用地；急救中心、血库等用地
		0806	社会福利用地	指为社会提供福利和慈善服务的设施及其附属设施用地。包括福利院、养老院、孤儿院等用地
		0807	文化设施用地	指图书、展览等公共文化活动设施用地。包括公共图书馆、博物馆、档案馆、科技馆、纪念馆、美术馆和展览馆等设施用地；综合文化活动中心、文化馆、青少年宫、儿童活动中心、老年活动中心等设施用地
		0808	体育用地	指体育场馆和体育训练基地等用地，包括室内外体育运动用地，如体育场馆、游泳场馆、各类球场及其附属的业余体校等用地，溜冰场、跳伞场、摩托车场、射击场，以及水上运动的陆域部分等用地，以及为体育运动专设的训练基地用地，不包括学校等机构专用的体育设施用地
		0809	公用设施用地	指用于城乡基础设施的用地。包括供水、排水、污水处理、供电、供热、供气、邮政、电信、消防、环卫、公用设施维修等用地
		0810	公园与绿地	指城镇、村庄范围内的公园、动物园、植物园、街心花园、广场和用于休憩、美化环境及防护的绿化用地
09	特殊用地			指用于军事设施、涉外、宗教、监教、殡葬、风景名胜等的土地
		0901	军事设施用地	指直接用于军事目的的设施用地
		0902	使领馆用地	指用于外国政府及国际组织驻华使领馆、办事处等的用地
		0903	监教场所用地	指用于监狱、看守所、劳改场、戒毒所等的建筑用地
		0904	宗教用地	指专门用于宗教活动的庙宇、寺院、道观、教堂等宗教自用地
		0905	殡葬用地	指陵园、墓地、殡葬场所用地
		0906	风景名胜设施用地	指风景名胜景点（包括名胜古迹、旅游景点、革命遗址、自然保护区、森林公园、地质公园、湿地公园等）的管理机构，以及旅游服务设施的建筑用地。景区内的其他用地按现状归入相应地类

一级类		二级类		含义
编码	名称	编码	名称	
10	交通运输用地			指用于运输通行的地面线路、场站等的土地。包括民用机场、汽车客货运场站、港口、码头、地面运输管道和各种道路以及轨道交通用地
		1001	铁路用地	指用于铁路线路及场站的用地。包括征地范围内的路堤、路堑、道沟、桥梁、林木等用地
		1002	轨道交通用地	指用于轻轨、现代有轨电车、单轨等轨道交通用地以及场站的用地
		1003	公路用地	指用于国道、省道、县道和乡道的用地。包括征地范围内的路堤、路堑、道沟、桥梁、汽车停靠站、林木及直接为其服务的附属用地
		1004	城镇村道路用地	指城镇、村庄范围内公用道路及行道树用地，包括快速路、主干路、次干路、支路、专用人行道和非机动车道，及其交叉口等
		1005	交通服务场站用地	指城镇、村庄范围内交通服务设施用地，包括公交枢纽及其附属设施用地、公路长途客运站、公共交通场站、公共停车场（含设有充电桩的停车场）、停车楼、教练场等用地，不包括交通指挥中心、交通队用地
		1006	农村道路	在农村范围内，南方宽度≥1.0m且<8m，北方宽度≥2.0m且<8m，用于村间、田间交通运输，并在国家公路网络体系之外，以服务于农村农业生产为主要用途的道路（含机耕道）
		1007	机场用地	指用于民用机场、军民合用机场的用地
		1008	港口码头用地	指用于人工修建的客运、货运、捕捞及工程、工作船舶停靠的场所及其附属建筑物的用地，不包括常水位以下部分
		1009	管道运输用地	指用于运输煤炭、矿石、石油、天然气等管道及其相应附属设施的地上部分用地
11	水域及水利设施用地			指陆地水域，滩涂、沟渠、沼泽、水工建筑物等用地。不包括滞洪区和已垦滩涂中的耕地、园地、林地、城镇、村庄、道路等用地
		1101	河流水面	指天然形成或人工开挖河流常水位岸线之间的水面，不包括被堤坝拦截后形成的水库区段水面
		1102	湖泊水面	指天然形成的积水区常水位岸线所围成的水面
		1103	水库水面	指人工拦截汇集而成的总设计库容≥10万 m^3 的水库正常蓄水位岸线所围成的水面
		1104	坑塘水面	指人工开挖或天然形成的蓄水量<10万 m^3 的坑塘常水位岸线所围成的水面
		1105	沿海滩涂	指沿海大潮高潮位与低潮位之间的潮浸地带。包括海岛的沿海滩涂。不包括已利用的滩涂
		1106	内陆滩涂	指河流、湖泊常水位至洪水位间的滩地；时令湖、河洪水位以下的滩地；水库、坑塘的正常蓄水位与洪水位间的滩地。包括海岛的内陆滩地。不包括已利用的滩涂
		1107	沟渠	指人工修建，南方宽度≥1.0m、北方宽度≥2.0m用于引、排、灌的渠道，包括渠槽、渠堤、护堤林及小型泵站
		1108	沼泽地	指经常积水或渍水，一般生长湿生植物的土地。包括草本沼泽、苔藓沼泽、内陆盐沼等。不包括森林沼泽、灌丛沼泽和沼泽草地
		1109	水工建筑用地	指人工修建的闸、坝、堤路林、水电厂房、扬水站等常水位岸线以上的建（构）筑物用地
		1110	冰川及永久积雪	指表层被冰雪常年覆盖的土地

一级类		二级类		含义
编码	名称	编码	名称	
12	其他土地			指上述地类以外的其他类型的土地
		1201	空闲地	指城镇、村庄、工矿范围内尚未使用的土地。包括尚未确定用途的土地
		1202	设施农用地	指直接用于经营性畜禽养殖生产设施及附属设施用地；直接用于作物栽培或水产养殖等农产品生产的设施及附属设施用地；直接用于设施农业项目辅助生产的设施用地；晾晒场、粮食果品烘干设施、粮食和农资临时存放所、大型农机具临时存放场所等规模化粮食生产所必需的配套设施用地
		1203	田坎	指梯田及梯状坡地耕地中，主要用于拦蓄水和护坡，南方宽度≥1.0m、北方宽度≥2.0m 的地坎
		1204	盐碱地	指表层盐碱聚集，生长天然耐盐植物的土地
		1205	沙地	指表层为沙覆盖、基本无植被的土地。不包括滩涂中的沙地
		1206	裸土地	指表层为土质，基本无植被覆盖的土地
		1207	裸岩石砾地	指表层为岩石或石砾，其覆盖面积≥70% 的土地

注：其中术语和定义：

（1）覆盖度或盖度（Coverage Rate）：一定面积上植被垂直投影面积占总面积的百分比。

（2）郁闭度（Canopy Density）：林冠（树木的枝叶部分）垂直投影面积与林地面积之比值。

（3）土地利用（土地使用）（Land Utilization；Land Use）：人类通过一定的活动，利用土地的属性来满足自己需要的过程。

　　2021 年"三调"后的分类表细化并拓展了之前的《土地利用现状分类》（全国农业区划委员会，1984 年）旧标准。新旧标准之间土地类别与名称的对照关系如表 7-2 所示。

"三调"之后的土地分类与之前分类对照表 表 7-2

1984 年《土地利用现状分类》：8 大类	2021 年"三调"后分类：12 大类
1.耕地	1.耕地
2.园地	2.园地
3.林地	3.林地
4.牧草地	4.草地
5.居民点及工矿用地	5.商服用地
	6.工矿仓储用地
	7.住宅用地
	8.公共管理与公共服务用地
	9.特殊用地
6.交通用地	10.交通运输用地
7.水域	11.水域及水利设施用地
8.未利用土地	12.其他土地

《中华人民共和国土地管理法》（于 1986 年 6 月《关于修改〈中华人民共和国土地管理法〉的决定》经历第一次修正；2004 年 8 月《关于修改〈中华人民共和国土地管理法〉的决定》经历第二次修正；2019 年 8 月《关于修改〈中华人民共和国土地管理法〉〈中华人民共和国城市房地产管理法〉的决定》经历第三次修正）第四条规定国家实行土地用途管制制度。国家编制土地利用总体规划，规定土地用途，将土地分为农用地、建设用地和未利用地。严格限制农用地转为建设用地，控制建设用地总量，对耕地实行特殊保护。

三大类用地中的农用地是指直接用于农业生产的土地，包括耕地、林地、草地、农田水利用地、养殖水面等；建设用地是指建造建筑物、构筑物的土地，包括城乡住宅和公共设施用地、工矿用地、交通水利设施用地、旅游用地、军事设施用地等；未利用地是指农用地和建设用地以外的土地。

表 7-3 是 2021 年"三调"后发布的土地利用现状分类与《中华人民共和国土地管理法》第四条中"三大类"土地分类之间的对照情况。

7.1.3　土地经济学的研究对象

土地经济学在 20 世纪 20 年代成为一门独立的学科。此前，一些西方古典经济学家就对土地经济的基本问题先后进行了研究。17 世纪末，西方古典经济学家威廉·配第首次提出级差地租的概念，并对级差地租、土地价格等作了初步的阐述。尔后，李嘉图对级差地租理论作了完整而系统的研究，为现代资产阶级土地经济学的建立奠定了理论基础。19 世纪中叶，马克思与恩格斯在批判和继承资产阶级古典经济学理论的基础上，创立了科学的人口和土地肥力理论及地租地价理论，这实际上成为马克思主义土地经济理论的核心部分。

但是，这些研究大部分依附于政治经济学或其他学科。直到 1924 年，美国经济学家伊利和莫尔豪斯合著的《土地经济学要素》（*Elements of Land Economics*）的出版，标志着土地经济学开始成为一门独立的学科，从此，土地经济学的研究不断深入和完善，一些大学也陆续开设了土地经济学课程。经过近百年的发展，目前已经基本形成了一个较为完整的学科体系，对本学科的研究对象和研究领域，各国的学者已有大体一致的共识。这个学科的形成和发展中存在着若干引人注目的特点。

第一，国度和地域的差异性。产生这种现象是因为土地经济学是一门部门经济学或要素经济学，归属于实用学科，要求学科研究必须与该国该地区的经济发展实际密切结合。而各国土地经济学科研究重点和研究成果的差异恰恰体现了各国经济发展实际的差异。

第二，发展阶段的差异性。土地经济学科研究要服务于社会实践，因此随着各国社会经济的不断发展变化，土地经济研究的领域和研究重点也在不断发展与变化。以我国为例，自 20 世纪 70 年代末至 90 年代初，主要对计划经济体制下形成的土地无偿使

"三调"土地分类与《中华人民共和国土地管理法》"三大类"对照表　　表7-3

三大类用地	"三调"后土地利用现状分类		三大类用地	"三调"后土地利用现状分类	
	类型编码	类型名称		类型编码	类型名称
1. 农用地	0101	水田	2. 建设用地	0501	零售商业用地
	0102	水浇地		0502	批发市场用地
	0103	旱地		0503	餐饮用地
	0201	果园		0504	旅馆用地
	0202	茶园		0505	商务金融用地
	0203	橡胶园		0506	娱乐用地
	0204	其他园地		0507	其他商服用地
	0301	乔木林地		0601	工业用地
	0302	竹林地		0602	采矿用地
	0303	红树林地		0603	盐田
	0304	森林沼泽		0604	仓储用地
	0305	灌木林地		0701	城镇住宅用地
	0306	灌丛沼泽		0702	农村宅基地
	0307	其他林地		0801	机关团体用地
	0401	天然牧草地		0802	新闻出版用地
	0402	沼泽草地		0803	教育用地
	0403	人工牧草地		0804	科研用地
	1006	农村道路		0805	医疗卫生用地
	1103	水库水面		0806	社会福利用地
	1104	坑塘水面		0807	文化设施用地
	1107	沟渠		0808	体育用地
	1202	设施农用地		0809	公用设施用地
	1203	田坎		0810	公园与绿地
3. 未利用地	0404	其他草地		0901	军事设施用地
	1101	河流水面		0902	使领馆用地
	1102	湖泊水面		0903	监教场所用地
	1105	沿海滩涂		0904	宗教用地
	1106	内陆滩涂		0905	殡葬用地
	1108	沼泽地		0906	风景名胜设施用地
	1110	冰川及永久积雪		1001	铁路用地
	1204	盐碱地		1002	轨道交通用地
	1205	沙地		1003	公路用地
	1206	裸土地		1004	城镇村道路用地
	1207	裸岩石砾地		1005	交通服务场站用地
				1007	机场用地
				1008	港口码头用地
				1009	管道运输用地
				1109	水工建筑用地
				1201	空闲地

用制度进行改革，因此，这一阶段土地经济学术研究的重点是地租地价与地产市场的理论，为土地使用制度改革、开放土地使用权市场提供理论依据。近年来，随着我国经济发展速度加快，土地市场全面开放，加强土地产权制度建设、合理保护耕地资源、保证经济与社会的可持续发展成为土地经济学术研究的热点和重点。

第三，土地经济学术研究日益深化和细化。这也是土地经济活动发展的客观需要。目前已从土地经济一般原理中，分化出城市土地经济学、农村土地经济学、土地资源经济学、土地市场学、土地资产估价学、土地金融学等学科。

土地经济学的研究领域包括三个方面，即土地利用、土地制度、土地价值。

（1）土地利用是指土地在国民经济各部门的分配与使用，具体包括土地资源的勘察，技术经济评价，土地规划，土地开发、利用、保护与整治等方面的经济问题。土地利用所研究的是人与土地之间的关系问题。

（2）土地制度是指土地所有制、土地使用制以及土地国家管理制度的建立、演变及其实施等方面的问题，是土地利用中发生的人与人之间的经济关系问题。

（3）土地价值是指土地在权属转移及收益分配中的价值形式及其量化表现。如土地作为商品买卖的价格，土地使用权有偿转让时土地使用者向土地所有者支付的地租，以及国家参与土地收益分配的具体形式——土地税收等。土地价值所研究的也是在土地利用中发生的人与人之间的经济关系，但它所涉及的是土地权属转移和土地收益分配中所发生的土地经济问题。

以上三个方面是互相联系的有机整体。合理地利用土地是人类社会生存与发展的需要，是我们的目的。土地作为生产力的基本要素投入生产过程，必须在一定的社会制度下进行。建立并维护合理的土地制度，是合理利用土地的根本保证。人们在土地利用中必然会发生土地权属的转移及土地收益的分配问题，因此正确确定土地权属转移的条件和方式，合理分配土地收益，即合理确定土地价值形式并使其恰当量化，是正确处理土地关系、保证土地合理利用的重要手段与措施。

从土地经济学的研究领域来看，土地经济学的研究对象可归结为两个方面，即土地利用中的生产要素或资源组织和生产关系的调节。

就土地利用中的生产要素的组织问题而言，在土地经济学中，诸如土地与劳动力及其他生产要素在时间、空间及数量上如何相互结合，土地集约利用中的投资适合度及合理的投资结构、布局等，这些任务是土地的自然科学和技术科学所承担不了的，必须由土地经济学来完成。

就土地利用中的生产关系而言，这种关系包括一切与土地有关的土地所有者、使用者围绕土地所有、使用、买卖、出租、抵押、课税和管理等而发生的经济关系。任何社会都要依据生产力的发展和整个社会经济制度的要求，建立一定的土地关系，并在该社会制度所允许的范围内，采取必要的措施对土地关系进行适当的调节，以保证其协调与巩固，促进土地的合理利用与生产的发展。

综上所述，土地经济学就其性质来说是一门研究土地利用过程中人与土地以及人与人之间关系的科学，是经济科学的一个独立分支。

7.1.4 土地的供给与需求

1）土地的供给

地球上的土地并非全部都可以被利用。土地可不可以利用在很大程度上是由土地自身的使用价值决定的。土地的使用价值取决于土地的地理位置、形成母质、地形地貌、土壤质地、水文特性、海拔高度、植被、交通条件等。因此，土地供给就是指可利用土地的供给，即地球所能提供给社会利用的各种生产和生活用地的数量。土地的供给通常分为自然供给和经济供给。

（1）土地的自然供给及其影响因素

土地天生的可供人类利用的部分就叫土地的自然供给。因此，土地的自然供给又称为土地的物理供给或实质供给，它是指地球供给人类可利用的土地的数量，这个数量包括已利用的土地资源和未来可利用的土地资源，即后备土地资源。土地的自然供给是相对稳定的，不受任何人为因素或社会经济因素的影响，因此它是无弹性的。土地的自然供给受下列因素的制约：

①适宜于人类生产生活的气候条件；

②适宜于植物生长的土壤质地和气候条件；

③具有可资利用的淡水资源；

④具有可供人类利用的生产资源；

⑤具有一定的交通条件。

（2）土地的经济供给及其影响因素

所谓土地的经济供给，是指在土地自然供给的基础上投入资金和劳动进行开发以后，成为人类可直接用于生产、生活各种用途土地的供给。开发新土地、用地结构的调整等活动都影响土地的经济供给。土地的经济供给是个变量，土地经济供给也是有效供给。自然供给变成经济供给后，方能为人类所利用。

在人类利用土地的过程中，随着人口的增加和经济的发展，扩大土地经济供给的活动持续不断地进行着，成为人类利用土地的重要目标。土地经济供给的增加不仅包含总量的增加，而且还包括某种用途的土地随着利用效率的提高而表现在效益上的增长，例如一定面积土地上产出（农业产量或建筑面积）的增长。前两者是土地经济供给的直接增加，后者是土地经济供给的间接增加。影响土地经济供给的基本因素有：

①各类土地的自然供给：某种用途的土地自然供给从根本上限定了该用途土地经济供给的变化范围，它是经济供给的基础和前提。

②利用土地的知识和技能：随着人类利用土地知识和技能的逐步提高，可以更多地利用原来未被利用的土地，或使利用效益不高的土地变为效益较高的土地，从而增加土

地的经济供给。技术的发展使现有土地供给得到更充分利用，并使新资源的发现及开发更加容易。有时，技术发展还能提供替代品，从而减少对某些土地资源的需求，亦即相当于相对增加土地的经济供给。

③社会需求：社会需求的变化能促进土地利用方向的改变，从而影响各种土地经济供给的数量，如食物结构的变化会影响土地利用结构，间接影响土地的经济供给。

④产品价格：某类社会产品价格上升，会导致该类生产所使用的土地的价格上升，从而会增加这类土地的供给。

⑤土地利用计划：大多数关于增加土地经济供给的计划，都要求开发和利用新的、生产力较低的、位置较为不便的和难以开垦的土地。现在各国都比较重视制定土地利用计划，这类计划的实施，必然会增加土地的经济供给。

⑥土地供给者的行为，例如颁布政策或管控措施等。

（3）土地的经济供给与自然供给之间具有下列关系：

①土地自然供给是土地经济供给的基础，土地经济供给只能在土地自然供给的范围内变动。

②土地自然供给是针对人类的生产、生活及动植物的生长一般要求而言的，而土地的经济供给则主要是针对土地具体的不同用途，尤其是耕地和建设用地的供给。

③土地的自然供给在相当长的时间内是一定的、无弹性的，而土地的经济供给是变化的、有弹性的，并且不同用途土地的供给弹性是不同的。例如，用于农作物生产的土地，因受自然条件的限制较多，其供给弹性较小，尤其是受地理纬度影响较大的特种作物的栽培地，其供给弹性则更小，而建筑用地的经济供给弹性则较大。

④人类难以或无法增加土地的自然供给，但可以在其基础上增加经济供给。

一个明智的土地供给者可以根据上述的影响因素，结合当时当地的经济发展情况，理性地供给土地。目前，中国县级及以上的地方政府就是最直接的各类建筑用地供给者，他们的行为将直接决定建设用地的经济供给。

2）土地的需求

所谓土地需求，即人类为了生存和发展利用土地进行各种生产和消费活动的需求。时至今日，土地在人类的生活中起着更为复杂的作用。归根结底，人类对土地的需求不外乎两大类：农业用地需求和非农业用地需求。建筑经济主要讨论后者。

（1）非农业用地需求

非农业用地，按照土地分类是指耕、林、牧等用地和（暂时）难以利用的土地（如戈壁沙漠、高寒山地和裸岩等）以外的土地，主要包括商服用地、工矿仓储用地、住宅用地、公共管理与公共服务用地、特殊用地、交通运输及水利设施用地等。

随着人口的增长和城市（镇）化进程，建房、修路及各种服务设施用地会大量增加。农村建房和筑路都较为分散，占地总量虽多，但不易被人们所重视。如中国农村，农民建房每户占地一般都在350m² 左右，其人均占地水平远远高于城市。正因如此，城镇化已成为社会发展的趋势。城镇化也就是人口集中化，它不仅能节约用地，更重要的是它能节约社会劳动，提高社会劳动生产率。中华人民共和国成立初期的城市人口只占9%，"十二五"期间我国常住人口城镇化率已达到53.7%，"十四五"规划纲要提出到2025年城镇化率目标为65%。中国城市化的方针是严格控制大城市规模，合理发展中等城市和小城市。

非农业用地需求最终或最重要的表现是对城乡建设土地的需求。

（2）经济发展对土地需求的影响

在社会经济发展中，土地是最重要的生产要素。社会经济发展包括经济规模的扩大和产业结构的转型，前者将引起对土地质量的需求，后者则导致对土地需求结构的变化。社会经济发展依赖的生产要素可以分为两大部分：一部分是土地资源；另一部分是非土地资源，如资金、时间、劳动力、数据与技术等。

土地和非土地资源的有机组合是解决问题的关键。2014年6月世界银行发布《中国经济简报》预计2020年中国人均粮食消费量会达到479kg。避免粮食危机只有两个途径：继续扩大耕地面积；或在耕地面积减少的情况下，增加非土地要素的投入，如资金、技术和劳动力等，以提高单位耕地面积的粮食产量。城镇建设也面临这种情况，要保证必要的住宅规模和工商业用房，新建项目以高层建筑和大型综合体为主。尽管成本高，却是大势所趋。

2006年十届全国人大四次会议通过的《国民经济和社会发展第十一个五年规划纲要》提出，18亿亩耕地是未来五年具有法律效力的约束性指标，是不可逾越的一道红线。2008年8月国务院审议并通过《全国土地利用总体规划纲要（2006—2020年）》，纲要重申了要坚守18亿亩耕地的"红线"。耕地指标在"十二五"规划中上升到18.18亿亩，"十三五"规划明确保持在18.65亿亩。

另一方面，我国城镇化率接近64%，距离"十四五"规划纲要确定的城镇化率65%的目标只差约1.1个百分点。这当然需要大量的土地做基础。宏观上看，国内每年都要供应城市开发用地，其中很大一部分是要把农业用地、耕地转化为城市建设用地。2000年以来，平均每年大约需要800万亩耕地完成征地动迁，转化为国有建设用地。再加上地方政府的各种工商企业用地等一些计划外的征地，实际上每10年全国需要把1亿亩耕地转化为城镇建设用地。据统计，中国改革开放30多年，国家的耕地减少了3亿多亩（1980年，国家的耕地是23亿亩，到了2016年，是20亿亩左右，2021年"三调"数据显示我国耕地面积19.179亿亩）。按照每10年平均减少1亿亩耕地预测，未来随着城市化进程和继续保持房地产对GDP的拉动需求，耕地就不可避免地要降到18亿亩以下。因此对于土地的集约高效利用是当前和未来的迫切要求。

3）土地综合管理方法

《中华人民共和国土地管理法》第一章第四条规定国家实行土地用途管制制度。土地用途管制制度由一系列的具体方法和规范组成，是土地管理方式的重大改革，也是管地和用地方式的一个大变革。在实践中土地综合管理的方法包括行政方法、经济方法、法律方法、技术方法等四个层次。

其中，技术方法是管理者按照土地的自然与现实情况，综合运用遥感、地理信息系统（GIS）、GPS、北斗卫星导航系统（BDS）等高科技数字化技术的系统工程。例如"三调"全面采用优于1m分辨率的卫星遥感影像制作调查底图，为土地利用总体规划提供准确信息和数据支撑，在此基础上结合行政、经济、法律层面上的规定，形成以土地分类管理为主要工具的一项综合方法。

土地分类中的非农业用地是与城市建设息息相关的类别，尤其是非农业用地中的城乡用地（Town and Country Land）即市（县）域范围内所有土地。这个类别土地又被划分成建设用地与非建设用地两个部分。

依据《城市用地分类与规划建设用地标准》GB 50137—2011（自2012年1月1日起实施），建设用地（Development Land）包括城乡居民点的建设用地、区域交通设施用地、区域公用设施用地、其他特殊用地等。非建设用地（Non-development Land）包括水域、农林牧用地以及其他非建设用地等（表7-4）。

城市建设用地分类　　　　　　　　　　　　　　　　表7-4

代码 codes	用地类别中文名称 Chinese	英文同［近］义词 English
R	居住用地	Residential
A	公共管理与公共服务用地	Administration and Public Services
B	商业服务业设施用地	Commercial and Business Facilities
M	工业用地	Industrial，Manufacturing
W	物流仓储用地	Logistics and Warehouse
S	道路与交通设施用地	Road，Street and Transportation
U	公用设施用地	Municipal Utilities
G	绿地与广场用地	Green Space and Square

《城市用地分类与规划建设用地标准》GB 50137—2011第4.4条关于规划城市建设用地结构，即居住用地、公共管理与公共服务用地、工业用地、交通设施用地和绿地与广场用地五大类主要用地规划占城市建设用地的比例宜符合下表的规定（表7-5）。

城市建设用地结构　　　　　　　　　　　　　　　　表7-5

颜色	代码	规划城市建设用地 类别名称	占城市建设用地的比例（%）
	R	居住用地	25.0 ~ 40.0
	A.B.U	公共管理与公共服务设施用地	5.0 ~ 8.0
	M.W	工业用地	15.0 ~ 30.0
	S	道路与交通设施用地	10.0 ~ 25.0
	G	绿地与广场用地	10.0 ~ 15.0

以上以土地概念为核心介绍了土地的特性与功能，有关土地的类别与土地需求及其分类管理利用方面的内容综合如下（图7-4）。

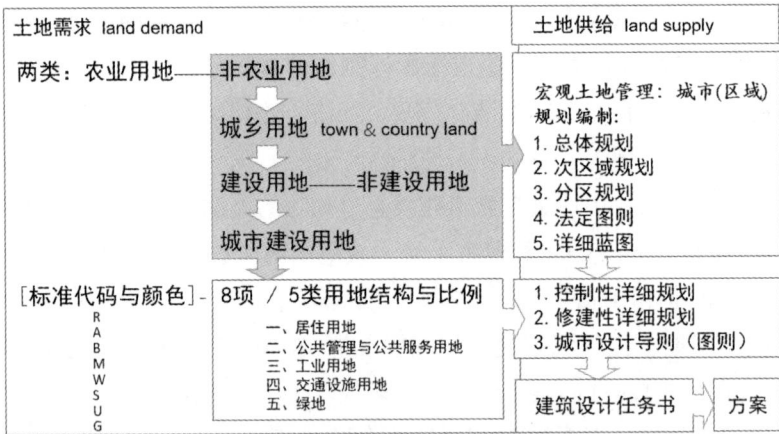

图7-4　土地分类管理与利用

从经济学角度看，建筑设计（单体项目或者建筑物群体）就是在土地集约利用——关乎经济贡献、社会发展和环境责任——这个宏观语境下进行的，建筑师建立这样的职业认识和整体视野是非常必要的。

7.1.5　城市土地市场与土地价值

1）土地市场的内涵与特点

市场，是商品交易的场所，是商品交换中发生的所有经济关系的总和。

土地市场是指土地这种特殊商品在流通过程中发生的所有经济关系总和。在土地市场中，市场的主体是土地的供给者、购买者和其他参与者，市场的客体是交换的目的物，即土地（宗地）。在土地的交换过程中，不只是市场的买卖双方参与土地交易，而是有众多的参与者，要发生多方面的经济关系。市场的参与者除购买者和出售者之外，还有出租人、承租人、抵押人、贷款人、经营者、政府管理部门、中介机构等。在土地交易过程中各参与者要发生以土地交易为核心的各种经济、法律等契约关系，如签订各种经济合同、资金结算、办理各种法律手续等。这种为实现土地交易而进行的各种活动及发生的经济关系就构成了土地市场。

土地是一种特殊的商品。土地的功能主要体现在为人类提供劳动条件、活动空间及场所方面，人们利用土地是为了获取土地的产品和服务，包括土地的未来收益。土地的未来收益因土地所有权与使用权的分离而在权利者之间实现分割。土地的权利是一个以土地所有权为核心的权利束，包括土地所有权、土地使用权、抵押权、租赁权、地役权等。不同权利因其内涵不同而分别对应大小不等的土地收益。土地市场交换的客体事实上不是土地本身，而是各种内涵不同的土地权利。

不动产学术界在分析不动产市场特征时，认为不动产市场不像其他商品市场那么有效率。两者的区别如下：

（1）一般商品市场，交易的商品（比如日用品）或劳务本质上构成了同质总和（Homogeneous Item），消费品彼此之间容易替代；但在不动产市场，每宗土地是唯一的，且位置固定，没有两宗土地在实体上完全相同，即使某些类似宗地之间具有替代性，但因其位置的固定性、且不具备严格意义上的同质性而难以在市场中高效率流转。

（2）一般商品市场参与者众多，自由竞争充分，较难形成垄断；不动产市场在一定时间内只有少数购买者和出售者，每一种类型的土地都有可能构成垄断。

（3）一般商品市场交易成本低；不动产市场因标的物价值较高，买方一般难以用自有资金购买，因此，提供融资的类型、抵押贷款额、利率、定金支付条件及还款期限等因素，都会影响土地投资决策。

（4）一般商品市场限制很少；但在不动产市场，政府的法律法规限制很多。

（5）一般商品市场因竞争而易形成均衡；但不动产市场中因适合特定使用目的的不动产供给对市场需求的调整较慢，而难实现均衡。

（6）一般商品市场，买卖双方对市场和商品都有较充分的了解；但在不动产市场中存在信息不对称情况。

（7）一般商品市场，买卖双方进出市场较容易；但在不动产市场，参与者准入门槛高，市场因不可预知因素而变化较大，参与者的风险也高。

（8）一般商品市场，商品易于被消费，也易于迅速供给和运送；但不动产为耐久产品，位置固定，因而其供给相对来说无弹性。

综上所述，一般而言，土地市场具有以下特点：

（1）地域性。由于土地位置的固定性，使土地市场具有强烈的地域性特点。土地价格在各地域性市场之间相互影响较小，难以形成全国性统一市场。

（2）不充分性。土地市场参与者不多，信息不对称使土地市场的竞争不充分。

（3）供给滞后。土地价值较大，用途难以改变且开发周期较长。土地供给是根据前期需求确定的，当市场需求发生变化时，土地供给难以及时调整。

（4）供给弹性较小。土地资源一般不可再生，土地自然供给没有弹性，土地的经济供给弹性也相对较小。在同一地域性市场内，土地价格主要由需求来决定。

（5）低效率性。根据（1）可知同一用途不同区域的土地具有较小的替代性。

（6）政府管制较严。各国都对土地的权利、利用、交易等设置了较多的严格限制。

在公有制下，我国土地市场中所交易的是土地的使用权，具体说就是城市建设用地（Urban Development Land）的使用权。2002年中华人民共和国国土资源部令第11号《招标拍卖挂牌出让国有土地使用权规定》被建筑界称为"新土地革命"或"新地改"，具有里程碑意义。目前，取得国有土地使用权的方式和途径共有五种：招标、拍卖、挂牌、协议和划拨（表7-6）。

取得国有土地使用权的方式和途径 表 7-6

	方式	释义	备注
1	招标	是指市、县人民政府土地行政主管部门发布招标公告，邀请特定或者不特定的公民、法人和其他组织参加国有土地使用权投标，根据投标结果确定土地使用者的行为	1. 依法取得的土地使用权人具有法定范围内的处置权，即可进行转让、出租和抵押 2. 附有使用期限上的约定
2	拍卖	是指市、县人民政府土地行政主管部门发布拍卖公告，由竞买人在指定时间、地点进行公开竞价，根据出价结果确定土地使用者的行为	
3	挂牌	是指市、县人民政府土地行政主管部门发布挂牌公告，按公告规定的期限将拟出让宗地的交易条件在指定的土地交易场所挂牌公布，接受竞买人的报价申请并更新挂牌价格，根据挂牌期限截止时的出价结果确定土地使用者的行为	
4	协议	是指国家以协议方式将国有土地使用权在一定年限内出让给土地使用者，由土地使用者向国家支付土地使用权出让金的行为	
5	划拨	《中华人民共和国城市房地产管理法》第二十三条对划拨土地使用权的取得途径进行了规定： 土地使用权划拨，是指县级以上人民政府依法批准，在土地使用者缴纳补偿、安置等费用后将该幅土地交付其使用，或者将土地使用权无偿交付给土地使用者使用的行为。 依照本法规定以划拨方式取得土地使用权的，除法律、行政法规另有规定外，没有使用期限的限制	划拨的土地不得进行转让、出租和抵押

建设项目的不同，相应地取得土地使用权的途径也不同，反之，取得土地使用权的方式的不同，对该土地上的建设项目也有相应要求（表 7-7）。

取得国有土地使用权的方式对建设项目的规定 表 7-7

方式	取得土地方式、地块功能与建设项目性质等之间的原则规定和匹配要求
招拍挂	1. 商业、旅游、娱乐和商品住宅等各类经营性用地以及有竞争要求的工业用地； 2. 其他土地供地计划公布后同一宗地有两个或者两个以上意向用地者的； 3. 划拨土地使用权改变用途，按照《国有土地划拨决定书》或法律、法规、行政规定等明确应当收回土地使用权的土地
协议	根据《中华人民共和国土地管理法》《中华人民共和国城市房地产管理法》、2003 年国土资源部令第 21 号《协议出让国有土地使用权规定》等规定，以下土地使用权可通过协议出让方式获得，共分为 17 大类： 例如：商业、旅游、娱乐和商品住宅等各类经营性用地和工业用地以外用途的土地，其供地公告公布后同一宗地只有一个意向用地者的； 又如：利用地铁站（场）、公共服务设施、交通枢纽等公共空间进行上盖物业或多功能立体开发利用的，且以自主开发为主，物业自持者
划拨	对国家重点扶持的能源、交通、水利等基础设施用地项目，可以以划拨方式提供土地使用权。对以营利为目的，非国家重点扶持的能源、交通、水利等基础设施用地项目，应当以有偿方式提供土地使用权。根据中华人民共和国国土资源部令第 9 号《划拨用地目录》，下列土地可以划拨获得：（一）党政机关和人民团体用地；（二）军事用地；（三）城市基础设施用地；（四）非营利性邮政设施用地；（五）非营利性教育设施用地；（六）公益性科研机构用地；（七）非营利性体育设施用地；（八）非营利性公共文化设施用地；（九）非营利性医疗卫生设施用地；（十）非营利性社会福利设施用地；（十一）石油天然气设施用地；（十二）煤炭设施用地；（十三）电力设施用地；（十四）水利设施用地；（十五）铁路交通设施用地；（十六）公路交通设施用地；（十七）水路交通设施用地；（十八）民用机场设施用地；（十九）特殊用地

可见，不论是从供给侧还是需求端来看，城市土地市场中的产品和交易规则都具有与众不同的鲜明特点。

2）土地的价格与价值

土地市场从理论上讲，在一定的价格水平下所有的土地均可出售。但对现实的土地市场而言，市场供给只是土地总量中允许出售的部分。而且，由于土地位置的固定性和土地市场的地域性，无法形成统一的市场价格，各地区土地市场之间，地产增值、贬值等相互影响不强烈，价格只依赖于当地供给与需求。

一般情况下，土地价格是指公开市场条件下形成的土地价格。无论是土地估价还是土地交易，其价格条件一般是指公开市场。在公平竞争的市场里，买卖双方均了解市场行情，公平竞争，没有不正常因素的影响，价格规律能有效地调节市场。事实上，在现实土地交易中，由于土地市场的特殊性，这种公开市场条件很难完备，统一价格也就很难形成。但是，每一次成交价都是一个很好的参照物或风向标，为土地市场中的各种比较建立了基准。

（1）土地价格的特点

土地是一种特殊的商品，其价格形式与本质有着与一般商品不同的特点。

①土地价格是土地的权益价格

土地是一种资产，能给人们提供恒久的产品和服务，而这种产品和服务的获得都以土地权利的限定为基础。因此，土地买卖实质上是一种财产权利的买卖，人们购买土地是购买获得土地收益的各种权利（权利束）。

②土地价格不是土地价值的货币表现，一般不依生产成本定价

一般商品交换价格是其价值的货币表现。人们可以根据其生产成本确定其价格。由于土地首先是一种自然物，不纯粹是人类劳动的产品，也就无所谓生产成本，所以土地价格的确定一般不以土地价值或生产成本为依据。

③土地价格主要由土地需求决定

一般商品的市场供给和需求决定该商品的市场价格，土地却不同。在宏观上，土地的自然供给是不能改变的，土地的经济供给在短期内变动也很小。因此，相对于土地需求来说，土地供给的变动总是很小的。这样，土地市场价格就主要由土地需求来决定。从微观上看，在某一个具体地域性市场上，土地供给又是可变的，在某一价格水平下，开发商可以在众多的土地（地块）供给中有一定的选择弹性。

④土地价格呈总体上升趋势

随着社会经济发展，城镇化推动城市人口增加，人地比例不断增大，社会对建设土地的需求日益扩大，从而使地租有不断上涨的趋势。

⑤土地价格具有强烈的地域性

在理论上可以说土地的供给和需求决定土地的市场价格。但是，由于土地位置的固定性而无法流动，土地市场具有强烈的地域性，形成各自相对独立的市场价格。

（2）土地价值的特征因素

价值是价格的来源。在谈论土地价值时，人们常用另外两个概念来解释，一是土地资源，另一个是土地资产。

土地资源（Land Resources）是指现在或在未来能给人们带来经济收益的土地。有的土地资源在当前不能被利用或可以利用但不能获得经济收益，然而人们仍然不愿放弃它，这是因为在未来技术提高后，人们可以再利用它并取得经济收益。土地的这种潜力或人们对土地未来收益的预期，使得土地资源变得非常重要。

土地资源包括人们对土地当前或未来收益的经济评价。同土地的概念相对应，土地资源在空间上也占据一定的范围。

土地资产（Landed Property）是土地自然性状的经济表现或反映。在市场经济条件下，一切能带来经济收益或未来可能带来经济收益的物质技术或信息，同土地所有者相结合，就形成资产，构成该所有者主体的财产，可以当作商品进行交换。1988年《中华人民共和国宪法》（修正案）规定了土地的所有权与使用权可以相分离，土地使用权可以依法转让，这是对使用权财产属性的法律认可。一旦土地或土地使用权可以在市场流通，土地所有者或土地权利所有者就拥有了土地这一资产。所以土地资产反映了土地同人类相结合的经济属性，具体的所有者与土地特定权利的结合可以称为土地财产。

土地、土地资源和土地资产三个概念说明人们从不同角度对土地这一自然与经济综合体的描述，是人类对土地不同认识的反映，它们也是土地在人类社会中的不同表现形式。在完全的市场经济条件下，三者的本质是相同的。从实用角度出发，可以将土地、土地资源和土地资产三个概念混用。

由此可见，土地价值的存在是有条件的，主要取决于以下四点：

（1）土地具有使用性：类似于价值是价格的基础，有用性（Utility）是土地具有使用价值（Value in Use）的前提。土地价值的高低就取决于土地在实践中的使用性。

（2）土地的稀缺性：稀缺性（Scarcity）决定了土地所有权或使用权的价值或价格。土地的稀缺性又取决于土地的供需关系。

（3）供需条件：土地价值的高低取决于土地的供需条件（Supply and Demand），某一类土地的需求越多，相类似的土地供应越少，则这类土地的价格越高。正常情况下，一定时期内土地价值具有稳定性，这也是土地估价的基础。

（4）可转移性：土地（权益）的可转移性（Transferability）是由法律规定的。土地只有具备可转移性才能满足买方的需要，才具有价值。失去可转移性就失去了价值存在的重要条件。目前，我国农村土地不允许直接进入市场，也就是集体土地没有可转移性，因此从理论上说农村集体土地没有市场价值。

7.1.6　土地价格变动的影响因素及趋势

1）影响土地价格变动的因素

凡是影响土地的供给与需求，或影响地租收益和土地再利用的一切因素都是影响土地价格的因素。我们把它们概括为一般因素、区域因素和个别因素三类。

（1）一般因素

一般因素是指影响土地价格的一般的、普遍的、共同的因素，它对土地价格的总体水平产生影响。它包括土地制度、城市规划、城市性质及宏观区位、土地利用计划、土地相关政策、人口状态、经济发展状况、社会安定状况等宏观因素。

①土地制度：土地制度包括土地所有制和土地使用制等。土地制度决定土地市场的形态、土地供给及利用方式等，因而决定地价。我国实行社会主义土地公有制，改革开放前一直实行土地无偿划拨使用制度，土地没有市场、没有价格。目前，土地市场已经建立，但市场交换的客体和形式仍受土地制度的制约，这自然会影响地价。

②城市规划：土地因其用途和利用程度不同而具有不同的收益能力，表现为级差地租。而决定土地用途和利用水平的主要因素是城市土地分类规划。同一块土地，规划为商业用途，其地价水平一般高于居住用途；即使有同一用途，规划容积率高的地块地价水平一般高于容积率低的地块地价。

③城市性质及宏观区位：城市等级不同，土地价格的总水平也不同。商业城市、工业城市、旅游城市、政治中心城市等其性质在一定程度上也决定了城市的土地利用方向和形式，决定了土地的总需求，从而影响地价总水平。同时，土地所处的宏观区位不同，其价格总水平也不同。如我国东部地区与西部地区，其城市地价总水平就不同。

④土地利用计划：土地利用计划主要影响土地的供给，进而影响地价。例如日本在20世纪60—70年代制定的"综合开发计划"和"国土利用计划"，就是为控制地价。

⑤土地相关政策：主要有房地产开发政策、地价政策、与土地相关的税收政策等，这些政策的单一或综合实施，对地价影响较大。如目前我国政府对协议出让土地实行最低限价政策就是一种地价控制政策，它有效遏制了土地出让中低地价可能导致的国有资产流失现象。

⑥人口状态：主要包括人口素质、人口密度和家庭人口结构等几方面。在人口净流入城市中，人口密度越大、家庭越小型化，住宅土地需求就越大，地价水平就越高。

⑦经济发展状况：主要指经济发展速度、财政收支状况、储蓄投资水平、居民的消费能力等。经济发展越快，地价水平一般就越高。

⑧社会安定状况：主要指国内政治局面、国际环境特别是周边国际环境状况、社会治安状况等。一般情况下，国内政局稳定、国际上和平与发展成为主流，社会治安状况良好，地价水平就上涨，反之则下跌。

（2）区域因素

区域因素是指对区域地价有总体影响的自然、社会、经济因素。区域是一个均质区域概念。在这一区域内，土地的利用条件和利用方向大体一致。主要因素有区域位置、基础设施条件、规划限制和环境质量等。

①位置：是指该宗地在城市功能分区中所处的具体地段的价值属性，它可以用时间和空间距离来衡量，如距商业中心的距离或距污染源的距离等。一般地讲，与正效应因素（如商业中心、学校或地铁站等）距离越近，地价就越高，反之则越低；距负效应因素（如污染源）距离越远，地价越高，反之则越低。

②基础设施条件：主要指对外交通、供水、供电、信息通信等基础设施和医院、学校等公用服务设施的供给和完备程度。这些投资有的含于土地整理之中，对地价产生直接影响，有的则通过改善宗地周围的环境质量从而间接影响宗地地价。

③规划限制：城市规划对地价的作用主要表现在区域的土地利用性质、用地结构、用地限制条件等方面。

④环境质量：主要指自然环境、社会环境和人文环境因素，包括地质、地势、水文、风向、社会治安、居民素质、人地比例、景观等。

（3）个别因素

个别因素是指宗地本身的条件和特征对宗地地价有影响的因素，如宗地面积、位置、形状、临街宽度、宗地开发程度、土地利用状况及规划条件和地质条件等。土地用途不同，各因素对地价的影响程度也不同。如宗地位置和临街宽度对商业用途特别重要，而地质条件和土地规划限制则对居住用地影响很大。土壤肥力对农业用地价格影响较大，但对建设用地却没有影响，等等。

2）土地价格变动趋势及规律性

（1）土地价格呈总体上升趋势

在市场经济条件下，土地价格主要受下列因素影响：

①社会经济发展水平提高：在城市土地价格的影响因素中，第二、第三产业的发展水平是其决定因素。我国1991—1993年间，第二、第三产业的发展速度明显加快，其投资利润也大大高于第一产业，从而决定了我国的资金和土地利用向城市迅速集中的趋势。

②人口数量及家庭户数增加：城市化是城市人口在自然增长的情况下出现了较大幅度的机械增长，人口数量及家庭户数增加，推动了社会对住宅需求的增加，从而拉动了土地价格的上涨。这是过去多年我国城市土地价格上升的原因之一。

（2）土地价格变动呈现周期性特征

总体来讲，土地价格在一定时期内上下波动，呈现周期性变动特征。

①土地价格的周期性变动受经济发展周期的影响。在宏观经济分析中，经济的周期性发展是其主要特征。房地产经济是国民经济运行中的一个子系统，因此，其价格变动规律也受宏观国民经济发展的影响，呈现周期性波动。

②土地价格变动受政府调节的影响。政府为了实现不同时期制定的经济目标，会在

不同时期采取不同的经济政策来调节土地价格，从而导致土地价格变动。

③土地价格变动具有明显的地区差异性。除了城市之间有差异，在同一个城市中商业中心区地价最高，随着位置由城市中心向城市边缘移动，土地价格逐渐下降。另外，在同一供需圈内，商业区的地价高于住宅区地价，也高于工业区地价。

④地价在房地产价格中所占的比例越来越大。从价格构成看，地价在房地产价格中所占的比重越来越高。例如，美国在20世纪50年代地价占房地产价格比重为10%～15%，70年代上升为20%，80年代达到30%左右。2009年国土资源部对我国105个城市地价动态监测的专项调查显示，在我国东中西部620个不同类型的房地产项目中，地价占房价15%～30%，平均是23.2%。

7.2　城市房地产市场：关于价值的实现

房地产（Real Estate），有时也称为不动产或者固定资产。

顾名思义，不动产者，抑或固定者，谓房屋定着于土地之故，非不想动，不能也。所以，不动产是建筑物、土地及其各种定着物的合称。

其中，土地的定义上面已有介绍。定着物可以被定义为：持续定着于土地，处于不容易分离之状态下的设施，例如构筑物、桥梁、石墙、水井等均属不动产。种植的树木也是土地的定着物，但暂时种植的花草则非土地的定着物。附着于土地之构筑物或工事，被视为建筑和场地的改良物，附着于土地的农作物及其他植物与水利土壤的改良物为农作物改良物。定着物或附着物视其同土地的联系程度而定，与土地的分离如果改变了土地或建筑物的功能且需较大费用的，可视为定着物，否则视为附着物。

由上可见，房地产包括三个组成部分：土地（Land）、改良物（Improvements）和定着物（Fixture）。而且，判断一物是否为定着物的标准应由法律规定。

我国自改革开放以来，在理论和实践中对于土地和建筑物（尤其是住宅和商业公建）的理解都完成了决定性的转变。可以将房地产定义为：土地及地上定着物和与地上利用相联系的地下改良物，同时，还包括以上组成部分所衍生的各种权利。可以把房地产的组成表述为下列结构（图7-5）。

图7-5　房地产的构成

建筑物作为房地产或者不动产的本质在于它与土地之间存在着物理上的和法律上的不可分割的联系。只有定着物才能成为不动产的必要组成部分，附着物是不是不动产的组成部分要具体判断。某物是附着物（Appurtenances）还是定着物可按以下三个标准进行判断：

（1）依附程度：在没有对不动产本身产生严重损坏的情况下，可以与不动产分离的物体为动产，而不被看作是不动产的组成部分。

（2）物体特征及其与不动产主体的关系特征：为建筑物的特殊用途而特别设置或为完成某一特殊用途而安装的物体可以认为是建筑物的长期组成部分。

（3）物体安装的目的：一般在租赁合同中对室内物体的安装、增减都应有明确说明，如书架、热水器等。永久性商业标志、装饰物作为商业建筑的附着物可以被视为不动产的组成部分。

7.2.1　房地产类别

房地产是由土地及其定着物组成的。土地与其定着物之间有一个特殊的关系，它们的结合增加了房地产价值，而不是二者价值的简单组合。土地及其定着物不同的组合就构成不同类型的房地产。根据土地利用方式可以将房地产分成以下几种类别。

1）工业房地产（Industrial Property）：主要是由用于工业生产的土地及其定着物组成（图7-6）。

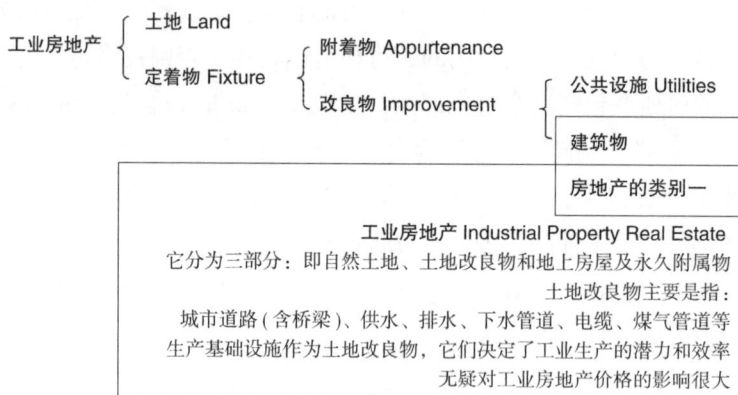

图7-6　类别一：工业房地产的构成

这里自然土地肥力的作用就没有那么重要，重要的是更深层的地质构造、地下水等。地上房屋及永久附着物是指与房屋密切结合，用于增加生产能力或改善生产条件的设施；而与房屋关系较松散的生产设备则不属房地产的组成部分。

2）商业房地产（Commercial Property）又称收益性房地产（Incoming Real Estate）：主要是由用于商业的土地及其定着物组成（图7-7）。

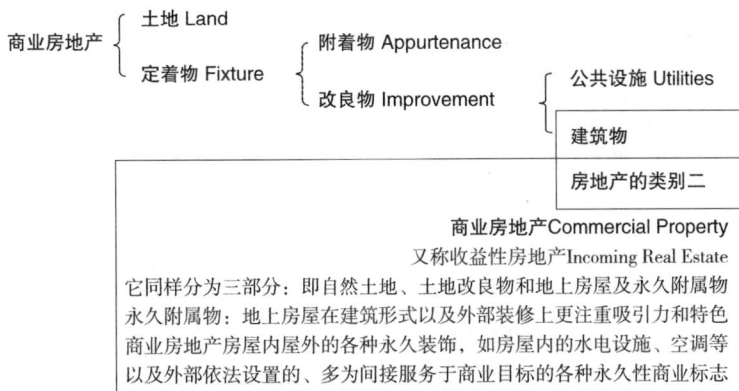

图 7-7　类别二：商业房地产的构成

这里应注意，有些直接或间接服务于商业目的的附着设施可归入房地产的组成部分，而某些直接用于经营活动的那部分，如柜台等则不能看作是房地产的组成部分，通常，它们被称为"动产性附属物"（Chattel Fixture）或"营业性附着物"（Trade Fixture）。

商业房地产又可以分成很多类型，例如办公、酒店、商业街、游乐场所房地产等。

3）住宅房地产（Residential Property）：是以服务人类居住为主要目的的土地及建筑物（图 7-8）。其中，住宅的位置、楼层和户型或者室内布置（Layout）尤为重要。

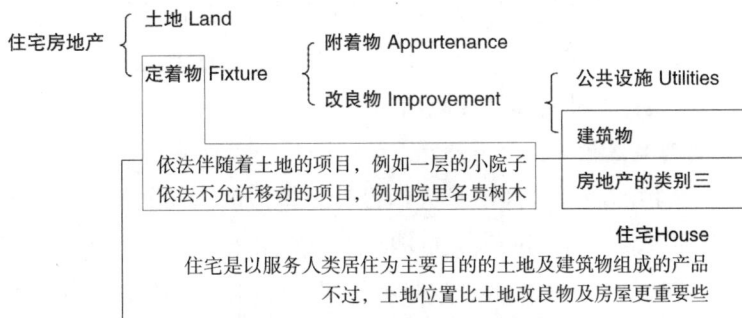

图 7-8　类别三：住宅房地产

住宅按其层数高度又可分为低层住宅、多层住宅和高层住宅；按其房屋式样又可分为别墅（Villa）、一般住宅（House）和公寓（Apartment）等。

4）特殊房地产（Special Real Estate）：属于前面三类之外的范围（图 7-9）。

用于特殊房地产的土地通常是以国家和政府划拨方式取得的，按照规定划拨的土地不得进行转让、出租和抵押。特殊房地产更准确的身份应该是属于国家或者城市的固定资产。在我国这类房地产通常是被禁止进入市场进行交易的。

不同类别房地产因土地位置与建筑物的功用（Utility）不同，则影响房地产的交易条件和价值高低的因素也不同。所以，适用的评估原则或主要的估价方法也不同。就算同一类别的房地产，不同子类创造的价值也不同，在估价时考虑的因素或选择的系数也

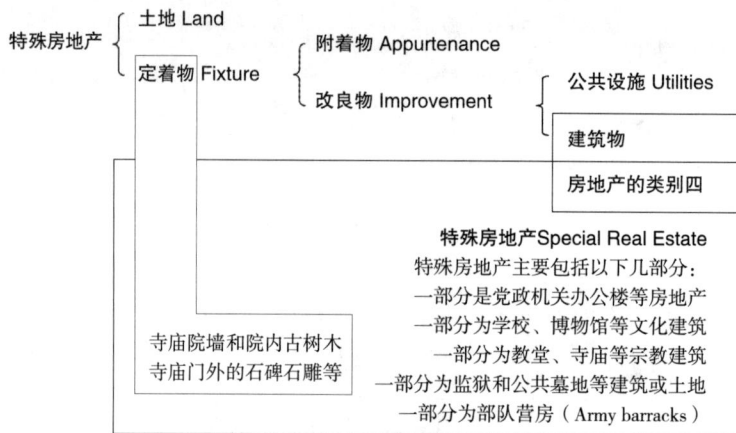

图 7-9　类别四：特殊房地产

不同。例如同属于工业房地产的重工业用地与轻工业用地相比创造的价值不同，土地的资本化率（Land Capitalization Rate）也就不同。在实际中，土地区位和土地利用方向对房地产收益影响很大。如果不分清以上房地产类别，随意选用一种估价方法就会出现估价结果的错误或偏差。

7.2.2　房地产的属性

房地产主要是由土地和房屋组成，因而它首先兼有二者的属性。同时，因处于广泛的社会关系中，成为各种复杂的社会、经济、政治关系的交织点，因而兼具商品属性、财产属性、投资品属性、社会属性和政治属性等。

1）房地产的商品属性

与土地是自然物不同，房地产是人们设计、建造的房屋与其占用土地的总称。因此，它是一种劳动产品，具有进行流通交换的价值基础，具有商品价格。房地产的价格取决于房地产的权利状况，不同的产权具有不同的价格。我国房地产产权类型多样，例如在城市房地产市场中有商品房、经济适用房、房改房等。

2）房地产的财产属性

统计数据表明，20 世纪 80 年代美国 73% 的有形资产是房地产，家庭财产的 60% 是房地产。在英国房地产价值占总财富的 1/3。中央银行研究组在《中国金融》杂志期刊公布的《2019 年中国城镇居民家庭资产负债情况调查》数据调查报告显示，我国城镇居民户均资产总额 317.9 万余元，家庭资产以实物财产为主，住宅占家庭财富比例的七成，住房贷款是家庭债务的主要构成，占家庭总债务的 75.9%。房地产也是很多企业、团体的重要财产，是其进行资本经营、融资的重要手段。

由于房地产价值量大，所以也是很多地方政府征收财产税的主要标的。

3）房地产的投资品属性

由于房地产价值的稳定性和在经济快速发展期有增值预期，它成为家庭投资、保值的主要工具。所以，房地产投资政策是政府引导家庭消费的主要手段。在我国，房地产的商品属性、财产属性和投资属性可以影响人们的投资行为。2016年底的中央经济工作会议首次提出"房子是用来住的，不是用来炒的"，此后，与房地产相关的部门陆续出台了与之相配套的政策，涉及房企融资、购房者信贷等方面。

4）房地产的社会和政治属性

住房问题是衡量一个社会生活水平和社会保障状况的重要标志，住房的社会保障制度也是一个国家社会保障制度的重要组成部分。因此，在特定背景下，房地产（特别是住房政策的制定）有可能成为一种政治议题，关系到社会的稳定和国民经济的健康发展。

住房政策是很多国家政府的重要政策之一。政府制定的房地产政策可能影响不同阶级或阶层的利益。例如英国政府1989年制定的人头税（Poll Tax）和在野党工党推出的房屋税（Roof Tax）就曾经成为一个严重的政治问题。第二次世界大战后相当长的一段时期，很多发展中国家都有禁止外国人或机构拥有本国土地或房地产的规定。

中国从1995年开始实行"安居工程"，1998年实行经济适用房政策，从1999年起开始推行保障性住房政策等都是我国社会保障政策的重要组成部分。

7.2.3　房地产市场界定：二分法

一宗特定住宅的公平市场价值为多少？物业经理能为自己的写字楼确定什么样的租金水平？现在是对某一宗建设用地进行开发的最佳时机吗？建设密度和建设用途应该是什么？诸如这样的房地产决策问题，必须建立在对每宗土地或每项业务的经济环境有充分理解的基础上。即便是个人购房置业投资决定也会考虑两个层面上的因素：微观层面和宏观层面。微观层面是指影响某一宗特定建设用地价值和用途的位置属性因素，而宏观层面则是指市场时机和所有对物业的利润、价格趋势和未来用途都具有广泛影响的因素，如利率水平和金融政策等。

房地产经济学是按照这种分类方法来划分的。在研究某个物业或某宗土地的使用、开发或者定价时，研究者采用了微观经济的分析方法。与此相对应的是，通过对每宗物业的分析归纳来研究市场的总体状况时，研究者则采用宏观经济学方法。

在房地产经济学中，位置因素在区分微观和宏观方法时起着关键性的作用。

房地产微观经济学在分析房地产市场的运行规律时，将空间或位置作为关键的或者首要的区分因素，并借鉴了城市空间经济学的结论。在某个地段，土地的市场需求是什么？某一建设用地的最高和最佳用途是什么？住宅价格与地点之间有怎样的关系，原因是什么？什么因素影响写字楼租金或者是什么因素影响企业和工厂的选址决策？房地产微观经济学通过对城市土地市场的运行状况和房地产开发理论的调查研究，对城市的空间结构做出了解释。

除了房地产微观经济学方法和宏观经济学方法的差异之外，我们还可以将市场划分为住宅市场和非住宅市场。这种简单的划分方法既有优点，也有缺陷，但是我们相信这样的划分是利大于弊。从宏观经济分析层面看，住宅市场与其他的非住宅市场明显不同。住宅价格和开工建设量的波动与写字楼、工业或者零售商业项目的租金波动或开工建设量之间没有什么密切的联系，参与这些市场中每类子市场的机构也是完全不同的。居住项目的承包商很少去建造文体项目，从事工业或写字楼项目的中介企业与从事居住项目的中介企业可能也没有什么联系。居住项目的融资有一个独特的抵押贷款发起过程，同时，居住项目的抵押贷款市场有一个活跃的二手抵押市场（在这个市场中，抵押贷款可以进行买卖）。商业融资通常是通过民间机构完成，但只有一个比较正式的、规模较小的二级市场。这样，在宏观分析的层面上，将不同的房地产项目作为不同的市场进行分析会有许多好处。

但是，在微观分析层面上，居住和非居住项目之间的差异却没有这么清晰。其原因在很大程度上是由于存在这样一种事实，即这两种类型的产品生产都使用和竞争共同的资源：特定位置的土地和资金。例如，由于居住用地和商业用地都会竞争使用同一城市中固定数量的土地供应，因此，居住用地和商业用地在价格上就会产生直接关系，商业和居住产品的位置也会由于就业者的通勤交通和购物者的交通问题产生密切的联系。与此同时，也应注意到居住和非居住项目市场参与者的行为是基于不同的经济理论和不同的行为动机。最后，许多有关土地用途的政府规章制度（如区域规划）对居住和非居住房地产市场都有着重要影响。

7.2.4 房地产微观经济学：建设场地的位置与形状

在界定一个市场时所涉及的第二个问题就是空间聚合问题，即怎样合理界定房地产市场的地域范围？市场范围应该被界定在邻里、城镇、大都市甚至全国性的这种层面上吗？对这个问题没有一个明确的答案，但在进行决策时却有两个概念性和实用性的标准。

1）从外部环境上看，房地产市场地域范围的界定应该包括受到相同经济条件影响的所有房地产项目。

显然，从国家整体经济形势到单一要素如利率的高低，都会影响房地产市场。但是，诸如就业和收入这些在全国各地差异较大的经济因素，对房地产市场有着非常复杂的影响。但是在实践上怎样界定这些区域或这些地方经济？对于这个问题，城市经济学家和社会学家已经进行了较长时间的探索。

从社会实践的角度看，城市地方经济数据，例如人口密度、人口数量、就业水平、就业人口的流动性以及通勤交通条件和交通模式等对房地产市场具有显著影响。其中，一般从城市整体市场的角度可以认为在大都市内部，通勤交通问题不应该成为影响大多数家庭在任意两个地方居住和工作的负担。也就是说，在大都市尺度下，就业者在该区域的择业不应该受到位置问题的影响。反过来说，大都市区内部的通勤交通问题成为这种潜在障碍的机会应该非常小。这是一种乐观的观点。事实上，人们之所以愿意远距离地奔波，或许可归因于住房的区位位置在人们的工作或家庭乃至社会交往中被赋予的至高地位（大众文化中存在的"地域鄙视链"），或者仅仅是出于收入原因。

1898年英国社会活动家霍华德的"田园城市"概念是一个旨在抑制乡村人口流向城市的疏散主义方案。在强调规划与建筑的社会（乌托邦）意义时，首次提出"职住平衡"理念——在其同心圆式的城市空间模型中，以交通方式决定其分散安置的距离。因而，田园城市也被认为是一种较为理想的城市职住平衡空间布局模式。

职住平衡（Job-housing-Balance）指在某一给定的地域范围内，居民中劳动者的数量和就业岗位的数量大致相等，大部分居民可以就近工作；通勤交通可采用步行、自行车或者其他非机动车方式。职住不平衡是过度依赖机动车、交通拥堵和空气污染的潜在原因，也是导致城市长距离"中心—郊区潮汐式"通勤的重要因素之一。

这种基于劳动力流动性的地方经济定义对于房地产市场的运作有着广泛的意义。假如大都市区的就业者能够坦然接受在该区域的任何地方居住，那么在某种程度上，这个区域的所有住宅相互之间就能形成竞争。例如，尽管通勤交通条件有好有坏，但从原则上讲，就业者对任何一套住宅都可以考虑购买。企业选址也有类似的竞争问题，从原则上讲，商业企业选择任何一处办公地点，都应该能够找到愿意到这里来上班的就业者。而在大都市之间，这种竞争问题通常是不存在的。住在北京的家庭不大可能接受通勤去上海工作，这意味着这两个区域的房地产市场基本上是没有联系的。大都市区内部房产之间能够产生竞争的原因在于就业者可以改变住所而不改变工作或改变了工作但不改变住所。市区人口的流动性是房地产竞争的原因，也是职住不平衡的体现。

2021年12月22日知名经济学者管清友参加腾讯新闻《你的关心尽管问》节目时建议年轻人别在通勤上浪费时间，告诫人们与其花2小时在路途上，不如选择在公司附近租住，把通勤时间用来充实自己："投资自己的回报率是最高的。"对此网友的回应"何不食肉糜？"获得了广泛的共鸣。看来，有关"区位"的任何建议都离不开"价位"即土地租金（房价或房租）这一城市房地产经济学中的本位问题。

2）从概念上讲，如果我们从宏观层面上将大都市区作为分析单元，那么在微观层面上什么是合适的分析单元呢？我们注意到宏观与微观经济学都涉及一个共同领域，即位置评估。位置评估包括位置定位及其四周邻近环境描述。地理位置定位可通过经度和纬度这两个坐标来确定地球上的一个地点，类似于城市中的户籍地址，不涉及相邻环境特征。经济地理学（Economic Geography）和空间经济学（The Spatial Economy）中的位置或地点概念既属于地理学，也属于政治、经济和社会学范畴。例如1978年，中国改革开放的总设计师邓小平如果不是在"南海边"而是在"东海边"或者在中国版图中的其他某一个点"画了一个圈"，那么那个被圈定的"点"发展到今天便会是另一番图景。经济地理学和空间经济学在宏观上所建立的位置分析模型，即"中心—外围"模式（Core-periphery Model）给微观经济学或者城市房地产市场中的位置（Location）概念提供了一个讲故事的框架。

微观经济学对"位置"评估采用形式分析和功能分析，即将城市土地划分成具体的建设场地，地块位置、大小、沿街长度、朝向等属于形式方面，规划限制和场地建设条件的完备程度（包括土地确权情况）以及地块与相邻地块之间的相互影响等属于功能方面，两种因素基本上决定了每一个地块的独特价值。

即使把房地产市场界定在大都市层面上，房地产市场也是包括了成千上万的独立项目（如宗地、住宅和其他建筑物），每个项目都占据着一个独一无二的位置，每一个位置都有其独特的形状和邻近条件（图 7-10）。

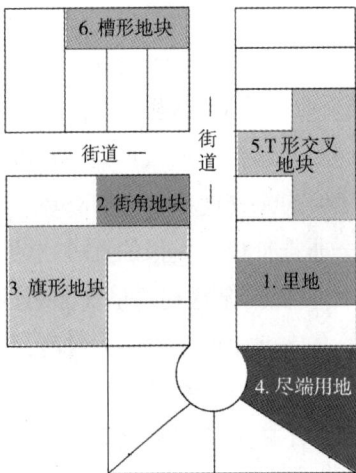

左图是根据美国《不动产评估基础》（第五版）（*Basic Real Estate Appraisal*）教材中列举的几种常见地块类型而整理的示意图：
1. 里地 Interior lot：一面临街。
2. 街角地块 Corner lot：两面临街。
3. 旗形地块 Flag lot：该地块与城市街道之间由内部道路连接。
4. 尽端用地 Cul-De-Sac lot：死胡同地块。
5. （空格大小与其他相同）T 形交叉地块 T-Intersection lot：丁字路口顶端。
6. 槽形地块 Key lot：私密性最差。

图 7-10　地块的位置与形状类型

每一个地块就是房地产市场中的宗地，是地籍的最小单元，被权属界址红线所封闭。一大片区内以宗地为基本单位统一编号，为宗地号，又称地号，权属界址有四层等级对应区、带、片、宗，从大范围区位到具体坐标逐级体现其所在的地理位置。一般情况下，一块宗地为一个权属单位；同一个土地使用者使用不相连接的若干地块时，则每一地块分别为一宗。每一个地块除了在位置和形状方面存在差别之外，还有开发程度上的巨大区别。根据开发程度和建设条件，宗地分为生地、毛地、净地、熟地等四种（表 7-8）。

宗地及其建设条件　　　　　　　　　　　　　　　　表 7-8

	宗地的开发程度或者建设条件具备情况
生地	已完成手续（招拍挂或协议或转让），没进行基础设施配套开发和土地平整，未形成建设条件的土地
毛地	已完成基础设施配套（道路交通水电气等）开发而未进行宗地内拆迁平整的土地
净地	已完成宗地内基础设施配套开发和拆迁平整，土地权利单一的土地
熟地	具备"七通一平"条件（道路、给水、排水、电力、热力、燃气、电信七项接通，平整场地），可以直接用于建设的土地

毗邻的建设用地有可能是类似的，但是绝对不可能完全相同。当一个市场上的所有产品都有一些差异时，这个市场被称为产品差异化市场。除了城市土地之外，劳动力是另外一个主要的产品完全差异化的市场。这种类型的市场是与日用品市场相比较而言的，日用品市场中的产品基本上可以看作是完全相同的。

在大都市区内，家庭和企业在不同位置之间的流动是房地产微观经济学的研究基础。由于在市场中的位置不同（如考虑通勤交通），具有流动性的家庭可以使城市中具有吸引力的地方（如通勤交通费用比较低的地铁及轨道交通沿线）很快形成较高的价格。城市土地市场地租理论提供了一种建立在这种空间高流动性基础上的研究方法。企业和就业者在大都市区的这种流动性也表明，当某一个地方发生经济波动时（如就业机会的减少或增加），将对所有位置的土地价格产生影响。

通过对城市土地市场每宗土地流转情况的观察可以发现，土地市场具有产品差异化市场所具有的典型特征：

（1）物业或者每宗土地的价格随着建筑属性或位置属性有着较大的变化范围，并且其变化有规律性。家庭或企业对于这些规律的判断决定了物业的整体价值。

（2）一宗土地的相对价格发生变化主要是在这宗土地的特性发生变化时产生。这种变化既包括建筑物物理特性的变化，也包括与这宗土地的位置和邻里关系相联系的特性发生变化（例如拆迁或旧城区改造引起的邻区变化）。

在物理特征方面，住宅价格随着面积、质量和户型发生变化的事实基本上不会引起什么争议。有相似建筑属性的住宅，由于位置差异而使价格有巨大差异的情况也确实存在。影响住宅价格的位置因素包括通勤交通时间、公共服务和街区品质（如学校声誉等）、自然环境特征（面对水面、可视景观、空气质量或者噪声水平）。位置的这些特征在一套住宅总体价值中决定了近一半的价值。房屋土地价格是在一个都市区土地市场中形成的。某个地段物业的增值额应该反映它与其他位置相比较而形成的"消费者效用"（对产品中某些或者某一特征的偏好）的折现值或者通勤时间成本的节省值。例如交通条件较好地段的增值额，应该看作是这种交通时间成本节省额的折现值。

区位（Location）理论认为，引起不动产价格变化的原因也有两种：

第一种原因是消费者对于特定的建筑类别和区位特征的价值判断发生了变化，从而导致市场上不动产的相对价格发生变化。例如，汽油价格的突然上涨使消费者对位于交通状况比较便捷的地点更为青睐。类似地，就业机会空间分布的长期变化，也可能导致某些特定类型的写字楼或者工业物业价值的长期变化。

第二种原因是不动产属性的变化。比较常见的情况是建筑属性的变化，包括诸如建筑物的复原、更新或扩建等变化。地段或者邻里特征的变化也有可能对物业价格产生巨大的影响。一个最为常见的例子是高速公路和交通设施的建设。在大都市的某些区域，如果有新的交通系统建设完成或者对旧有的交通系统进行了拓展，那么在交通沿线地区出现新项目开发建设的情况是非常普遍的。

直接度量这种交通条件变化对土地价值和房地产开发的影响是比较困难的，因为交通影响首先涉及整个地域的人口流动性，以致不能成为单一变量的数据直接对一般不动产的价值变动进行证明。

尽管困难很大，但是古典经济学家们仍然敏锐地捕捉到"距离"这一关键因素，建立起了空间经济学的大厦，从而实现了城市经济学分析的"空间转向"（Spatial Turn）。杜能（Johann Heinrich von Thünen，1783—1850，德国经济学家）1826 年著作《孤立国同农业和国民经济的关系》（简称《孤立国》*Isolated State*）被认为是现代经济地理学、空间经济学、城市经济学的开山之作。杜能的《孤立国》假定：

①广阔肥沃的平原中央只有一个城市，周围是乡村；

②乡村日用品仅来源于中央城市，城市的食物也仅来源于周围乡村。

二元空间结构中城市与乡村互为市场，市场距离是一个重要变量，距离决定着农业活动的空间分布规律（图 7-11）。

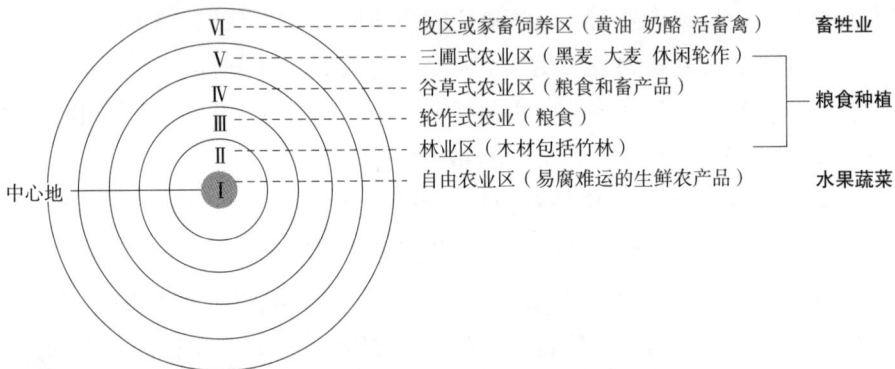

图 7-11　杜能的农业土地利用模型：杜能圈（Thünen Circle）

从一个与外界完全无联系的理想化中心地，由内向外形成 6 个同心圆式的农业地带。圈层空间即市场距离意味着级差地租（differential rent）与运费成本。

杜能考察问题的方法是"孤立化"，目的是排除其他要素的自然条件带来的干扰，只探讨一个要素即市场距离作为"最佳单变量"的作用，形成以下农业区位理论（图 7-12）。

"杜能圈"在空间经济学中被称为"模型的模型"。《孤立国》中关于空间位置的经济分析以及它的六个圈层模式对后人启发很大。20 世纪 60 年代，美国经济地理学家阿隆索（W.Alonso）用通勤者代替农民，中央商务区 CBD 代替孤立的城市，建立了单中心城市模型，城市土地级差地租（相对于农业模型中的土地肥力）按照同心圆分布，该模型至今仍然是城市空间经济理论的基础。如果把城市房地产类别看作是农产品之间的差别，那么城市土地上所"种植"出来的建筑产品应该符合下面的圈层理论（图 7-13）。

$$R = PQ - CQ - DkQ = (P - C - Dk)Q$$

R 地租收入	P C D k 农产品的市场价格 农产品的生产费 农产品的运费率 距城市（市场）的距离	Q 农产品的产量（等同于销售量）

单位利润

农业地租梯度分布
追求地租收入最大
斜率大小由运费率=作物价值/运费所决定
其中运费与距离及重量成正比
不易运输的农作物和易腐蔬果及笨重林材
其一般斜率较大，相反则较小
距离越远，运费越多，
应种植单位价格越高的农产品。

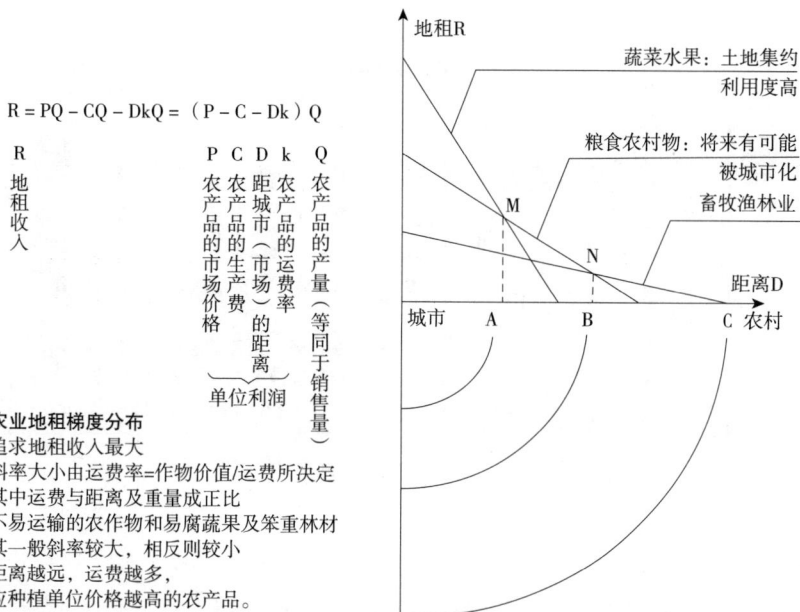

图 7-12　农业土地利用区位模型

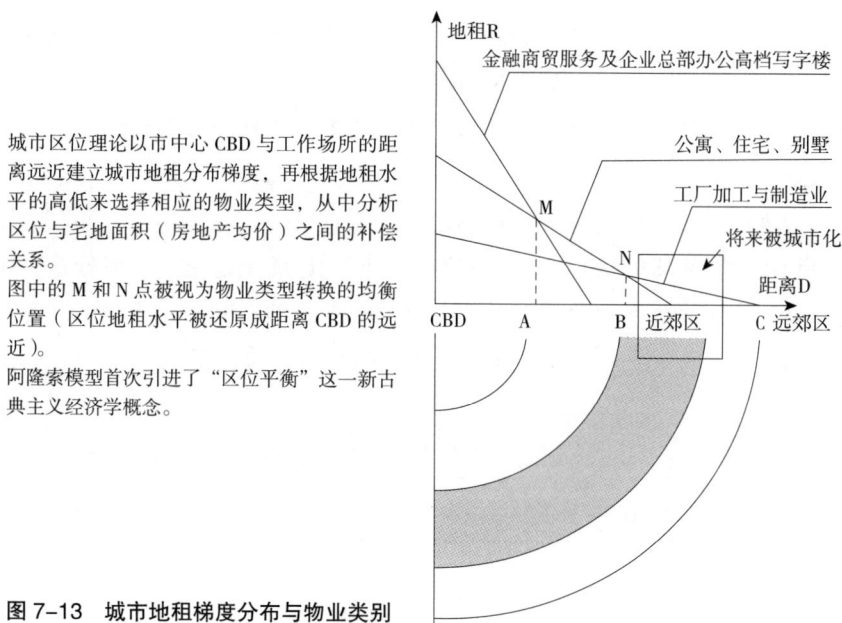

城市区位理论以市中心 CBD 与工作场所的距离远近建立城市地租分布梯度，再根据地租水平的高低来选择相应的物业类型，从中分析区位与宅地面积（房地产均价）之间的补偿关系。
图中的 M 和 N 点被视为物业类型转换的均衡位置（区位地租水平被还原成距离 CBD 的远近）。
阿隆索模型首次引进了"区位平衡"这一新古典主义经济学概念。

图 7-13　城市地租梯度分布与物业类别

　　20 世纪 90 年代初，美国的城市规划界和社区建设领域曾经兴起了一个"新城市主义"（the New Urbanism）的设计运动。其核心内容被称为"Smart Code"，类似于城市设计导则中的图例图样，是按照距离城市核心的远近顺序划分出一条条地带，每个地带上相应地建造与之匹配的房屋，从容积率、建筑密度、绿地率到路网密度与道路宽度乃至房屋风格样式都作了区分，因此"Smart Code"也称为"样带"（图 7-14）。杜安

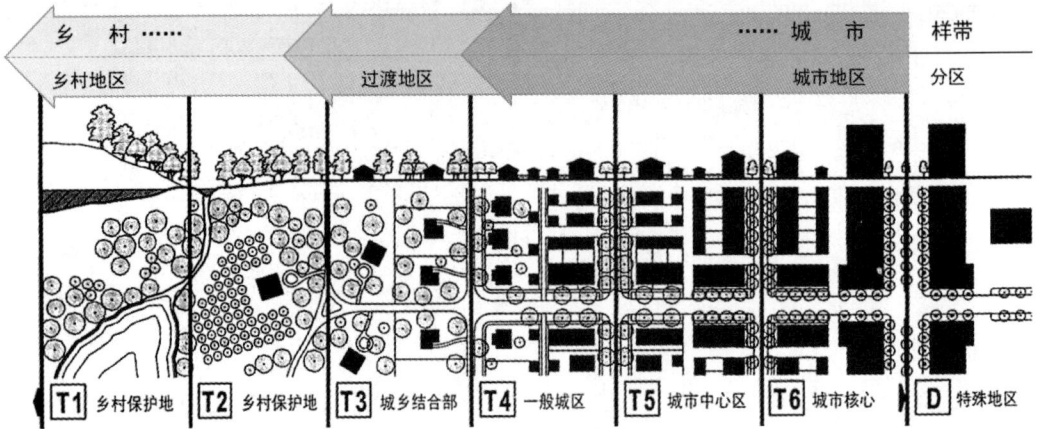

图 7-14　新城市主义图例或"样带"

尼（Andres Duany）和普拉特—齐贝克（Elizabeth Plater-Zyberk）在《新城市主义辞典》（*The Lexicon of the New Urbanism*，1998 年）论文中详细介绍这个理论和实践案例。

《新城市主义辞典》中的图例或"样带"是一个分类系统，类似于"杜能圈"的一个横截面，同样按照距离概念安排"农村—城市"空间序列（图 7-15），即以空间距离作为形态过渡的方法来区分和规定各个不同特色的区域和建筑，包括邻里规模、居住密度、建筑功能和风格的混合与配套以及街道比例等。

不难发现，从农产品作物种植到城市工业区选址，再到城市地租分布以及建筑类型与项目定位分析，区位理论的空间叙事中涉及的关键概念就是位置与距离。

房地产微观经济学不仅研究位置对物业租金或者价格的决定作用，同时也研究土地市场是如何利用价格来影响房地产开发密度和不同用途的土地位置如何分布：土地的高密度使用能够产生较高的土地价格；反之，越昂贵的土地越能激励土地的高密度使用。

房地产微观经济学另外一个原理就是"最有效和最佳使用"。土地市场与拍卖市场

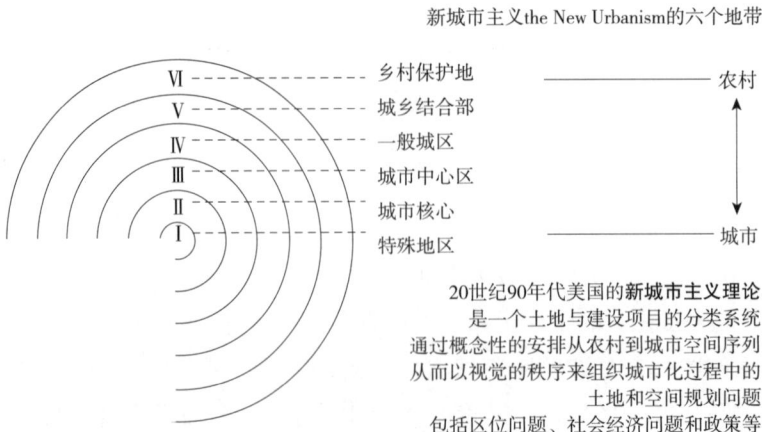

图 7-15　新城市主义理论与区位理论的对照

非常类似，每宗土地遵循"价高者得"（Success of Highest-price-offer）。在这个原则下，某个特定区域或者某个特定地段具有特定的用途，都应该是市场的自然作用——那只"看不见的手"——的结果。

对于微观经济学原理的全面理解，有助于我们理解城市随着时间变化的过程和土地价格、土地用途和密度的空间分布模式。为什么在城市闹市区，或者在海滩边上和其他自然环境比较优美的地区居住密度会比较高？中央商务区（Central Business Districts，CBD）是如何形成的？为什么城市郊区的开发量会呈现出爆炸性增长的现象？在对大都市土地市场的研究中，通过重点分析空间竞争中位置与距离这两个因素的长期平衡结果，就可以为这些问题提供答案。

然而，这种微观经济学方法无法探讨那些对城市建设市场中物业的增量和增速问题起决定作用的经济因素，也无法分析都市经济中的长期波动问题，这些问题是房地产宏观经济学重点研究的内容。

7.2.5　房地产宏观经济学：市场发展与波动

房地产微观与宏观经济学之间的差异在于整体市场这个概念界定上的不同。

宏观经济学把国民经济的总体波动现象作为研究对象，着重考虑一些宏观因素，诸如经济规划、金融政策、固定资产的投资规模与速度，产业之间的平衡以及房地产业中的存量（即现有建筑物和土地总体资产）与增量（即新增建筑物的总体资产）之间的关系等对房地产市场的发展和经济周期的影响方面。

从整体上看，房地产业是现代社会经济结构中一个重要的产业。在计划经济条件下我国没有房地产业。市场经济的发展、土地有偿使用制度和住房制度的改革是房地产业重新发展的前提。

在房地产经济中，存在着内在经济变量与外在经济作用之间的差异，研究这些外部作用对房地产市场内部变量的影响，通过对普遍的、一般因素的分析和度量，来解释和预测房地产整体变动趋势。在这里，一般因素是指对整个社会和地区的地价水平具有决定性影响的宏观因素，包括社会因素、经济因素、政策因素。

（1）社会因素包括①社会稳定状况。稳定时期人们乐于生产投资，经济发展带动地价的上涨。②人口状况。人口密度较大的国家和地区，地价一般都较高。人口增长或者外部人口流入，对土地的需求必然增加，地价上涨。③城市化。城市化使人口及各种经济活动向城市集聚，土地需求增加，城市边缘的农地也转化为土地利用强度较高、地价较高的非农业用地。但如果城市过于扩张或衰落，也会导致地价的下降。

（2）经济因素包括①国民经济水平和发展趋势。从世界各国的比较以及国内不同地区、不同城市的比较中可以看出，经济发展趋向于繁荣的国家和地区地价上涨；②金融环境。仅加息或降息的信息就能明显引起土地需求的变动；③税负。

（3）制度及政策因素包括①土地制度及政策。土地利用计划管理、土地用途管制、开征土地增值税、土地行政管理体制的改革等都会影响到地价的变动；②住房制度及政策。1998年我国结束住房实物分配的福利制度。此后土地、信贷、首付比率、税收、购房条件等政策对住房的生产与消费影响较大。

7.2.6 区位理论与房地产经济：成本、价格与价值

在经济学语境中，位置与距离意味着成本、价格与价值。房地产开发过程的成本包括下列已经支付或承诺支付的一系列价格总和（图7-16）。

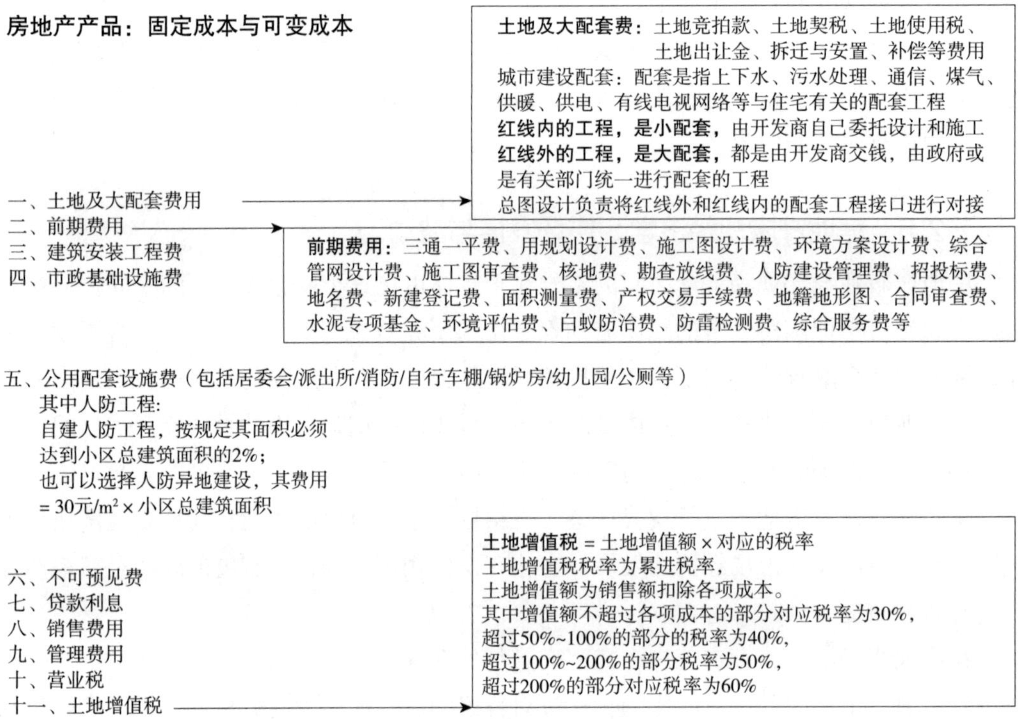

房地产产品：固定成本与可变成本

土地及大配套费：土地竞拍款、土地契税、土地使用税、土地出让金、拆迁与安置、补偿等费用
城市建设配套：配套是指上下水、污水处理、通信、煤气、供暖、供电、有线电视网络等与住宅有关的配套工程
红线内的工程，是小配套，由开发商自己委托设计和施工
红线外的工程，是大配套，都是由开发商交钱，由政府或是有关部门统一进行配套的工程
总图设计负责将红线外和红线内的配套工程接口进行对接

一、土地及大配套费用
二、前期费用
三、建筑安装工程费
四、市政基础设施费

前期费用：三通一平费、用规划设计费、施工图设计费、环境方案设计费、综合管网设计费、施工图审查费、核地费、勘查放线费、人防建设管理费、招投标费、地名费、新建登记费、面积测量费、产权交易手续费、地籍地形图、合同审查费、水泥专项基金、环境评估费、白蚁防治费、防雷检测费、综合服务费等

五、公用配套设施费（包括居委会/派出所/消防/自行车棚/锅炉房/幼儿园/公厕等）
其中人防工程：
自建人防工程，按规定其面积必须
达到小区总建筑面积的2%；
也可以选择人防异地建设，其费用
= 30元/m² × 小区总建筑面积

土地增值税 = 土地增值额 × 对应的税率
土地增值税税率为累进税率，
土地增值额为销售额扣除各项成本。
其中增值额不超过各项成本的部分对应税率为30%，
超过50%~100%的部分的税率为40%，
超过100%~200%的部分税率为50%，
超过200%的部分对应税率为60%

六、不可预见费
七、贷款利息
八、销售费用
九、管理费用
十、营业税
十一、土地增值税

图7-16 房地产成本构成

1）影响场地价格的因素

当把房地产市场定义为城市层面上时，影响土地价格的直接因素可分为两方面，即场地的区位因素和场地的个别因素。

（1）区位因素

所谓区位因素是指影响一个城市内部不同功能分区地价的因素。一方面是地理环境；另一方面是为实现分区功能而对城市环境要素的要求。

商业区：影响不同商业区地价水平的主要因素有①商业区经营规模、经营种类、聚集程度、竞争状况、繁华程度；②商业区腹地（吸引顾客的空间范围）大小、顾客的来源及购买力；③商业区内经营者的经营资历、资信、开拓精神；④商业区与外界的交

通通达程度；⑤区内环境、街道规划设计对顾客购物（附带商业娱乐）的方便、舒适程度；⑥土地利用控制（如容积率、建筑密度等）状况。

住宅区：影响不同住宅区地价水平的主要影响因素有①自然景观优美程度、环境清洁程度；②距商业中心的远近、与外界的交通通达程度；③水、电、燃气、邮政、电信、防火、垃圾处理等基础设施的配置状况；④学校、医疗、公园、娱乐等公用设施的配置状况；⑤区内街道、绿化等规划设计状况；⑥居民的人口构成、文化素养、治安状况；⑦土地利用控制状况（邻区变化）。

工业区：影响不同工业区地价水平的主要影响因素有①与原料供应及产品运输有关的交通便利程度；②雇佣劳动力的成本；③水、电、燃气、电信、防火等基础设施的配置状况；④相关产业的集聚程度；⑤环境污染及管制状况。

（2）个别因素

所谓个别因素是指影响同一功能分区内不同具体地块价格差异的微观特征，包括宗地的位置、面积、形状、地貌、地势、地质基础等。

宗地的位置（包括是否邻近街道、商业服务设施、通风、日照等）对地价的影响主要表现在对居住是否舒适、安全、方便，对商业是否可以吸引更多的顾客（如街角地块）。

不同的土地利用方式对面积大小有不同的要求。土地形状规则有助于土地的高效利用，地价也高；不规则形状土地的利用率和效用都较低，地价也较低。

地形、地质地貌方面，高低起伏的土地与平坦的土地相比，提高了土地开发的成本，相对地价较低。不过，高低起伏对独户住宅或许具有较高的美学价值。

与相邻土地相比，地势较低、容易发生洪涝、土质疏松、地下水位过高的土地会增加开发成本，因而地价较低。地质基础不稳定、容易造成建筑物变形甚至倒塌等损害的土地地价则很低。

土地利用的规划条件，特别是建筑高度和容积率的控制指标明显地影响地价，地价对容积率尤为敏感。土地分类性质与土地使用权年限的长短也会影响土地价格。

2）影响建筑物价格的因素

影响建筑物价格的因素大体有①建筑结构类型、设计施工质量、建筑面积及建筑功能、新旧程度等；②规模及高度。建筑物的规模影响单位价格与总价格；③用途。住宅、办公楼、商厦等，由于建筑用途不同，价格水平各异；④地区。不同地区建筑费用有差异，直接影响建筑价格的高低。

3）区位理论与房地产价格

区位理论是研究特定区域内关于人类经济活动与社会、自然等要素相互之间的内在联系和空间分布规律的理论。

具有不同地租或地价的地块之间不仅有距离、形状和方位等不同特征，还具有确定的空间分布规律。如果把土地作为区位理论研究的客体，而把各种已有的地理要素和社会经济活动的空间配置作为区位条件，分析研究这些条件在土地上的分布和变化特点以及它们相互组合对土地发生的综合影响和作用，就可以了解城镇土地的空间变化规律及其数量特征，并根据土地区位条件造成的区位空间差异，进一步评估出土地价格。

从区位理论来看，区位对城市土地起着极其重要的作用，是决定房地产价格的主要因素。在城市中由于土地区位不同，产生不同的使用价值和价值，使得同类行业在不同的区位上获得的经济效益相差很大，不同行业在同一位置上经济收益也相差很大。同一城市，从城市中心向城市边缘过渡，不同区位条件区位效益的递减规律依次是商业用地、住宅用地以及工业用地。同一条街道，临街或背街、临街宽度、临街深度等条件的差异，都会影响到商业用地的效益。区位优劣成为衡量地租、地价高低的标尺。

区位理论促使土地使用者在为建设项目选择场地时，必须把自己所能在该土地区位优势（Advantages in Geography）上获得的区位收益（Location of Income）与所需支付的区位地租进行比较，然后选择与其项目定位相适应的地段。否则土地利用在地租、地价这一经济杠杆，建设项目将不断地进行用途置换，最终形成土地收益和租金都趋向于最佳用途水平的合理的空间结构。因此，以区位理论作指导，从区位条件入手，用因果关系或者相关关系的推理思路，根据各种条件下形成的区位类型（自然、经济、交通）对该区位土地产生的影响，及其在空间上表现出的不同的使用价值和价值预期以及类似区位在市场交易中形成的地价和土地收益，就能准确地估算出该土地价格。

简言之，不同区位之所以影响房地产价格，可以归纳为两个方面的原因：一个原因在于区位（土地价值）是构成产品价格的重要因素；另一个原因是区位差异会导致交通成本和土地开发成本的差异。不同区位具有不同的开发程度，如基础设施和公共设施的完备状况，均会影响土地的效用和房地产价格。

4）成本、价格与价值

成本（Cost）、价格（Price）与价值（Value）在建筑经济分析中经常使用，尤其是涉及不动产市场分析，区别这些概念就非常重要。为了说明成本和价格，就必须先了解价值的含义和类型。

根据经济理论，价值基本上可以分为两大类，就是使用价值和交换价值。

使用价值是指某一产品或物品对于某一个特定用户的价值。比如，位于超市附近的一套住宅对于经营该超市的家庭的价值要高于对于一般使用者的价值。这种高出的价值是对该用户独有的价值。这个独有的价值常常被称为用户主观价值。

交换价值是指某一产品对一般人的价值，相应地，这种价值可以被称为客观价值。在适当的条件下，人们也将交换价值称为市场价值。这时，市场价值可以被广泛地理解为：在假设买方愿意和卖方愿意的情况下财产通常的售价。在实际中，市场价值又会通过经济与法律定义而发展出其他重要标准，例如，美国的不动产评估机构规定，市场价值指"在一个竞争和公开的市场上，在进行公平交易所必须的所有条件下，在买方与卖方各自谨慎行事并了解情况的条件下，以及假设价格没有受到不正当因素影响的情况下，一宗财产最可能带来的价格。"

　　根据市场价值的形成过程，即在理想的或正常的房地产市场中，房屋的空置率不应是零，库存不是极其迅速地售罄。市场上空置率很低的住宅和销售时间出现过短的情况，只有在特殊的条件下才可能出现，比如所谓的"学区房"市场。这意味着买方在市场上实际上没有选择权。反之，空置率过高，意味着大量的资金沉淀在房地产业之中，从而影响城市经济的健康发展。在两个极端之间，存在正常的或者结构性的空置率以便能够为买方提供充分的选择机会，并对卖方有充分的刺激作用。

　　由此可见，根据价值的分析，可以把产品价值理解为该产品在市场上提供某种服务的能力或支配别的商品的能力。而价格则是某人对价值的金钱评估。由于存在主客观两种价值类型，因此在现代经济中，决定价值的过程要复杂得多，比如，评估中的主观价值可能会大于、等于或小于产品的客观价值。另外，价格可能因为卖方或买方缺乏谈判技巧而发生变化，或者因为买方盲目乐观或卖方莫名悲观情况而发生变化，还可能因为交易双方中的任何一方在不同寻常条件（债务危机）下进行交易而产生价格的变化。

　　另外，也可能由于支付手段的不同而影响双方的交换价格，比如现金支付与非现金支付，一次性支付与分期支付等。

　　最后，在价值与成本的关系中，不动产的成本可能与它现在的价值没有任何联系。因为特定商品的成本是由历史数据、过去支付的价格或者现在建造一幢房屋所需要的资金数量决定的，而价格和价值则本质上是由市场中的供给与需求关系来决定的。

　　以上，我们对房地产经济中几个重要概念进行了分析，其中重点在于从微观经济学和城市土地市场的层面分析了城市土地的区位因素和位置概念对宗地价值的影响机制。其关联内容概括如下（图7-17）。

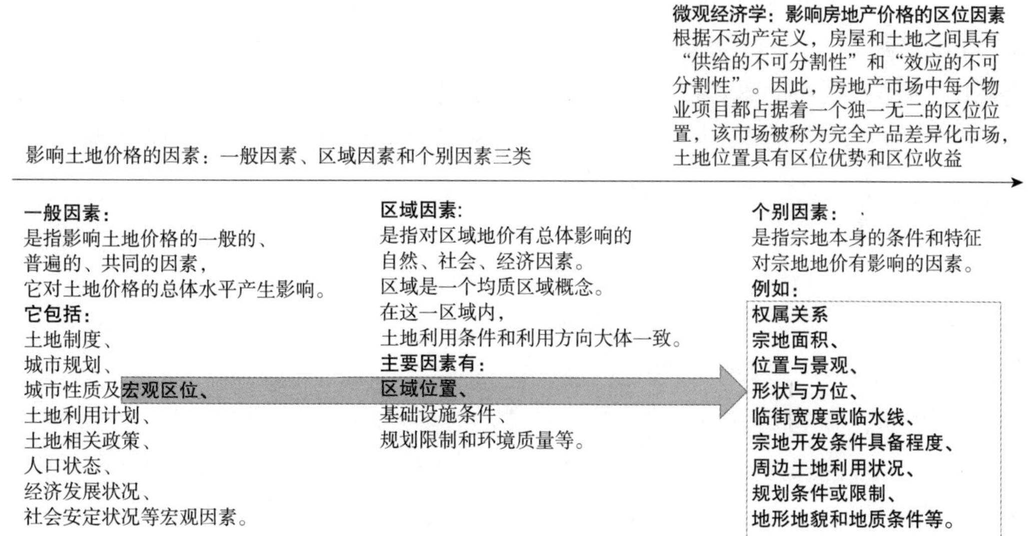

图 7-17　影响房地产价格的区位因素

7.3   可持续发展策略：关于价值的影响

可持续发展概念的内涵丰富，它有时是目标，有时又是手段；既强调保护，又强调发展。概念内涵的丰富使得其确切含义变得模糊起来。它似乎已经成为一种泛用的时髦词汇。然而，概念之被广泛应用，正是可持续发展思想在近年来迅速扩散并遍及时代大众意识与学术价值论证中的一种体现。

可持续发展思想源于人们对环境问题的认识及关注。

20世纪60年代以后，关于"增长的极限"有两种观点，即生态决定论者"增长有极限"的观点和技术决定论者"增长无极限"的观点。1983年12月联合国授命挪威首相布伦特兰夫人为世界环境与发展委员会（WCED）主席期间在一次里程碑式的报告中正式提出"可持续发展"的概念（图7-18）。

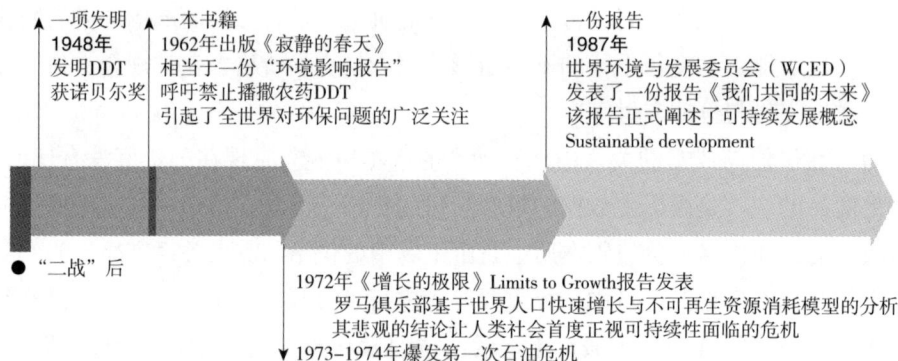

图 7-18   可持续发展概念的里程碑

1987年4月该委员会（WCED）长达四年研究、经过充分论证的报告《我们共同的未来》（*Our Common Future*）提交联合国大会，正式提出了可持续发展的模式。这份报告鲜明地提出了三个观点：①环境危机、能源危机和发展危机不能分割；②地球的资源和能源远不能满足人类发展的需要；③必须为当代人和下代人的利益改变目前的发展模式。

7.3.1   主要原则与基本思想

可持续发展的原则主要有三个：公平性原则、持续性原则和共同性原则。

其中公平性原则有三个不同层次的含义：

（1）代内公平，即本代人之间的公平。据瑞士信贷（Credit Suisse）发布的2019年的财富报告显示，占全球人口10%的富人，大多分居在工业化国家，拥有全球82%的财富，消耗了世界商业能源的80%。占全球人口80%的穷人大多分居在发展中国家，仅占世界商业能源消耗量的20%。因此，若要给世界以公平的分配和发展权，就必须将消除贫困作为可持续发展的优先解决的问题。

（2）代际公平，即几代人之间的公平。

（3）代内和代际公平分配有限的资源。《里约宣言》（Rio Declaration on Environment and Development，1992）将这一原则上升为国家间的主权原则：各国拥有按照其本土的环境与发展政策开发本国自然资源的主权，并负有确保在其管辖范围内或在其控制下的活动不致损害其他国家或在各国管理范围以外地区的环境的责任。

可持续发展的持续性和共同性原则的核心是指尽管世界各国在历史、文化和发展水平上存在差异，在可持续发展的具体目标、政策和实施步骤上也存在差异，但是可持续发展作为全球发展的总目标，所体现的公平性和持续性原则则是共同的。可持续发展观其核心思想是关注各种经济活动的生态合理性。

与注重生态的建筑设计理论发展相关的可持续发展的基本思想是：

（1）项目选址与土地利用方面承认并尊重自然环境的价值；

（2）设计程序上强调"综合决策""公共参与"和"后评估"；

（3）审计使用能源和原材料的方式，减少单位经济活动造成的环境压力。

综上所述，可持续发展是一种从生态系统环境和自然资源角度提出的关于当代人类长期发展的战略和模式。可持续发展的概念从理论上结束了长期以来把发展经济同保护环境与资源相互对立起来的错误观点，并明确指出了它们应当是相互联系和互为因果的，也是可以统一、协调的。

1993年由美国国家公园出版社出版的《可持续发展设计指导原则》（*The Guiding Principles of Sustainable Design*）中列出了"可持续的建筑设计细则"，其中涉及注重生态的建筑设计的内容基本上有以下六条：

（1）重视对设计地段的地方性、地域性理解，延续地方场所的文化脉络；

（2）增强适用技术的公众意识，结合建筑功能要求，采用简单合适的技术；

（3）树立建筑材料、能量的循环使用意识，在最大范围内使用可再生的地方性建筑材料，避免使用高蕴能量、破坏环境、产生废物以及带有放射性的建筑材料，争取重新利用旧的建筑材料、构件；

（4）针对当地的气候条件，采用被动式能源策略，尽量应用可再生能源；

（5）完善建筑空间使用的灵活性，以便减小建筑体量，将建设资源消耗降至最少；

（6）减少建造过程中对环境的损害，避免破坏环境、资源浪费以及建材浪费。

1993年6月17，美国建筑师学会（AIA）应国际建筑师协会（UIA）的委托，在芝加哥举办以"建筑在十字路口，为持久的未来设计"为主题的第18次世界建筑师大会。会议期间，由国际建筑师协会与美国建筑师学会共同起草了"为争取持久未来的相互依赖宣言"（简称芝加哥宣言）采纳了这些设计原则。可持续思想对建筑设计的影响主要体现在对生态建筑概念的认同及其在设计、建造与使用过程中减少对环境的影响方面。

7.3.2 可持续发展行动计划：以英国为例

1992 年在里约热内卢召开了联合国环境与发展大会（"地球峰会" Earth Summit），其主要成果是一致同意并通过了《21 世纪议程》《气候变化协定》《生物多样性协定》和《原则宣言》等四项文件和条约。其中尤其以《21 世纪议程》（*Agenda 21 UNCED*，1992）最为著名，其主旨在于采取广泛的行动计划，在下个世纪（即 21 世纪）达到可持续发展方式的升级版。

1994 年英国在《21 世纪议程》的原则指导下制定并发表了《可持续发展报告》，对国家经济中十个关键领域发展提出一系列总的原则。这些领域中有三个令开发商和建筑从业人员特别感兴趣——"开发和建筑""垃圾"以及"交通运输"。

在"开发和建筑"方面提出五个关于可持续发展的要点，包括①促进有吸引力和方便的城市地区建设；②鼓励在有可能减少能量消耗的地方开发新建筑；③鼓励城市土地和建筑再生，对被遗弃和被污染土地修复后加以利用、进行开发或者作为露天场所；④进行综合开发，把维持乡村经济和保护乡村的风景、野生动植物、农业、森林、娱乐以及自然资源价值等相结合；⑤在对开发进程感兴趣的所有人当中，促进对可持续发展的理解。

要点中的原则对专业设计技巧提出了更高要求。其中"有吸引力和方便的城市地区"这个提法预示着空间设计要考虑满足人们"在家里和工作时的追求和需要"，建筑师和其他设计专家力图以美观、舒适和实用的风格来满足消费者的期待。居住和工作方面有吸引力的场所在很长时间内都会具有活力，因此使建筑可以随着时间推移而进行改建，以满足几代人的不同需要。与此形成鲜明对比的是，1955—1965 年间在苏格兰最大城市格拉斯哥（Glasgow）东部修建的居住社区，规划可以居住 60000 人，现在却只能居住 12000 人。该社区建筑环境质量很差，房屋类型缺乏多样性，而且缺乏社会和休闲设施，使得这个新社区建成后遭到人们的排斥。因此，没有吸引力和不方便的城市地区，对所投入使用的土地、能源、建筑和社会资源都是极大的浪费。

在能源消耗最低的地方鼓励新的开发，而这样的地方常常又与现有的公共交通等基础设施相连。已有城市通常都有很好的铁路和公共汽车等设施。人们希望看到开发的方向指向这里，而不是绿色土地（农业用地）。

与此相关的另一个战略是鼓励城市土地和建筑的再生，或者进行再开发，或者保留作为露天场所。既有建筑中包含有劳动力、能源和材料等资源，因此把建筑回收加以转型和改建后重新投入使用，比拆除更有意义。如果说这个战略有利于建筑师能力的发挥，那么致力于对"被遗弃和被污染土地"的开发将进一步为环境学科专业人员的专业技能开辟市场。未来对重新开发被污染土地的需求，需要建筑教育能够提供包括污染控制、管理、绿化和建筑设计等服务的专业技术人员。

建筑是能源的主要消费者，建筑物的设计年限大约为 50~100 年。因此，今天所做的决定对环境的影响将一直延续到能源、土地和原材料都更为有限的下个世纪。通过确保建筑使用时的能源消耗（包括减少 CO_2 排放），来延长建筑物的有效使用时间，这符合用户利益，减少能源消耗和 CO_2 排放对全社会特别重要。

在英国政府发表可持续发展总结报告（1994 年 1 月）后不久，相继有一系列指导性文件出版，帮助把国家政策转化为地方上的行动。《规划政策指导方针》第 12 本笔记（PPG12）《开发计划和地区性规划指导方针》便是这些指导文件之一，它试着就如何平衡环境考虑和发展之间的压力向规划当局提出建议。表 7-9 是可持续发展的设计因素内容，分为城市设计、相邻地区的设计、地区性设计和建筑设计四个方面，每个方面又列出若干条目作为引导或者评价可持续设计的准则。

可持续发展的设计因素

表 7-9

在城市设计方面	在地区性设计方面
1. 简洁 2. 减少街道上的交通工具 3. 增加郊区的路网密度 4. 加强服务完善地区（城市道路交叉口）的利用 5. 四层住宅，混合利用 6. 醒目而且有吸引力	1. 与自然（公园、河道等）协调的设计 2. 优先使用被遗弃的土地或建筑 3. 增加绿色地带和绿色走廊
在相邻地区的设计方面	**在建筑设计方面**
1. 土地的多种使用模式 2. 安全和友好的街道 3. 保留历史建筑 4. 自行车道 5. 使用当地的能源	1. 地方性、安全性、环境影响小的设计 2. 经久耐用的设计 3. 可以重复使用的设计 4. 增加可再生能源的使用 5. 自我遮蔽的布局 6. 在用户控制下的能量管理 7. 与气候协调的设计 8. 有利于健康的设计 9. 向当地和自然学习

可持续发展的设计因素可概括为能量、环境和生态三个方面（图 7-19），可持续发展的社会因素可概括为社会、技术和环境三个方面（图 7-20）。

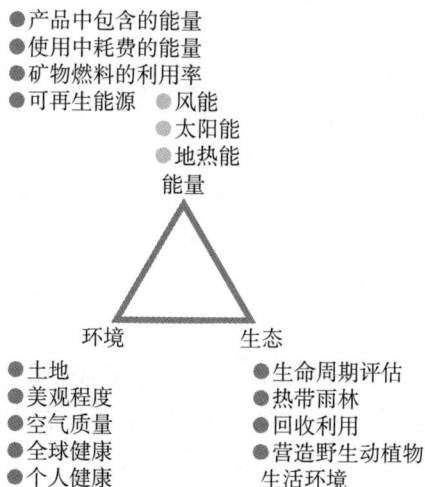

图 7-19　可持续发展的设计因素

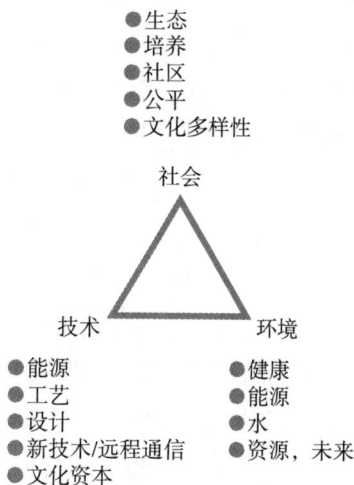

图 7-20　可持续性发展的社会因素

7.3.3 可持续发展行动计划：以中国为例

中国政府于 1993 年 3 月 25 日编制完成并公布了《中国 21 世纪议程——中国 21 世纪人口、环境与发展白皮书》，为中国长期发展制订了战略措施，也是中国政府和中国人民对履行全球《21 世纪议程》的庄严承诺作出的响应。

《中国 21 世纪议程》[*Agenda 21*（*Chinese*）UNCED，1993] 分为可持续发展战略、社会可持续发展、经济可持续发展、资源合理利用与环境保护四个部分，共计 20 章，涉及 78 个方案领域。总体上，《中国 21 世纪议程》文本与联合国《21 世纪议程》相呼应，是根据中国具体国情而编制的，它是中国可持续发展总体战略、计划和对策方案。它对我们努力建设一条在人口、经济、社会和环境、资源方面相互协调的，既能满足当代人需求的同时又对满足后代人需求能力不构成危害的可持续发展的道路和模式具有高度的指导意义。

1）挑战与机遇

中国的经济正处于快速增长的开始阶段，伴随大规模基础设施建设而来的是长期的建设周期。由此，现在的决策就会具有深远的决定性影响，它决定着中国的长期发展方向和经济发展质量。如果不依据可持续发展的原则和实践来计划和实施当前的巨大基础设施建设，那么中国向可持续发展过渡将是不切实际的。

其实，我国的现实行动表明，对于可持续发展的研究和实践，我国完全可以走在世界的前列，"没有中国参加的可持续发展，将是不可想象的"。但我国的可持续发展仍有许多问题要解决。

（1）发展理念。改革开放以来，我国从原有经济体制束缚中解放出来的生产力迸发出空前活力，使经济步入一个快速发展时期。但传统的工业增长方式和粗放的资源利用模式以及加速膨胀的城市化带来了严重的生态环境问题。不得不承认，中国现代化取得的重大成就在很大程度上是以牺牲环境和能源为代价的。由农业文明向工业文明的发展，由工业文明向生态文明的转变，在西方历时数百年的发展进程，高度浓缩化地被挤压在当代中国的发展进程中。

粗放型经济发展的实质就是不可持续的。这是一个结构性困难，如果不解决，将无法减少能耗，保护环境，可持续发展也无从谈起。

2015 年 10 月 26 日召开的十八届五中全会通过了《中共中央关于制定国民经济和社会发展第十三个五年规划的建议》，将"绿色"作为五大新发展理念（创新、协调、绿色、开放、共享的五个发展理念）之一，就是要解决好人与自然和谐共生问题，为我国现代化的生态转型指明了方向。

（2）人口素质。教育是国家发展的基础，国民教育水平的提升有助于国家经济和科技的发展。目前我国本科学历人口占总人口的比例还不到 5%，专科和本科学历的人口占比不到 9%。2021 年教育部发布的《2020 年全国教育事业发展统计公报》显示，全国共有普通高校 2738 所，高等教育毛入学率 54.4%。全国新增劳动力平均受教育年限

13.8 年，其中受过高等教育的比例达到 53.5%。人口素质尤其在体质和教育水平方面我国与发达国家相比存在一定差距。这些情况将影响我国可持续发展的经济效益、民主法制、社会公德的进程。

（3）发展方式。由粗放型增长向集约型增长的成功转变是现代化生态转型的实现途径。中国作为一个地广人多、发展起点低、社会经济发展不平衡的发展中国家，新型发展模式要求把实现经济、社会和环境的可持续发展作为绿色发展的目标，把经济活动过程和结果的"绿色化""生态化"作为绿色发展的主要内容和途径。

（4）制度建设。完善制度体系是现代化生态转型的根本保障。2015 年发布的《中共中央国务院关于加快推进生态文明建设的意见》和《生态文明体制改革总体方案》将生态文明建设的顶层设计和总体部署实化细化，共同形成了深化生态文明体制改革的战略部署和制度架构，确立了"源头严防、过程严管、后果严惩"的制度体系，为我国现代化生态转型提供了制度保障。

生态资源的最佳配置须经由两个步骤来实现：第一，确定什么样的资源以什么样的数量和使用条件作为生产要素和商品进入市场；第二，决定那些作为生产要素的生态资源在经济结构中的具体配置。前一问题应由国家宏观调控来解决，后一问题主要应由市场来解决。可见，从可持续发展要领看，在社会主义市场经济条件下，国家的职能不是弱化而是强化了，但不是像传统的计划经济那样去代替市场的角色，而是承担市场所不具备的新的功能。

（5）科教兴国。《中国 21 世纪议程》中提到："……力求结合中国国情，有计划、有重点、分阶段摆脱传统发展模式，逐步由资源型经济发展过渡到技术型经济发展"。发展科教是中国走可持续发展之路的真正关键，创新发展有利于可持续发展的高新技术发展，包括有利于环保、节省资源（尤其是不可再生资源）的技术；发展能效高的技术，如新能源、新材料等绿色技术等。2023 年中国提出的"新质生产力"（New Quality Productive Forces）概念为技术革命带来了新的发展命题和方向。

（6）小城镇建设。乡镇工业取得的成就和对社会的贡献是有目共睹的。但是总的来讲，大部分乡镇工业与同类城市工业相比，其万元产值的资源消耗率、生态破坏量，以及污染物排放量均较高。随着乡镇工业的蓬勃发展，引导及改变乡镇工业的这一现状，应用可持续发展观念去审查和完善乡镇工业的发展和管理政策尤为重要和迫切。

1980 年 10 月全国城市规划工作会议提出了中国城市发展的总方针，即"严格控制大城市，合理发展中小城市，积极发展小城镇"。进入 21 世纪后，"十五"计划（2001—2005 年）期间强调走大中小城市和小城镇协调发展的多样化城镇化道路，逐步形成合理的城镇体系；"十一五"规划（2006—2010 年）期间强调把城市群作为推进城镇化的主体形态，以特大城市和大城市为龙头发挥中心城市作用；"十二五"规划（2011—2015 年）期间强调以大城市为依托，以中小城市为重点，逐步形成辐射作用大的城市群，促进大中小城市和小城镇协调发展；2014 年 3 月国务院印发《国家新型城镇化规划（2014—2020 年）》内容包括建立城市群发展协调机制、完善城乡发展一体化体制机制、建设社会主义新农村、强化生态环境保护制度等共计 31 章，是今后一个时期指导全国城镇化健康发展的具有宏观性、战略性、基础性的规划。

道路漫长需持续努力。中国的环境问题和可持续发展从未像今天这样尖锐、突出。可持续发展的内在矛盾虽然近期内无法大有改观，但必须着手解决。《我们共同的未来》中描述的可持续发展所要达到的七大目标：经济增长、社会平等、满足人的基本需要、控制人口、保护资源、开发技术与管理风险以及改善环境，在目前很难同时顾全但不意味着不可能、不可为。

2）我国可持续建筑实践评述

如果狭义地理解，可持续建筑无疑是围绕能耗问题为核心进行设计、建造与使用的建筑。早在 20 世纪 80 年代初，瑞典隆德大学博·阿达姆森（Bo Adamson）教授和德国达姆施塔特房屋与环境研究所的沃尔夫冈·菲斯特（Wolfgang Feist）博士共同提出了一种新的建筑理念：房屋在不设传统供暖设施而仅依靠太阳辐射、人体散热、室内灯光、电器散热等自然得热的条件下，室内温度在冬季能达到 20℃以上，在夏季具有必要舒适度，这种房屋称为"被动房"（Passive House）。被动房的内涵是采用各种节能技术构造和最佳的建筑围护结构与合理的使用方式，极大限度地提高建筑保温隔热性能和气密性，使建筑物对供暖和制冷需求降到最低。在此基础上，采用各种被动式建筑手段，如自然通风、自然采光、太阳辐射和室内非供暖热源得热等来实现室内舒适的热湿环境和采光环境，最大限度地降低对主动式机械供暖和制冷系统的依赖，或者完全取消主动式设施。

2008 年我国开始引入以德国为代表的欧洲被动房的理念，探索适应我国气候条件、建筑形式和居民生活习惯的被动式低能耗建筑。被动房引入之初，国内涌现了多种迎合市场特殊需求的"被动房"名称，如"无源房""零能耗建筑""超低能耗建筑"等，但这些名称和概念都不能完整地概括我国被动式低能耗生态建筑含义。2015 年 5 月由住房和城乡建设部科技与产业化发展中心、河北省建筑科学研究院等共同主编，德国能源署参与编写的我国第一个被动式低能耗建筑设计标准——《被动式超低能耗居住建筑节能设计标准》颁布。该标准在广泛征求国内外专家意见的基础上，正式提出了我国被动式低能耗建筑的概念：将自然通风、自然采光、太阳能辐射和室内非供暖热源得热等各种被动式节能手段与建筑围护结构高效节能技术相结合建造而成的低能耗房屋。

根据研究，欧洲被动房的增量成本约为 150 ~ 285 欧元 /m^2，在我国目前的技术条件下，我国被动式低能耗建筑的平均增量成本约为 1000 ~ 1400 元 /m^2（含精装修）。增加的造价主要用于高性能的节能门窗、提高建筑气密性的措施和带热回收新风系统的设置。取消传统供热管网，缩小辅助供暖 / 空调设施规模或减少基础设施投入会抵消相当一部分增加的成本，同时高质量、耐久性好的建筑构件会显著减少其更新、维护、修缮的费用，从而减少建筑运营维护的费用。被动式低能耗建筑的静态回收期在 20 年左右，但由于建筑寿命的显著延长，节能的收益并不局限在 20 年，而是回收期以后在更长的时间范围内获得收益。

2008 年 8 月，国务院颁布的《民用建筑节能条例》强调对大型公共建筑实行用能定额管理制度。其中第三十四条明确规定，县级及以上地方人民政府建设主管部门应当对本行政区域内单位的能源消耗情况进行调查统计和分析，并制定单位能源消耗指标；对超过能源消耗指标的，应当要求单位制定相应的改进措施，并监督实施。2013 年 1 月 1 日《国务院办公厅关于转发发展改革委住房城乡建设部绿色建筑行动方案的通知》（国办法〔2013〕1 号）明确了重点工作包含建立完善的公共机构能源审计、能效公示和能耗定额管理制度；实施大型公共建筑能耗（电耗）限额管理，对超限额用能（用电）的，实行惩罚性价格；公共建筑业主和所有权人要切实加强用能管理，严格执行公共建筑空调温度控制标准。

限制的对象包括办公、旅游饭店、商场、饭店、医疗卫生、文化教育、普通高校等建筑，但从制定定额的省市情况来看，办公、饭店、商场、医疗等四类高能耗建筑为主要制定定额的建筑对象。

更广泛地理解生态建筑（Eco-build，确切地说是"生态建造"）的主要特征，或者说是可持续性目标，包括：

（1）节能和利用可再生能源。节能的技术原理是通过蓄热等措施减少能源消耗，提高能源的使用效率，并充分利用可再生的自然资源，包括太阳能、风能、水利能、海洋能、生物能等，减少对于不可再生资源，例如石油和煤炭等的依赖。在建筑设计中，结合不同的气候特点，依据太阳的运行规律和风的形成规律，利用自然采光和通风等被动节能措施来达到减少能耗；利用材料的蓄热和绝热性能，提高围护结构的保温和隔热性能；利用太阳能冬季取暖，夏季降温，通过遮阳设施来防止夏季过热，最终提高室内环境的舒适性。

（2）材料再生利用。使用再生或可循环利用材料和资源，例如在建筑的建造过程中使用再生的建筑材料，减少建筑垃圾；在建筑的使用过程中，提高水等资源的循环利用。另外提倡使用本地材料，减少运输距离和费用。

（3）减少废物排放。避免向外界环境排放有毒有害的污染物，通过各种手段在排放之前进行降解或做无害化处理。

（4）广义范围内的生态建筑和可持续发展建筑还涉及环境和文化领域。

以可持续性为目标、建筑设计为依托、以节能为着眼点，生态建筑主要表现为充分利用太阳能等可再生能源，注重自然通风和自然采光与遮阳，为改善小气候采用多种绿化手段，为增强空间适应性采用大跨度轻型结构，在水的循环利用，垃圾分类与处理以及充分利用建筑废弃物等方面实现节约资源和保护环境。

《绿色建筑评价标准》GB/T 50378—2019 中对绿色建筑的定义：在建筑的全生命周期内，最大限度地节约资源（节能、节地、节水、节材）、保护环境和减少污染，为人们提供健康、适用和高效的使用空间，与自然和谐共生的高质量建筑。

3）生态环境与建筑设计方法（表7-10）

环境概念与建筑设计对应方法   表 7-10

环境概念			建筑设计对应方法
与自然环境共生	保护自然	▲保护全球生态系统 ▲对气候条件、国土资源的重视 ▲保持建筑周边环境生态系统的平衡	· 减少 CO_2 及其他大气污染物的排放 · 对建筑废弃物进行无害化处理 · 结合气候条件，运用对应风土特色的环境技术 · 适度开发土地资源，节约建筑用地 · 对周围环境热、光、水、视线、建筑风、阴影影响的考虑 · 建筑室外使用透水性铺装，以保持地下水资源平衡 · 保全建筑周边昆虫、小动物的生长繁育环境 · 绿化布置与周边绿化体系形成系统化网络化关系
	利用自然	▲充分利用阳光、太阳能 ▲充分利用风能 ▲有效使用水资源 ▲活用绿化植栽 ▲利用其他无害自然资源	· 利用外窗自然采光 · 太阳能供暖、烧热水 · 建筑物留有适当的可开口位置，以充分利用自然通风 · 大进深建筑中设置风塔等利用自然通风设施 · 设置水循环利用系统 · 引入水池、喷水等亲水设施降低环境温度，调节小气候 · 充分考虑绿化配置，软化人工建筑环境 · 利用墙壁、屋顶绿化隔热 · 利用落叶树木调整日照 · 使用中庭、光厅等采光 · 太阳能发电 · 风力发电 · 收集雨水，充分利用 · 地热暖房、发电 · 河水、海水利用
	防御自然	▲隔热、防寒、直射阳光遮蔽 ▲建筑防灾规划	· 建筑方位规划时考虑合理的朝向与体型 · 日晒窗设置有效的遮阳板 · 建筑外围护系统的隔热、保温与气密性设计 · 防震、耐震构造的应用 · 滨海建筑防空气盐害对策 · 高热工性能玻璃的运用 · 高安全性的防火系统 · 建筑防污噪声防台风对策
建筑节能及环境新技术的应用	降低能耗	▲能源使用的高效节约化 ▲能源的循环使用	· 根据日照强度自动调节室内照明系统 · 局域空调、局域换气系统 · 对未使用能源的回收使用 · 排热回收 · 节水系统 · 适当的水压、水温 · 对二次能源的利用 · 蓄热系统
	长寿命化	▲建筑长寿命化	· 使用耐久性强的建筑材料 · 设备竖井、机房、面积、层高、荷载等设计留有发展余地 · 便于对建筑保养、修缮、更新的设计
	环境亲和材料	▲无环境污染材料 ▲可循环利用材料 ▲地产材料运用 ▲再生材料运用	· 使用、解体、再生时不产生氟化物、NO_x 物等环境污染物 · 防震、耐震构造的应用 · 对自然材料的使用强度以不破坏其自然再生系统为前提 · 使用易于分解回收再利用的材料 · 使用地域的自然建筑材料以及当地建筑产品 · 提倡使用经无害化加工处理的再生材料

环境概念·			建筑设计对应方法
建筑节能及环境新技术的应用	无污染化施工	▲降低环境影响的施工方法 ▲建设副产品的妥善处理	·防止施工过程中氟化物、NO_x物等的产生 ·提倡工厂化生产，减少现场作业量，提高材料使用与施工效率 ·减少甚至不使用木材作为建筑模板 ·保护施工现场既存树木 ·开挖的地下土方尽量回填 ·使用无害地基土壤改良剂 ·就地使用建设废弃物制成的建筑产品
循环再生型的建筑生涯	建筑使用	▲使用经济性 ▲使用无公害性	·保持设备系统的经济运行状态 ·降低建筑管理、运营、保安、保洁等费用 ·对应信息化社会的发展，引入智能化的管理体系 ·建筑消耗品搬入、搬出简便化，减少搬运量 ·采用易再生及长寿命建筑耗品 ·建筑废水、废气无害处理后排出 ·夜间蓄能 ·利于垃圾的分别回收处理
	建筑再生	▲建筑更新 ▲建筑再利用	·设备统一由中央移向外壁，以利于设备更换 ·建筑内外饰面可更新构造方式 ·充分发挥建筑的使用可能性，通过技术设备手段更新利用旧建筑 ·对旧建筑进行节能化改造
	建筑废弃	▲无害化解体 ▲解体材料再利用	·建筑解体时不产生对环境的再次污染 ·对复合建筑材料进行分解处理 ·对不同种类的建筑分别解体回收，形成再资源化系统 ·难以再利用材料之可燃化 ·利用解体材料的燃烧热
舒适健康的室内环境	健康的环境	▲健康持久的生活环境 ▲优良的空气质量	·使用对人体健康无害的材料，减少 VOC（挥发性有机化合物）的使用 ·符合人体工程学的设计 ·对危害人体健康的有害辐射、电波、气体等有效抑制 ·夜间换气 ·空气环境除菌、防尘、除尘处理
	舒适的环境	▲优良的温湿度环境 ▲优良的光、视线环境 ▲优良的声环境	·对环境温湿度的控制 ·充足合理的桌面照度 ·防止建筑间的对视以及室内的可能泄露隐私的通视 ·建筑防噪声干扰 ·吸声材料的运用
融入历史与城域的人文环境	继承历史	▲对城市历史地段的继承 ▲与乡土的有机结合	·对古建筑的妥善保存 ·对拥有历史风貌的城市景观的保护 ·对传统民居的积极保存和再生，并运用现代技术使其保持与环境的协调适应 ·继承地方传统的施工技术和生产技术
	融入城市	▲与城市肌理的融合 ▲对风景、地景、水景的继承	·建筑融入城市轮廓线和街道尺度中 ·对城市土地、能源、交通的适度使用 ·继承保护城市与地域的景观特色，创造积极的城市新景观 ·保持景观资源的共享化
	活化地域	▲保持居民原有的生活方式 ▲居民参与建筑设计与街区更新 ▲保持城市的恒久魅力与活力	·保持居民原有的出行、交往、生活惯例 ·城市更新中保留居民对原有地域的认知特性 ·居民参与设计方案的选择 ·创造城市可交往空间 ·设计过程与居民充分对话 ·建筑面向城市充分开敞

7.4 价值的市场因素和价值原则

以多年的实践为基础，评估师们提出了一些影响价值变化的市场因素和价值原则，这代表了他们对不动产市场运作的一种理解。下面的十个概念源自美国房地产教材《不动产评估基础》（*Basic Real Estate Appraisal*）一书。

1）预期 Anticipation

作为价值的一个影响因素，预期的概念体现了一个非常明显的观点，即价值评估应该以未来预期为基础，而不是仅仅局限于过去的表现。

这并不是说过去不可能成为预期未来的一个因素，或者一项投资的以往融资历史不应该好好研究。这个概念想要强调的是因为不动产预期寿命的延长性，评估师绝不能忘记关心的重点是未来的产出能力，而不单单是历史数据。

在20世纪80年代，美国许多办公楼投资因为贷款成本的迅速提高而导致严重损失。因为当时的租约并没有提到这一点，这些费用不能直接转嫁给租户，通常会挪用企业的现金流去弥补损失。在21世纪初期，我国个别城市的写字楼租赁空置率接近40%，写字楼项目投资损失严重。针对城市中心区商务写字楼市场的外部环境预期不足，也许成本的快速提高不可能被事先预期，但这也恰好说明了预期是认识区域和城市经济未来趋势的一项重要因素。

2）变化 Change

变化这一概念在某种意义上仅仅是预期概念的一个具体应用。这里要强调的重点是对影响不动产价值、并且造成可预期的后果趋势的确认。

变化是不可避免的，而且在影响价值的所有客观因素中都可以找到。因为影响不动产价值的自然环境、经济因素、社会因素和政策因素都在发生变化，对价值的评估只在评估师指定的时间才有效（评估基准日是指确定的资产评估价值的基准时间。考虑到当地房地产市场价格波动的幅度，在我国根据《国有土地上房屋征收与补偿条例》《国有土地上房屋征收评估办法》《房地产估价规范》《房地产抵押估价指导意见》等规定，城市、县级人民政府因公共利益向拆迁户征收房屋时，对拆迁户应给予公平补偿；而公平补偿的基本要求是不能低于"征收决定宣布之日"被征收的类似房地产的市场价格）。这包括在这一时间点上对这些变化的影响所做的最后评估。

3）供给和需求 Supply and Demand

在一个完全自由的经济市场中供给和需求的相互作用是价值的唯一决定因素。在一个非完全自由的经济市场（例如房地产市场）中建立一个竞争价格模型时，政府因素通常具有同样的重要程度。在任何情况下，需求必须以购买力为基础才是有效的，供给必须提供效用来吸引有效需求。

4）竞争 Competition

竞争概念表明了自由经济系统的一个重要原则：非正常利润不可能无限期持续下

去。换句话说，除非垄断利润受到唯一的位置（例如原产地）保护、政府管制或者一些其他因素，竞争都可能产生，它会快速地降低不动产的非正常利润，最终使利润回归正常水平。例如，第一个装有玻璃电梯的宾馆吸引了潮水般的顾客流，而且有一段时间产生超长的现金流。但是，竞争者抓住了这个概念，并安装了相似的电梯，它的现金流就会回归到一个更加正常的水平。

5）替代 Substitution

替代概念提出如果两份不动产具有同样效用，较低价格的不动产会先卖出去。在现行市场法中（尤其对比不同的不动产），问题就是实际上各种不动产是否都具有相同的效用，或者说它们具有多大程度的替代性？在重置成本法（Cost of Replacement）中，替代概念解释了为什么购买者不愿为一份现存的不动产，支付比在同样一块土地上修建相同房屋的成本更高的价格。机会成本与替代概念是相关联的，它们共同涉及一个非常著名的经济概念：要素禀赋（Factor Endowment），并追问这个现有要素禀赋"为什么被放弃了？"或者放弃了什么"机会"？

6）剩余产出 Land Residual

在产品生产的四个要素中，土地被认为是最后一个获得报酬的要素。这是因为它扮演了一个基础角色，而且要有回报必须首先支付其他三个要素——资本、劳动力和企业家才能——目的是为了"诱使"它们使用土地。因此，在一定意义上，给土地的回报是剩余产出，它是给予其他三个要素报酬之后的剩余回报。

例如，假设一对夫妇经营一家"夫妻店"式的快餐店。他们购买土地，建造这幢房屋，并且每天工作 12 小时，而且每周 7 天全部用来上班。经营的第一年结束时，他们赚了一笔钱。这笔钱都是什么要素挣得的回报呢？

第一，这对夫妇必须为他们雇佣工人（如果有的话）的劳动支付工资；

第二，必须留下一部分利润作为投资回收（代表资金的利息），而且再有一部分作建筑物中的投资的回报（店铺的装修与维护）；

第三，还有一部分回报归属于企业家（这个例子中的夫妇）的才能（比如产品创新和营销计划等）；

第四，余额，如果真正有剩余的话，那么，余额（剩余产出）= 经营收益 – 可变成本。可见，土地的剩余产出代表着经营（经济活动）的可持续性。

7）整合 Integration

整合概念认为当在一个社区的经济和社会中存在一个相当程度的一致性时，不动产会产生最大化的价值。这并不是说绝对的统一应该比其他所有状况得到更多的回报。相反，它解释了城市增长的分区理论和一定程度上相似的聚集活动能产出经济上的或者心理上的利益这一现实情况。分区规划法是对这个概念的一定程度的认可。

8）贡献 Contribution

贡献概念是边际效用法则的一个应用。这个概念认为对现有建筑物的一部分的改进，只有在现金流的增加代表了附加投资的合理回报时，才能在经济上证明其合理性。

例如，假设办公楼的所有者考虑用自动电梯替换人工电梯，这需要一笔初始投资，但一旦这个改进完成，经营费用就因为所需雇员的减少而下降，经营净收入的提高反映了投资的价值。除非减少的资金成本（节省下来的雇员工资作为边际收益）在经济上能够证明新电梯的初始投资（作为边际成本）的合理性，这位所有者是不会投入这笔资金的。

9）经济外部性 Externality

经济外部性原则认为特定不动产的外在因素有可能产生积极的或者消极的经济影响。例如，在城市垃圾掩埋场无遮挡的顺风向地带修建的住宅小区的价值会受到一个极大负面的影响；相反，一个接近主要干道的位置能够提高其使用价值。

从经济角度看，位置（区位中的具体地点）对于给定不动产的价值的影响比不动产受到其他的外部影响都大。而且，因为许多私人和机构拥有不动产，任何人都可能受到相邻的或周边的土地所有者的影响，或者是正面的，或者是负面的。

经济外部性原则是位置概念的直接应用，而且对全面理解预期和变化原则非常重要。

10）最高和最优用途 Highest and Best Use，HBU

不动产评估中最著名的、被引用最多的原则是最高和最优用途。这一概念的本质要求以可能产生最高回报、但风险与收益相匹配的用途为依据，对土地进行评估。换个说法，土地的最高和最优用途就是能为土地提供最高剩余产出的用途。在可预期的未来里，这个最高和最优用途必须在法律上、经济上和物质上都具有合理性，而且还必须考虑到所有相关的风险。

一份不动产的最高和最优用途在长期内也会发生变化。离 CBD 较远的小块土地现在可能最适合做一个杂货店，但是如果城市沿着这个方向发展，它的最高和最优用途就会发生变化，随着时间的推移，会逐渐证明大型建筑物的合理性。政府必须对这样的土地增长做出基础设施和分区规划方面的相应的准备，使更加密集的使用在物质上和经济上成为可能。

最高和最优用途（HBU）被定义为：空地或已开发的地产的合理性、合法性的用途，它应是物质上和经济上可行，而又能得到这份土地的足够支持的用途，并且最终能产生最高价值。这一定义特别适合生地或者已开发的地产。当一个位置已经有房屋，这个最高和最优用途可能不是现有用途。这个现有的用途将会存在下去，除非最高和最优用途中的土地价值超过所有现有房屋的总价值与拆除这些房屋的费用之和。

这一定义暗示了特定用途对社区发展目标的贡献，和这一用途对不动产所有者带来的利润，都纳入了决定最高和最优用途的因素。这种用途是由分析决定的，只是表达一种观点，而不是被发现的一种事实。在评估操作中，最高和最优用途的概念代表了价值的前提。

近些年，美国不动产专业词典阐明，最高和最优用途就是在一个给定的有效需求水平和融资条件下的合法的，技术上和经济上可能实行的用途。而且最优用途被定义为对社区规划目标和政府限制比较敏感的一种用途，行业却对这种概念保持微妙的自大或者模棱两可的态度。城市经济学和评估师认为，最优用途是指不动产的产出能力，来自于分配过程给予不动产的经济余额和不动产的消费支出额。

HBU 的有效定义表述了一个有条件的最大化问题，即一个包括自然环境、法律规范、土地和资金贡献的最大化组合。因而，从数量上 HUB 可以认为是在边际成本（新投入的资金）与相对应的边际产出相等时才出现。

在上述的十个价值原则中，最高和最优用途（或者最有效和最佳使用）可能是最著名、影响最广泛的一个概念。这种用途是通过两个假设状态之间的比较分析来确定的。这两个假设是：

（1）假设土地空闲时存在某种潜在的或理论上的最高和最优用途；

（2）假设最初建设时就是最高和最优用途（例如城中村或近郊工厂）。

同一块土地或者该土地上的建筑，如果初期的使用亦即现有用途与目前假设作为空地时的最高和最优用途不同，那么当前这种使用被称为"临时用途"（Interim Use），也就是说，建筑价值是土地潜在用途（假设未来还有更好的用途）的函数，土地上的房屋类型只是分摊了"临时用途"的价值。根据上述其他九项价值原则，房屋面临着被改造或者替换的经济压力。

国内外的城市发展历史中，城市更新、旧城改造、工业建筑及其园区的搬迁和土地再利用等项目可以视为最高和最优用途的替代实践。

最后需要指出的是，根据本章前面内容以及我们对城市房地产市场的了解，所谓"最高""最优"这种数学函数曲线上的最大化极值大多是一个理想目标。因此，即使在一个完全自由竞争的市场中，我们最好或者也只能把最高和最优用途概念看作是法律上许可（Permission）、技术上可能（Possibility）、经济上可行（Feasibility）、在有效需求条件下收益最大的用途，即最高和最优用途在建筑工程设计实践中本质上是一个有条件的最大化（Conditional Maximization）。

思考题

1.关键概念

土地	房地产	可持续发展
建设用地	城市用地分类	宗地及其建设条件
土地市场	区位理论	最高和最优用途（HBU）

2. 简答题

（1）简述土地的经济供给及其影响因素。

（2）同一般商品市场相比，土地市场或不动产市场有哪些特殊性？影响土地价格变动的因素有哪些？

（3）简述我国房地产的类别及其属性。

（4）在房地产市场中，空置率水平为什么值得关注？

（5）简述可持发展的设计原则和设计因素。

下 篇

建设项目经济与评价

Chapter 2
Economic Evaluation of the Construction Project

第8章 资金的时间价值与等值计算

8.1 资金的时间价值

8.1.1 货币、资金、资本

货币、资金和资本是三个相互联系而又不等同的概念。

货币是充当一般等价物的特殊商品，是商品交换的媒介。资金则是企业生产经营中财产物资的货币表现，它表现为生产过程中物资的价值运动量或运动中的价值量，是组成企业生产经营过程的要素之一。它与资本、物资、货币有着紧密的联系。

资金虽然是物资的货币表现，但并非全是货币，没有投入到再生产过程并与物资相联系的货币只能是货币而已，不能说是资金。只有投入再生产过程并与物资紧密结合的货币才能转化为资金。

资本是投资者为获取盈利而投入的资本金，它可以是物资，也可以是货币。一般而言，资本是企业的资金，而企业资金则不一定是企业资本，它可以是企业的资本，也可以是企业的负债。

货币本身没有时间价值，如果把货币封存起来，过了若干年后，它仍然只代表它本身的价值。但不论是资本、资金、物资还是货币，只要是投入再生产过程，就有可能带来增值。

8.1.2 资本增值

要准确理解资金时间价值的含义，首先需要弄清楚资本的增值。资本在扩大再生产及其循环过程中，随着时间的变化会产生增值。资本之所以能够增值，是由于资本投入到生产或流通领域中，不断运动，并与其他生产要素相结合，形成有机的、完整的、现实的生产力，生产出价值比投入的资本更大的劳动成果，从而实现了资本增值。可见资本增值是资本在循环过程中与其他生产要素有机结合产生的结果，说明资本增值是所有生产要素共同发挥作用造成的，而不仅仅是资本的功劳。劳动是资本增值的关键因素。

经营者把资本投入到生产当中的目的就是使资本增值。社会再生产过程分析中，资本的循环公式表示为：

$$G—W\cdots P\cdots W'—G'$$

246

这里的 G' 一般是大于 G 的，G' 减去 G 的部分，就是资本的增值。资本的增值是资本在生产运动过程中实现的，因此要从时间因素上去考虑它的动态变化。

8.1.3　资金的时间价值

1）资金时间价值的含义

资金的时间价值是指资金在生产、流通过程中，随着时间的推移而不断发生的增值。

资金的时间价值就是资金这个单一生产要素被占用一定时间而应该得到的价值补偿，或经营者为得到资金在一段时间内的使用权而必须付出的代价。由于把资金存入银行的投资方式仅仅是向社会提供了单一的生产要素，所以从银行得到的全部资金增值额就是资金的时间价值。

资金的时间价值应当为社会平均资本折现率而不应当是某个企业的资本增值率。两个企业的资本增值率即利润率有时相差悬殊，是由于它们所拥有的经营才能和技术这两个生产要素相差悬殊所造成的。利润的分配应当是按各种生产要素的贡献分配，而不应把利润全都视为资金的时间价值。

增值的关键在于资金的周转，资金只有周转才能带来增值，才能实现其时间价值。增值的实质是劳动者在生产过程中所创造的新价值。马克思的劳动价值学说是资金具有时间价值的理论基础。

由于资金具有时间价值，因此人们常常会说："时间就是金钱，时间就是效益"。树立资金具有时间价值观念，对于经营者来说是非常重要的。重视资金的时间价值可以促使建设资金的合理利用，使有限的资金发挥更大的作用。缩短建设周期，加速资金周转，节省资金占用的数量和时间，都能够提高资金使用的经济效益。

2）资金时间价值的衡量

资金时间价值的衡量尺度通常有两个：利息和利率。

利息、盈利或净收益都可视为使用资金的报酬，它是投入资金在一定时间内产生的增值。一般把银行存款获得的资金增值叫利息；把资金投入生产建设产生的资金增值，称为盈利或净收益。利息是衡量资金时间价值的绝对尺度。

利率是一定时间内所获利息与投入资金的比率。它是衡量资金时间价值的相对尺度。

3）单利与复利

利息的计算分为单利和复利两种。

单利是只按本金和时间计算利息，而本金产生的利息不再计息。按单利计息，利息与本金和时间成线性关系。如果用 P 表示本金数额，n 表示计息的周期数，i 表示单利的利率，I 表示利息数额，则有：

$$I = Pni \qquad (8-1)$$

如果用 F 表示本利和，则有：

$$F = P + I$$
$$= P + Pni$$
$$= P（1 + ni）\tag{8-2}$$

【例 8-1】 某人以 10% 的年利率借款 10000 元，借期为 5 年，按照单利计算，问 5 年后该支付多少利息，本息和是多少？

【解】 $P = 10000$，$n = 5$，$i = 10\%$

$$I = Pni$$
$$= 10000 \times 5 \times 10\%$$
$$= 5000（元）$$
$$F = P + I$$
$$= 10000 + 5000$$
$$= 15000（元）$$

应当指出，单利没有完全反映出资金运动的规律，不符合扩大再生产的实际情况。实践中通常采用复利计算。

所谓复利，是不仅本金计息，而且产生的利息也要计息，即每一计息期的利息额都是以上一个计息期的本利和作为计息基础，也就是通常所说的"利滚利"。我国在项目技术经济分析中按复利计算，这样更符资金运动规律。复利有间断复利和连续复利之分。前者以间断期作为计息周期，后者以瞬时作为计息周期。从资金时间价值的内涵看，连续复利更符合资金运动规律。但为了便于计算，一般都采用间断复利法，计算公式如下：

$$F = P（1 + i）^n\tag{8-3}$$

【例 8-2】 某人以 10% 的年利率借款 10000 元，借期为 5 年，按照复利计算，问 5 年后本息和是多少？

【解】 $P = 10000$，$n = 5$，$i = 10\%$

$$F = P（1 + i）^n$$
$$= 10000 \times（1 + 10\%）^5$$
$$= 16105（元）$$

由例 8-1 和例 8-2 的计算结果可以看出，等额的本金在相同的利率和计息期情况下，复利利息比单利利息大。

在本书中，下面讨论的利息问题如非特殊说明，利息都是指间断复利，利率都是间断复利率。

8.1.4　名义利率和有效利率

当计息周期与付息周期不一致时，如按付息周期来换算利率，则有名义利率与有效利率的区别。在复利计算中，一般采用年利率。而年利率的计息周期可以等于一年也可以小于一年。若利率为年利率，实际计息周期也是一年，这时年利率就是有效利率；若利率为年利率，而实际计息周期小于一年，如按每季、每月或每半年计息一次，则这种利率就为名义利率。名义利率可以定义为：

名义利率 = 周期利率 × 每年的计息周期数

若名义利率为 r，在一年内计算利息 m 次，则有效利率 i 为：

$$i = \frac{P\left(1+\frac{r}{m}\right)^m - P}{P} = \left(1+\frac{r}{m}\right)^m - 1 \qquad (8-4)$$

由上式可知，当 $m = 1$，即付息周期与计息周期相同时，则 $i = r$，即有效利率与名义利率相同。当 $m > 1$，即付息周期中计息次数大于 1 时，则 $i > r$，即有效利率将大于名义利率。而且 m 越大，两者相差也越大。在技术经济分析中，均按有效利率计算。

【例 8-3】 两个银行提供贷款，甲银行年利率为 18%，一年计息一次，乙银行年利率为 17%，每月计息一次，问哪个银行有效利率低？

【解】 甲银行的有效利率与名义利率相等，都是 18%。乙银行的有效利率为：

$$i = \left(1+\frac{0.17}{12}\right)^{12} - 1 = 18.39\%$$

故甲银行的有效利率低。

8.2　现金流量与等值计算

8.2.1　现金流量

1）现金流量的概念

在经济活动中，任何方案和工程项目的实现都伴随着资金的支出与收入。在技术经济分析中，企业所有的资金支出统称为现金流出，所有的资金收入统称为现金流入。如果把投资项目看作一个系统，用数字来衡量的现金流入和流出的大小称作现金流量。通常现金流入叫作正现金流量，现金流出叫作负现金流量，某一时刻的正、负现金流量的代数和，就是这一时刻的净现金流量。

2）现金流量图

为了形象地考察项目在其整个计算期内的各个时刻发生的现金流入与流出，通常用现金流量图来表示。它的做法如下：画一水平直线表示时间轴。在时间轴上取相同间隔的点，每个点对应一个时刻，表示该时间段的末，同时也表示下一时间段的初。间隔的时间单位就是计息周期，通常以年为单位。在不同的时刻上，用向上带箭头的比例线段表示现金流入（正现金流），用向下的带箭头的比例线段表示现金流出（负现金流）（图 8-1）。

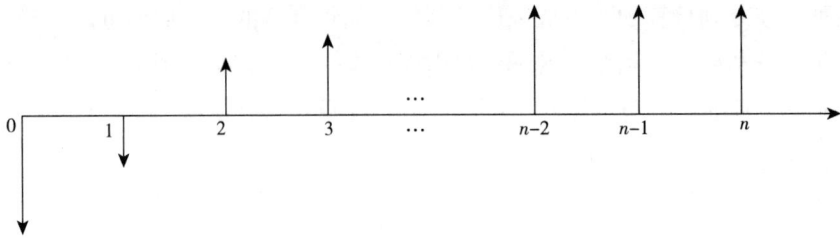

图 8-1　现金流量图

3）资金的现值、将来值

资金具有时间价值，在现金流量图中，时间横轴上不同的点代表不同的时刻，对资金进行比较，应该把不同时刻点上的金额换算到同一时刻点。把将来某一时刻的金额换算成与现在时刻等值的金额的过程称为折现，其换算的结果就是现值。将来值是指与现值等值的某一将来时刻的资金价值。如果把现值看作本金，将来值就是本利和，也称终值。

8.2.2　等值计算

资金具有时间价值，通常用复利来衡量。在介绍不同支付方式下资金的等值计算公式之前，先假定 5 个前提条件：

（1）实施方案的初始投资假定发生在方案的计算期初。

（2）方案实施过程中发生的现金流假定发生在计息期末。

（3）本期的期末即为下期的期初。

（4）现值 P 是发生在第一个计息期初，假定发生在"0"时刻。

（5）终值 F 假定发生在第 n 期末。年金 A 是在考察期间连续发生、金额相同、方向相同的一笔金额。

1）一次支付终值公式

若把 1000 元钱存入银行，年利率 6%，则一年后的本利和为：

$$1000 \times （1 + 6\%）= 1060（元）$$

如果不取出钱，让它继续存下去，则第二年年末本利和就为：

$$1060 \times （1 + 6\%）= 1123.6（元）$$

如果又不取出钱，再继续下去，等到第三年年末的时候本利和就为：

$$1123.6 \times （1 + 6\%）= 1191.02（元）$$

其资金的变化情况如图 8-2 所示。

通常用 P 表示现值，F 表示终值，i 表示利率，n 表示计息周期，则有如下关系式：

$$F = P（1 + i）^n \tag{8-5}$$

如果用（$F/P, i, n$）来表示式（8-4）中的（$1 + i$）^{n}，则可以表示为：

$$F = P（F/P, i, n） \tag{8-6}$$

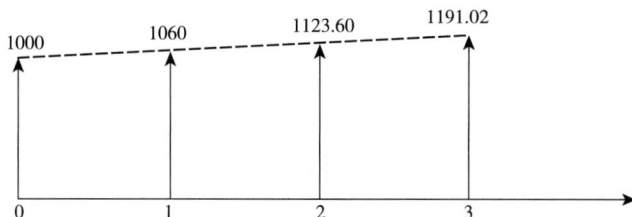

图 8-2　资金变化

（$1+i$）^{n} 和（F/P，i，n）被称为一次支付终值系数，式（8-5）和式（8-6）被称为一次支付终值公式。终值系数可在复利因数表中查询（详见附录复利因数表）。

在上面的例子中，如果求第 3 年末的终值，可以用公式：

$$F = P（F/P，6\%，3）= 1000 \times 1.191 = 1191（元）$$

2）一次支付现值公式

一次支付终值公式是已知现值 P 求终值 F，在很多情况下，是预测得知终值 F，需要求现值 P。如为了对方案进行比较和评价，需要把方案发生于不同时刻的现金流入与流出进行折现，然后对现值之和的大小进行比较和评价。对式（8-5）进行代数变换，就可以得到一次支付现值公式：

$$P = F（1+i）^{-n} \tag{8-7}$$

上式中的（$1+i$）$^{-n}$ 称为一次支付现值系数，也可以用（P/F，i，n）来代替，则式（8-7）可以表示为：

$$P = F（P/F，i，n） \tag{8-8}$$

【例 8-4】　某人拟两年后从银行取出 30 万元，现在应该存入多少钱？银行年利率为 8%。

【解】　已知 $F = 30$ 万元，$n = 2$ 年，$i = 8\%$

$P = F（P/F，i，n）= 30 \times（1+8\%）^{-2} = 25.72（万元）$

3）多次支付序列等值计算公式

假设在 n 期内每期均有现金流发生，要计算现值或者终值，就要用到多次支付序列等值计算公式。假设第 1 年发生的现金流为 A_1，第 2 年发生的现金流为 A_2，…，第 $n-1$ 年发生的现金流为 A_{n-1}，第 n 年发生的现金流为 A_n。现金流量图如图 8-3 所示，求现值 P 和终值 F。

$$\begin{aligned} P &= A_1(1+i)^{-1} + A_2(1+i)^{-2} + \cdots + A_{n-1}(1+i)^{-(n-1)} + A_n(1+i)^{-n} \\ &= \sum_{m=1}^{n} A_m(1+i)^{-m} \end{aligned} \tag{8-9}$$

$$\begin{aligned} F &= A_1(1+i)^{n-1} + A_2(1+i)^{n-2} + \cdots + A_{n-1}(1+i) + A_n \\ &= \sum_{m=1}^{n} A_m(1+i)^{m} \end{aligned} \tag{8-10}$$

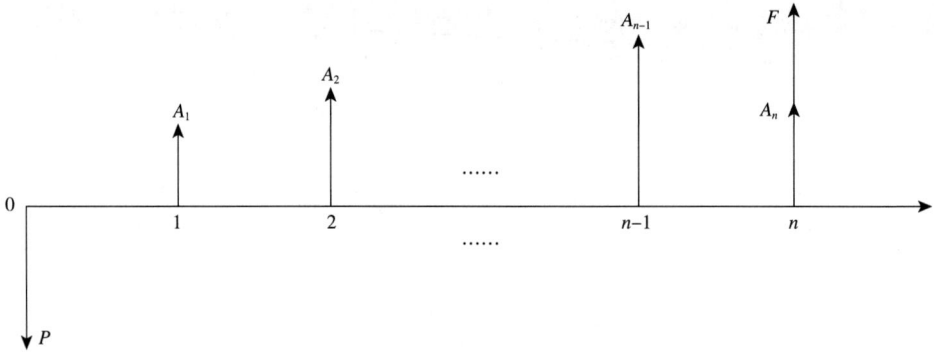

图 8-3　多次支付序列现金流量图

当 $A_1 = A_2 = \cdots = A_{n-1} = A_n$ 时，称之为多次等额支付现金流，现金流量图如图 8-4 所示，式（8-9）和式（8-10）就可以改写为：

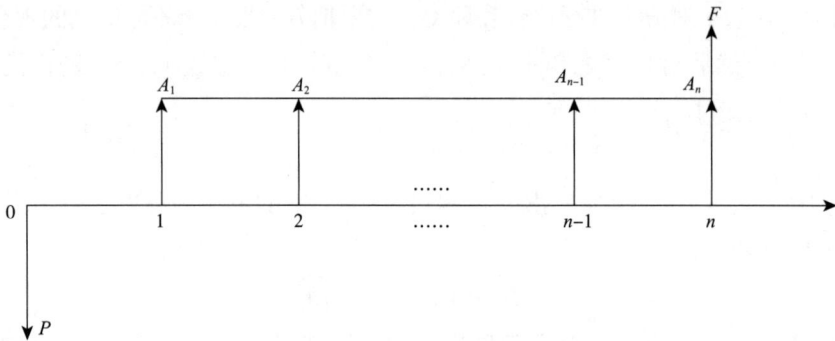

图 8-4　多次等额支付现金流量图

$$P = A(1 + i)^{-1} + A(1 + i)^{-2} + \cdots + A(1 + i)^{-(n-1)} + A(1 + i)^{-n}$$

$$= \sum_{m=1}^{n} A(1 + i)^{-m}$$

$$= A\left[\frac{(1 + i)^n - 1}{i(1 + i)^n}\right] \tag{8-11}$$

$$= A(P/A,\ i,\ n)$$

$$F = A(1 + i)^{n-1} + A(1 + i)^{n-2} + \cdots + A(1 + i) + A$$

$$= \sum_{m=1}^{n} A(1 + i)^{n-m}$$

$$= A\left[\frac{(1 + i)^n - 1}{i}\right] \tag{8-12}$$

$$= A(F/A,\ i,\ n)$$

通常把公式（8-11）称为等额年金现值公式，把 $\dfrac{(1+i)^n - 1}{i\ (1+i)^n}$ 称为年金现值系数，用

（P/A，i，n）表示，把公式（8-12）称为等额年金终值公式，把$\dfrac{(1+i)^n-1}{i}$称为年金终值系数，用（F/A，i，n）表示。

【例 8-5】　某企业拟投资一个项目，预计建成后每年能够获利 100 万元，若想在 5 年内收回全部贷款的本利和，则应该把投资控制在多少？已知贷款的年利率为 10%。

【解】　$P = A(P/A，i，n)$

$$= 100 \times \frac{(1+10\%)^5-1}{10\% \times (1+10\%)^5}$$

$$= 100 \times 3.791$$

$$= 379.1（万元）$$

【例 8-6】　如果从 1 月份开始每月月末储蓄 1000 元，月利率为 0.5%，求年末本利和。

【解】　$F = A(F/A，i，n)$

$$= 1000 \times \frac{(1+0.5\%)^{12}-1}{0.5\%}$$

$$= 1000 \times 12.336$$

$$= 12336（元）$$

通过变换公式（8-11）和公式（8-12）可以得到两个新的公式：

$$A = P\left[\frac{i(1+i)^n}{(1+i)^n-1}\right] = P(A/P，i，n) \tag{8-13}$$

$$A = F\left[\frac{i}{(1+i)^n-1}\right] = F(A/F，i，n) \tag{8-14}$$

通常把公式（8-13）称为等额资金回收公式，把$\dfrac{i(1+i)^n}{(1+i)^n-1}$称为资金回收系数，用（$A/P$，$i$，$n$）表示。把公式（8-14）称为等额存储偿债基金公式，把$\dfrac{i}{(1+i)^n-1}$称为偿债基金系数，用（A/F，i，n）表示。

【例 8-7】　某企业投资一个项目，总投资额为 1000 万元，若想在 5 年内收回全部贷款的本利和，则每年至少需要赢利多少？已知贷款的年利率为 10%。

【解】　$A = P(A/P，i，n)$

$$= 1000 \times \left[\frac{10\% \times (1+10\%)^5}{(1+10\%)^5-1}\right]$$

$$= 1000 \times 0.2638$$

$$= 263.8（万元）$$

【例 8-8】　某人准备每个月存入一笔钱，希望一年后能够刚好取出 10000 元，问他应该每个月存款多少？已知银行存款月利率为 0.5%。

【解】 $A = F(A/F, i, n)$

$$= 1000 \times \frac{0.5\%}{(1+0.5\%)^{12} - 1}$$

$$= 10000 \times 0.08107$$

$$= 810.7 \text{（元）}$$

为了便于比较和记忆，现将上述资金等值计算公式予以汇总，如表 8-1 所示。

资金等值计算公式汇总表

表 8-1

公式名称	求	已知	系数名称	标准代号	代数式	计算公式
一次支付终值公式	F	P	终值系数	$(F/P, i, n)$	$(1+i)^n$	$F = P(F/P, i, n)$
一次支付现值公式	P	F	现值系数	$(P/F, i, n)$	$(1+i)^{-n}$	$P = F(P/F, i, n)$
等额年金终值公式	F	A	年金终值系数	$(F/A, i, n)$	$\dfrac{(1+i)^n - 1}{i}$	$F = A(F/A, i, n)$
等额存储偿债基金公式	A	F	偿债基金系数	$(A/F, i, n)$	$\dfrac{i}{(1+i)^n - 1}$	$A = F(A/F, i, n)$
等额资金回收公式	A	P	资金回收系数	$(A/P, i, n)$	$\dfrac{i(1+i)^n}{(1+i)^n - 1}$	$A = P(A/P, i, n)$
等额年金现值公式	P	A	年金现值系数	$(P/A, i, n)$	$\dfrac{(1+i)^n - 1}{i(1+i)^n}$	$P = A(P/A, i, n)$

思考题

1. 什么是资金的时间价值，其增值的实质是什么？

2. 资金的时间价值如何衡量？单利与复利不同之处是什么？

3. 某人准备每个月存入一笔钱，希望一年后能够刚好取出 50000 元，问他应该每个月存款多少？已知银行存款月利率为 0.8%。

4. 某投标单位参与某高层商用办公楼土建工程的投标。采用不平衡报价法对原估价进行适当调整，具体如表 8-2 所示。

土建工程投标报价表

表 8-2

	基础工程	主体结构	装饰工程	总价
工期（月）	4	12	8	
估价（万元）	1480	6600	7200	15280
正式报价（万元）	1600	7200	6480	15280

问题：试估算该承包商采用不平衡报价后，预计比原来（估价时）可多获得多少

收益？（假定月利率为1%，且各分部工程每月完成的工作量相同，能按月及时收到工程款。）

5.某工业厂房项目，邀请 A、B、C 三家施工企业参加该项目的投标。招标文件规定：评标时采用最低综合报价中标原则，但最低投标价低于次低投标价10%的报价将不予考虑。工期不得长于18个月，若投标人自报工期少于18个月，在评标时将考虑其给建设单位带来的收益（每提前1个月带来40万元收益），折算成综合报价后进行评标。假设贷款月利率1%，各分部工程月完成工作量相同，有关数据如表8-3所示。

投标单位报价与工期汇总表   表 8-3

投标单位	基础工程		上部结构		安装工程		安装工程与上部结构工程搭接时间（月）
	报价（万元）	工期（月）	报价（万元）	工期（月）	报价（万元）	工期（月）	
A	400	4	1000	10	1020	6	2
B	420	3	1080	9	960	6	2
C	420	3	1100	10	1000	5	3

问题：（1）若不考虑资金时间价值，应选择哪家投标单位作为中标人？（2）若考虑资金时间价值，应选择哪家投标单位作为中标人？

第9章 建设项目经济评价指标与方案比选

在工程经济研究中，经济评价是在拟定的建设工程项目方案、投资估算和融资方案的基础上，对项目方案计算期内各种有关技术经济因素和方案投入与产出的财务、经济数据进行调查、分析、预测，对工程项目方案的经济效果进行评价。

经济评价是项目可行性研究的核心内容，其目的在于确保决策的正确性和科学性，避免或最大限度地减小工程项目投资的风险，明确建设方案投资的经济效果水平，最大限度地提高工程项目投资的综合经济效益。为此，正确选择经济评价指标和方法是十分重要的。

评价工程项目方案经济效果的好坏，一方面取决于基础数据的完整性和可靠性，另一方面则取决于选取的评价指标体系的合理性。只有选取正确的评价指标体系，经济评价的结果与客观实际情况相吻合，才具有实际意义。

按是否考虑资金的时间价值，将经济评价指标分为两类：静态经济评价指标和动态经济评价指标。不考虑资金时间价值的评价指标称静态经济评价指标，考虑资金时间价值的评价指标称动态经济评价指标。

9.1 静态评价方法和指标

静态评价方法就是在不考虑资金时间价值的情况下，对方案在分析期内现金流进行分析、计算和评价的方法。静态分析法计算比较简单，可对方案进行粗略评价，或对短期投资项目进行经济分析。通常用的方法有投资回收期法、投资收益率法、借款偿还期法等。

9.1.1 盈利能力分析指标

考察项目的盈利能力通常考虑以下几个指标：

1）静态投资回收期 P_t

静态投资回收期是在不考虑资金时间价值的情况下，从项目投建之日起，用项目所得的收益将全部投资收回的期限，也就是项目累计净现金流量出现正值所需要的时间。它是反映投资回收能力的重要指标。其表达式为：

$$\sum_{t=0}^{P_t} (CI - CO)_t = 0 \qquad\qquad (9-1)$$

式中　P_t——投资回收期；

　　CI_t——第 t 年的现金流入量；

　　CO_t——第 t 年的现金流出量（包括投资）。

P_t 的计算公式可以如下表示：

$$P_t = \left[\begin{matrix} \text{累计净现金流量开} \\ \text{始为正值的年份数} \end{matrix} \right] - 1 + \left[\frac{\text{上年累计净现金流量的绝对值}}{\text{当年的净现金流量}} \right] \qquad (9-2)$$

把求得的项目的投资回收期和国家或者有关部门规定的行业基准投资回收期 P_c 进行比较，若 $P_t \leqslant P_c$ 则项目可行；若 $P_t > P_c$，则项目不可行。

【例9-1】　某项目的净现金流量及累计净现金流量如表9-1所示，求投资回收期，若该项目的行业基准投资回收期为8年，试评价该项目。

净现金流量及累计净现金流量　（单位：万元）　　表 9-1

年　份	0	1	2	3	4	5	6	7	8	9	10
净现金流量	−1169	−1828	340	704	794	794	794	794	794	794	794
累计净现金流量	−1169	−2997	−2657	−1953	−1159	−365	429	1223	2017	2811	3605

【解】　根据公式（9-1），可得

$$P_t = (6 - 1) + \frac{365}{794} = 5.46\,(\text{年}) < P_c = 8\,(\text{年})$$

因为该项目 $P_t \leqslant P_c$，所以可行。

投资回收期的优点是概念明确，计算简单。投资回收期越短，项目的资金周转越良好，承担的风险也越小。但是这个指标也有缺点，如没有考虑回收期以后项目的经济性，只反映了项目的部分经济效果。但投资回收期在项目评价中还是具有独特的地位和作用，并经常用作项目评价的辅助性指标。

2）投资收益率 R

投资收益率就是项目在正常生产年份的净收益与投资总额的比值。其表达式为：

$$R = \frac{NB}{K} \qquad\qquad (9-3)$$

式中　K——投资总额。包括固定资产投资和流动资产投资；

　　NB——正常年份的净收益。按分析目的的不同，可以取利润，也可以取利税总额和净产值等；

　　R——投资收益率。根据 NB 的具体含义，R 可具体分为投资利润率、投资利税率和投资净产值率等。

设行业基准投资收益率为 R_b，若 $R \geqslant R_b$，则项目可以考虑接受；若 $R < R_b$，则项

目应该予以拒绝。

投资收益率指标舍弃了更多的项目计算期内的经济数据，故该指标一般仅用于技术经济数据不完整的初步研究阶段。

9.1.2 清偿能力分析指标

项目清偿能力分析主要是考虑项目计算期内的财务状况及偿还债务能力，通常考虑以下指标：

1）借款偿还期 P_d

借款偿还期是指根据国家财政规定及投资项目的具体财务条件，以项目可作为偿还贷款的项目收益（利润、折旧及其他收益）偿还项目投资借款本金和利息所需要的时间，反映项目借款偿债能力。表达式如下：

$$I_d = \sum_{t=1}^{P_d} \left(R_p + D' + R_0 - R_r \right) \tag{9-4}$$

式中　P_d——借款偿还期（从借款开始年计算，当从投产年算起时，应予注明）；

I_d——固定资产投资借款本金和利息（不包括已用自有资金支付的部分）之和；

R_p——第 t 年可用于还款的利润；

D'——第 t 年可用于还款的折旧；

R_0——第 t 年可用于还款的其他收益；

R_r——第 t 年企业留利。

P_d 的计算公式可以如下表示：

$$P_t = \left[\begin{array}{c} 借款全部偿还后 \\ 出现盈余年份数 \end{array} \right] - 1 + \left[\dfrac{当年应偿还借款额}{当年可用于还款的收益额} \right] \tag{9-5}$$

借款偿还期满足贷款机构的要求期限时，即认为项目是有借款偿债能力的。借款偿还期指标适用于那些需要计算最大偿还能力，尽快还款的项目。

2）利息备付率

利息备付率也称已获利息倍数，指项目在借款偿还期内各年可用于支付利息的税息前利润与当期应付利息费用的比值。表达式如下：

$$利息备付率 = \frac{税息前利润}{当期应付利息费用} \tag{9-6}$$

$$税息前利润 = 利润总额 + 计入总成本费用的利息费用$$

式中，当期应付利息是指计入总成本费用的全部利息。利息备付率可以按年计算，也可以按整个借款期计算。

利息备付率表示使用项目利润偿付利息的保证倍率。对于正常经营的企业，利息备付率应当大于 2 才比较安全。

3）偿债备付率

偿债备付率是指项目在借款偿还期内，各年可用于还本付息的资金与当期应还本付息金额的比值。表达式如下：

$$偿债备付率 = \frac{可用于还本付息资金}{当期应还本付息金额} \quad (9-7)$$

偿债备付率应当大于 1，且越高越好。当指标小于 1 时，表示当年资金来源不足以偿付当期债务。

9.2　动态评价方法和指标

动态评价方法就是在考虑资金时间价值的情况下，将项目整个计算期内不同时刻的现金流入与流出，换算成同一时刻的价值进行计算、分析和评价的方法。动态评价方法为不同方案和不同项目的经济比较提供了等同的基础，而且更加符合实际，比静态评价方法更全面、更科学。其常用指标有净现值、净年值、内部收益率、动态投资回收期等。

9.2.1　净现值 NPV

净现值是反映投资方案在计算期内获利能力的最重要动态评价指标，指用一个预定的基准收益率（或设定的折现率）i_0，分别把整个计算期间各时刻所发生的净现金流量折现到投资方案开始实施时的现值之和。它的基本公式为：

$$NPV = \sum_{t=0}^{n} (CI - CO)_t (1 + i_0)^{-t} \quad (9-8)$$

式中　NPV——净现值；

$(CI - CO)_t$——第 t 年的净现金流量；

　　　i_0——基准收益率；

　　　n——方案计算期（项目寿命期）。

评价准则：对单一项目方案而言，若 $NPV > 0$，则方案可行，应予接受；若 $NPV = 0$，则方案勉强可行，有待改进；若 $NPV < 0$，则方案不可行，应予拒绝。

【例 9-2】　某项目总投资 1500 万元，建设期 3 年，第 1 年年初投入 30%，第 2 年年初投入 50%，第 3 年年初投入 20%，生产期 10 年，每年预计净收益为 350 万元，求项目净现值并评价。（$i_0 = 10\%$）

【解】　画出现金流量图，如图 9-1 所示。

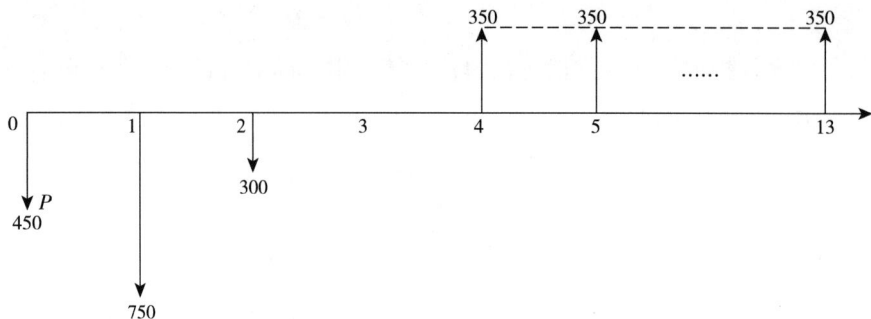

图 9-1　现金流量图

$$NPV = \sum_{t=0}^{n} (CI - CO)_t (1 + i_0)^{-t}$$

$$= -450 - 750 (P/F, 10\%, 1) - 300 (P/F, 10\%, 2)$$

$$+ 350 (P/A, 10\%, 10)(P/F, 10\%, 3)$$

$$= -450 - 750 \times 0.9091 - 300 \times 0.8264 + 350 \times 6.144 \times 0.7513$$

$$= 236 (万元)$$

因为 $NPV = 236 > 0$，所以该项目可以接受。

NPV 考虑了资金的时间价值，考虑了项目在整个计算期内的经济状况，经济意义明确直观；能够直接以货币额表示项目的盈利水平，判断直观。但也有其不足，如基准收益率的确定是比较困难的；在互斥方案评价时，净现值必须慎重考虑互斥方案的寿命；不能真正反映项目投资中单位投资的使用效率，不能直接说明在项目运营期间各年的经营成果等。

我们常常用净现值率 $NPVR$ 来反映项目投资中单位投资的使用效率。净现值率是项目净现值与项目全部投资现值之比，经济含义是单位投资现值所能带来的净现值，是一个考察项目单位投资的盈利能力的指标。表达式如下：

$$NPVR = \frac{NPV}{I_p} \tag{9-9}$$

$$I_p = \sum_{t=0}^{m} I_t (P/F, i_0, t) \tag{9-10}$$

式中　$NPVR$——净现值率；

　　　I_p——投资现值；

　　　I_t——第 t 年投资额；

　　　m——建设期年数。

上面例题中项目的 $NPVR = \dfrac{236}{450 + 750 \times 0.9091 + 300 \times 0.8264} = 0.17$

如果上面例题中的 $i_0 = 8\%$，$NPV = 462.73$；$i_0 = 12\%$，$NPV = 48.76$；$i_0 = 15\%$，$NPV = -174.065$。由此可见，NPV 是一个关于 i_0 的函数，我们以纵坐标表示 NPV，横坐标表

示 i_0，画出函数曲线，如图 9-2 所示。

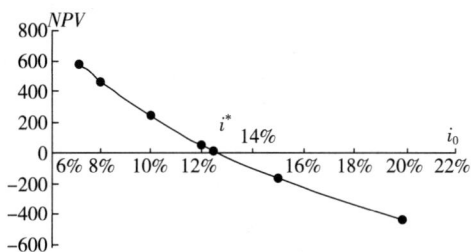

图 9-2　净现值函数曲线图

从图 9-2 可以看出，相同现金流的净现值 NPV 是关于基准收益率 i_0 的单调减函数，故 i_0 越高，方案被接受的可能性越小。函数曲线与横轴相交于 $i^* = 12.44\%$，即当 i_0 取值为 i^* 时，$NPV = 0$；当 $i_0 < i^*$ 时，$NPV > 0$；当 $i_0 > i^*$ 时，$NPV < 0$。可见 i^* 是一个有重要意义的折现率临界值。

9.2.2　动态投资回收期 P'_t

动态投资回收期是以项目每年的净收益现值回收项目全部投资现值所需要的时间。其表达式为：

$$\sum_{t=0}^{P'_t} (CI - CO)_t (1 + i_0)^{-t} = 0 \quad\quad (9-11)$$

式中　P'_t——动态投资回收期。

在实际应用中根据项目的现金流量表，用下列近似公式计算：

$$P'_t = \left[\begin{array}{c}\text{累计净现金流量现值}\\\text{开始为正值的年份数}\end{array}\right] - 1 + \left[\begin{array}{c}\text{上年累计净现金流量现值的绝对值}\\\text{当年的净现金流量的现值}\end{array}\right] \quad (9-12)$$

对于例题 9-2，可以列出表 9-2。

折现净现金流量及累计折现净现金流量　　　　　　　　　　　表 9-2

年份	0	1	2	3	4	5	6
净现金流量（万元）	−450	−750	−300	0	350	350	350
折现系数	1.000	0.9091	0.8264	0.7513	0.683	0.6209	0.5645
折现净现金流量（万元）	−450	−681.825	−247.92	0	239.05	217.315	197.575
累计折现净现金流量（万元）	−450	−1131.83	−1379.75	−1379.75	−1140.7	−923.38	−725.805
年份	7	8	9	10	11	12	13
净现金流量（万元）	350	350	350	350	350	350	350
折现系数	0.5132	0.4665	0.4241	0.3855	0.3505	0.3186	0.2897
折现净现金流量（万元）	179.62	163.275	148.435	134.925	122.675	111.51	101.395
累计折现净现金流量（万元）	−546.185	−382.91	−234.475	−99.55	23.125	134.635	236.03

根据表9-2，可以画出曲线，如图9-3所示。

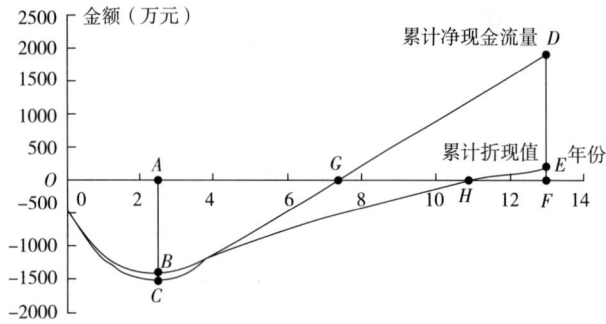

图9-3 累计净现金流和累计折现值曲线

AB—总投资折现值　　　　AC—总投资额
EF—净现值　　　　　　　DF—累计净现金流量
OG—静态投资回收期　　　OH—动态投资回收期

从图9-3可以看出，对于同一个项目而言，动态投资回收期一般比静态投资回收期要长，它更加符合实际情况。它的评价准则和静态投资回收期的评价准则一样，把求得的项目的投资回收期和国家或者有关部门规定的行业基准投资回收期 P_c 进行比较，若 $P'_t \leqslant P_c$，则项目可行；若 $P'_t > P_c$，则项目不可行。

9.2.3　净年值 NAV

净年值又叫等额年值、等额年金，是以一定的基准收益率将项目计算期内净现金流量等值换算而成的等额年值。其表达式为：

$$NAV = NPV\left(A/P, i_0, n\right) = \left[\sum_{t=0}^{n}\left(CI - CO\right)_t\left(1 + i_0\right)^{-t}\right]\left(A/P, i_0, n\right) \quad (9-13)$$

它的评价准则和净现值一样，对单一项目方案而言，若 $NAV > 0$，则方案可行，应予接受；若 $NAV = 0$，则方案勉强可行，有待改进；若 $NAV < 0$，则方案不可行，应予拒绝。在某些决策中，采用净年值比净现值更加简便，易于计算，因此净年值指标在项目的经济评价中占有比较重要的地位。

【例9-3】　某新型设备价格90000元，每年需要15000元进行维护，使用寿命为6年，残值3000元，如果购买后，每年能带来45000元的收入，问：该不该买这台机器？（$i_0 = 15\%$）

【解】　$NAV = -90000\left(A/P, 15\%, 6\right) + \left(45000 - 15000\right) + 3000\left(A/F, 15\%, 6\right)$

$= -90000 \times 0.26424 + \left(45000 - 15000\right) + 3000 \times 0.11424$

$= 6561.12（元）$

因为 $NAV = 6561.12 > 0$，所以应该购买这台机器。

9.2.4　内部收益率 *IRR*

内部收益率是使投资方案在计算期内各年净现金流量的现值累计等于零时的折现率。它是反映项目所占有资金的盈利率，是考察项目盈利能力的主要动态指标。在图 9-2 中，$i^* = 12.44\%$ 就是该投资项目的内部收益率。其表达式为：

$$NPV = \sum_{t=0}^{n} (CI - CO)_t (1 + IRR)^{-t} = 0 \qquad (9-14)$$

计算出一个项目的 *IRR* 后，把它与基准收益率 i_0 进行比较。若 $IRR > i_0$，则项目方案在经济上可以接受；若 $IRR = i_0$，项目方案在经济上勉强可行；若 $IRR < i_0$，则项目方案在经济上应予拒绝。

公式 9-14 是一个一元高次方程，其根不容易直接求解，一般经济评价中常常采用"试算内插法"求 *IRR* 的近似解，求解过程参见图 9-4 所示。

假设两个折现率 i_1 和 i_2，且 $i_1 < i_2$，分别计算出 i_1 和 i_2 所对应的 NPV_1 和 NPV_2，若 $NPV_1 > 0$，$NPV_2 < 0$，则用直线段近似表示净现值函数曲线，通过线段比例关系求得 *IRR* 的近似值 i^* 来代替 *IRR*，其计算公式为：

$$IRR \approx i^* = i_1 + \frac{NPV_1}{NPV_1 + |NPV_2|} (i_2 - i_1) \qquad (9-15)$$

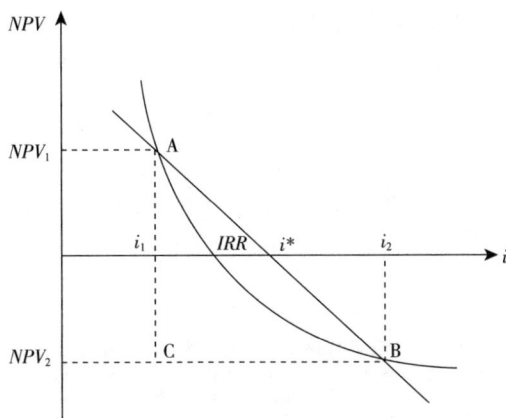

图 9-4　用内插法求解 *IRR* 图解

内部收益率的经济含义是在项目的整个计算期内按利率 $i = IRR$ 计算，始终存在未能收回的投资，而在寿命期结束时，投资恰好全部收回。也就是说，在项目计算期内，项目始终处于"偿还"未被收回的投资的状况。因此，项目的偿付能力完全取决于项目内部，故有"内部收益率"之称谓。

内部收益率指标的优点是考虑了资金的时间价值以及项目在整个计算期内的经济状况，直接衡量了项目未回收投资的收益率，不需要事先确定一个基准收益率。它的不足是需要大量的与投资项目有关的数据，计算比较麻烦。对于非常规现金流量的项目，其内部收益率往往不是唯一，在某些情况下甚至不存在。

9.3　互斥方案的经济效果评价与选择

在若干备选方案中，各个方案彼此可以相互代替，方案具有排他性，选择其中任何一个方案，则其他方案必然被排斥，这种择一就不能择二的若干方案，就叫互斥方案或排他性方案。互斥方案按服务寿命长短不同分为相同服务寿命的互斥方案、不同服务寿命的互斥方案、无限长寿命的互斥方案。

互斥方案经济效果评价包含两部分内容：一是考察各个方案本身的经济效果，即进行绝对经济效果检验；二是把合格的方案进行比较，看哪个方案最优，即进行相对经济效果检验。

9.3.1　相同服务寿命的互斥方案的经济效果评价与选择

1）净现值法 NPV

评价步骤如下：

（1）分别计算各个方案的净现值，并用 NPV 判别准则加以检验，剔除 $NPV \leqslant 0$ 的方案。

（2）对所有 $NPV > 0$ 的方案比较其净现值。

（3）根据净现值最大准则，净现值最大的方案为最佳方案。

步骤1是检验各个方案的绝对经济效果，步骤2和步骤3是检验各个方案的相对经济效果。

【例9-4】　有4个互斥的投资项目A、B、C、D，资金不受限制，计算期都是10年，已知各个项目的基本数据如表9-3所示，试选择最优方案。

4个投资项目基本数据表　　$i_0 = 10\%$（单位：万元）　　　表9-3

方案	A	B	C	D
初始投资额	1700	2600	3000	3300
年收入	1140	1200	1300	1470
年费用	700	710	640	1000

【解】　$NPV_A = -1700 + (1140 - 700)(P/A, 10\%, 10) = 1003.36$（万元）

$NPV_B = -2600 + (1200 - 710)(P/A, 10\%, 10) = 410.56$（万元）

$NPV_C = -3000 + (1300 - 640)(P/A, 10\%, 10) = 1055.04$（万元）

$NPV_D = -3300 + (1470 - 1000)(P/A, 10\%, 10) = -412.32$（万元）

首先去除掉方案D，因为 $NPV_D < 0$，然后再比较A、B、C这3个方案，由于

$NPV_C > NPV_A > NPV_B$，所以选择 C 方案。

在工程经济分析中，对方案所产生的效益相同（或基本相同），但效益无法或很难用货币直接计量的互斥方案进行比较时，常用费用现值 PC 替代净现值进行比较，选择费用现值 PC 最小的方案作为最优方案。其表达式为：

$$PC = \sum_{t=0}^{n} CO_t \, (1 + i_0)^{-t} = \sum_{t=0}^{n} CO_t \, (P/F,\ i,\ t) \tag{9-16}$$

【例 9-5】　某技术改进项目有 A、B 两个方案，计算期都是 15 年，其生产能力与产品质量相同，每年的收入情况也相同。其余数据如表 9-4 所示。已知基准折现率为 10%，请选择较好的方案。

技改方案基本数据表　（单位：万元）　　　表 9-4

项目	方案 A	方案 B
1. 固定资产投资（0 年）	3000	4000
2. 流动资金投入（0 年）	600	800
3. 年经营成本	1500	1200
4. 期末固定资产余值	150	200
5. 期末流动资金回收	600	800

【解】　$PC_A = 3000 + 600 + 1500 \, (P/A,\ 10\%,\ 15) - (150 + 600) \, (P/F,\ 10\%,\ 15)$
　　　　　$= 14829.45$（万元）

　　　　$PC_B = 4000 + 800 + 1200 \, (P/A,\ 10\%,\ 15) - (200 + 800) \, (P/F,\ 10\%,\ 15)$
　　　　　$= 13687.80$（万元）

因为 $PC_B < PC_A$，所以应该选择 B 方案进行技术改进。

2）增量内部收益率法

互斥方案的比选实质上是分析投资大的方案所增加的投资能否用其增量收益来补偿，也即对增量的现金流量的经济合理性作出判断，因此可以通过计算增量净现金流量的内部收益率即差额内部收益率来比选方案。差额内部收益率的表达式为：

$$\sum_{t=0}^{n} \left[(CI - CO)_2 - (CI - CO)_1 \right]_t (1 + \Delta IRR)^{-t} = 0 \tag{9-17}$$

采用差额内部收益率指标对互斥方案进行比选的基本步骤如下：

（1）用经济评价指标（NPV、IRR 等）进行方案绝对经济效果检验；

（2）将绝对经济效果检验可行的方案按投资额由小到大依次排列；

（3）依次计算相邻两个方案的差额内部收益率 ΔIRR，若 $\Delta IRR > i_0$，则说明投资大的方案优于投资小的方案，保留投资大的方案；反之，若 $\Delta IRR < i_0$，则保留投资小的方案。

【例9-6】 有A、B、C、D、E、F 6个互斥方案，有关资料如表9-5所示：

6个方案基础数据 表9-5

方案（j）	投资（元）	内部收益率	增量内部收益率 ΔIRR_{j-t}				
			t = A	t = B	t = C	t = D	t = E
A	2000	10%					
B	8000	29%	35.3%				
C	16000	30%	31.4%	34%			
D	18000	29.7%	32.1%	30.2%	27%		
E	24000	24%	25.3%	21.5%	12%	7%	
F	40000	25.6%	25.1%	27%	26%	22.3%	23%

假定基准收益率为25%，哪个方案最优?

【解】 第一步进行绝对经济效果评价。方案A和方案E的内部收益率要小于基准收益率25%，可以先行剔除。

第二步进行相对经济效果评价。首先比较方案B和方案C，因为增量内部收益率 $\Delta IRR_{C-B} = 34\% > 25\%$，所以保留投资额较大的方案C。比较方案C和方案D，因为增量内部收益率 $\Delta IRR_{D-C} = 27\% > 25\%$，所以保留投资额较大的方案D。比较方案D和方案F，因为增量内部收益率 $\Delta IRR_{F-D} = 23\% < 25\%$，所以保留投资额较小的方案D。由此可见，方案D是最优方案。

3）净年值评价法 NAV

净年值评价法与净现值评价法是等价的（或等效的），按方案的净年值的大小直接比较即可得出最优可行方案。可以分两种情况：

第一种情况，当给出项目完整现金流量时，分别计算各方案的净年值。凡净年值小于零的方案先行淘汰，在余下方案中，选择净年值大者为优。

第二种情况，当只给出投资和年经营成本或作业成本现金流量时，计算的等额年值用 AC 表示，择其 AC 小者的方案为优。

通过计算各备选方案的等额年值 AC，然后进行对比，以等额年值 AC 较低的方案为最佳。其表达式为：

$$AC = \sum_{t=0}^{n} CO_t (P/F, i_0, t)(A/P, i_0, n) \tag{9-18}$$

用净年值评价法来计算例题9-4：

$NAV_A = -1700 (A/P, 10\%, 10) + 1140 - 700 = 163.33（万元）$

$NAV_B = -2600 (A/P, 10\%, 10) + 1200 - 710 = 66.85（万元）$

$NAV_C = -3000（A/P，10\%，10）+ 1300 - 640 = 171.75（万元）$

$NAV_D = -3300（A/P，10\%，10）+ 1470 - 1000 = -67.08（万元）$

首先去除掉方案 D，因为 $NAV_D < 0$。然后再比较 A、B、C 这 3 个方案，由于 $NAV_C > NAV_A > NAV_B$，所以选择 C 方案。

9.3.2　不同服务寿命的互斥方案的经济效果评价与选择

1）净年值法 NAV

在对寿命不等的互斥方案进行比选时，净年值是最为简便的方法。净年值法是以"年"为时间单位比较各方案的经济效果，一个方案无论重复实施多少次，其净年值是不变的，从而使寿命不等的互斥方案间具有可比性。通过分别计算各备选方案净现金流量的净年值 NAV 并进行比较，以 $NAV \geq 0$，且 NAV 最大者为最优方案。

2）净现值法 NPV

由于寿命期不等，各方案的净现值在时间上不具有可比性，需要寻找一个共同的时间基础，然后进行比较。常用方法有最小公倍数法和研究期法。

（1）最小公倍数法：又称方案重复法，是以各备选方案寿命期的最小倍数作为方案比选的共同的计算期。

（2）研究期法：针对寿命期不相等的互斥方案，直接选取一个适当的分析期作为各方案共同的计算期，通过比较各方案在该计算期内的净现值来对方案进行比选。在实际应用中，为简便起见，往往直接选取各方案中最短的计算期为各方案的共同的计算期，所以研究期法又称最小计算期法。

【例 9-7】　某投资项目有两个计算期不同的互斥方案，各方案的投资额、年净收益及计算期如表 9-6 所示，若基准收益率为 12%，试比较两方案。

两方案现金流量表

表 9-6

方案	初始投资（万元）	年净收益（万元）	寿命期（年）
A	180	80	3
B	220	100	4

【解】　（1）用净年值法比较

$$NAV_A = -180（A/P，12\%，3）+ 80 = 5.06（万元）$$

$$NAV_B = -220（A/P，12\%，4）+ 100 = 27.57（万元）$$

因为 $NAV_B > NAV_A$，所以方案 B 优于方案 A。

（2）用净现值法比较

采用最小公倍数法，方案 A 与方案 B 的计算期的最小公倍数是 12，把它作为共同的分析期。这样方案 A 就重复实施 4 次，方案 B 就重复实施 3 次。其净现值分别为：

$$NPV_A = -\sum_{t=0}^{3} 180\,(P/F,\,12\%,\,3t) + 80\,(P/A,\,12\%,\,12) = 31.2\,（万元）$$

$$NPV_B = -\sum_{t=0}^{2} 220\,(P/F,\,12\%,\,4t) + 100\,(P/A,\,12\%,\,12) = 170.6\,（万元）$$

因为 $NPV_B > NPV_A$，所以方案 B 优于方案 A。

（3）研究期法

取方案 A 与方案 B 中的最小寿命期 3 年为研究期，比较两方案在研究期内的净现值大小。

$$NPV_A = -180 + 80\,(P/A,\,12\%,\,3) = 12.16\,（万元）$$

$$NPV_B = NAV_B\,(P/A,\,12\%,\,3) = 27.57 \times (P/A,\,12\%,\,3) = 66.22\,（万元）$$

因为 $NPV_B > NPV_A$，所以方案 B 优于方案 A。

9.3.3 无限服务寿命的互斥方案的经济效果评价与选择

在实践中，经常会遇到具有很长服务期的工程，比如桥梁、铁路、运河、机场等。一般而言，经济分析对未来的现金流量是不敏感的。对于服务寿命很长的工程方案，可以近似地当作无限寿命期来处理。

按无限期计算出的现值，一般称为"资金成本"或"资本化成本"，公式为：

$$P = \frac{A}{i} \tag{9-19}$$

对无限服务寿命的互斥方案的经济效果评价与选择准则为：净现值 $NPV \geq 0$ 或者净年值 $NAV \geq 0$ 且净现值、净年值最大的方案为最优方案。

对于仅有或仅需计算费用现金流量的无限服务寿命的互斥方案的经济效果评价与选择准则为：费用现值 PC 或费用年值 AC 最小的方案为最优。

【例 9-8】 在一条大江上拟建一座大桥，有 A、B 两处选点方案如表 9-7 所示，若基准折现率为 10%，试用费用现值和费用年值法选择最优方案。

A、B 两处选点方案费用现金流量表 　（单位：万元）　　　表 9-7

方案	A	B
一次投资	3080	2230
年维护费用	1.5	0.8
再投资	5（每 10 年一次）	4.5（每 5 年一次）

【解】 两方案的现金流量图如图 9-5 所示。

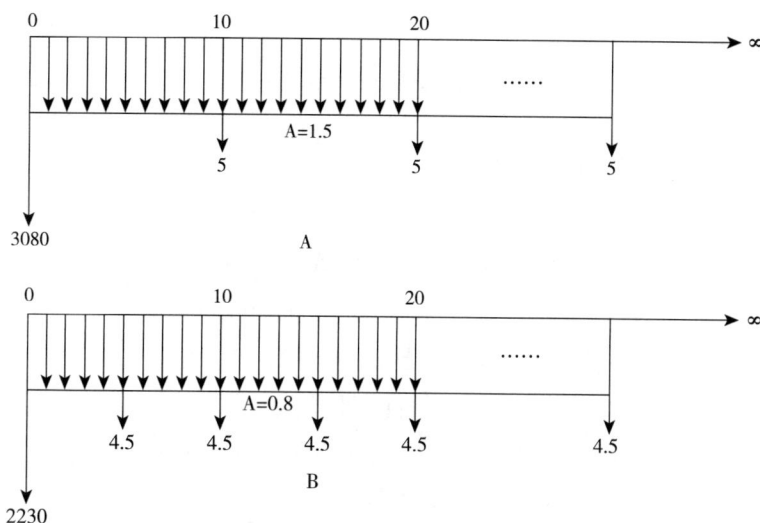

图 9-5 现金流量图

（1）用费用现值进行比选

$$PC_A = 3080 + \cfrac{1.5 + 5\,(A/F,\ 10\%,\ 10)}{10\%} = 3098.13\,（万元）$$

$$PC_B = 2230 + \cfrac{0.8 + 4.5\,(A/F,\ 10\%,\ 5)}{10\%} = 2245.37\,（万元）$$

由于 $PC_B < PC_A$，故方案 B 为优。

（2）用费用年值进行比选

$$AC_A = 3080 \times 10\% + 5\,(A/F,\ 10\%,\ 10) + 1.5 = 309.8\,（万元）$$

$$AC_B = 2230 \times 10\% + 4.5\,(A/F,\ 10\%,\ 5) + 0.8 = 224.54\,（万元）$$

由于 $AC_B < AC_A$，故方案 B 为优。

9.4 独立方案的经济效果评价与选择

当一组投资方案相互独立时，首先要考虑是否存在资金约束问题。如果没有资金约束，则投资决策只需要分别计算各方案的净现值、净年值、净现值率或内部收益率中的任一指标，只要指标达到评价标准就可考虑接受。

当资金有限时，要以资金为制约条件来选择最佳的方案组合，有两种基本处理方法：

第一种是独立方案互斥化法，这是技术经济学的传统方法。首先列出所有可能的方案组合，并从中取出投资额不大于总资金约束的方案组合，然后按互斥型方案的选择原则，选出最优方案组合。

第二种是效率指标排序法，这是由千住镇雄、伏见多美雄等人开创的日本的经济性工程学方法。它首先根据资源效率指标的大小确定独立项目的优先顺序，然后根据资源约束条件确定最优方案组合。这种方法是对传统技术经济学的互斥化方法的改进，简便且有效。

1）独立方案互斥化法

由于在独立型方案选择中存在资金约束，选择了这个方案或方案组合就可能无资金再选另一方案或方案组合。这使得原来互不相关的方案或方案组合可能变为排他的方案或方案组合。

【例 9-9】 现有 A、B、C 3 个独立投资方案，每个方案的现金流量见表 9-8，基准收益率为 10%，投资限额 500 万元，求最优方案组合。

3 个独立方案的现金流量表　　（单位：万元）　　　　　　表 9-8

方案	投资额	年净收益
A	200	270
B	300	375
C	500	580

【解】 列出所有可能的方案组合，其具体构成见表 9-9。

3 个独立方案组合为 8 个排他型组合方案表　　（单位：万元）　　　　表 9-9

方案组合	A	B	C	投资额	年净收益	NPV
1	0	0	0	0	0	0
2	1	0	0	200	270	45.5
3	0	1	0	300	375	40.9
4	0	0	1	500	580	27.3
5	1	1	0	500	645	86.4
6	1	0	1	—		
7	0	1	1	—		
8	1	1	1	—		

由于投资限额为 500 万元，故方案组合 5 为最优方案组合。

由于每个独立方案有选和不选两种方案，故 m 个独立方案可以构成 2^m 个互斥方案组合，当 m 增多时计算工作变得十分烦琐，因而通常建议采用效率指标排序法。

2）效率指标排序法

20 世纪 50 年代，日本在引入西方工程经济学的基础上，创造出适用广大工程技术人员掌握运用的经济性工程学。效率指标排序法就是其对独立方案比选的一种方法。其步骤如下：

（1）计算各方案的 *IRR* 值；

（2）按 *IRR* 由大到小排序，并绘入资金—收益率直方图；

（3）计算资金成本率，并由小到大绘图；

（4）标注资金约束；

（5）选出满意的方案组合。

【例 9-10】　现有 6 个相互独立的投资方案，计算期均为 6 年。现金流量表见表 9-10。

6 个独立方案的现金流量表　　（单位：万元）　　　　表 9-10

方案	投资额	年净收益
A	600	180
B	550	119
C	450	152
D	800	217
E	750	283
F	700	170

（1）若资金成本率为 10%，资金限额为 3000 万元；

（2）若资金成本率为 10%，资金限额为 2500 万元；

（3）若投资在 1000 万元之内，资金成本率为 10%；每增加 1000 万元，资金成本率提高 4%。

问分别在以上三种情况下，哪些方案有利？

【解】　首先计算各独立方案的内部收益率。

$IRR_A = 20\%$；$IRR_B = 8\%$；$IRR_C = 25\%$；

$IRR_D = 16\%$；$IRR_E = 30\%$；$IRR_F = 12\%$

将上述独立方案按其内部收益率由大到小的顺序绘入资金—收益率直方图，如图 9-6 所示，并将资金成本率用虚线由小到大进行标准。

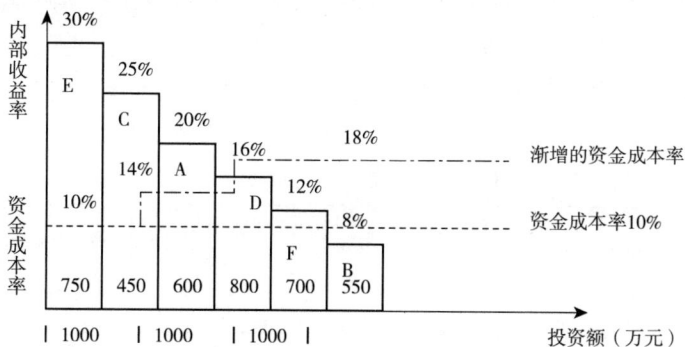

图 9-6　独立方案资金—收益率直方图

（1）由大到小取方案 E、C、A、D，总投资为 2600 万元，余下 400 万元无法投资剩下的方案。故此时最优方案组合为 E、C、A、D。

（2）由大到小取方案 E、C、A，总投资为 1800 万元，余下 700 万元无法投资 D 方案，但可投资 F 方案。故此时最优组合为 E、C、A、F。

（3）资金成本率如图 9-6 虚线所示，除方案 E、C、A 外，其余方案内部收益率均小于资金成本率。故最优方案组合是 E、C、A。

9.5　混合方案的经济效果评价与选择

混合型方案的选择与独立型方案的选择相同，可以分为无资金约束和有资金约束两类。如果无资金约束，只要从各独立项目中选择净现值最大的互斥型方案加以组合即可。当资金有约束时，选择方法比较复杂。一种是西方工程经济学的方法，即混合型方案排他化法；另一种是日本经济性工程学的方法，即追加投资效率指标排序法。

1）混合型方案排他化法

混合型方案排他化法与独立方案互斥化法的思路是相同的，都是通过将所有可能形成的排他型方案组合列出来；计算出各方案组合所需的资金量，并按资金约束程度删除不符合条件的方案组合；对余下的方案组合按排他型方案评价方法进行评价，选出符合最优条件的方案组合。

2）追加投资效率指标排序法

混合型方案追加投资效率指标排序法是以增量效率指标代替效率指标，其步骤如下：

（1）计算独立型方案中各排他型方案之间的投资差额内部收益率；

（2）淘汰无资格方案，重新计算无资格方案被淘汰后的投资差额内部收益率；

（3）按投资差额内部收益率由大到小对项目方案进行排序并绘图；

（4）在图中标注资金成本率和资金约束条件；

（5）选择最优项目组合。

【例 9-11】　某企业有三个工厂 A、B、C，各工厂都提出了各自的投资方案。A、B、C 三厂相互独立，但各工厂内部的投资方案是互斥的，各方案现金流量见表 9-11。假定各方案的寿命均为 8 年，设基准折现率为 15%，试在下列资金限制下，从整个企业的角度做出最优决策。资金限额：（1）400 万元；（2）600 万元；（3）800 万元。

投资方案现金流量表　（单位：万元）　　　　　　　　　　表 9-11

工厂	方案	投资额	年末净收益
A	A_1	100	38
	A_2	200	69
	A_3	300	86

工厂	方案	投资额	年末净收益
B	B_1	100	19
	B_2	200	55
	B_3	300	75
	B_4	400	92
C	C_1	200	86
	C_2	300	109
	C_3	400	154

【解】 由 $\Delta R(P/A, \Delta IRR, 8) - \Delta I = 0$ 和线性内插法可求出各独立型方案的投资差额内部收益率。

A 厂：$\Delta IRR_{A_1-A_0} = 35\%$；$\Delta IRR_{A_2-A_1} = 26\%$；$\Delta IRR_{A_3-A_2} = 9\%$；

B 厂：$\Delta IRR_{B_1-B_0} = 10\%$；$\Delta IRR_{B_2-B_1} = 32\%$；$\Delta IRR_{B_3-B_2} = 12\%$；$\Delta IRR_{B_4-B_3} = 7\%$；

C 厂：$\Delta IRR_{C_1-C_0} = 40\%$；$\Delta IRR_{C_2-C_1} = 16\%$；$\Delta IRR_{C_3-C_2} = 42\%$

按投资额排序为 $1, 2, \cdots, j, j+1, \cdots, N$，而第 j 个方案对第 $j-1$ 个方案的追加投资收益率低于第 $j+1$ 个方案对第 j 个方案的追加投资收益率，则第 j 个方案即为无效方案。若用横坐标表示投资 I，纵坐标表示净收益 R，连接各方案位于 $R-I$ 坐标平面上的点，则各折线的斜率即为追加投资收益率。投资依次递增时，各折线是上凸的，下凹点对应的方案即为无资格方案，应予以淘汰。

由图 9-7 可知，B_1 为无资格方案，同理可得 C_2 为无资格方案，将他们排除，求出新的投资差额内部收益率：

$$\Delta IRR_{B_2-B_0} = 22\%；\Delta IRR_{C_3-C_1} = 30\%$$

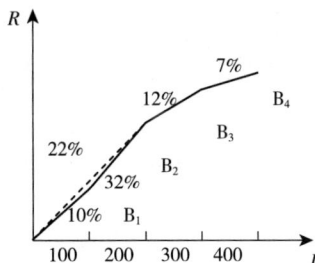

图 9-7 B 厂投资

将上述各追加投资方案按投资内部收益率由大到小的顺序绘入直方图，如图 9-8 所示。

（1）400 万元资金限制，使得 C_1-C_3 的追加投资不可行，或者选择 A_2、C_1 或者选择 C_3。由数据可知 A_2、C_1 组合比 C_3 方案的 NPV 大，故最优方案组合是 A_2、C_1；

（2）600万元资金应选择 A_2、C_3；

（3）800万元资金应选择 A_2、B_2、C_3。

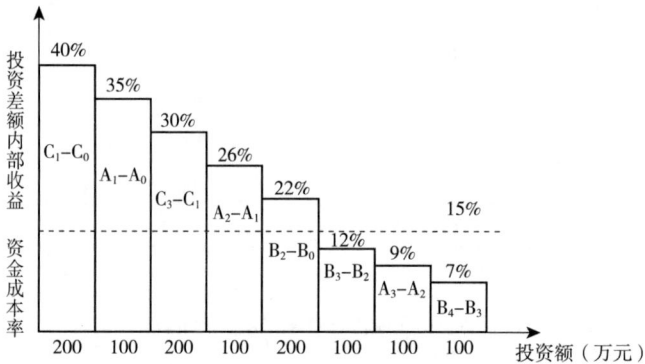

图9-8　混合型方案优劣选择排序法

思考题

1. 什么是静态投资回收期，其作为评价指标有何优缺点？

2. 什么是净现值和内部收益率，其作为评价指标有何优缺点？

3. 基准收益率定得过高或过低对方案评价会产生什么影响？

4. 某企业拟增加一台新的生产设备，设备投资为150万元，设备经济寿命期为5年，5年后设备残值为0。每年的现金流量如下表所示，试在贴现率为10%的条件下，分析该投资方案的可行性（使用 NPV 和 IRR 指标）。

设备投资生产现金流量表　（单位：万元）　　　　　　表9-12

年度	收入	经营费用
1	80	20
2	50	22
3	64	24
4	66	26
5	68	28

5. 某公共事业项目拟定一个15年规划，分3期建成，开始投资80000元，5年后再投资60000元，再过5年再投资40000元。每年的保养费：前5年每年2000元，次5年每年3000元，最后5年每年4000元，15年年末残值为10000元。试用8%的折现率计算该规划方案的费用现值和费用年值。

6. 某仓库计划引进自动化机械，以减轻劳动强度，提高经济效益。现有 AB 两种机械可供选择，寿命皆为 8 年。A 的价格为 20 万元，但能每年减少费用 4 万元；B 的价格为 30 万元，但能每年减少费用 6 万元。（1）基准收益率为 10% 时，应该购买哪种机器？（2）若选择 A 机器，则至少应使用多少年才能赢利？

7. A、B 两个互斥方案各年的现金流量如表所示，基准收益率 $i_0 = 10\%$，试用净年值法、寿命期最小公倍数法和研究期法比选方案。

寿命不等的互斥方案的现金流量表　（单位：万元）　　　　表 9–13

方案	投资	年净收入	残值	寿命（年）
A	−10	3	1.5	6
B	−15	4	2	9

第 10 章 项目风险和不确定性分析

在项目的经济评价中所用的数据有些是来自对未来的预测，有些则是套用现行的数据。这些通过预测和估算进行的项目评价的结果具有一定的不确定性。这种不确定性可能是项目本身的不确定性造成的，也可能是项目所处环境的不确定性造成的，它给项目带来一定风险。为了评估项目对风险的承受能力，项目评价人员需要进行工程项目的盈亏平衡分析、敏感性分析和风险分析。

10.1 盈亏平衡分析

10.1.1 概述

盈亏平衡分析研究项目的产品产量、生产成本、销售收入和价格等因素的变化对项目盈利与亏损的影响。项目的盈利与亏损的转折点被称为盈亏平衡点（BEP）。在盈亏平衡点上销售收入等于生产成本，项目达到盈亏平衡。盈亏平衡分析的目的是找出项目的盈亏平衡点，判断投资方案对不确定因素变化的承受能力，为决策提供依据。

10.1.2 独立项目的线性盈亏平衡分析

当项目中有一个因素为不确定状态时，当其等于某个数值时会使项目决策的结果达到临界点，此值就是该因素的盈亏平衡点。例如在研究产品产量、成本与方案盈利能力之间的关系时，可以用盈亏平衡分析来找出投资方案盈利和亏损与这些因素间的定量关系。

当销售不影响市场供需状况，在其他市场条件不变时，产品的售价不会随销售量而变化，销售收入可用方程表示如下：

$$R = PQ \tag{10-1}$$

式中　R——销售收入；

　　　P——单位产品价格；

　　　Q——产品销售量（等于项目产量）。

项目的成本由固定成本和变动成本两部分构成。固定成本是指在一定生产规模内不随产量的变动而变动的费用。变动成本是指随产品的产量变动而变动的费用，比如人工费，原材料费等。变动成本与产品产量接近正比例关系。因此总成本费用与产品产量的关系可近似地认为是线性关系，总成本费用可用方程表示如下：

$$C = C_f + C_v Q \tag{10-2}$$

式中 C——总成本费用；

C_f——固定成本；

C_v——单位产品的变动成本。

盈亏平衡点 $R = C$，因此：

$$PQ^* = C_f + C_v Q^* \tag{10-3}$$

$$Q^* = \frac{C_f}{P - C_v} \tag{10-4}$$

Q^* 表示临界产量。

临界产量也可以用盈亏平衡图来表示，把式（10-1）与式（10-2）在同一 $R(C)$—Q 图上表示出来，可得线性盈亏平衡图，见图 10-1。

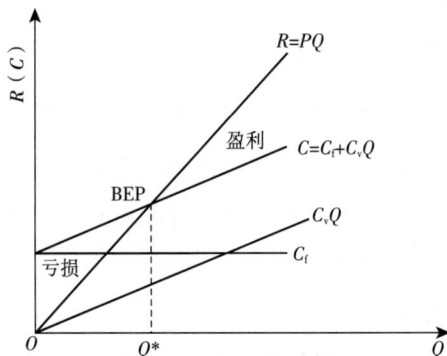

图 10-1 线性盈亏平衡图

图中销售收入直线与总成本费用直线的交点即为盈亏平衡点（Break-even Point，简称 BEP），也就是项目盈利与亏损的临界点。在 BEP 对应的 Q^*（临界产量）的左边，总成本大于销售收入，项目亏损；在 Q^* 的右边，销售收入大于总成本，项目盈利；在 Q^* 点时，项目不盈不亏。

除了用产量外，还常用生产能力利用率，产品销售价格、单位产品变动成本来表示盈亏平衡点。

若项目的设计生产能力为 Q_d，则盈亏平衡时生产能力利用率为：

$$E = \frac{Q^*}{Q_d} = \frac{C_f}{(P - C_v) Q_d} \times 100\% \tag{10-5}$$

若按设计生产能力 Q_d 进行生产和销售，则盈亏平衡销售价格为：

$$P^* = \frac{R}{Q_d} = \frac{C}{Q_d} = C_v + \frac{C_f}{Q_d} \tag{10-6}$$

同样，盈亏平衡单位产品变动成本为：

$$C_v^* = P - \frac{C_f}{Q_d} \qquad\qquad (10-7)$$

【例 10-1】 某建筑构件厂设计能力年生产某种构件 7200 件，每件售价 5000 元，该厂固定成本 680 万元，单位产品变动成本为 3000 元，试考察产量、售价、单位产品变动成本对工厂盈亏的影响。

【解】 已知 $P = 5000$，$R = 5000Q$，Q 为生产量，$Q_d = 7200$，则：

$$C = 6800000 + 3000Q$$

盈亏平衡时，$R = C$，解之得：$Q^* = 3400$（件/年）

盈亏平衡时，生产能力利用率为：

$$E = \frac{Q^*}{Q_d} = \frac{3400}{7200} = 0.4722 = 47.22\%$$

盈亏平衡时，产品售价为：

$$P^* = \frac{R}{Q_d} = \frac{C}{Q_d} = C_v + \frac{C_f}{Q_d} = 3000 + \frac{6800000}{7200} = 3944（元/件）$$

盈亏平衡时，单位产品变动成本为：

$$C_v^* = P - \frac{C_f}{Q_d} = 3000 - 944 = 2056（元/件）$$

由盈亏平衡分析，结合市场预测，可以对该厂发生的盈亏可能性作出大致的判断。在上例中如果未来的产品销售价格、生产成本与预期相同，项目不发生亏损的条件是：年销售量不低于 3400 件，生产能力利用率不低于 47.22%；如果能按生产能力进行生产和销售，生产成本与预期值相同，则不发生亏损的条件是：产品售价不低于 3944 元/件；如果销售量、产品售价与预期值相同，则工厂不发生亏损的条件是：单位产品变动成本不高于 2056 元/件。综上可知，该构件厂有较好的抵抗市场变动风险能力。

10.2 敏感性分析

10.2.1 概述

敏感性分析是通过测定建设项目一个或多个不确定因素发生变化时项目经济效益发生的相应变化，以判断这些因素对项目经济目标的影响程度。敏感性分析就是要找出项目的敏感因素，并确定其敏感程度，以预测项目承担的风险。敏感性分析不仅可以使决策者了解不确定因素对项目评价指标的影响，从而提高决策的准确性，还可以启发评价者对那些较为敏感的因素重新搜集资料进行分析研究，以提高预测的可靠性。

敏感性分析可按以下步骤进行：

（1）选择敏感性因素。一般进行敏感性分析所涉及的不确定因素有：产品产量（生产负荷）、产品售价、主要原材料价格、燃料或动力价格、可变价格、固定资产投资、折现率、建设期及外汇汇率等。选择敏感性分析的因素要慎重，应事先把极少发生变化的因素剔除在外。一般发生在项目寿命初期、金额大的因素比发生在寿命期后期、金额小的因素对项目的经济评价指标影响要大。同样，项目自始至终起作用的且在效益及成本构成中所占比例大的因素，以及在项目实施过程中有可能发生较大变化的因素，如寿命期，均属于敏感性因素。

（2）设定经济效果分析指标。评价指标可选净现值、净年值、内部收益率、投资回收期等。

（3）设定不确定性因素的变动范围。可以用相对值表示，也可以用绝对值表示。用相对值表示是使每个敏感因素都从其原始值变动一定幅度，然后计算每次变动对经济效益指标的相对影响。把因素变动及相应指标变动结果用表（表10-2）或图（图10-2）的形式表示出来，以便于测定敏感因素。

（4）确定敏感因素。敏感性分析的目的在于寻求敏感因素。由于各因素的变化会引起经济指标一定的变化，但其影响程度却各不相同，可以通过计算敏感度系数和临界点来判断。

敏感度系数表示技术方案经济效果评价指标对不确定因素的敏感程度，用评价指标的变化率除以不确定因素的变化率计算。

$$S_{AF} = (\Delta A/A) / (\Delta F/F)$$

$\Delta A/A$：评价指标的变动比率，如净现值 NPV 或内部收益率 IRR。

$\Delta F/F$：不确定因素的变化率，如建设投资、工期等。

S_{AF} 大于 0 表示评价指标与不确定性因素同方向变化。

S_{AF} 小于 0 表示评价指标与不确定性因素反方向变化。

$|S_{AF}|$ 越大，表明评价指标 A 对于不确定性因素 F 越敏感；反之，则不敏感。

临界点是指项目允许不确定因素向不利方向变化的极限值。超过极限，项目的效益指标将不可行。临界点表明方案经济效果评价指标达到最低要求所允许的最大变化幅度。把临界点与未来实际可能发生的变化幅度相比较，就可大致分析该项目的风险情况。利用临界点来确定敏感性因素的方法是一种绝对测定法。

敏感性分析不仅应用在拟建项目经济评价中，以助投资者作出决策，还可以用在项目规划阶段的方案选择上。在项目规划阶段，用敏感性分析可以找出乐观的和悲观的方案，从而提供最现实的生产要素的组合。在方案选择时，可以用敏感性分析找出敏感性小的方案，也就是风险小的方案。

进行敏感性分析，可以一次只变动一个因素，使其他因素保持不变，来研究项目经济效益指标的变化称为单因素的敏感性分析。也可以一次同时变动几个因素，而使其余因素保持不变，来研究项目经济效益指标的变化，称为多因素的敏感性分析。

10.2.2 单因素敏感性分析

进行单因素分析时，假设各因素（参数）是相互独立的，每次只变动一个因素，其他的因素保持不变。

【例10-2】 设有某投资项目，其基础数据如表10-1所示。考虑到未来10年期间一些因素会发生变化，故有必要考虑各项因素发生变化时对项目效益产生的影响。为此，可以利用公式 $NPV(i) = -I_0 + S(P/F, i, n) + (CI - CO)(P/A, i, n)$ 得到项目净现值受每个因素（本例中以 CI，CO，I_0 为例进行分析）按不同幅度变动的影响的对应表格，如表10-2，按表中的数据可以绘出敏感性分析图（图10-2）。

某项目基础数据表　　　　　　　　　　　　　　表10-1

项　目	金额（元）	$NPV(13\%)_n = 10$ 年
初始投资 I_0	−170000	−170000
年度收入 CI	35000	189919
年度费用 CO	−3000	−16279
残值 S	20000	5892
净现值 $NPV(13\%)$		9531

不确定因素的变动对净现值的影响一览表　　单位（元）　　表10-2

不确定因素	变动率				
	−20%	−10%	0	10%	20%
初始投资 I_0	43532	26532	9531	−7468	−24468
年度收入 CI	−28452	−9460	9531	28523	47515
年度费用 CO	12787	11159	9531	7904	6275

表10-2用图形表示即为敏感性分析图，如图10-2所示。

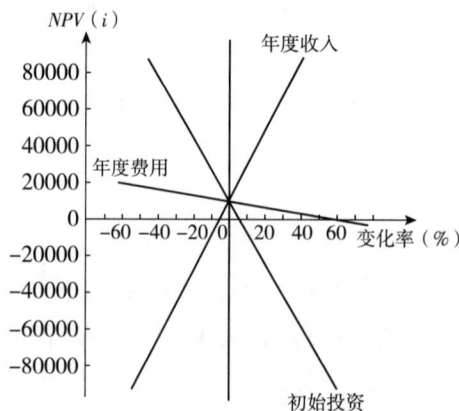

图10-2　项目净现值对单因素变化的敏感性分析图

从图中可知，项目的净现值对年度收入和初始投资均比较敏感，所以项目年度收入和初始投资均为敏感性因素。

当没有行业基准折现率或企业的资金成本未知时，可以用项目的内部收益率作为评价标准来进行敏感性分析，公式为：

$$-I_0 + S\,(P/F,\,I^*,\,n) + (CI - CO)(P/A,\,I^*,\,n) = 0$$

本例中如果项目初始投资、年度收入、年度费用按 ±20%、±40%变化时，相应的 *IRR* 的变化如表 10-3：

不确定因素变动时相应的 IRR 值（%）　　　　表 10-3

不确定因素	变动率				
	−40%	−20%	0	30%	40%
初始投资 I_0	29.43	20.29	14.33	10.24	6.73
年度收入 CI	2.83	8.86	14.33	19.45	24.31
年度费用 CO	15.23	14.78	14.33	13.88	13.43

当然，根据上表也可作出 *IRR* 对单因素变化的敏感性曲线。

10.2.3　多因素敏感性分析

在实际中，项目受到的是多因素的共同作用，因此我们需要对多个敏感因素的综合作用作深入分析，即进行多因素分析。进行多因素敏感性分析的假定条件是同时变动的因素是相互独立的。

【例 10-3】 根据例 10-2 的数据，试就初始投资和年度收入这两个因素，对该项目的净现值作双因素的敏感性分析。

【解】 设 X 表示初始投资变化的百分数，Y 表示同时改变的年度收入的百分数，则：

$NPV\,(13\%) = -170000\,(1+X) + 35000\,(1+Y)\,(P/A,\,13\%,\,10) - 3000\,(P/A,$ $13\%,\,10) + 20000\,(P/F,\,13\%,\,10)$

如果 $NPV\,(13\%) = 953.16 - 170000X + 189918.5Y \geqslant 0$，则该投资方案可盈利 13% 以上。

简化得 $Y \geqslant -0.0502 + 0.8951X$

把上述不等式绘于初始投资变化百分数 X 和年度收入变化百分数 Y 的坐标轴上，则可以得到如图 10-3 所示的两个区域。斜线以上的区域，$NPV\,(13\%) > 0$，斜线以下的区域，$NPV\,(13\%) < 0$。也就是说，如果初始投资和年度收入同时变化，只要变动范围不超出临界线右下的区域，方案都是可以接受的。

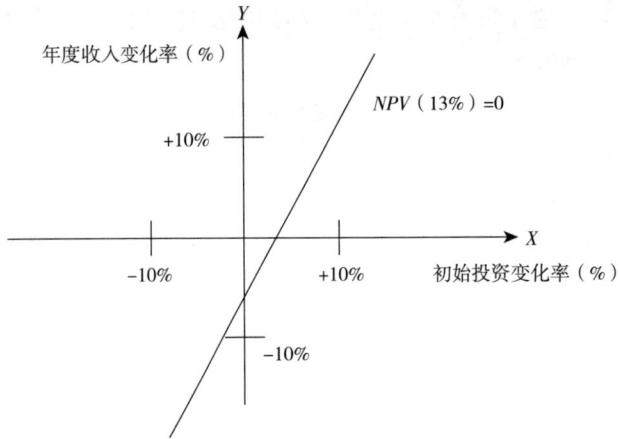

图 10-3　项目净现值对多因素变化的敏感性分析图

10.3　风险分析及决策

10.3.1　风险分析概述

在现实社会生活中，所有拟建项目的未来都是未知的。不确定性是所有项目的内在固有属性，不同的是每一个具体项目的不确定性程度大小各异。当项目的不确定性比较小时，可以近似按照确定性项目来处理，并用盈亏平衡分析法、敏感性分析法来研究项目的不确定性。当不确定性比较大时，就需要用风险或不确定性的概率分析方法来进行分析和处理。项目的风险是因不确定因素的存在造成的，风险和不确定性是不同的概念。人们把基于概率来研究各种不确定因素发生不同幅度变化时对方案经济效益的影响的方法叫做概率分析或风险分析，而把没有概率分布可供参考时的处理方法叫做不确定性分析。

10.3.2　简单的风险分析

对于简单的问题，可用损益表来分析，通过损益表运用不同的评价标准和方法，从若干互斥方案中选出最优方案。

【例 10-4】　某报亭出售某体育类报纸，进价每份 1 元，售价 1.5 元。根据长期出售报纸份数的资料，售出报纸数量的概率如表 10-4 所示。

报亭销售报纸份数概率　　　　　　　　　　表 10-4

每周售出报纸数（份）	250	300	350	400	450
售出报纸概率	0.1	0.15	0.25	0.4	0.1

报亭不可能预测出特定一天的报纸需求量，过期未售出的报纸会造成损失，这个损失应与订货不足引起的利润损失持平。因此寻找报亭的目标时应确定一个订购水平，使它在整个销售期获得最大利润。上述问题的损益表计算如下（表 10-5）：

报亭销售体育类报纸损益表　　　　　　　　　　表 10-5

方案定购规模（份）	需求状态（份）					预期利润（元）
	250（0.1）	300（0.15）	350（0.25）	400（0.40）	450（0.10）	
250	125	125	125	125	125	125
300	75	150	150	150	150	142.5
350	25	100	175	175	175	148.75
400	−25	50	125	200	200	136.25
450	−75	0	75	150	225	93.75

由表 10-5 可知，报亭每天定购 350 份报纸时期望赚取的利润最大。

下面说明损益表中的数值算法，以定购 350 份为例：

当需求为 250 份时收益为：

$$250 \times (1.5 - 1.0) - (350 - 250) \times 1.0 = 25.00（元）$$

相应的需求为 300、350、400、450 时收益分别为 100、175、175、175（元）。

则长期的收益期望值为：$25 \times 0.1 + 100 \times 0.15 + 175 \times (0.25 + 0.4 + 0.1) = 148.75（元）$

10.3.3　风险决策（决策树法）

用一个单级决策的例子来介绍决策树法及其应用。

【例 10-5】 为生产某种新产品拟建一生产厂。现有两个方案：方案一为建大厂，需投资 320 万元，方案二为建小厂，投资为 180 万元。这两个方案的寿命期设为 10 年，两个方案在不同市场条件下（销路好及销路差）的盈亏情况如表 10-6 所示。

建大厂或小厂的比较　　　　　　　　　　表 10-6

方案	销路及概率	
	销路好，概率 0.7	销路差，概率 0.3
建大厂	100 万元	−20 万元
建小厂	40 万元	10 万元

上述例题可用决策树图来描述。图 10-4 中的方框 1（⬚）为决策点，在这点上要对某一方案作出选择或舍弃决策。从这点出发引出方案分支到方案节点（②和③为方案节点）。从方案节点引出的线称为状态分枝或结果分枝，表示实行该方案后可能的结果。在状态分枝上标出各种状态出现的概率，分枝的末端则是出现该状态时的损失或收益值。

在每个决策点上，中选方案是期望值最大的方案（如利润、净现值率）或是期望的费用最小的方案，求解的程序是从末梢开始，从该点找到最优解。用方案的期望值代表该决策点的解，沿着决策点往树根方向推算，直到在起始决策点做出最终决策。

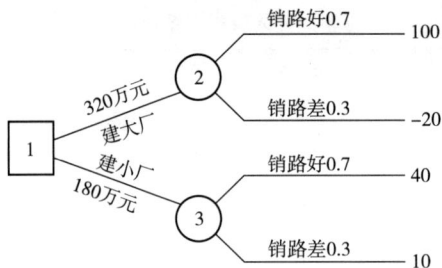

图 10-4　决策树图

设最低期望收益率 $MARR = 0.10$，则可得建大厂（方案 1）的净现值为：

$NPV（10\%）_{\text{I}} = [100 \times 0.7 + (-20) \times 0.3](P/A, 10\%, 10) - 320 = 73.25（万元）$

$NPVR_{\text{I}} = 73.25/320 = 0.2289 = 22.89\%$

建小厂（方案 2）的净现值为：

$NPV（10\%）_{\text{II}} = (40 \times 0.7 + 10 \times 0.3)(P/A, 10\%, 10) - 180 = 10.48（万元）$

$NPVR_{\text{II}} = 10.48/180 = 0.0582 = 5.82\%$

因此应该建大厂。

思考题

1. 请分析如果改变一个企业的固定成本与变动成本比例，将会对企业的运营风险有何影响？扩大固定成本的比例是否会增大企业的运营风险？

2. 大型煤炭矿区工程的设计能力为年产 910 万 t。年固定成本为 140509.47 万元，单位产品价格为 38.25 元 /t，单位产品变动成本为 17.44 元 /t。求盈亏平衡时的生产能力利用率。

3. 根据表 10-3 做出 IRR 对单因素变化的敏感性曲线。

4. 有一投资项目，用于确定经济分析的现金流量表见表 10-7，由于对未来影响经济环境的某些因素把握不大，经营成本、价格可能在 $\pm 20\%$ 的范围内变动。设折现率为 10%，试对以上两个不确定因素做敏感性分析。

投资项目现金流量表　　　　　　　　　　　　　　　　表 10-7

年份（年）	0	1	2 ~ 10	11
投资（元）	15000			
销售收入（元）			22000	22000
经营成本（元）			15200	15200
销售税金（销售收入的 10%）（元）			2200	2200
期末资产残值（元）				2000
净现值流量（元）	-15000	0	4600	4600+2000

5. 如何理解不确定性分析和风险分析的关系？

第11章　建设项目经济评价

建设项目经济评价是根据国民经济发展战略和行业、地区发展规划的要求，在做好产品（服务）市场需求预测及厂址选择、工艺技术和设备选择等工程技术研究的基础上，计算项目投入费用和产出效益，对拟建项目财务可行性、经济可行性进行多方案的比较、分析和论证。它是各类投资项目的项目建议书、可行性研究和项目评估等决策研究的核心内容。经济评价分为财务评价和国民经济评价两个层次。

11.1　财务评价

财务评价是根据国家现行财税制度和价格体系，分析、计算项目直接发生的财务效益和费用，编制财务报表，计算评价指标，考察项目的盈利能力、清偿能力、财务生存能力等财务状况，据此判别项目的财务可行性并进行项目的不确定性分析。财务评价内容与指标关系见表11-1。

财务评价内容与评价指标一览表　　　　　　表 11-1

评价内容	基本报表	财务评价指标	
		静态指标	动态指标
盈利能力分析	全部投资现金流量表	全部投资回收期	财务内部收益率 财务净现值
	自有资金现金流量表		财务内部收益率 财务净现值
	损益表	投资利润率 投资利税率 资本金利润率	
清偿能力分析	资金来源与运用表	借款偿还期	
	资产负债表	资产负债率 流动比率 速动比率	
财务生存能力	财务计划现金流量表	净现金流量累计盈余资金	
不确定性分析	盈亏平衡分析	平衡点生产能力利用率、 平衡点产量	
	敏感性分析		财务内部收益率 财务净现值
	概率分析		净现值期望值、净现值 大于等于零的累计概率

（1）准备基础数据

根据市场和技术的调查研究结果、现行价格体系及财税制度进行财务预测，获得项目投资、销售（营业）收入、生产成本、利润、税金及项目计算期等一系列财务基础数据，并将所得数据编制成辅助报表。

财务评价的辅助报表有固定资产投资估算表、流动资金估算表、投资使用计划与资金筹措表、主要产出物和投入物价格估称表、单位产品生产成本估算表、固定资产折旧费估算表、无形及递延资产估算表、总成本费用估算表、产品销售收入和销售税金及附加估算表、借款还本付息计算表等。

（2）根据上述财务预测数据及辅助报表，分别编制反映项目财务盈利能力、清偿能力的财务基本报表

财务评价的基本报表有现金流量表、损益表、资金来源与运用表、资产负债表等。

（3）财务评价指标的计算与评价

根据基本财务报表计算各财务评价指标，并分别与对应的评价标准或基准值进行对比，对项目作出评价。

（4）进行不确定性分析

通过盈亏平衡分析、敏感性分析、概率分析等不确定性分析方法，分析项目可能面临的风险及项目在不确定情况下的抗风险能力，得出项目在不确定情况下的财务评价结论或建议。

（5）做出项目财务评价的最终结论

由以上确定性分析和不确定性分析的结果，对项目的财务可靠性作出最终判断。

11.2 国民经济评价

国民经济评价是按照资源合理配置的原则，从国家角度考察项目的效益和费用，用货物影子价格、影子工资、影子汇率和社会折现率等经济参数，分析、计算项目对国民经济的净贡献，评价项目的经济合理性。

某种资源处于最佳分配状态时，其边际产出价值就是这种资源的影子价格。影子价格是在完善的市场经济条件下，资源的分配和利用达到供求均衡时的均衡价格，它真实地反映了社会必要劳动消耗、资源稀缺程度和市场供求状况，能实现资源配置的最优化，把最稀缺的资源优先分配给效益好的项目。影子价格也叫经济价格、预测价格、计划价格，它不是用于实际的交换，而是用于经济评价、预测、计划等工作。

汇率是指两个国家不同货币之间的比价或交换比率。在财务评价中，项目的各项投入的外汇成本和产出的外汇收益均用官方汇率估价，但实际上由于官方汇率偏低，其估价并不能反映外币与本国货币的真实比价。因此，在国民经济评价中要求计算外汇成本和收益的真正代价，即影子汇率。它才是反映外汇真实价值的汇率。

建设项目的国民经济评价与财务评价共同组成了完整的项目经济评价，它们之间是相互联系的，既有共同之处，又有区别。

共同之处：评价的目的相同，两者都要寻求以最小的投入获得最大的产出；评价的基础相同，都是在完成产品需求预测、工程技术方案、资金筹措等可行性研究的基础上进行评价的；计算期相同，两者都要计算包括建设期、生产期全过程的费用和效益。

两者的区别之处见表11-2。

国民经济评价与企业财务评价的区别一览表   表11-2

类别	企业财务评价	国民经济评价
评价角度	从企业的角度出发	从国民经济和社会需要出发
评价目标	企业的净利润（净财务收入）	对社会福利和国家基本发展目标的贡献及资源有效利用和合理分配
评价范围	企业本身获得直接的可计量的货币效果	除直接效果外，还有间接（外部）的不可计量的效果；除经济效益外，还有社会、政治、环境、国防等效果
费用和效益范围	企业效益包括销售收入、利润和折旧等。费用和效益仅考虑直接的，税金、工资、国内利息作为费用支出	国家效益包括企业上交的利润和折旧，而税金、工资、国内贷款利息等作为转移支付，费用和效益包括直接与间接（外部）的
计算基础	①采用国内现行市场价格；②把国家长期贷款利率或部门基准收益率作为折现率；③采用国家统一规定的官方汇率	①采用近似社会价值的经济合理价格（影子价格）；②采用社会折现率或国家基准收益率作为折现率；③采用国家统一规定的影子汇率及其换算系数或资本市场浮动汇率
评价的内容和方法	企业财务评价的内容和方法较简单，涉及面较窄，采用企业盈利性分析法	国民经济评价内容和方法较复杂，涉及的范围较广，需采用费用效益分析、成本效用分析和多目标综合分析等方法
评价的判据	行业基准收益率，基准投资贷款偿还期	社会折现率

国民经济评价可以在财务评价基础上进行，也可以直接进行。

国民经济评价的基本报表一般包括国民经济效益费用流量表（全部投资）和国民经济效益费用流量表（国内投资）。前者以全部投资作为计算的基础，用以计算全部投资经济内部收益率、经济净现值等评价指标；后者以国内投资作为计算的基础，将国外借款利息和本金的偿付作为费用流出，用以计算国内投资的经济内部收益率、经济净现值等指标，作为利用外资项目经济评价和方案比较取舍的依据。涉及产品出口创汇或替代进口节汇的项目，还应编制经济外汇流量表和国内资源流量表。

国民经济评价的具体步骤如下：

1）在财务评价基础上进行国民经济评价的步骤

（1）效益和费用范围的调整。剔除已计入财务效益和费用中的转移支付。识别项目的间接效益和间接费用，对能定量的应进行定量计算，不能定量的，应作定性的描述。

（2）效益和费用数值的调整。固定资产投资的调整。剔除属于国民经济内部转移支付的引进设备、材料的关税和增值税，并用影子汇率、影子运费和贸易费用对引进设备价值进行调整；对于国内设备价值则用其影子价格、影子运费和贸易费用进行调整。根据建筑工程消耗的人工、三材、其他大宗材料、电力等，用影子工资、货物和电力的影子价格调整建筑费用，或通过建筑工程影子价格换算系数直接调整建筑费用。若安装费中的材料费占很大比重，或有进口安装材料，也应按材料的影子价格调整安装费用。用土地的影子费用代替占用土地的实际费用。剔除涨价预备费。调整其他费用。

流动资金的调整。调整由于流动资金估算基础的变动引起的流动资金占用量的变动。

经营费用的调整。用货物的影子价格、影子工资等参数调整费用要素，相加求得经营费用。

销售收入的调整。确定项目产出物的影子价格，重新计算销售收入。

在涉及外汇借款时，用影子汇率计算外汇借款本金与利息的偿付额。

（3）编制项目的国民经济效益费用流量表（全部投资），并据此计算全部投资经济内部收益率和经济净现值指标。对使用国外贷款的项目，还应编制国民经济效益费用流量表（国内投资），并据此计算国内投资经济内部收益率和经济净现值指标。

（4）对于产出物出口（含部分出口）或替代进口（含部分替代进口）的项目，编制经济外汇流量表、国内资源流量表，计算经济外汇净现值、经济换汇成本或经济节汇成本。

2）直接进行国民经济评价的步骤

（1）识别和计算项目的直接效益。对那些为国民经济提供产出物的项目，首先应根据产出物的性质确定是否属于外贸货物，再根据定价原则确定产出物的影子价格。按照项目的产出物种类、数量及其逐年的增减情况和产出物的影子价格计算项目的直接效益。对那些为国民经济提供服务的项目，应根据提供服务的数量和用户的受益计算项目的直接效益。

（2）用货物的影子价格、土地的影子费用、影子工资、影子汇率、社会折现率等参数直接进行项目的投资估算。

（3）流动资金估算。

（4）根据生产经营的实物消耗，用货物的影子价格、影子工资、影子汇率等参数计算经营费用。

（5）识别项目的间接效益和间接费用，对能定量的应进行定量计算，对难以定量的，应作定性描述。

（6）编制有关报表，计算相应的评价指标。

思考题

1. 某公司拟建设一个农业生产性项目，以生产国内急需的一种农产品。该项目的建设期为 1 年，运营期为 10 年。这一建设项目的基础数据如下：

（1）建设期投资 800 万元，全部形成固定资产。营运期期末残值 50 万元，按照直线法折旧。

（2）项目第二年投产，投入流动资金 200 万元。

（3）该项目投入的资本金总额为 600 万元。

（4）运营期内，正常年份每年的销售收入为 600 万元，经营成本为 250 万元，产品销售税金及附加税率为 6%，所得税率为 25%，年总成本费用为 325 万元，行业基准收益率 10%。

（5）投产的第一年生产能力仅为设计生产能力的 60%，当年的销售收入与经营成本都按照正常年份的 60% 计算。当年的总成本为 225 万元。投产的第二年及以后各年均达到设计生产能力。

问题：①完成全投资现金流量表；②计算项目动态投资回收期、净现值；③以净现值为依据分析项目可行性。

2. 某项目有关基础资料如下：

（1）某建设项目建设期为 2 年，运营期为 6 年。

（2）项目固定资产投资估算总额为 3600 万元，其中预计形成固定资产 3060 万元（含建设期贷款利息 60 万元），无形资产 540 万元。固定资产使用年限为 10 年，残值率为 4%，固定资产余值在项目运营期末收回。

（3）无形资产在运营期 6 年中均匀摊入成本。

（4）流动资金为 800 万元，在项目的生命周期期末收回。

（5）项目的设计生产能力为年产量 120 万元，产品售价为 45 元 / 件，销售收入及附加的税率为 6%，所得税率为 25%，行业基准收益率为 8%。

（6）项目的资金投入、收益、成本等基础数据，见表 11-3。

某项目投入资金、收益及成本表　　　　　　　　　　　表 11-3

序号	项目	1	2	3	4	5 ~ 8
1	建设投资：					
	自有资金部分（万元）	1200	340			
	贷款（不含贷款利息）（万元）		2000			
2	流动资金：					
	自有资金部分（万元）			300		
	贷款部分（万元）			100	400	
3	年销售量（万件）			60	90	120
4	年经营成本（万元）			1682	2360	3230

（7）还款方式为在运营期6年内，按照每年等额本金偿还法进行偿还。长期贷款利率为6%，流动资金贷款利率为4%。

（8）行业的投资利润率为20%，投资利税率为25%。

问题：①完成借款还本付息表、总成本费用估算表、自有资金现金流量表；②计算项目投资利润率、投资利税率和资本金利润率；③计算项目净现值、静态和动态投资回收期。

第12章 建设工程造价

12.1 建设工程造价构成

本章以国家发改委和建设部发布的《建设项目经济评价方法与参数（第三版）》和住房和城乡建设部发布的《建筑安装工程费用项目组成》（建标〔2013〕44号文）为依据，介绍我国现行建筑安装工程费用构成。

12.1.1 建设项目总投资费用

建设项目总投资是指为完成工程项目建设并达到使用要求或生产条件，在建设期内预计或实际投入的总费用，包括工程造价、资金筹措费和流动资金。其中工程造价是指工程项目在建设期预计或实际支出的建设费用，包括工程费用、工程建设其他费用和预备费。资金筹措费是指在建设期内应计的利息和在建设期内为筹集项目资金发生的费用，包括各类借款利息、债券利息、贷款评估费、国外借款手续费及承诺费、汇兑损益、债券发行费用及其他债务利息支出或融资费用。流动资金是指运营期内长期占用并周转使用的营运资金，不包括运营中需要的临时性营运资金。建设项目总投资费用组成如图12-1所示。

12.1.2 建筑安装工程费

工程费用是指建设期内直接用于工程建造、设备和工器具购置及其安装的费用，包括建筑工程费、设备及工器具购置费和安装工程费。建筑工程费是指建筑物、构筑物及与其配套的线路、管道等建造、装饰费用。安装工程费是指设备、工艺设施及其附属物的组合、装配、调试等费用。建筑工程费和安装工程费一般可统称为建筑安装工程费。设备及工器具购置费由设备购置费和工具、器具及生产家具购置费组成。设备购置费是指购置或自制的达到固定资产标准的设备、工器具及生产家具等所需的费用。设备购置费分为外购设备费和自制设备费。外购设备是指由设备生产厂制造，符合规定标准的设备。自制设备是指按订货要求，并根据具体的设计图纸自行制造的设备。

1）建筑安装工程费按照费用构成要素划分

建筑安装工程费按照费用构成要素划分，由人工费、材料（包含工程设备，下同）费、施工机具使用费、企业管理费、利润、规费和税金组成。其中人工费、材料费、施

建设项目总投资
- 工程造价
  - 1.工程费用
    - 1.建筑安装工程费
      - 1.分部分项工程费
      - 2.措施项目费
      - 3.其他项目费
      - 4.规费
      - 5.税金（增值税销项税等）
    - 2.设备及工、器具购置费
  - 2.工程建设其他费用
    - 1.土地使用费
    - 2.与项目建设有关的其他费用
    - 3.与未来企业生产经营有关的其他费用
  - 3.预备费
- 资金筹措费
- 流动资金

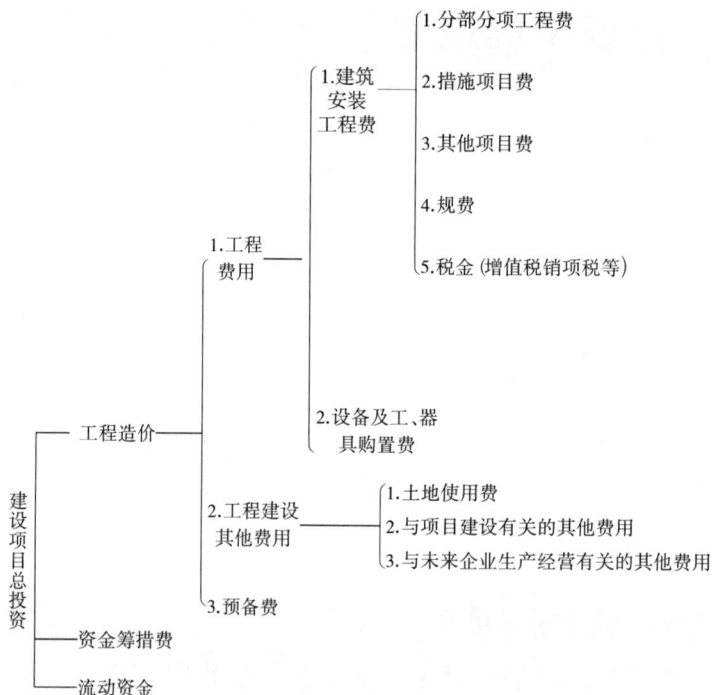

图 12-1　建设项目总投资费用项目组成图

工机具使用费、企业管理费和利润包含在分部分项工程费、措施项目费中。

（1）人工费是指按工资总额构成规定，支付给从事建筑安装工程施工的生产工人和附属生产单位工人的各项费用。内容包括：

计时工资或计件工资：指按计时工资标准和工作时间或对已做工作按计件单价支付给个人的劳动报酬。

奖金：指对超额劳动和增收节支支付给个人的劳动报酬，如节约奖、劳动竞赛奖等。

津贴补贴：指为了补偿职工特殊或额外的劳动消耗和因其他特殊原因支付给个人的津贴，以及为了保证职工工资水平不受物价影响支付给个人的物价补贴。如流动施工津贴、特殊地区施工津贴、高温（寒）作业临时津贴、高空津贴等。

加班加点工资：指按规定支付的在法定节假日工作的加班工资和在法定日工作时间外延时工作的加点工资。

特殊情况下支付的工资：指根据国家法律、法规和政策规定，因病、工伤、产假、计划生育假、婚丧假、事假、探亲假、定期休假、停工学习、执行国家或社会义务等原因按计时工资标准或计时工资标准的一定比例支付的工资。

（2）材料费是指施工过程中耗费的原材料、辅助材料、构配件、零件、半成品或成品、工程设备的费用。内容包括：

材料原价：指材料、工程设备的出厂价格或商家供应价格。

运杂费：指材料、工程设备自来源地运至工地仓库或指定堆放地点所发生的全部费用。

运输损耗费：指材料在运输装卸过程中不可避免的损耗。

采购及保管费：指为组织采购、供应和保管材料、工程设备的过程中所需要的各项费用。包括采购费、仓储费、工地保管费、仓储损耗。

工程设备：指构成或计划构成永久工程一部分的机电设备、金属结构设备、仪器装置及其他类似的设备和装置。

（3）施工机具使用费是指施工作业所发生的施工机械、仪器仪表使用费或其租赁费。仪器仪表使用费是指工程施工所需使用的仪器仪表的摊销及维修费用。

施工机械使用费：以施工机械台班耗用量乘以施工机械台班单价表示，施工机械台班单价应由下列七项费用组成：

折旧费：指施工机械在规定的使用年限内，陆续收回其原值的费用。

大修理费：指施工机械按规定的大修理间隔台班进行必要的大修理，以恢复其正常功能所需的费用。

经常修理费：指施工机械除大修理以外的各级保养和临时故障排除所需的费用。包括为保障机械正常运转所需替换设备与随机配备工具附具的摊销和维护费用，机械运转中日常保养所需润滑与擦拭的材料费用及机械停滞期间的维护和保养费用等。

安拆费及场外运费：安拆费指施工机械（大型机械除外）在现场进行安装与拆卸所需的人工、材料、机械和试运转费用以及机械辅助设施的折旧、搭设、拆除等费用；场外运费指施工机械整体或分体自停放地点运至施工现场或由一施工地点运至另一施工地点的运输、装卸、辅助材料及架线等费用。

人工费：指机上司机（司炉）和其他操作人员的人工费。

燃料动力费：指施工机械在运转作业中所消耗的各种燃料及水、电等费用。

税费：指施工机械按照国家规定应缴纳的车船使用税、保险费及年检费等。

（4）企业管理费：指建筑安装企业组织施工生产和经营管理所需的费用。内容包括：

管理人员工资：指按规定支付给管理人员的计时工资、奖金、津贴补贴、加班加点工资及特殊情况下支付的工资等。

办公费：指企业管理办公用的文具、纸张、账表、印刷、邮电、书报、办公软件、现场监控、会议、水电、烧水和集体取暖降温（包括现场临时宿舍取暖降温）等费用。

差旅交通费：指职工因公出差、调动工作的差旅费、住勤补助费，市内交通费和误餐补助费，职工探亲路费，劳动力招募费，职工退休、退职一次性路费，工伤人员就医路费，工地转移费以及管理部门使用的交通工具的油料、燃料等费用。

固定资产使用费：指管理和试验部门及附属生产单位使用的属于固定资产的房屋、设备、仪器等的折旧、大修、维修或租赁费。

工具用具使用费：指企业施工生产和管理使用的不属于固定资产的工具、器具、家具、交通工具和检验、试验、测绘、消防用具等的购置、维修和摊销费。

劳动保险和职工福利费：指由企业支付的职工退职金、按规定支付给离休干部的经费、集体福利费、夏季防暑降温、冬季取暖补贴、上下班交通补贴等。

劳动保护费：企业按规定发放的劳动保护用品的支出。如工作服、手套、防暑降温饮料以及在有碍身体健康的环境中施工的保健费用等。

检验试验费：指施工企业按照有关标准规定，对建筑以及材料、构件和建筑安装物进行一般鉴定、检查所发生的费用，包括自设试验室进行试验所耗用的材料等费用。不包括新结构、新材料的试验费，对构件做破坏性试验及其他特殊要求检验试验的费用和建设单位委托检测机构进行检测的费用，对此类检测发生的费用，由建设单位在工程建设其他费用中列支。但对施工企业提供的具有合格证明的材料进行检测不合格的，该检测费用由施工企业支付。

工会经费：指企业按《中华人民共和国工会法》规定的全部职工工资总额比例计提的工会经费。

职工教育经费：指按职工工资总额的规定比例计提，企业为职工进行专业技术和职业技能培训，专业技术人员继续教育、职工职业技能鉴定、职业资格认定以及根据需要对职工进行各类文化教育所发生的费用。

财产保险费：指施工管理用财产、车辆等的保险费用。

财务费：指企业为施工生产筹集资金或提供预付款担保、履约担保、职工工资支付担保等所发生的各种费用。

税金：指企业按规定缴纳的房产税、车船使用税、土地使用税、印花税等。

其他：包括技术转让费、技术开发费、投标费、业务招待费、绿化费、广告费、公证费、法律顾问费、审计费、咨询费、保险费等。

（5）利润是指施工企业完成所承包工程获得的盈利。

（6）规费是指按国家法律、法规规定，由省级政府和省级有关权力部门规定必须缴纳或计取的费用。包括社会保险费、住房公积金和工程排污费等。

其中，社会保险费包括：①养老保险费是指企业按照规定标准为职工缴纳的基本养老保险费。②失业保险费是指企业按照规定标准为职工缴纳的失业保险费。③医疗保险费是指企业按照规定标准为职工缴纳的基本医疗保险费。④生育保险费是指企业按照规定标准为职工缴纳的生育保险费。⑤工伤保险费是指企业按照规定标准为职工缴纳的工伤保险费。

住房公积金：指企业按规定标准为职工缴纳的住房公积金。

工程排污费：指按规定缴纳的施工现场工程排污费。2016年12月25日，第十二届全国人大常委会第二十五次会议通过了《中华人民共和国环境保护税法》，规定自2018年1月1日起，全国停征排污费和海洋工程污水排污费。

其他应列而未列入的规费，按实际发生计取。

（7）税金是指国家税法规定的应计入建筑安装工程造价内的增值税销项税及附加税金。

建筑安装工程费用项目组成表（按费用构成要素划分）详见图12-2。

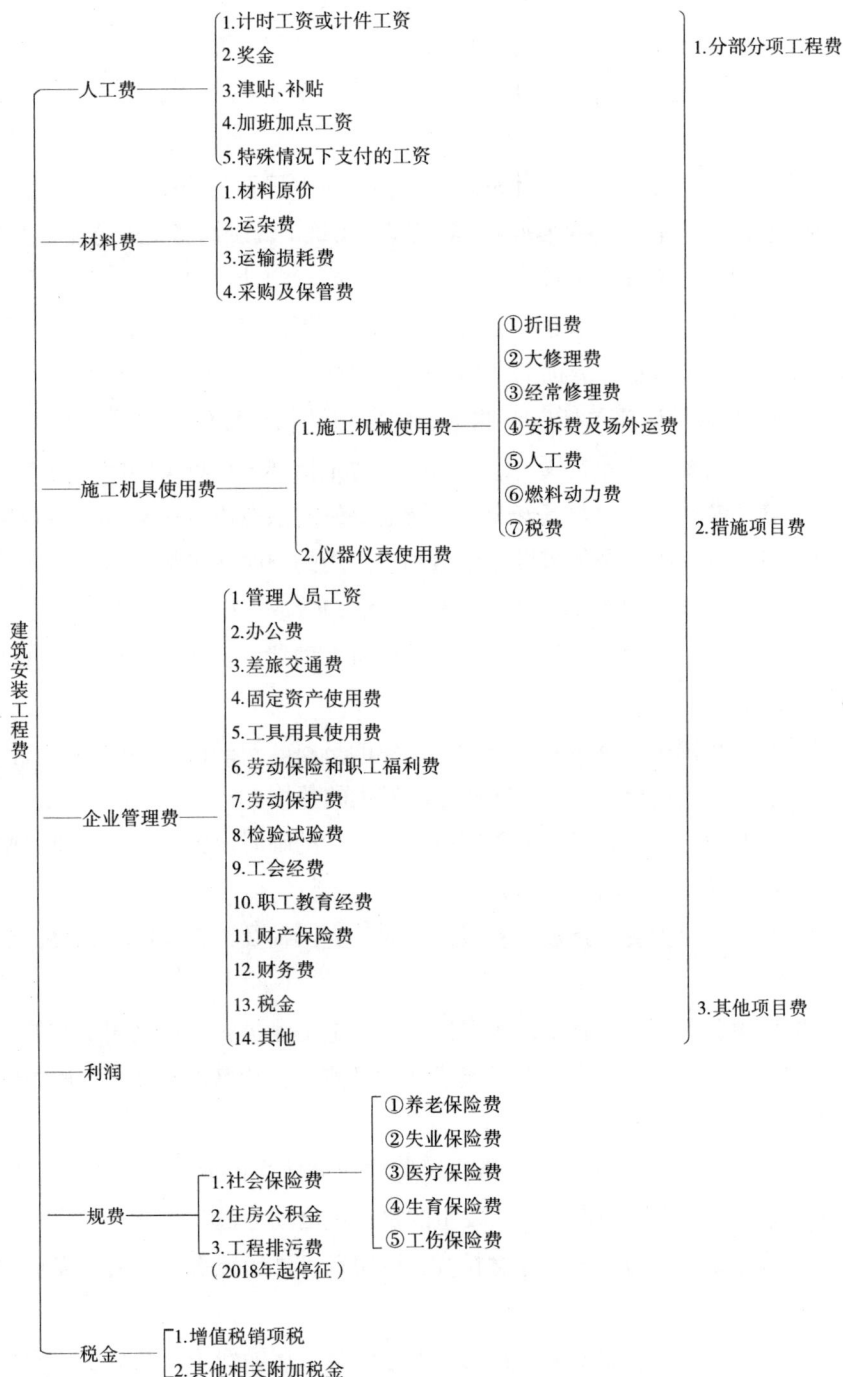

图 12-2　建筑安装工程费用项目组成表（按费用构成要素划分）

2）建筑安装工程费按照造价形成划分

建筑安装工程费按照工程造价划分成分部分项工程费、措施项目费、其他项目费、规费、税金，分部分项工程费、措施项目费、其他项目费包含人工费、材料费、施工机具使用费、企业管理费和利润。

（1）分部分项工程费是指各专业工程的分部分项工程应予列支的各项费用。

专业工程：指按现行国家计量规范划分的房屋建筑与装饰工程、仿古建筑工程、通用安装工程、市政工程、园林绿化工程、矿山工程、构筑物工程、城市轨道交通工程、爆破工程等各类工程。

分部分项工程：指按现行国家计量规范对各专业工程划分的项目。如房屋建筑与装饰工程划分的土石方工程、地基处理与桩基工程、砌筑工程、钢筋及钢筋混凝土工程等。

各类专业工程的分部分项工程划分见现行国家或行业计量规范。

（2）措施项目费：指为完成建设工程施工，发生于该工程施工前和施工过程中的技术、生活、安全、环境保护等方面的费用。内容包括：

安全文明施工费：该项包括以下四部分的费用：①环境保护费是指施工现场为达到环保部门要求所需要的各项费用。②文明施工费是指施工现场文明施工所需要的各项费用。③安全施工费是指施工现场安全施工所需要的各项费用。④临时设施费是指施工企业为进行建设工程施工所必须搭设的生活和生产用的临时建筑物、构筑物和其他临时设施费用。包括临时设施的搭设、维修、拆除、清理费或摊销费等。

夜间施工增加费：指因夜间施工所发生的夜班补助费、夜间施工降效、夜间施工照明设备摊销及照明用电等费用。

二次搬运费：指因施工场地条件限制而发生的材料、构配件、半成品等一次运输不能到达堆放地点，必须进行二次或多次搬运所发生的费用。

冬雨期施工增加费：指在冬期或雨期施工需增加的临时设施、防滑、排除雨雪，人工及施工机械效率降低等费用。

已完工程及设备保护费：指竣工验收前，对已完工程及设备采取的必要保护措施所发生的费用。

工程定位复测费：指工程施工过程中进行全部施工测量放线和复测工作的费用。

特殊地区施工增加费：指工程在沙漠或其边缘地区、高海拔、高寒、原始森林等特殊地区施工增加的费用。

大型机械设备进出场及安拆费：指机械整体或分体自停放场地运至施工现场或由一个施工地点运至另一个施工地点，所发生的机械进出场运输及转移费用及机械在施工现场进行安装、拆卸所需的人工费、材料费、机械费、试运转费和安装所需辅助设施的费用。

脚手架工程费：指施工需要的各种脚手架搭、拆、运输费用以及脚手架购置费的摊销（或租赁）费用。

措施项目及其包含的内容详见各类专业工程的现行国家或行业计量规范。

（3）其他项目费：该项费用包括暂列金额、计日工和总承包服务费三部分。

暂列金额：指建设单位在工程量清单中暂定并包括在工程合同价款中的一笔款项，用于施工合同签订时尚未确定或者不可预见的所需材料、工程设备、服务的采购，施工中可能发生的工程变更、合同约定调整因素出现时的工程价款调整以及发生的索赔、现场签证确认等的费用。

计日工：指在施工过程中，施工企业完成建设单位提出的施工图纸以外的零星项目或工作所需的费用。

总承包服务费：指总承包人为配合、协调建设单位进行的专业工程发包，对建设单位自行采购的材料、工程设备等进行保管以及施工现场管理、竣工资料汇总整理等服务所需的费用。

（4）规费：定义同上。

（5）税金：定义同上。

建筑安装工程费用项目组成表（按造价形成划分）详见图12-3。

12.1.3　设备及工、器具购置费用

设备及工器具购置费用是由设备购置费和工具、器具及生产家具购置费组成的，它是固定资产投资中的积极部分。在生产性工程建设中，设备及工、器具购置费用占工程造价比重的增大，意味着生产技术的进步和资本有机构成的提高。

1）设备购置费的构成及计算

设备购置费是指为建设项目购置或自制的达到固定资产标准的各种国产或进口设备、工具、器具的购置费用。它由设备原价和设备运杂费构成。

$$设备购置费 = 设备原价 + 设备运杂费$$

上式中，设备原价指国产设备或进口设备的原价；设备运杂费指除设备原价之外的关于设备采购、运输、途中包装及仓库保管等方面支出费用的总和。

2）工具、器具及生产家具购置费的构成及计算

工具、器具及生产家具购置费是指新建或扩建项目初步设计规定的，保证初期正常生产必须购置的没有达到固定资产标准的设备、仪器、工卡模具、器具、生产家具和备品备件等的购置费用。

$$工具、器具及生产家具购置费 = 设备购置费 \times 定额费率$$

12.1.4　工程建设其他费用构成

工程建设其他费用是指从工程筹建起到工程竣工验收交付使用止的整个建设期间，除建筑安装工程费用和设备及工、器具购置费用以外，为保证工程建设顺利完成和交付使用后能够正常发挥效用而发生的各项费用。大体可分为三类。第一类指土地使用费，

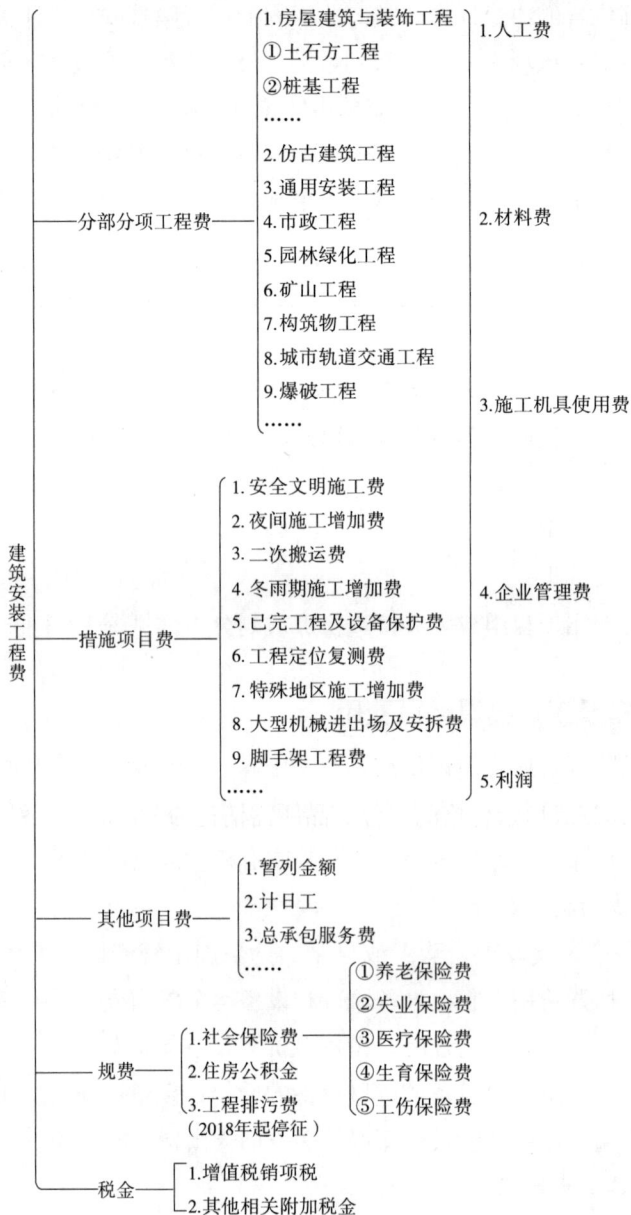

图 12-3　建筑安装工程费用项目组成表（按造价形成划分）

第二类指与工程建设有关的其他费用，第三类指与未来企业生产经营有关的其他费用。

（1）土地使用费。包括土地征用及迁移补偿费和土地使用权出让金。

（2）与项目建设有关的其他费用。包括：建设单位管理费、勘察设计费、研究试验费、建设单位临时设施费、工程监理费、工程保险费、施工机构迁移费、引进技术和进口设备其他费、工程承包费等。

（3）与未来企业生产经营有关的其他费用。包括：联合试运费，生产准备费，办公和生活家具购置费。

12.2　工程建设定额

12.2.1　定额的概念

定额是规定在产品生产中人力、物力或资金消耗的标准额度。它反映一定社会生产力水平条件下的产品生产和生产消耗之间的数量关系。

工程建设定额是由国家规定的消耗在单位建筑产品上活劳动和物化劳动的数量标准额度。没有定额管理，就不可能有周密的计划和合理的施工，就不可能有真正的经济核算。所以，定额管理在建筑工程经济管理中，占有极为重要的地位，是管理的一项基础工作。

基本建设定额的种类很多，从活劳动和物化劳动消耗的角度来看，可分为劳动消耗定额、机械台班定额和材料消耗定额三种。

1）劳动消耗定额

简称劳动定额，又称人工定额。它规定了在正常施工条件下，某工种的某一等级工人为生产单位产品所必须消耗的劳动时间，或在一定的劳动时间中所生产的产品数量。按表现形式有时间定额和产量定额两种。

（1）时间定额

时间定额是指某种专业，某种技术等级的工人（小组或个人）在合理的劳动组织和正常的生产条件下，完成质量合格的单位产品所需消耗的劳动时间。例如《建筑安装工程统一劳动定额》规定：人工挖二类土，工作内容包括挖土、装土、修整底边等全部操作过程，时间定额为每立方米 0.13 工日，记作：0.13 工日 /m^3。

（2）产量定额

产量定额指在技术条件正常，生产工具使用合理和劳动组织正确的条件下，某工种和某等级工人或小组，在单位时间里所完成质量合格的产品数量。

产量定额与时间定额互为倒数。如上例，挖 1m^3 的二类土，时间定额为 0.13 工日，那么每工日的产量定额就应该是 1/0.13 = 7.7，记作 7.7m^3/ 工日。

劳动定额反映了产品生产中活劳动消耗的数量标准。它不仅关系到施工生产中劳动的计划、组织、调配，而且关系到按照为生产提供劳动量大小进行劳动报酬的分配，是建筑业贯彻按劳分配原则的必要条件。

2）机械台班定额

机械台班定额规定了在正常施工条件下，利用某种机械生产一定的单位产品所需消耗的机械工作时间，或在单位时间内机械完成的产品数量。按表现形式分为机械时间定额和机械产量定额两种。

（1）机械产量定额

机械产量定额指机械在正常的工作条件下，每个台班（8 小时）所应完成产品的数量。例如，按定额规定，用铲斗容量 0.5m^3 的正铲挖掘机开挖三级土，每台班应挖

$400m^3$，即该正铲挖掘机台班产量定额：$400m^3$/台班。

（2）机械时间定额

机械时间定额指机械在正常的工作条件下生产单位产品所消耗的机械台班数量。机械台班消耗定额也与机械台班产量定额互为倒数。如上例，以$1000m^3$为单位，则机械台班消耗定额为：$\dfrac{1000}{400} = 2.5$台班

机械台班定额标志着机械生产率的水平，也反映了施工机械的管理水平和机械施工水平。随着建筑企业机械化水平的迅速提高，机械的定额管理也越来越重要。

3）材料消耗定额

材料消耗定额是指在合理使用材料的条件下，生产单位合格产品所必须消耗的一定品种规格材料、半制品、配件和水、电等资源的数量标准。

材料是形成基本建设产品实体的东西。它种类繁多，数量庞大。在建筑工程中，材料消耗量的多少，节约还是浪费，对产品价格和成本有着决定的影响。材料消耗定额在很大程度上影响着材料的合理调配和使用。

12.2.2　定额编制的基本方法

工程建设定额一般采用三种编制方法，即经验估计法、统计计算法和技术测定法。

1）经验估计法

对生产某一产品或完成某项工作所需消耗的工日、原材料、机械等的数量，根据定额管理人员、技术人员、工人等过去的经验进行分析、估计并最终确定出定额标准的方法。

经验估计法技术简单，工作量小，速度快，便于普遍采用。只要调查充分，分析综合得当，是比较可靠的。在一些不便进行定量测定，定量统计分析，影响因素较多的定额编制中有一定优越性。缺点则是受人为因素影响较多，科学性、精确性显得不足。

2）统计计算法

一种利用统计资料确定定额的方法。所考虑的统计对象应该具有一定的代表性，以具有平均先进生产水平的地区、企业、施工队组的情况为计算定额的依据。统计资料应以单项统计资料和实物效率统计为主，这样才能便于和定额项目一致避免受价格因素变化影响，较为真实地反映劳动消耗状况。统计中要特别注意资料的真实性、系统性和完整性，防止以虚假、片面的统计资料代替真实、全面的资料，确保定额编制的质量。

3）技术测定法

这是根据现场测定的资料制订的定额方法。选择具有平均先进的技术水平和施工条件的典型施工过程，用观察和实测来记录人、财、物等方面的实际消耗，然后经过分析、整理计算定额。这种方法有较充分的科学依据，准确程度较高。但工作量较大，测定方法和技术较复杂。为了保证定额的质量，对那些工料消耗量比较大的定额项目，应

首先考虑采用技术测定法。

上述三种方法各有优缺点，实际使用时也可三者结合起来，互相对照，互相参考。

由于定额是一定时期建筑技术水平的反映，随着建筑技术水平的提高，实际的效率会突破原有的定额，就需要编制符合新的施工水平的定额。同时随着新的建筑结构形式、装修技术的出现，会涌现出许多新的问题，需要编制新的定额。

12.2.3　建筑工程不同阶段的定额

在设计和施工的不同阶段，编制概预算中造价和资源计算的粗细程度是不同的。为了满足定额使用中计算方便、快速的要求，针对不同层次计算深度的需要，分别制定了施工定额、预算定额、概算定额等几种定额。

1）施工定额

施工定额是以"工序"为研究对象编制的定额，是建筑安装工人或小组在正常施工条件下，完成单位产品的劳动、机械和材料消耗的数量标准。这一数量标准的水平，是采用大多数地区和企业的平均先进水平，是指大多数生产者经过努力能够达到和超过的水平。

施工定额是建筑企业编制施工组织设计和施工作业计划的依据，也是施工队编制施工预算，签发施工任务单和限额领料单，计算劳动报酬的依据，是企业加强成本管理和经营核算的基础。

2）预算定额

预算定额是规定消耗在工程基本构造要素（工程细目）上的劳动力（工日）、材料和机械台班数量标准。

所谓工程基本构造要素是指建筑工程中的最小工程单位。一个建设项目可以包括若干个单项工程；每个单项工程可以包括若干个单位工程；每个单位工程又可划分为若干个分部工程；每个分部工程又可划分成若干子项工程。这一子项工程即最小工程单位，又称工程细目，即编制预算定额的最小项目单位。

预算定额编制即以分部分项工程为对象，按一定的计量单位分别确定出每个分部分项工程所需要的人工工日数、各种材料消耗数和建筑机械台班数，这就是该分部分项工程的预算定额。把各个分部分项工程的定额汇总起来，制成表格形式，称为预算定额表。再把各个定额表分别编成若干章、节，并加上必要的说明，就是常用的预算定额手册。

预算定额是以现行的施工定额（或劳动定额）为基础加以扩大和综合而编制成的，其中人工、材料和建筑机械台班消耗水平都以施工定额参考取定。各工程细目的划分及其计量单位的选择，也以施工定额为参考，以保证二者的协调并具有可比性。此外，还要参考现行的设计规范、施工及验收规范、质量评定标准和安全操作规程等的要求对确定人工、机械台班消耗数量的影响；参考有关新技术，新结构，新材料的资料，有关科学试验、技术测定，统计观察分析等资料，这些都是确定预算定额水平的重要依据。

预算定额表的主要内容包括定额表名称、工作内容、工程细目名称及相应的定额编号、计量单位以及预算基价，其中包括人工费、材料费和机械台班费。定额表的下面还加了附注，这是对定额中有关工程细目所作的补充及调整，使用时要特别注意。

预算定额主要用于编制施工图预算，以确定工程造价。预算定额是以施工定额为基础编制的，但比施工定额更综合、更扩大，包括了更多的可变因素，需要保留一个合理的水平幅度差。它是以大多数地区、企业平均水平制订的，比施工定额要低一点。

预算定额是基本建设中一项重要的技术经济法规。它不仅是编制施工图预算的基本依据，也是编制施工组织设计、确定劳动力、建筑材料、成品、半成品和建筑机械需要量的依据；同时，还是企业贯彻经济核算制，进行经济活动分析的依据。

3）概算定额

概算定额又称扩大结构定额，是规定建筑安装企业为完成完整的结构构件或扩大的结构部分所消耗的劳动、机械和材料的数量标准。

概算定额是以施工顺序相衔接和关联性较大的原则划分的定额项目，较预算定额具有更综合的性质。例如民用建筑带形砖基础工程，在预算定额中可分为挖地槽、基础垫层、砌筑砖基础、敷设防潮层、回填土、余土外运等项，而且分属不同的工程分部。但在概算定额中，则综合为一个整体的带形基础。

概算定额是作为扩大初步设计阶段编制概算、技术设计阶段编制修正概算的主要依据；也是进行设计方案的经济比较和选择的必要依据；同时也是编制工程主要材料申请计划的计算基础。

4）概算指标

概算指标比概算定额综合性更强。它用每百平方米建筑面积或每千立方米建筑体积为编制单位，规定人工、材料、机械设备消耗量及造价。对于构筑物，概算指标也可以按整座构筑物为计算单位，规定人工、材料、机械设备消耗量及造价。

概算指标是作为编制初步设计概算文件的主要依据。由于概算指标比概算定额更加扩大和综合，所以在设计深度不够的情况下，往往用概算指标来确定造价和投资限额。概算指标也可用作编制劳动力、机械、材料等供应计划的依据。在编制基本建设投资计划时也可用概算指标作参考。

5）投资估算指标

投资估算指标是在项目建议书、可行性研究阶段编制投资估算时使用的定额指标，用于预测和控制建设项目总投资。其本质是一种综合性极强的造价指标，以独立的建设项目、单项工程或单位工程为对象，综合了工程建设中的人工、材料、机械台班消耗及费用，反映了特定时期、地域的造价水平。

12.3 建设工程投资估算

12.3.1 项目投资估算的作用

投资估算是指项目投资决策过程中，依据现有的资料和特定的方法，对建设项目的投资数额进行的估价。它是项目建设前期编制项目建议书和可行性研究报告的重要组成部分，是项目决策的重要依据之一。投资估算的准确与否不仅影响到可行性研究工作的质量和经济评价结果，而且也直接关系到下一阶段设计概算和施工图预算的编制，对建设项目资金筹措方案也有直接的影响。因此，全面准确地估算建设项目的工程造价，是可行性研究乃至整个决策阶段造价管理的重要任务。投资估算在项目开发建设过程中的作用有以下几点：

（1）项目建议书阶段的投资估算，是项目主管部门审批项目建议书的依据之一，并对项目的规划、规模起参考作用。

（2）项目可行性研究阶段的投资估算，是项目投资决策的重要依据，也是研究、分析、计算项目投资经济效果的重要条件。当可行性研究报告被批准之后，其投资估算额就是作为设计任务书中下达的投资限额，即作为建设项目投资的最高限额，不得随意突破。

（3）项目投资估算对工程设计概算起控制作用，设计概算不得突破批准的投资估算额，并应控制在投资估算额以内。

（4）项目估算可作为项目资金筹措及制订建设贷款计划的依据，建设单位可根据批准的项目投资估算额，进行资金筹措和向银行申请贷款。

（5）项目投资估算是核算建设项目固定资产需要额和编制固定资产投资计划的重要依据。

12.3.2 投资估算的内容

根据国家规定，从满足建设项目投资设计和投资规模的角度，建设项目投资的估算包括固定资产估算和流动资金估算两部分。

固定资产估算的内容按照费用的性质划分，包括建筑安装工程费、设备及工器具购置费、工程建设其他费用、基本预备费、涨价预备费、建设期贷款利息。其中，建筑安装工程费、设备及国内工器具购置费形成固定资产；工程建设其他费用可分别形成固定资产、无形资产及其他资产。基本预备费、涨价预备费、建设期利息，在可行性研究阶段为简化计算，一并记入固定资产。

固定资产投资可分为静态部分和动态部分。涨价预备费、建设期利息构成动态投资部分；其余部分为静态投资部分。

流动资金是指生产经营性项目投产后，用于购买原材料、燃料、支付工资及其他经营费用等所需的周转资金。它是伴随着固定资产投资而发生的长期占用的流动资产投资，为流动资产与流动负债之差。其中，流动资产主要考虑现金、应收账款和存货；流动负债主要考虑应付账款。因此，流动资金的概念实际上就是财务中的营运资金。建设项目总投资估算构成见图 12-1。

12.4 建筑工程概算

12.4.1 建筑工程概算的含义

建筑工程概算是工程设计文件的组成部分，是确定建设项目所需投资的技术经济文件。

建筑工程概算以货币为主要计量指标，用来确定建设项目或单项工程所需要的投资，也就是建筑工程产品的计划价格。

建筑产品的价格也与其他商品价格一样，主要由消耗在建筑产品上的社会必要劳动决定。它包括：

（1）工程建设所消耗的生产资料价值。包括该项目从前期准备到竣工投产整个建设过程所消耗的各种建筑材料、构件、施工机具等价值和所需的各种机器、设备、工器具、家具等价值。

（2）建筑从业人员为自己劳动所创造的价值，如工资、其他生活福利费用等。建筑从业人员为社会所创造的价值，如上交税等。

概预算的任务就是要把上述这些构成建筑工程产品价值因素用货币表现出来，作为产品的价格。

因此，目前确定我国建筑工程产品的价格，主要是采用编制设计总概算、施工图预算、竣工决算的办法。设计总概算是对建设项目总投资的计划价格；施工图预算是确定建筑工程的计划造价；竣工决算则是预算执行结果的体现，是建筑工程的实际造价。

12.4.2 建筑工程概算文件的组成

在工程建设的不同阶段，要分别编制不同的预算文件。初步设计阶段，必须编制初步设计总概算。采用三阶段设计的技术设计阶段，必须编制修正总概算。单位工程开工前，必须编制施工图预算。建设项目或单项工程竣工后，必须及时编制竣工决算。

设计总概算、施工图预算和竣工决算通常又合称为"建设三算"。

此外，有些施工单位为了更有效地加强企业管理，往往结合单位自身的施工组织措施，工艺技术条件，材料来源编制施工预算，作为企业内部的成本文件及向企业内职能部门提供财务及工料消耗的数据。

对一个建设项目而言，建筑工程概算文件内容包括：

（1）单位工程概算书。根据设计图纸和概算定额，施工管理费等进行编制。

（2）单项工程概算书。一般包括土建工程、给水排水工程、工业管道工程、特殊构筑工程、电气照明工程、设备及安装工程等单项工程概算。

（3）其他工程和费用概算书。这是建筑、设备及其安装工程之外的，与整个建设项目有关的其他工程和所需费用（如土地征用费、建设场地原有建筑物拆迁赔偿费、青苗补偿费、建设单位管理费、生产职工培训费、联合试车费等）。其他工程和费用概预算书以独立项目列入综合概预算中。

（4）建设项目的总概算书。由以上（1）（2）（3）项汇编而成。

在扩大初步设计或初步设计阶段，编制建设项目的总概算书，由若干单项工程综合概算书及其他工程和费用概算书组成。它们分属下列两部分费用，现以工业建设项目总概算书为例介绍：

（1）总概算第一部分费用，指构成建设项目固定资产的费用，包括以下项目：主要生产和辅助生产项目的综合概算书；公共设施项目的综合概算书；生活、福利、文化、教育等服务性工程项目综合概算书。

（2）总概算的第二部分费用——其他工程费用。包括以下项目：

建设单位管理费，勘测设计费，土地征用费及迁移补偿费，工具，器具和备品备件购置费，办公和生活用具购置费，生产职工培训费，联合试车费，建设场地完工清理费等。

在一、二部分项目的费用合计之后，还应列"未能预见工程和费用"（或称预备费）。每个建设工程的概算文件不一定都包括上述各项目，视工程的性质、大小、用途以及工程所在地的不同而定。

12.5 施工图预算

施工图预算是根据施工图、预算定额、各项取费标准、建设地区的自然及技术经济条件等资料编制的建筑安装工程预算造价文件。施工图预算是建筑企业和建设单位签订承包合同、拨付工程款和办理工程结算的依据；也是建筑企业控制施工成本、实行经济核算和考核经营成果的依据；是建设单位确定招标控制价和建筑企业投标报价的依据。施工图预算是关系建设单位和建筑企业经济利益的技术经济文件，如在执行过程中发生经济纠纷，应按合同经协商或仲裁机关仲裁，或按民事诉讼等其他法律规定的程序解决。

随着《建设工程工程量清单计价规范》GB 50500—2013 的推行，在施工图预算及工程结算中出现了"定额计价"与"清单计价"两种模式。定额计价是清单计价的基础，清单计价是在定额计价基础上为适应市场定价需要派生出来的计价形式。我国在 2003 年之前一直实行定额计价模式，从 2003 年之后推行清单计价模式。工程量清单计价是指建设工程招标投标中，招标人按国家标准的相关工程量计量规范列项、算量并编制"招标工程量清单"，由投标人依据"招标工程量清单"自主报价，完成清单所需的全部费用，包括分部分项工程费、措施项目费、其他项目费、规费和税金。

12.5.1 工程量清单

工程量清单是实行工程量清单计价的建设工程的分部分项工程、措施项目、其他项目、规费和税金的名称和相应数量。

工程量清单应由具有编制能力的招标人或受其委托的具有相应资质的工程造价咨询人编制。编制工程量清单的依据有工程量清单计价规范；国家或省级、行业建设主管部门颁发的计价依据和办法；建设工程设计文件；与建设工程项目有关的标准、规范、技术资料；招标文件及其补充通知、答疑纪要；施工现场情况、工程特点及常规施工方案和其他相关资料。

工程量清单应由分部分项工程量清单、措施项目清单、其他项目清单、规费项目清单、税金项目清单组成。

（1）分部分项工程量清单，应包括项目编码、项目名称、项目特征、计量单位和工程量。招标人提供的"分部分项工程量清单与计价表"如表 12-1 所示，投标人可按此分部分项工程量清单与计价表直接填写报价。

分部分项工程量清单与计价表　　　　　　　表 12-1

工程名称：　　　　　　　　　　标段：　　　　　　　第 页 共 页

序号	项目编码	项目名称	项目特征描述	计量单位	工程量	金额（元）		
						综合单价	合价	其中：暂估价

其中项目特征描述是确定每一清单项目综合单价的重要依据，在编制的工程量清单中必须对其项目特征进行准确和全面的描述。如果没有明确描述项目特征的要求，容易造成招标人提供的工程量清单时常出现项目特征描述不具体、特征不清、界限不明等问题，使投标人无法准确掌握工程量清单项目包括的内容及构成的要素，导致评标时难以合理地评定中标价。结算时，容易引发合同争议，以致影响工程量清单计价制度的推进。因此，准确描述工程量清单项目特征，是有效推进工程量清单计价制度的重要环节。

（2）措施项目是为完成工程项目施工，发生于该工程施工准备和施工过程中的技术、生活、安全、环境保护等方面的非工程实体项目。措施项目清单应根据拟建工程的实际情况列项，如表 12-2 所示。

措施项目清单与计价表　　　　表 12-2

工程名称：　　　　　　　　　标段：　　　　　　　　　第 页 共 页

序号	项目名称	计算基础	费率（%）	金额（元）
1	安全文明施工费			
2	夜间施工费			
3	二次搬运费			
4	冬雨期施工			
5	大型机械设备进出场及安拆费			
6	施工排水			
7	施工降水			
8	地上、地下设施、建筑物的临时保护设施			
9	已完工程及设备保护			
10	各专业工程的措施项目			

（3）其他项目清单

暂列金额是招标人在工程量清单中暂定，并包括在合同价款中的一笔款项。用于施工合同签订时尚未确定或者不可预见的所需材料、设备、服务的采购，施工中可能发生的工程变更，合同约定调整因素出现时的工程价款调整以及发生的索赔、现场签证确认等的费用，如表 12-3 所示。

其他项目清单与计价汇总表　　　　表 12-3

工程名称：　　　　　　　　　标段：　　　　　　　　　第 页 共 页

序号	项目名称	计量单位	金额（元）	备注
1	暂列金额			
2	暂估价			
2.1	材料暂估价			
2.2	设备暂估价			
2.3	专业工程暂估价			
3	计日工			
4	总承包服务费			

暂估价（包括材料设备暂估价、专业工程暂估价）是招标人在工程量清单中提供的用于支付必然发生但暂时不能确定的材料的单价、设备的单价以及专业工程的金额。

计日工是在施工过程中，完成发包人提出的施工图纸以外的零星项目或工作，按合同中约定的综合单价计价。

总承包服务费是总承包人为配合发包人对专业工程发包、自行采购的设备、材料等进行管理、服务以及对施工现场管理、竣工资料汇总整理等服务所需的费用。

（4）规费是指根据省级政府或省级有关权力部门规定必须缴纳的，应计入建筑安装工程造价的费用。规费项目清单应按照工程排污费、社会保障费（包括养老保险费、失业保险费、医疗保险费）、住房公积金等内容列项。

税金是指国家税法规定的增值税销项税及附加税等。规费与税金项目清单如表12-4所示。

规费、税金项目清单与计价表　　　　　　　　　表 12-4

工程名称：　　　　　　　　　　标段：　　　　　　　　　　第 页 共 页

序号	项目名称	计算基础	费率（%）	金额（元）
1	规费			
1.1	工程排污费			
1.2	社会保障费			
（1）	养老保险费			
（2）	失业保险费			
（3）	医疗保险费			
1.3	住房公积金			
2	税金			

12.5.2　工程量清单计价适用范围

工程量清单计价规范把工程量清单作为编制招标控制价、投标报价、合同价款约定以及工程计量与价款支付、工程价款调整、索赔、竣工结算、工程计价争议处理等的依据之一。其内容涵盖了工程施工阶段从招标投标开始到施工竣工结算的全过程，并增加了条文说明。这样使工程施工过程中每个计价阶段都有"规"可依、有"章"可循，对全面规范工程造价计价行为具有重要的意义。

1）编制招标控制价

招标控制价是指招标人根据国家或省级、行业建设主管部门颁发的有关计价依据和办法，按设计施工图计算的，对招标工程限定的最高工程造价。国有资金投资的工程建设项目应实行工程量清单招标，并应编制招标控制价。招标控制价超过批准的概算时，招标人应将其报原概算批准部门审核。投标人的投标报价高于招标控制价的，招标人应予以拒绝。

国有资金投资的工程在施工招标时，根据《中华人民共和国招标投标法》第二十二条第二款规定，"招标人设有标底的，标底必须保密"。但实行工程量清单招标后，由于招标方式的改变，使标底保密这一法律规定逐渐淡化，无法发挥遏止哄抬标价的作用，个别省市出现了工程招标时所有投标人的报价均高于标底的现象，给招标人投资控制带来了困扰。因此，为客观、合理地评审投标报价，避免哄抬标价，造成国有资产流失，招标人应编制招标控制价，作为招标人交易的最高价格。

招标控制价应由具有编制能力的招标人，或受其委托具有相应资质的工程造价咨询人编制，并应根据下列依据编制：

（1）《建设工程工程量清单计价规范》GB 50500—2013；

（2）国家或省级、行业建设主管部门颁发的计价定额和计价办法；

（3）建设工程设计文件及相关资料；

（4）招标文件中的工程量清单及有关要求；

（5）与建设项目相关的标准、规范、技术资料；

（6）工程造价管理机构发布的工程造价信息、工程造价信息没有发布的参照市场价；

（7）其他的相关资料。

招标控制价的特点和作用决定了招标控制价不同于标底，无需保密。为体现工程招标的公开、公平、公正原则，防止招标人有意抬高或压低工程造价，因此规定招标人应在招标文件中如实公布招标控制价，不得上调或下浮。招标人在招标文件中公布招标控制价时，应公布招标控制价各组成部分的详细内容，不得只公布招标控制价总价，并应将招标控制价报工程所在地工程造价管理机构备查。

2）投标报价

投标报价编制和确定的最基本特征是投标人自主报价，它是市场竞争形成价格的体现，但投标人确定投标报价不能违背以下原则：

（1）必须执行相关规范的强制性条文。《中华人民共和国标准化法》第十四条规定："强制性标准，必须执行。"

（2）投标报价不得低于成本。这是根据《中华人民共和国招标投标法》第三十三条"投标人不得以低于成本的报价竞标"这一规定制定的。

投标价由投标人编制，投标人也可以委托具有相应资质的工程造价咨询人编制。投标报价应根据下列依据编制：

①《建设工程工程量清单计价规范》GB 50500—2013；

②国家或省级、行业建设主管部门颁发的计价办法；

③企业定额，国家或省级、行业建设主管部门颁发的计价定额；

④招标文件、工程量清单及其补充通知、答疑纪要；

⑤建设工程设计文件及相关资料；

⑥施工现场情况、工程特点及拟定的投标施工组织设计或施工方案；

⑦与建设项目相关的标准、规范等技术资料；

⑧市场价格信息或工程造价管理机构发布的工程造价信息；

⑨其他的相关资料。

投标人应按招标人提供的工程量清单填报价格。填写的项目编码、项目名称、项目特征、计量单位、工程量必须与招标人提供的一致。投标人可根据工程实际情况结合施工组织设计，对招标人所列的措施项目进行增补。投标总价应当与分部分项工程费、措施项目费、其他项目费和规费、税金的合计金额一致。

3）工程合同价款的约定

实行招标的工程合同价款应在中标通知书发出之日起 30 天内，由发、承包人双方依据招标文件和中标人的投标文件在书面合同中约定。不实行招标的工程合同价款，在发、承包人双方认可的工程价款基础上，由发、承包人双方在合同中约定。

实行招标的工程，合同约定不得违背招、投标文件中关于工期、造价、质量等方面的实质性内容。招标文件与中标人投标文件不一致的地方，以投标文件为准。

根据工程量清单计价的特点，实行工程量清单计价的工程，宜采用单价合同方式，即合同约定的工程价款中所包含的工程量清单项目综合单价，在约定条件内是固定的，不予调整；在约定条件外，允许调整，但调整方法应在合同中约定。实行工程量清单计价制度，工程量清单是投标人投标报价和合同协议书签订时合同价格的唯一载体。在签订合同时，经标价的工程量清单全部或者绝大部分内容被赋予合同约束力。

4）工程计量与价款支付

工程量应按承包人在履行合同义务过程中实际完成的工程量计量。若发现工程量清单中出现漏项、工程量计算偏差，以及工程变更引起工程量的增减变化，应按实调整，正确计量。

5）工程价款调整

若施工中出现施工图纸（含设计变更）与工程量清单项目特征描述不符的，发、承包双方应按新的项目特征确定相应工程量清单的综合单价。

因分部分项工程量清单漏项或非承包人原因的工程变更，造成增加新的工程量清单项目，其对应的综合单价按下列方法确定：

（1）合同中已有适用的综合单价，按合同中已有的综合单价确定；

（2）合同中有类似的综合单价，参照类似的综合单价确定；

（3）合同中没有适用或类似的综合单价，由承包人提出综合单价，经发包人确认后执行。

因分部分项工程量清单漏项或非承包人原因的工程变更，并引起措施项目发生变化，影响施工组织设计或施工方案发生变更，造成措施费发生变化的，调整原则如下：

（1）原措施费中已有的措施项目，按原措施费的组价方法调整；

（2）原措施费中没有的措施项目，由承包人根据措施项目变更情况，提出适当的措施费变更，经发包人确认后调整。

在合同履行过程中，时常出现因非承包人原因发生工程量变化，导致实际工程量与招标文件中提供的工程量有偏差，该偏差将对工程量清单项目的综合单价产生影响。综合单价如何调整应在合同中约定。若合同未作约定，按以下原则办理：

（1）当工程量清单项目工程量的变化幅度在 15% 以内时，其综合单价不作调整，执行原有综合单价。

（2）当工程量清单项目工程量的变化幅度在15%以外，且其对分部分项工程费的影响幅度超过0.1%时，其综合单价以及对应的措施费（如有）均应作调整。调整的方法是由承包人按实际完成的工程量提出新的综合单价和措施项目费，经发包人确认后调整。

若施工期内市场价格波动超出一定幅度时，应按合同约定调整工程价款；合同没有约定或约定不明确的，应按省级或行业建设主管部门或其授权的工程造价管理机构的规定调整。

工程价款调整因素确定后，发、承包双方应按合同约定的时间和程序提出并确认调整的工程价款。当合同未作约定或规范的有关条款未作规定时，要求按下列规定办理：

（1）调整因素确定后14天内，由受益方向对方递交调整工程价款报告。受益方在14天内未递交调整工程价款报告的，视为不调整工程价款。

（2）收到调整工程价款报告的一方应在收到之日起14天内予以确认或提出协商意见，如在14天内未作确认也未提出协商意见时，视为调整工程价款报告已被确认。

6）竣工结算

工程完工后，发、承包双方应在合同约定时间内办理工程竣工结算。工程竣工结算由承包人或受其委托具有相应资质的工程造价咨询人编制，由发包人或受其委托具有相应资质的工程造价咨询人核对。工程竣工结算应依据：

（1）《建设工程工程量清单计价规范》GB 50500—2013；

（2）施工合同；

（3）工程竣工图纸及资料；

（4）双方确认的工程量；

（5）双方确认追加（减）的工程价款；

（6）双方确认的索赔、现场签证事项及价款；

（7）投标文件；

（8）招标文件；

（9）其他依据。

承包人应在合同约定的时间内完成竣工结算编制工作。承包人向发包人提交竣工验收报告时，应一并递交竣工结算书。

承包人无正当理由在约定时间内未递交竣工结算书，造成工程结算价款延期支付的，责任由承包人承担。

发包人或受其委托的工程造价咨询人收到承包人递交的竣工结算书后，在合同约定时间内，不核对竣工结算或未提出核对意见的，视为承包人递交的竣工结算书已经被认可，发包人应按承包人递交的竣工结算金额向承包人支付工程结算价款。

承包人在接到发包人提出的核对意见后，在合同约定时间内，不确认也未提出异议的，视为发包人提出的核对意见已经被认可，竣工结算手续办理完毕。发包人按核对意见中的竣工结算金额向承包人支付结算价款。

竣工结算办理完毕，发包人应将竣工结算书报送工程所在地工程造价管理机构备案。竣工结算书作为工程竣工验收备案、交付使用的必备文件。

7）工程计价争议处理

在工程计价中，对工程造价计价依据、办法以及相关政策规定发生争议事项的，由工程造价管理机构负责解释。

发包人以对工程质量有异议，拒绝办理工程竣工结算的，已竣工验收或已竣工未验收但实际已投入使用的工程，其质量争议按该工程保修合同执行，竣工结算按合同约定办理；已竣工未验收且未实际投入使用的工程以及停工、停建工程的质量争议，双方应就有争议的部分委托有资质的检测鉴定机构进行检测，根据检测结果确定解决方案，或按工程质量监督机构的处理决定执行后办理竣工结算，无争议部分的竣工结算按合同约定办理。

发、承包双方发生工程造价合同纠纷时，应通过下列办法解决：

（1）双方协商；

（2）提请调解，工程造价管理机构负责调解工程造价问题；

（3）按合同约定向仲裁机构申请仲裁或向人民法院起诉。

思考题

1. 建设工程造价的构成是什么？

2. 什么叫定额？就其使用性质划分哪几种定额？

3. 建设工程投资估算有什么作用？它由什么内容构成？编制投资估算的步骤是怎样的？

4. 投资估算的方法有哪些？

5. 什么叫建筑工程概预算？它包括哪些文件？

6. 建筑安装工程费用由哪几部分构成？

附录 复利因数表

$i = 0.5\%$

n	$(F/P, i, n)$ $(1+i)^n$	$(P/F, i, n)$ $(1+i)^{-n}$	$(F/A, i, n)$ $\dfrac{(1+i)^n-1}{i}$	$(A/F, i, n)$ $\dfrac{i}{(1+i)^n-1}$	$(A/P, i, n)$ $\dfrac{i(1+i)^n}{(1+i)^n-1}$	$(P/A, i, n)$ $\dfrac{(1+i)^n-1}{i(1+i)^n}$
1	1.005	0.9950	1.000	1.00000	1.00500	0.995
2	1.010	0.9901	2.005	0.49875	0.50375	1.985
3	1.015	0.9851	3.015	0.33167	0.33667	2.970
4	1.020	0.9802	4.030	0.24813	0.25313	3.950
5	1.025	0.9754	5.050	0.19801	0.20301	4.926
6	1.030	0.9705	6.076	0.16460	0.16960	5.896
7	1.036	0.9657	7.106	0.14073	0.14573	6.862
8	1.041	0.9609	8.141	0.12283	0.12783	7.823
9	1.046	0.9561	9.182	0.10891	0.11391	8.779
10	1.051	0.9513	10.228	0.09777	0.10277	9.730
11	1.056	0.9466	11.279	0.08866	0.09366	10.677
12	1.062	0.9419	12.336	0.08107	0.08607	11.619
13	1.067	0.9372	13.397	0.07464	0.07964	12.556
14	1.072	0.9326	14.464	0.06914	0.07414	13.489
15	1.078	0.9279	15.537	0.06436	0.06936	14.417
16	1.083	0.9233	16.614	0.06019	0.06519	15.340
17	1.088	0.9187	17.697	0.05651	0.06151	16.259
18	1.194	0.9141	18.786	0.05323	0.05823	17.173
19	1.099	0.9096	19.880	0.05030	0.05530	18.082
20	1.105	0.9051	20.979	0.04767	0.05267	18.987
21	1.110	0.9003	22.084	0.04528	0.05028	19.888
22	1.116	0.8961	23.194	0.04311	0.04811	20.784
23	1.122	0.8916	24.310	0.04113	0.04613	21.676
24	1.127	0.8872	25.432	0.03932	0.04432	22.563
25	1.133	0.8828	26.559	0.03765	0.04265	23.446
26	1.138	0.8784	27.692	0.03611	0.04111	24.324
27	1.144	0.8740	28.830	0.03469	0.03969	25.198
28	1.150	0.8697	29.975	0.03336	0.03836	26.068
29	1.156	0.8653	31.124	0.03213	0.03713	26.933
30	1.161	0.8610	32.280	0.03098	0.03598	27.794
35	1.191	0.8398	38.145	0.02622	0.03122	32.035
40	1.221	0.8191	44.159	0.02265	0.02765	36.172
45	1.252	0.7990	50.324	0.01987	0.02487	40.207
50	1.283	0.7793	56.645	0.01765	0.02265	44.143
55	1.316	0.7601	63.126	0.01584	0.02084	47.981
60	1.349	0.7414	69.770	0.01433	0.01933	51.726
65	1.383	0.7231	76.582	0.01306	0.01806	55.377
70	1.418	0.7053	83.566	0.01197	0.01697	58.939
75	1.454	0.6879	90.727	0.01102	0.01602	62.414
80	1.490	0.6710	98.068	0.01020	0.01520	65.802
85	1.528	0.6545	105.594	0.00947	0.01447	69.108
90	1.567	0.6383	113.311	0.00883	0.01383	72.331
95	1.306	0.6226	121.222	0.00825	0.01325	75.476
100	1.647	0.6073	129.334	0.00773	0.01273	78.543

$i = 1\%$

n	$(F/P, i, n)$ $(1+i)^n$	$(P/F, i, n)$ $(1+i)^{-n}$	$(F/A, i, n)$ $\frac{(1+i)^n-1}{i}$	$(A/F, i, n)$ $\frac{i}{(1+i)^n-1}$	$(A/P, i, n)$ $\frac{i(1+i)^n}{(1+i)^n-1}$	$(P/A, i, n)$ $\frac{(1+i)^n-1}{i(1+i)^n}$
1	1.010	0.9901	1.000	1.00000	1.01000	0.990
2	1.020	0.9803	2.010	0.49751	0.50751	1.970
3	1.030	0.9706	3.020	0.33002	0.34002	2.941
4	1.041	0.9610	4.050	0.24628	0.25628	3.902
5	1.051	0.9515	5.101	0.19604	0.20604	4.853
6	1.062	0.9420	6.152	0.16255	0.17255	5.795
7	1.072	0.9327	7.214	0.13863	0.14863	6.728
8	1.083	0.9235	8.286	0.12069	0.13069	7.651
9	1.094	0.9143	9.369	0.10674	0.11674	8.566
10	1.105	0.9053	10.462	0.09558	0.10558	9.471
11	1.116	0.8963	11.567	0.08645	0.09645	10.368
12	1.127	0.8874	12.683	0.07885	0.08885	11.255
13	1.138	0.8787	13.809	0.07241	0.08241	12.134
14	1.149	0.8700	14.947	0.06690	0.07690	13.004
15	1.161	0.8613	16.097	0.06212	0.07212	13.865
16	1.173	0.8528	17.258	0.06794	0.06794	14.718
17	1.184	0.8444	18.430	0.05426	0.06426	15.562
18	1.196	0.8360	19.615	0.05098	0.06098	16.398
19	1.208	0.8277	20.811	0.04805	0.05805	17.226
20	1.220	0.8195	22.019	0.04542	0.05542	18.046
21	1.232	0.8114	23.239	0.04303	0.05303	18.857
22	1.245	0.8034	24.472	0.04086	0.05086	19.660
23	1.257	0.7954	25.716	0.03889	0.04889	20.456
24	1.270	0.7876	26.973	0.03707	0.04707	21.243
25	1.282	0.7798	28.243	0.03541	0.04541	22.023
26	1.295	0.7720	20.526	0.03387	0.04387	22.795
27	1.308	0.7644	30.821	0.03245	0.04245	23.560
28	1.321	0.7568	32.129	0.03112	0.04112	24.316
29	1.335	0.7493	33.450	0.02990	0.03990	25.066
30	1.348	0.7419	34.785	0.02875	0.03875	25.808
35	1.417	0.7059	41.660	0.02400	0.03400	29.409
40	1.489	0.6717	48.886	0.02046	0.03046	32.835
45	1.565	0.6391	56.481	0.01771	0.02771	36.095
50	1.645	0.6080	64.463	0.01551	0.02551	39.196
55	1.729	0.5785	72.852	0.01373	0.02373	42.147
60	1.817	0.5504	81.670	0.01224	0.02224	44.955
65	1.909	0.5237	90.937	0.01100	0.02100	47.627
70	2.007	0.4983	100.676	0.00993	0.01993	50.169
75	2.109	0.4741	110.913	0.00902	0.01902	52.587
80	2.217	0.4511	121.672	0.00822	0.01822	54.888
85	2.330	0.4292	132.979	0.00752	0.01752	57.078
90	2.449	0.4084	144.863	0.00690	0.01690	59.161
95	2.574	0.3886	157.354	0.00636	0.01636	61.143
100	2.705	0.3697	170.481	0.00587	0.01587	63.029

i = 1.5%

n	$(F/P, i, n)$	$(P/F, i, n)$	$(F/A, i, n)$	$(A/F, i, n)$	$(A/P, i, n)$	$(P/A, i, n)$
	$(1+i)^n$	$(1+i)^{-n}$	$\dfrac{(1+i)^n-1}{i}$	$\dfrac{i}{(1+i)^n-1}$	$\dfrac{i(1+i)^n}{(1+i)^n-1}$	$\dfrac{(1+i)^n-1}{i(1+i)^n}$
1	1.015	0.9852	1.000	1.0000	0.0150	0.985
2	1.030	0.9707	2.015	0.4963	0.5113	1.956
3	1.046	0.9563	3.045	0.3284	0.3434	2.912
4	1.061	0.9422	4.091	0.2444	0.2594	3.854
5	1.077	0.9283	5.152	0.1941	0.2091	4.783
6	1.092	0.9145	6.230	0.1605	0.1755	5.697
7	1.110	0.9010	7.323	0.1366	0.1516	6.598
8	1.126	0.8877	8.433	0.1186	0.1326	7.486
9	1.143	0.8746	9.559	0.1046	0.1196	8.361
10	1.161	0.8617	10.703	0.0934	0.1084	9.222
11	1.178	0.8489	11.863	0.0843	0.0993	10.071
12	1.196	0.8364	13.041	0.0767	0.0917	10.908
13	1.214	0.8240	14.237	0.0702	0.0852	11.732
14	1.232	0.8118	15.450	0.0647	0.0797	12.543
15	1.250	0.7999	16.682	0.0599	0.0749	13.343
16	1.269	0.7880	17.932	0.0558	0.0708	14.131
17	1.288	0.7764	19.201	0.0521	0.0671	14.908
18	1.307	0.7649	20.489	0.0488	0.0638	15.673
19	1.327	0.7536	21.797	0.0459	0.0609	16.426
20	1.347	0.7425	23.124	0.0432	0.0582	17.169
21	1.367	0.7315	24.471	0.0409	0.0559	17.900
22	1.388	0.7207	25.838	0.0387	0.0537	18.621
23	1.408	0.7100	27.225	0.0367	0.0517	19.331
24	1.430	0.6995	28.634	0.0349	0.0499	20.030
25	1.451	0.6892	30.063	0.0333	0.0483	20.720
26	1.473	0.6790	31.514	0.0317	0.0467	21.399
27	1.495	0.6690	32.987	0.0303	0.0453	22.068
28	1.517	0.6591	34.481	0.0290	0.0440	22.727
29	1.540	0.6494	35.999	0.0278	0.0428	23.376
30	1.563	0.6398	37.539	0.0266	0.0416	24.016
35	1.684	0.5939	45.592	0.0219	0.0369	27.076
40	1.814	0.5513	54.268	0.0184	0.0334	29.916
45	1.954	0.5117	63.614	0.0157	0.0307	32.552
50	2.105	0.4750	73.683	0.0136	0.0286	35.000
55	2.268	0.4409	34.529	0.0118	0.0268	37.271
60	2.443	0.4093	96.215	0.0104	0.0254	39.380
65	2.632	0.3799	108.803	0.0092	0.0242	41.338
70	2.836	0.3527	122.364	0.0082	0.0232	43.155
75	3.055	0.3274	136.973	0.0073	0.0223	44.842
80	3.291	0.3039	152.711	0.0065	0.0215	46.407
85	2.545	0.2821	159.665	0.0059	0.0209	47.861
90	3.819	0.2619	187.930	0.0053	0.0203	49.210
95	4.114	0.2431	207.606	0.0048	0.0198	50.462
100	4.432	0.2256	228.803	0.0044	0.0194	51.625

$$i = 2\%$$

n	$(F/P, i, n)$ $(1+i)^n$	$(P/F, i, n)$ $(1+i)^{-n}$	$(F/A, i, n)$ $\dfrac{(1+i)^n-1}{i}$	$(A/F, i, n)$ $\dfrac{i}{(1+i)^n-1}$	$(A/P, i, n)$ $\dfrac{i(1+i)^n}{(1+i)^n-1}$	$(P/A, i, n)$ $\dfrac{(1+i)^n-1}{i(1+i)^n}$
1	1.020	0.9804	1.000	1.00000	1.02000	0.980
2	1.040	0.9612	2.020	0.49505	0.51505	1.942
3	1.061	0.9423	3.060	0.32675	0.34675	2.884
4	1.082	0.9238	4.122	0.24262	0.26262	3.808
5	1.104	0.9057	5.204	0.19216	0.21216	4.713
6	1.126	0.8880	6.308	0.15853	0.17853	5.601
7	1.149	0.8706	7.434	0.13451	0.15451	6.472
8	1.172	0.8535	8.583	0.11651	0.13651	7.325
9	1.195	0.8368	9.755	0.10252	0.12252	8.162
10	1.219	0.8203	10.950	0.09133	0.11133	8.982
11	1.243	0.8043	12.169	0.08218	0.10218	9.787
12	1.268	0.7885	13.412	0.07456	0.09456	10.575
13	1.294	0.7730	14.680	0.06812	0.08812	11.348
14	1.319	0.7579	15.974	0.06260	0.06260	12.106
15	1.346	0.7430	17.293	0.05783	0.07783	12.849
16	1.373	0.7284	18.639	0.05365	0.07365	13.578
17	1.400	0.7142	20.012	0.04997	0.06997	14.292
18	1.428	0.7002	21.412	0.04670	0.06670	14.992
19	1.457	0.6864	22.841	0.04378	0.06378	15.678
20	1.486	0.6730	24.297	0.04116	0.06116	16.351
21	1.516	0.6598	25.783	0.03878	0.05878	17.011
22	1.546	0.6468	27.299	0.03663	0.05663	17.658
23	1.577	0.6342	28.845	0.03467	0.05467	18.292
24	1.608	0.6217	30.422	0.03287	0.05287	18.914
25	1.641	0.6095	32.030	0.03122	0.05122	19.523
26	1.673	0.5976	33.671	0.02970	0.04970	20.121
27	1.707	0.5859	35.344	0.02829	0.04829	20.707
28	1.741	0.5744	37.051	0.02699	0.04699	21.281
29	1.776	0.5631	38.792	0.02578	0.04578	21.844
30	1.811	0.5521	40.568	0.02465	0.04465	22.396
35	2.000	0.5000	49.994	0.02000	0.04000	24.999
40	2.208	0.4529	60.402	0.01656	0.03656	27.355
45	2.438	0.4102	71.893	0.01391	0.03391	29.490
50	2.692	0.3715	84.579	0.01182	0.03182	31.424
55	2.972	0.3365	98.587	0.01014	0.03014	33.175
60	3.281	0.3048	114.052	0.00877	0.02877	34.761
65	3.623	0.2761	131.126	0.00763	0.02763	36.197
70	4.000	0.2500	149.978	0.00667	0.02667	37.499
75	4.416	0.2265	170.792	0.00586	0.02586	38.677
80	4.875	0.2051	193.772	0.00516	0.02516	39.745
85	5.383	0.1858	219.144	0.00456	0.02456	40.711
90	5.943	0.1683	247.157	0.00405	0.02405	41.587
95	6.562	0.1524	278.085	0.00360	0.02360	42.380
100	7.245	0.1380	312.232	0.00320	0.02320	43.098

$$i = 2.5\%$$

n	$(F/P, i, n)$ $(1+i)^n$	$(P/F, i, n)$ $(1+i)^{-n}$	$(F/A, i, n)$ $\dfrac{(1+i)^n-1}{i}$	$(A/F, i, n)$ $\dfrac{i}{(1+i)^n-1}$	$(A/P, i, n)$ $\dfrac{i(1+i)^n}{(1+i)^n-1}$	$(P/A, i, n)$ $\dfrac{(1+i)^n-1}{i(1+i)^n}$
1	1.025	0.9756	1.000	1.00000	1.02500	0.976
2	1.051	0.9518	2.025	0.49383	0.51883	1.927
3	1.077	0.9286	3.076	0.32514	0.35014	2.856
4	1.104	0.9060	4.153	0.24082	0.26582	3.762
5	1.131	0.8839	5.256	0.19025	0.21525	4.646
6	1.160	0.8623	6.388	0.15655	0.18155	5.508
7	1.189	0.8413	7.547	0.13250	0.15750	6.349
8	1.218	0.8207	8.736	0.11447	0.13947	7.170
9	1.249	0.8007	9.955	0.10046	0.12546	7.971
10	1.280	0.7812	11.203	0.08926	0.11426	8.752
11	1.312	0.7621	12.483	0.08011	0.10511	9.514
12	1.345	0.7436	13.796	0.07249	0.09749	10.258
13	1.379	0.7254	15.140	0.06605	0.09105	10.983
14	1.413	0.7077	16.519	0.06054	0.08554	11.691
15	1.448	0.6905	17.932	0.05577	0.08077	12.381
16	1.485	0.6736	19.380	0.05160	0.07660	13.055
17	1.522	0.6572	20.865	0.04793	0.07293	13.712
18	1.560	0.6412	22.386	0.04467	0.06967	14.353
19	1.599	0.6255	23.946	0.04176	0.06676	14.979
20	1.639	0.6103	25.545	0.03915	0.06415	15.589
21	1.680	0.5954	27.183	0.03679	0.06179	16.185
22	1.722	0.5809	28.863	0.03465	0.05965	16.765
23	1.765	0.5667	30.584	0.03270	0.05770	17.332
24	1.809	0.5529	32.349	0.03091	0.05591	17.885
25	1.854	0.5394	34.158	0.02928	0.05428	18.424
26	1.900	0.5262	36.012	0.02777	0.05277	18.951
27	1.948	0.5134	37.912	0.02638	0.05138	19.464
28	1.996	0.5009	39.860	0.02509	0.05009	19.965
29	2.046	0.4887	41.856	0.02389	0.04889	20.454
30	2.098	0.4767	43.903	0.02278	0.04778	20.930
35	2.373	0.4214	54.928	0.01821	0.04321	23.145
40	2.685	0.3724	67.403	0.01484	0.03984	25.103
45	3.038	0.3292	81.516	0.01227	0.03727	26.833
50	3.437	0.2909	97.484	0.01026	0.03526	28.362
55	3.889	0.2571	115.551	0.00865	0.03365	29.714
60	4.400	0.2273	135.992	0.00735	0.03235	30.909
65	4.978	0.2009	159.118	0.00628	0.03128	31.965
70	5.632	0.1776	185.284	0.00540	0.03040	32.898
75	6.372	0.1569	214.888	0.00465	0.02965	33.723
80	7.210	0.1387	248.383	0.00403	0.02903	34.452
85	8.157	0.1226	286.279	0.00349	0.02849	35.096
90	9.229	0.1084	329.154	0.00304	0.02804	35.666
95	10.442	0.0958	377.664	0.00265	0.02765	36.169
100	11.814	0.0846	432.549	0.00231	0.02731	36.614

$$i = 3\%$$

n	$(F/P, i, n)$ $(1+i)^n$	$(P/F, i, n)$ $(1+i)^{-n}$	$(F/A, i, n)$ $\dfrac{(1+i)^n-1}{i}$	$(A/F, i, n)$ $\dfrac{i}{(1+i)^n-1}$	$(A/P, i, n)$ $\dfrac{i(1+i)^n}{(1+i)^n-1}$	$(P/A, i, n)$ $\dfrac{(1+i)^n-1}{i(1+i)^n}$
1	1.030	0.9709	1.000	1.00000	1.03000	0.971
2	1.061	0.9426	2.030	0.49261	0.52261	1.913
3	1.093	0.9151	3.091	0.32353	0.35353	2.829
4	1.126	0.8885	4.184	0.23903	0.26903	3.717
5	1.159	0.8626	5.309	0.18835	0.21835	4.580
6	1.194	0.8375	6.468	0.15460	0.18460	5.417
7	1.230	0.8131	7.662	0.13051	0.16051	6.230
8	1.267	0.7894	8.892	0.11246	0.14246	7.020
9	1.305	0.7664	10.159	0.09843	0.12843	7.786
10	1.344	0.7441	11.464	0.08723	0.11723	8.530
11	1.384	0.7224	12.808	0.07808	0.10808	9.253
12	1.426	0.7014	14.192	0.07046	0.10046	9.954
13	1.469	0.6810	15.618	0.06403	0.09403	10.635
14	1.513	0.6611	17.086	0.05853	0.08853	11.296
15	1.558	0.6419	18.599	0.05377	0.08377	11.938
16	1.605	0.6232	20.157	0.04961	0.07961	12.561
17	1.653	0.6050	21.762	0.04595	0.07595	13.166
18	1.702	0.5874	23.414	0.04271	0.07271	13.754
19	1.754	0.5703	25.117	0.03981	0.06981	14.324
20	1.806	0.5537	26.870	0.03722	0.06722	14.877
21	1.860	0.5375	28.676	0.03487	0.06487	15.415
22	1.916	0.5219	30.537	0.03275	0.06275	15.937
23	1.974	0.5067	32.453	0.03081	0.06081	16.444
24	2.033	0.4919	34.426	0.02905	0.05905	16.936
25	2.094	0.4776	36.459	0.02743	0.05743	17.413
26	2.157	0.4637	38.553	0.02594	0.05594	17.877
27	2.221	0.4502	40.710	0.02456	0.05456	18.327
28	2.288	0.4371	42.931	0.02329	0.05329	18.764
29	2.357	0.4243	45.219	0.02211	0.05211	19.188
30	2.427	0.4120	47.575	0.02102	0.05102	19.600
35	2.814	0.3554	60.462	0.01654	0.04654	21.487
40	3.262	0.3066	75.401	0.01326	0.04326	23.115
45	3.782	0.2644	92.720	0.01079	0.04079	24.519
50	4.384	0.2281	112.797	0.00887	0.03887	25.730
55	1.082	0.1968	136.072	0.00735	0.03735	26.774
60	5.892	0.1697	163.053	0.00613	0.03613	27.676
65	6.830	0.1464	194.333	0.00515	0.03515	28.453
70	7.918	0.1263	230.594	0.00434	0.03434	29.123
75	9.179	0.1089	272.631	0.00367	0.03367	29.702
80	10.641	0.0940	321.363	0.00311	0.03311	30.201
85	12.336	0.0811	377.857	0.00285	0.03265	30.631
90	14.300	0.0699	443.349	0.00226	0.03226	31.002
95	16.578	0.0603	519.272	0.00193	0.03193	31.323
100	19.219	0.0520	607.288	0.00165	0.03165	31.599

$$i = 3.5\%$$

n	$(F/P, i, n)$ $(1+i)^n$	$(P/F, i, n)$ $(1+i)^{-n}$	$(F/A, i, n)$ $\dfrac{(1+i)^n-1}{i}$	$(A/F, i, n)$ $\dfrac{i}{(1+i)^n-1}$	$(A/P, i, n)$ $\dfrac{i(1+i)^n}{(1+i)^n-1}$	$(P/A, i, n)$ $\dfrac{(1+i)^n-1}{i(1+i)^n}$
1	1.0350	0.9662	1.000	1.00000	1.03500	0.966
2	1.0712	0.9335	2.035	0.49140	0.52640	1.900
3	1.1087	0.9019	3.106	0.32190	0.35693	2.802
4	1.1475	0.8714	4.215	0.23730	0.27225	3.673
5	1.1877	0.8420	5.362	0.18650	0.22148	4.515
6	1.2293	0.8135	6.550	0.15270	0.18767	5.329
7	1.2723	0.7860	7.779	0.12850	0.16354	6.115
8	1.3168	0.7594	9.052	0.11048	0.14548	6.874
9	1.3629	0.7337	10.368	0.09650	0.13145	7.608
10	1.4106	0.7089	11.731	0.08520	0.12024	8.317
11	1.4600	0.6849	13.142	0.07610	0.11109	9.002
12	1.5111	0.6618	14.602	0.06850	0.10348	9.663
13	1.5640	0.6394	16.113	0.06210	0.09706	10.303
14	1.6187	0.6178	17.677	0.05660	0.09157	10.921
15	1.6753	0.5969	19.296	0.05183	0.08683	11.517
16	1.7340	0.5767	20.971	0.04770	0.08268	12.094
17	1.7947	0.5572	22.705	0.04400	0.07904	12.651
18	1.8575	0.5384	24.500	0.04080	0.07582	13.190
19	1.9225	0.5202	26.357	0.03790	0.07294	13.710
20	1.9898	0.5026	28.280	0.03540	0.07036	14.212
21	2.0594	0.4856	30.269	0.03304	0.06804	14.698
22	2.1315	0.4692	32.329	0.03090	0.06593	15.167
23	2.2061	0.4533	34.460	0.02900	0.06402	15.620
24	2.2833	0.4380	36.667	0.02730	0.06227	16.058
25	2.3632	0.4231	38.950	0.02570	0.06067	16.482
26	2.4460	0.4088	41.313	0.02420	0.05921	16.890
27	2.5316	0.3950	43.759	0.02290	0.05785	17.285
28	2.6202	0.3817	46.291	0.02160	0.05660	17.667
29	2.7119	0.3687	48.911	0.02050	0.05545	13.036
30	2.8068	0.3563	51.623	0.01940	0.05437	18.392
35	3.3336	0.3000	66.674	0.01500	0.05000	20.001
40	3.9593	0.2526	84.550	0.01180	0.04683	21.355
45	4.7024	0.2127	105.782	0.00950	0.04445	22.495
50	5.5849	0.1791	130.998	0.00760	0.04263	23.456
55	6.6331	0.1508	160.947	0.00620	0.04121	24.264
60	7.8781	0.1269	196.517	0.00510	0.04000	24.945
65	9.3567	0.1069	238.763	0.00420	0.03919	25.518
70	11.1128	0.0900	288.938	0.00350	0.03846	26.000
75	13.1986	0.0758	348.530	0.00290	0.03787	26.407
80	15.6757	0.0638	419.307	0.00240	0.03738	26.749
85	18.6179	0.0537	503.367	0.00200	0.03699	27.037
90	22.1122	0.0452	603.205	0.00166	0.03666	27.279
95	26.2623	0.0381	721.781	0.00139	0.03639	27.484
100	21.1914	0.0321	862.612	0.00120	0.03616	27.655

$$i = 4\%$$

n	$(F/P, i, n)$ $(1+i)^n$	$(P/F, i, n)$ $(1+i)^{-n}$	$(F/A, i, n)$ $\dfrac{(1+i)^n-1}{i}$	$(A/F, i, n)$ $\dfrac{i}{(1+i)^n-1}$	$(A/P, i, n)$ $\dfrac{i(1+i)^n}{(1+i)^n-1}$	$(P/A, i, n)$ $\dfrac{(1+i)^n-1}{i(1+i)^n}$
1	1.040	0.9615	1.000	1.00000	1.04000	0.962
2	1.082	0.9246	2.040	0.49020	0.53020	1.886
3	1.125	0.8890	3.122	0.32035	0.36035	2.775
4	1.170	0.8548	4.246	0.23549	0.27549	3.630
5	1.217	0.8219	5.416	0.18463	0.22463	4.452
6	1.265	0.7903	6.633	0.15076	0.19076	5.242
7	1.316	0.7599	7.898	0.12661	0.16661	6.002
8	1.369	0.7307	9.214	0.10853	0.14853	6.733
9	1.423	0.7026	10.583	0.09449	0.13449	7.435
10	1.480	0.6756	12.006	0.08329	0.12329	8.111
11	1.539	0.6496	13.486	0.07415	0.11415	8.760
12	1.601	0.6246	15.026	0.06655	0.10655	9.385
13	1.665	0.6006	16.627	0.06014	0.10014	9.986
14	1.732	0.5775	18.292	0.05467	0.09467	10.563
15	1.801	0.5553	20.024	0.04994	0.08964	11.118
16	1.873	0.5339	21.825	0.04582	0.08582	11.652
17	1.948	0.5134	23.698	0.04220	0.08220	12.166
18	2.026	0.4936	25.645	0.03899	0.07899	12.659
19	2.107	0.4746	27.671	0.03614	0.07614	13.134
20	2.191	0.4564	29.778	0.03358	0.07358	13.590
21	2.279	0.4388	31.969	0.03128	0.07128	14.029
22	2.370	0.4220	34.248	0.02920	0.06920	14.451
23	2.465	0.4057	36.618	0.02731	0.06731	14.857
24	2.563	0.3901	39.083	0.02559	0.06559	15.247
25	2.666	0.3751	41.646	0.02401	0.06401	15.622
26	2.772	0.3607	44.312	0.02257	0.06257	15.983
27	2.883	0.3468	47.084	0.02124	0.08124	16.330
28	2.999	0.3335	49.968	0.02001	0.06001	16.663
29	3.119	0.3207	52.966	0.01888	0.05888	16.984
30	3.243	0.3083	56.085	0.01783	0.05783	17.292
35	3.946	0.2534	73.652	0.01358	0.05358	18.665
40	4.801	0.2083	95.026	0.01052	0.05052	19.793
45	5.841	0.1712	121.029	0.00826	0.04826	20.720
50	7.107	0.1407	152.667	0.00655	0.04655	21.482
55	8.646	0.1157	191.159	0.00523	0.04523	22.109
60	10.520	0.0951	237.991	0.00420	0.04420	22.623
65	12.799	0.0781	294.968	0.00339	0.04339	23.047
70	15.572	0.0642	364.290	0.00275	0.04275	23.395
75	18.945	0.0528	448.631	0.00223	0.04223	23.680
80	23.050	0.0434	551.245	0.00181	0.04181	23.915
85	28.044	0.0357	676.090	0.00148	0.04148	24.109
90	34.119	0.0293	827.983	0.00121	0.04121	24.267
95	41.511	0.0241	1012.785	0.00099	0.04099	24.398
100	50.505	0.0198	1237.624	0.00081	0.04081	24.505

$$i = 5\%$$

n	$(F/P, i, n)$	$(P/F, i, n)$	$(F/A, i, n)$	$(A/F, i, n)$	$(A/P, i, n)$	$(P/A, i, n)$
	$(1+i)^n$	$(1+i)^{-n}$	$\dfrac{(1+i)^n-1}{i}$	$\dfrac{i}{(1+i)^n-1}$	$\dfrac{i(1+i)^n}{(1+i)^n-1}$	$\dfrac{(1+i)^n-1}{i(1+i)^n}$
1	1.050	0.9524	1.000	1.00000	1.05000	0.952
2	1.103	0.9070	2.050	0.48780	0.53780	1.859
3	1.158	0.8638	3.153	0.31720	0.36721	2.723
4	1.216	0.8227	4.310	0.23201	0.28201	3.546
5	1.276	0.7835	5.526	0.18097	0.23097	4.329
6	1.340	0.7462	6.802	0.14702	0.19702	5.076
7	1.407	0.7107	8.142	0.12282	0.17282	5.786
8	1.477	0.6768	9.549	0.10472	0.15472	6.463
9	1.551	0.6446	11.027	0.09089	0.14069	7.108
10	1.629	0.6139	2.578	0.07950	0.12950	7.722
11	1.710	0.5847	14.207	0.07039	0.12039	8.306
12	1.796	0.5568	15.917	0.06283	0.11283	8.863
13	1.886	0.5303	17.713	0.05646	0.10646	9.394
14	1.980	0.5051	19.599	0.05102	0.10102	9.899
15	2.079	0.4810	21.579	0.04634	0.09634	10.380
16	2.183	0.4581	23.657	0.04227	0.09227	10.838
17	2.292	0.4363	25.840	0.03870	0.08870	11.274
18	2.407	0.4155	28.132	0.03555	0.08555	11.690
19	2.527	0.3957	30.539	0.03275	0.08275	12.085
20	2.653	0.3769	33.066	0.03024	0.08024	12.462
21	2.786	0.3589	35.719	0.02300	0.07800	12.821
22	2.925	0.3418	38.505	0.02597	0.07597	13.163
23	3.072	0.3256	41.430	0.02414	0.07414	13.489
24	3.225	0.3101	44.502	0.02247	0.07247	13.799
25	3.386	0.2953	47.727	0.02095	0.07095	14.094
26	3.556	0.2812	51.113	0.01956	0.06956	14.375
27	3.733	0.2678	54.669	0.01829	0.06829	14.643
28	3.920	0.2551	58.403	0.01712	0.06712	14.698
29	4.116	0.2429	62.323	0.01605	0.06605	15.141
30	4.322	0.2314	66.139	0.01505	0.06505	15.372
35	5.516	0.1813	90.320	0.01107	0.06107	16.374
40	7.040	0.1420	120.800	0.00828	0.05828	17.159
45	8.985	0.1113	159.700	0.00626	0.05626	17.774
50	11.467	0.0872	209.348	0.00473	0.05478	18.256
55	14.636	0.0683	272.713	0.00367	0.05367	18.633
60	18.679	0.0535	353.584	0.00283	0.05283	18.929
65	23.840	0.0419	456.798	0.00219	0.05219	19.161
70	30.426	0.0329	588.529	0.00170	0.05170	19.343
75	38.833	0.0258	756.654	0.00132	0.05132	19.485
80	49.561	0.0202	971.229	0.00103	0.05103	19.596
85	63.254	0.0158	1245.087	0.00080	0.05080	19.684
90	80.730	0.0124	1594.607	0.00063	0.05063	19.752
95	103.025	0.0097	2040.694	0.00049	0.05049	19.806
100	131.501	0.0076	2610.025	0.00038	0.05038	19.848

$$i = 6\%$$

n	$(F/P, i, n)$ $(1+i)^n$	$(P/F, i, n)$ $(1+i)^{-n}$	$(F/A, i, n)$ $\dfrac{(1+i)^n-1}{i}$	$(A/F, i, n)$ $\dfrac{i}{(1+i)^n-1}$	$(A/P, i, n)$ $\dfrac{i(1+i)^n}{(1+i)^n-1}$	$(P/A, i, n)$ $\dfrac{(1+i)^n-1}{i(1+i)^n}$
1	1.060	0.9434	1.000	1.00000	1.06000	0.943
2	1.124	0.8900	2.060	0.48544	0.54544	1.833
3	1.191	0.8396	3.184	0.31411	0.37411	2.673
4	1.262	0.7921	4.375	0.22859	0.28859	3.465
5	1.338	0.7473	5.637	0.17740	0.23740	4.212
6	1.419	0.7050	6.975	0.14336	0.20336	4.917
7	1.504	0.6651	8.394	0.11914	0.17914	5.582
8	1.594	0.6274	9.897	0.10104	0.16104	6.210
9	1.689	0.5919	11.491	0.08702	0.14702	6.802
10	1.791	0.5584	13.181	0.07587	0.13587	7.360
11	1.898	0.5268	14.972	0.06679	0.12679	7.887
12	2.012	0.4970	16.870	0.05928	0.11928	8.384
13	2.133	0.4688	18.882	0.05296	0.11296	8.853
14	2.261	0.4423	21.015	0.04758	0.10758	9.295
15	2.397	0.4173	23.276	0.04296	0.10296	9.712
16	2.540	0.3936	25.673	0.03895	0.09895	10.106
17	2.693	0.3714	28.213	0.03544	0.09544	10.477
18	2.854	0.3503	30.906	0.03236	0.09236	10.828
19	3.026	0.3305	33.760	0.02962	0.08962	11.158
20	3.207	0.3118	36.786	0.02718	0.08718	11.470
21	3.400	0.2942	39.993	0.02500	0.08500	11.764
22	3.504	0.2775	43.392	0.02205	0.08305	12.042
23	3.820	0.2618	46.996	0.02128	0.08128	12.303
24	4.049	0.2470	50.816	0.01968	0.07968	12.550
25	4.292	0.2330	54.865	0.01823	0.07823	12.783
26	4.549	0.2198	59.156	0.01690	0.07690	13.003
27	4.822	0.2074	63.706	0.01570	0.07570	12.211
28	5.112	0.1956	68.528	0.01459	0.07459	13.406
29	5.418	0.1846	73.640	0.01358	0.07358	13.591
30	5.743	0.1741	79.058	0.01265	0.07265	13.765
35	7.686	0.1301	111.435	0.00897	0.06897	14.498
40	10.286	0.0972	154.762	0.00646	0.06646	15.046
45	13.765	0.0727	212.744	0.00470	0.06470	15.456
50	18.420	0.0543	290.336	0.00344	0.06544	15.762
55	24.650	0.0406	394.172	0.00254	0.06254	15.991
60	32.988	0.0303	533.128	0.00188	0.06188	16.161
65	44.145	0.0227	719.083	0.00139	0.06139	16.289
70	59.076	0.0169	967.932	0.00103	0.06103	16.385
75	79.057	0.0126	1300.949	0.00077	0.06077	16.456
80	105.796	0.0095	1746.600	0.00057	0.06057	16.509
85	141.579	0.0071	2342.682	0.00403	0.05043	16.549
90	189.465	0.0053	3141.075	0.00032	0.06032	16.579
95	253.546	0.0039	4209.104	0.00024	0.06024	16.601
100	339.302	0.0029	5638.368	0.00018	0.06018	16.618

$$i = 7\%$$

n	$(F/P, i, n)$ $(1+i)^{n}$	$(P/F, i, n)$ $(1+i)^{-n}$	$(F/A, i, n)$ $\dfrac{(1+i)^{n}-1}{i}$	$(A/F, i, n)$ $\dfrac{i}{(1+i)^{n}-1}$	$(A/P, i, n)$ $\dfrac{i(1+i)^{n}}{(1+i)^{n}-1}$	$(P/A, i, n)$ $\dfrac{(1+i)^{n}-1}{i(1+i)^{n}}$
1	1.070	0.9346	1.000	1.0000	1.0700	0.935
2	1.145	0.8734	2.070	0.4831	0.8531	1.808
3	1.225	0.8163	3.215	0.3111	0.3811	2.624
4	1.311	0.7629	4.440	0.2252	0.2952	3.387
5	1.403	0.7130	5.751	0.1739	0.2439	4.100
6	1.501	0.6663	7.153	0.1398	0.2098	4.767
7	1.606	0.6227	8.654	0.1156	0.1856	5.389
8	1.718	0.5820	10.260	0.0975	0.1675	5.971
9	1.838	0.5439	11.978	0.0835	0.1535	6.515
10	1.967	0.5083	13.816	0.0724	0.1424	7.024
11	2.105	0.4751	15.784	0.0634	0.1334	7.499
12	2.252	0.4440	17.888	0.0559	0.1259	7.943
13	2.410	0.4150	20.141	0.0497	0.1197	8.358
14	2.579	0.3878	22.550	0.0443	0.1143	8.745
15	2.759	0.3624	25.129	0.0398	0.1098	9.108
16	2.952	0.3387	27.888	0.0359	0.1059	9.447
17	3.159	0.3166	30.840	0.0324	0.1024	9.763
18	3.380	0.2959	33.999	0.0294	0.0994	10.059
19	3.617	0.2765	37.379	0.0268	0.0968	10.336
20	3.870	0.2765	37.379	0.0268	0.0944	10.336
21	4.141	0.2415	44.865	0.0223	0.0923	10.836
22	4.430	0.2257	49.006	0.0204	0.0904	11.061
23	4.741	0.2109	53.436	0.0187	0.0887	11.272
24	5.072	0.1971	58.177	0.0172	0.0872	11.469
25	5.427	0.1842	63.249	0.0158	0.0858	11.654
26	5.807	0.1722	68.676	0.0146	0.0846	11.826
27	6.214	0.1609	74.484	0.0134	0.0834	11.987
28	6.649	0.1504	80.698	0.0124	0.0824	12.137
29	7.114	0.1406	87.347	0.0114	0.0814	12.278
30	7.612	0.1314	94.461	0.0106	0.0806	12.409
35	10.677	0.0937	138.237	0.0072	0.0772	12.948
40	14.974	0.0668	199.635	0.0050	0.0750	13.332
45	21.007	0.0476	285.749	0.0035	0.0735	13.606
50	29.457	0.0339	406.529	0.0025	0.0725	13.801
55	41.315	0.0242	575.929	0.0017	0.0017	13.940
60	57.946	0.0173	813.520	0.0012	0.0712	14.039
65	81.273	0.0123	1146.755	0.0009	0.0709	14.110
70	113.989	0.0088	1614.134	0.0006	0.0706	14.160
75	159.876	0.0063	2269.657	0.0004	0.0704	14.196
80	224.234	0.0045	3189.063	0.0003	0.0703	14.222
85	314.500	0.0032	4478.576	0.0002	0.0702	14.240
90	441.103	0.0023	6287.185	0.0002	0.0702	14.253
95	618.670	0.0016	8823.854	0.0001	0.0701	14.263
100	867.716	0.0012	12381.662	0.0001	0.0701	14.269

$$i = 8\%$$

n	$(F/P, i, n)$	$(P/F, i, n)$	$(F/A, i, n)$	$(A/F, i, n)$	$(A/P, i, n)$	$(P/A, i, n)$
	$(1+i)^n$	$(1+i)^{-n}$	$\dfrac{(1+i)^n-1}{i}$	$\dfrac{i}{(1+i)^n-1}$	$\dfrac{i(1+i)^n}{(1+i)^n-1}$	$\dfrac{(1+i)^n-1}{i(1+i)^n}$
1	1.080	0.9259	1.000	1.00000	1.08000	0.926
2	1.168	0.8573	2.080	0.48077	0.56077	1.783
3	1.260	0.7938	3.246	0.30803	0.38803	2.577
4	1.360	0.7350	4.506	0.22192	0.30192	3.312
5	1.469	0.6806	5.867	0.17046	0.25046	3.993
6	1.587	0.6302	7.336	0.13632	0.21632	4.623
7	1.714	0.5835	8.932	0.11207	0.19207	5.206
8	1.851	0.5403	10.637	0.09401	0.17401	5.747
9	1.999	0.5002	12.488	0.08008	0.16008	6.247
10	2.159	0.4632	14.487	0.06903	0.14903	6.710
11	2.332	0.4289	16.645	0.06008	0.14008	7.139
12	2.518	0.3971	18.977	0.05270	0.13270	7.536
13	2.720	0.3677	21.495	0.04652	0.12652	7904
14	2.937	0.3405	24.215	0.04130	0.12130	8.244
15	3.172	0.3152	27.152	0.03683	0.1683	8.559
16	3.426	0.2919	30.324	0.03298	0.11298	8.851
17	3.700	0.2703	33.750	0.02963	0.10963	9.122
18	3.996	0.2502	37.450	0.02670	0.10670	9.372
19	4.316	0.2317	41.446	0.02413	0.10413	9.604
20	4.661	0.2145	45.762	0.02185	0.10185	9.818
21	5.034	0.1987	50.423	0.01983	0.09983	10.017
22	5.437	0.1839	55.457	0.01803	0.09803	10.201
23	5.871	0.1703	60.893	0.01642	0.09642	10.371
24	6.341	0.1577	66.765	0.01498	0.09498	10.529
25	6.848	0.1460	73.106	0.01368	0.09368	10.675
26	7.396	0.1352	79.954	0.01251	0.09251	10.810
27	7.988	0.1252	87.351	0.01145	0.09145	10.935
28	8.627	0.1159	95.339	0.01049	0.09049	11.051
29	9.317	0.1073	103.966	0.00962	0.08962	11.158
30	10.063	0.0994	113.283	0.00883	0.08883	11.258
35	14.785	0.0676	172.317	0.00580	0.08580	11.655
40	21.725	0.0460	259.057	0.00386	0.08386	11.925
45	31.920	0.0313	386.506	0.00259	0.08259	12.108
50	46.902	0.0213	573.770	0.00174	0.08174	12.233
55	68.914	0.0145	848.923	0.00118	0.08118	12.319
60	101.257	0.0099	1253.213	0.00080	0.08080	12.377
65	148.780	0.0067	1847.248	0.00054	0.08054	12.416
70	218.606	0.0046	2720.080	0.00037	0.08037	12.443
75	321.205	0.0031	4002.557	0.00025	0.08025	12.461
80	471.955	0.0021	5886.935	0.00017	0.08017	12.474
85	693.456	0.0014	8655.706	0.00012	0.08012	12.482
90	1018.915	0.0010	12723.939	0.00008	0.08008	12.488
95	1497.121	0.0007	18701.507	0.00005	0.08005	12.492
100	2199.761	0.0005	27484.516	0.00004	0.08004	12.494

$$i = 10\%$$

n	$(F/P,\ i,\ n)$ $(1+i)^n$	$(P/F,\ i,\ n)$ $(1+i)^{-n}$	$(F/A,\ i,\ n)$ $\dfrac{(1+i)^n-1}{i}$	$(A/F,\ i,\ n)$ $\dfrac{i}{(1+i)^n-1}$	$(A/P,\ i,\ n)$ $\dfrac{i(1+i)^n}{(1+i)^n-1}$	$(P/A,\ i,\ n)$ $\dfrac{(1+i)^n-1}{i(1+i)^n}$
1	1.100	0.9091	1.000	1.00000	1.10000	0.909
2	1.210	0.8264	2.100	0.47619	0.57619	1.736
3	1.331	0.7513	3.310	0.30211	0.40211	2.487
4	1.464	0.6830	4.641	0.21547	0.31547	3.170
5	1.611	0.6209	6.105	0.16380	0.26380	3.791
6	1.772	0.5645	7.716	0.12961	0.22961	4.355
7	1.949	0.5132	9.487	0.10541	0.20541	4.868
8	2.144	0.4665	11.436	0.08744	0.18744	5.335
9	2.358	0.4241	13.579	0.07364	0.17364	5.759
10	2.594	0.3855	15.937	0.06275	0.16275	6.144
11	2.853	0.3505	18.531	0.05396	0.15396	6.495
12	3.138	0.3186	21.384	0.04676	0.14676	6.814
13	3.452	0.2897	24.523	0.04078	0.14078	7.103
14	3.797	0.2633	27.975	0.03575	0.13575	7.367
15	4.177	0.2394	31.772	0.03147	0.13147	7.606
16	4.595	0.2176	35.950	0.02782	0.12782	7.824
17	5.054	0.1978	40.545	0.02466	0.12466	8.022
18	5.560	0.1799	45.599	0.02193	0.12192	8.201
19	6.116	0.1635	51.159	0.01955	0.11955	8.365
20	6.727	0.1486	57.275	0.01746	0.11746	8.514
21	7.400	0.1351	64.002	0.01562	0.11562	8.649
22	8.140	0.1228	71.403	0.01401	0.11401	8.772
23	8.954	0.1117	79.543	0.01257	0.11257	8.883
24	9.850	0.1015	88.497	0.01130	0.11130	8.985
25	10.835	0.0923	98.347	0.01017	0.11017	9.077
26	11.918	0.0839	109.182	0.00916	0.10916	9.161
27	13.110	0.0763	121.100	0.00826	0.10826	9.237
28	14.421	0.0693	134.210	0.00745	0.10745	9.307
29	15.863	0.0630	148.631	0.00673	0.10673	9.370
30	17.449	0.0573	164.494	0.00608	0.10608	9.427
35	28.102	0.0356	271.024	0.00369	0.10369	9.644
40	45.259	0.0221	442.593	0.00226	0.10226	9.779
45	72.890	0.0137	718.905	0.00139	0.10139	9.863
50	117.391	0.0085	1163.909	0.00086	0.10086	9.915
55	189.059	0.0053	1880.591	0.00053	0.10053	9.947
60	304.482	0.0033	3034.816	0.00033	0.10033	9.967
65	490.371	0.0020	4893.707	0.00020	0.10020	9.980
70	789.747	0.0013	7887.470	0.00013	0.10013	9.987
75	1271.895	0.0008	12708.954	0.00008	0.10008	9.992
80	2048.400	0.0005	20474.002	0.00005	0.10005	9.995
85	3298.969	0.0003	32979.690	0.00003	0.10003	9.997
90	5313.023	0.0002	53120.226	0.00002	0.10002	9.998
95	8556.676	0.0001	85556.760	0.00001	0.10001	9.999

$$i = 12\%$$

n	$(F/P, i, n)$ $(1+i)^n$	$(P/F, i, n)$ $(1+i)^{-n}$	$(F/A, i, n)$ $\dfrac{(1+i)^n-1}{i}$	$(A/F, i, n)$ $\dfrac{i}{(1+i)^n-1}$	$(A/P, i, n)$ $\dfrac{i(1+i)^n}{(1+i)^n-1}$	$(P/A, i, n)$ $\dfrac{(1+i)^n-1}{i(1+i)^n}$
1	1.120	0.8929	1.000	1.00000	1.12000	0.893
2	1.254	0.7972	2.120	0.47170	0.59170	1.690
3	1.405	0.7118	3.374	0.29635	0.41635	2.402
4	1.574	0.6355	4.779	0.20923	0.32923	3.037
5	1.762	0.5674	6.353	0.15741	0.27741	3.605
6	1.974	0.5066	8.115	0.12323	0.24323	4.111
7	2.211	0.4523	10.089	0.09912	0.21912	4.564
8	2.476	0.4039	12.300	0.08130	0.20130	4.968
9	2.773	0.3606	14.776	0.06768	0.18768	5.328
10	3.106	0.3220	17.549	0.05698	0.17698	5.650
11	3.479	0.2875	20.655	0.04842	0.16842	5.938
12	3.896	0.2567	24.133	0.04144	0.16144	6.194
13	4.363	0.2292	28.029	0.03568	0.15568	6.424
14	4.887	0.2046	32.393	0.03087	0.15087	6.628
15	5.474	0.1827	37.280	0.02682	0.14682	6.811
16	6.130	0.1631	42.753	0.02339	0.14339	6.974
17	6.866	0.1456	48.884	0.02046	0.14046	7.120
18	7.690	0.1300	55.750	0.01794	0.13794	7.250
19	8.613	0.1161	63.440	0.01576	0.13576	7.366
20	9.646	0.1037	72.052	0.01388	0.13388	7.469
21	10.804	0.0926	81.699	0.01224	0.13224	7.562
22	12.100	0.0826	92.503	0.01081	0.13081	7.645
23	13.552	0.0738	104.603	0.00956	0.12956	7.718
24	15.179	0.0659	118.155	0.00846	0.12846	7.784
25	17.000	0.0588	133.334	0.00750	0.12750	7.843
26	19.040	0.0525	150.334	0.00665	0.12665	7.896
27	21.325	0.0469	169.374	0.00590	0.12590	7.943
28	23.884	0.0419	190.699	0.00524	0.12524	7.984
29	26.750	0.0374	214.583	0.00466	0.12466	8.022
30	29.960	0.0334	241.333	0.00414	0.12414	8.055
35	52.800	0.0189	431.663	0.00232	0.12232	8.176
40	93.051	0.0107	767.091	0.00130	0.12130	8.244
45	163.988	0.0061	1358.230	0.00074	0.12074	8.283
50	289.002	0.0035	2400.018	0.00042	0.12042	8.304
55	509.321	0.0020	4236.005	0.00024	0.12024	8.317
60	897.597	0.0011	7471.641	0.00013	0.12013	8.324
65	1581.872	0.0006	12173.937	0.00008	0.12008	8.328
70	2787.800	0.0004	23223.332	0.00004	0.12004	8.330
75	4913.056	0.0002	40933.799	0.00002	0.12002	8.332
80	8658.483	0.0001	72145.692	0.00001	0.12001	8.332

$$i = 15\%$$

n	$(F/P, i, n)$ $(1+i)^n$	$(P/F, i, n)$ $(1+i)^{-n}$	$(F/A, i, n)$ $\dfrac{(1+i)^n-1}{i}$	$(A/F, i, n)$ $\dfrac{i}{(1+i)^n-1}$	$(A/P, i, n)$ $\dfrac{i(1+i)^n}{(1+i)^n-1}$	$(P/A, i, n)$ $\dfrac{(1+i)^n-1}{i(1+i)^n}$
1	1.150	0.8696	1.000	1.00000	1.15000	0.870
2	1.322	0.7561	2.150	0.46512	0.61512	1.626
3	1.521	0.6575	3.472	0.28798	0.43798	2.283
4	1.749	0.5718	4.993	0.20027	0.35027	2.855
5	2.011	0.4972	6.742	0.14832	0.29832	3.352
6	2.313	0.4323	8.754	0.11424	0.26424	3.784
7	2.660	0.3759	11.067	0.09036	0.24036	4.160
8	3.059	0.3269	13.727	0.07285	0.22285	4.487
9	3.518	0.2843	16.786	0.05957	0.20957	4.772
10	4.046	0.2472	20.304	0.04925	0.19925	5.019
11	4.652	0.2149	24.349	0.04107	0.19107	5.234
12	5.350	0.1869	29.002	0.03448	0.18448	5.421
13	6.153	0.1625	34.352	0.02911	0.17911	5.583
14	7.076	0.1413	40.505	0.02469	0.17469	5.724
15	8.137	0.1229	47.580	0.02102	0.17102	5.847
16	9.358	0.1069	55.717	0.01795	0.16795	5.954
17	10.761	0.0929	65.075	0.01537	0.16537	6.047
18	12.375	0.0808	75.836	0.01319	0.16319	6.128
19	14.232	0.0703	88.212	0.01134	0.16134	6.198
20	16.367	0.0611	102.444	0.00976	0.15976	6.259
21	18.822	0.0531	118.810	0.00842	0.15842	6.312
22	21.645	0.0462	137.632	0.00727	0.15727	6.359
23	24.891	0.0402	159.276	0.00628	0.15628	6.399
24	28.625	0.0349	184.168	0.00543	0.15543	6.434
25	32.919	0.0304	212.793	0.00470	0.15470	6.464
26	37.857	0.0264	245.712	0.00407	0.15407	6.491
27	43.535	0.0230	283.569	0.00353	0.15353	6.514
28	50.066	0.0200	327.104	0.00306	0.15306	6.534
29	57.575	0.0174	377.170	0.00265	0.15265	6.551
30	66.212	0.0151	434.745	0.00230	0.15230	6.566
35	133.176	0.0075	881.170	0.00113	0.15113	6.617
40	267.864	0.0037	1779.090	0.00056	0.15056	6.642
45	538.769	0.0019	3585.128	0.00028	0.15028	6.654
50	1083.657	0.0009	7217.716	0.00014	0.15014	6.661
55	2179.622	0.0005	14524.148	0.00007	0.15007	6.664
60	4383.999	0.0002	29219.992	0.00003	0.15003	6.665
65	8817.787	0.0001	58778.583	0.00002	0.15002	6.666

$$i = 20\%$$

n	$(F/P, i, n)$ $(1+i)^n$	$(P/F, i, n)$ $(1+i)^{-n}$	$(F/A, i, n)$ $\dfrac{(1+i)^n-1}{i}$	$(A/F, i, n)$ $\dfrac{i}{(1+i)^n-1}$	$(A/P, i, n)$ $\dfrac{i(1+i)^n}{(1+i)^n-1}$	$(P/A, i, n)$ $\dfrac{(1+i)^n-1}{i(1+i)^n}$
1	1.200	0.8333	1.000	1.00000	1.20000	0.833
2	1.440	0.6944	2.200	0.45455	0.65455	1.528
3	1.728	0.5787	3.640	0.27473	0.47473	2.106
4	2.074	0.4823	5.368	0.18629	0.38629	2.589
5	2.488	0.4019	7.442	0.13438	0.33438	2.991
6	2.986	0.3349	9.930	0.10071	0.30071	3.326
7	3.583	0.2791	12.916	0.07742	0.27742	3.605
8	4.300	0.2326	16.499	0.06061	0.26061	3.837
9	5.160	0.1938	20.799	0.04808	0.24808	4.031
10	6.192	0.1615	25.959	0.03852	0.23852	4.192
11	7.430	0.1346	32.150	0.03110	0.23110	4.327
12	8.916	0.1122	39.581	0.02528	0.22526	4.439
13	10.699	0.0935	48.497	0.02062	0.22062	4.533
14	12.839	0.0779	59.196	0.01689	0.21689	4.611
15	15.407	0.0649	72.035	0.01388	0.21388	4.675
16	18.488	0.0541	87.442	0.01144	0.21144	4.730
17	22.186	0.0451	105.931	0.00944	0.20944	4.775
18	26.623	0.0376	128.117	0.00781	0.20781	4.812
19	31.948	0.0313	154.740	0.00646	0.20646	4.843
20	38.338	0.0261	186.688	0.00538	0.20536	4.870
21	46.005	0.0217	225.026	0.00444	0.20444	4.891
22	55.206	0.0181	271.031	0.00369	0.20369	4.909
23	66.247	0.0151	326.237	0.00307	0.20307	4.925
24	79.497	0.0126	329.484	0.00255	0.20255	4.937
25	95.396	0.0105	471.981	0.00212	0.20212	4.948
26	114.475	0.0087	567.377	0.00176	0.20176	4.956
27	137.371	0.0073	681.853	0.00147	0.20147	4.964
28	164.845	0.0061	819.223	0.00122	0.20122	4.970
29	197.814	0.0051	984.068	0.00102	0.20102	4.975
30	237.376	0.0042	1181.882	0.00085	0.20085	4.979
35	590.668	0.0017	2948.341	0.00034	0.20034	4.992
40	469.772	0.0007	7343.858	0.00014	0.20014	4.997
45	3657.262	0.0003	18281.310	0.00005	0.20005	4.999
50	9100.438	0.0001	45497.191	0.00002	0.20002	4.999

$$i = 25\%$$

n	$(F/P, i, n)$ $(1+i)^n$	$(P/F, i, n)$ $(1+i)^{-n}$	$(F/A, i, n)$ $\dfrac{(1+i)^n-1}{i}$	$(A/F, i, n)$ $\dfrac{i}{(1+i)^n-1}$	$(A/P, i, n)$ $\dfrac{i(1+i)^n}{(1+i)^n-1}$	$(P/A, i, n)$ $\dfrac{(1+i)^n-1}{i(1+i)^n}$
1	1.250	0.8000	1.000	1.00000	1.25000	0.800
2	1.562	0.6400	2.250	0.44444	0.69444	1.440
3	1.953	0.5120	3.812	0.26230	0.51230	1.952
4	2.441	0.4096	5.766	0.17344	0.42344	2.362
5	3.052	0.3277	8.207	0.12185	0.37185	2.689
6	3.815	0.2621	11.259	0.08882	0.33882	2.951
7	4.768	0.2097	15.073	0.06634	0.31634	3.161
8	5.960	0.1678	19.842	0.05040	0.30040	3.329
9	7.451	0.1342	25.802	0.03876	0.28876	3.463
10	9.313	0.1074	33.253	0.03007	0.28007	3.571
11	11.642	0.0859	42.566	0.02349	0.27349	3.656
12	14.552	0.0687	54.208	0.01845	0.26845	3.725
13	18.190	0.0550	68.760	0.01454	0.26454	3.780
14	22.737	0.0440	86.949	0.01150	0.26150	3.824
15	28.422	0.0252	109.687	0.00912	0.25912	3.859
16	35.527	0.0281	138.109	0.00724	0.25724	3.887
17	44.409	0.0225	173.636	0.00576	0.25576	3.910
18	55.511	0.0180	218.045	0.00459	0.25459	3.928
19	69.389	0.0144	273.556	0.00366	0.25366	3.942
20	86.736	0.0115	342.945	0.00292	0.25292	3.954
21	108.420	0.0092	429.681	0.00233	0.25233	3.963
22	135.525	0.0074	538.101	0.00186	0.25186	3.970
23	169.407	0.0059	673.626	0.00148	0.25148	3.976
24	211.758	0.0047	843.033	0.00119	0.25119	3.981
25	264.698	0.0038	1054.791	0.00095	0.25095	3.985
26	330.872	0.0030	1319.489	0.00076	0.25076	3.988
27	413.590	0.0024	1650.361	0.00061	0.25061	3990
28	516.988	0.0019	2063.952	0.00048	0.25048	3.992
29	646.235	0.0015	2580.939	0.00039	0.25039	3.994
30	807.794	0.0012	3227.174	0.00031	0.25031	3.995
35	2465.190	0.0004	9856.761	0.00010	0.25010	3.998
40	7523.164	0.0001	30088.655	0.00003	0.25003	3.999

$i = 30\%$

n	$(F/P, i, n)$ $(1+i)^n$	$(P/F, i, n)$ $(1+i)^{-n}$	$(F/A, i, n)$ $\dfrac{(1+i)^n-1}{i}$	$(A/F, i, n)$ $\dfrac{i}{(1+i)^n-1}$	$(A/P, i, n)$ $\dfrac{i(1+i)^n}{(1+i)^n-1}$	$(P/A, i, n)$ $\dfrac{(1+i)^n-1}{i(1+i)^n}$
1	1.300	0.7692	1.000	1.00000	1.30000	0.769
2	1.690	0.5917	2.300	0.43478	0.73478	1.361
3	2.197	0.4552	3.990	0.25063	0.55063	1.816
4	2.856	0.3501	6.187	0.16163	0.46163	2.166
5	3.713	0.2693	9.043	0.11058	0.41058	2.436
6	4.827	0.2072	12.756	0.07839	0.37839	2.643
7	6.275	0.1594	17.583	0.05687	0.35687	2.802
8	8.157	0.1226	23.858	0.04192	0.34192	2.925
9	10.604	0.0943	32.015	0.03124	0.33124	3.019
10	13.786	0.0725	42.619	0.02346	0.32346	3.092
11	17.922	0.0558	56.405	0.01773	0.31773	3.147
12	23.298	0.0429	74.327	0.01345	0.31345	3.190
13	30.288	0.0330	97.625	0.01024	0.31024	3.223
14	39.374	0.0254	127.913	0.00782	0.30782	3.249
15	51.186	0.0195	167.286	0.00598	0.30598	3.268
16	66.542	0.0150	218.472	0.00458	0.30458	3.283
17	86.504	0.0116	285.014	0.00351	0.30351	3.295
18	112.455	0.0089	371.518	0.00269	0.30269	3.304
19	146.192	0.0068	483.973	0.00207	0.30207	3.311
20	190.050	0.0053	630.165	0.00159	0.30159	3.316
21	247.065	0.0040	820.215	0.00122	0.30122	3.320
22	321.184	0.0031	1067.280	0.00094	0.30094	3.323
23	417.539	0.0024	1388.464	0.00072	0.30072	3.325
24	542.801	0.0018	1806.003	0.00055	0.30055	3.327
25	705.641	0.0014	2348.803	0.00043	0.30043	3.329
26	917.333	0.0011	3054.444	0.00033	0.30033	3.330
27	1192.533	0.0008	3971.778	0.00025	0.30025	3.331
28	1550.293	0.0006	5164.311	0.00019	0.30019	3.331
29	2015.381	0.0005	6714.604	0.00015	0.30015	3.332
30	2619.996	0.0004	8729.985	0.00011	0.30011	3.332
35	9727.860	0.0001	32422.868	0.00003	0.30003	3.333

$$i = 40\%$$

n	$(F/P, i, n)$ $(1+i)^n$	$(P/F, i, n)$ $(1+i)^{-n}$	$(F/A, i, n)$ $\dfrac{(1+i)^n - 1}{i}$	$(A/F, i, n)$ $\dfrac{i}{(1+i)^n - 1}$	$(A/P, i, n)$ $\dfrac{i(1+i)^n}{(1+i)^n - 1}$	$(P/A, i, n)$ $\dfrac{(1+i)^n - 1}{i(1+i)^n}$
1	1.400	0.7143	1.000	1.00000	1.40000	0.714
2	1.960	0.5102	2.400	0.41667	0.81667	1.224
3	2.744	0.3644	4.360	0.22936	0.62936	1.589
4	3.842	0.2603	7.104	0.14077	0.54077	1.849
5	5.378	0.1859	10.946	0.09136	0.49136	2.035
6	7.530	0.1328	16.324	0.06126	0.46126	2.168
7	10.541	0.0949	23.853	0.04192	0.44192	1.263
8	14.758	0.0678	34.395	0.02907	0.42907	2.331
9	20.661	0.0484	49.153	0.02034	0.42034	2.379
10	28.925	0.0346	69.814	0.01432	0.41432	2.414
11	40.496	0.0247	98.739	0.01013	0.41013	2.438
12	56.694	0.0176	139.235	0.00718	0.40718	2.456
13	79.371	0.0126	195.929	0.00510	0.40510	2.469
14	111.120	0.0090	275.300	0.00363	0.40363	2.478
15	155.568	0.0064	386.420	0.00259	0.40259	2.484
16	217.795	0.0046	541.988	0.00185	0.40185	2.489
17	304.913	0.0033	759.784	0.00132	0.40132	2.492
18	426.879	0.0023	1064.697	0.00094	0.40094	2.494
19	597.630	0.0017	1491.576	0.00067	0.40067	2.496
20	836.683	0.0012	2089.206	0.00048	0.40048	2.497
21	1171.356	0.0009	2925.889	0.00034	0.40034	2.498
22	1639.898	0.0006	4097.245	0.00024	0.40024	2.498
23	2295.857	0.0004	5737.142	0.00017	0.40017	2.499
24	3214.200	0.0003	8032.999	0.00012	0.40012	2.499
25	4499.880	0.0002	11247.199	0.00009	0.40009	2.499
26	6299.831	0.0002	15747.079	0.00006	0.40006	2.500
27	8819.764	0.0001	22046.910	0.00005	0.40005	2.500

$$i = 50\%$$

n	$(F/P, i, n)$ $(1+i)^n$	$(P/F, i, n)$ $(1+i)^{-n}$	$(F/A, i, n)$ $\dfrac{(1+i)^n-1}{i}$	$(A/F, i, n)$ $\dfrac{i}{(1+i)^n-1}$	$(A/P, i, n)$ $\dfrac{i(1+i)^n}{(1+i)^n-1}$	$(P/A, i, n)$ $\dfrac{(1+i)^n-1}{i(1+i)^n}$
1	1.500	0.6667	1.000	1.00000	1.50000	0.667
2	2.250	0.4444	2.500	0.40000	0.90000	1.111
3	3.375	0.2963	4.750	0.21053	0.71053	1.407
4	5.062	0.1975	8.125	0.12308	0.62308	1.605
5	7.594	0.1317	13.188	0.07583	0.57583	1.737
6	11.391	0.0878	20.781	0.04812	0.54812	1.824
7	17.086	0.0585	32.172	0.03108	0.53108	1.883
8	25.629	0.0390	49.258	0.02030	0.52030	1.922
9	38.443	0.0260	74.887	0.01335	0.51335	1.948
10	57.665	0.0173	113.330	0.00882	0.50882	1.965
11	86.498	0.0116	170.995	0.00585	0.50585	1.977
12	129.746	0.0077	257.493	0.00388	0.50388	1.985
13	194.620	0.0051	387.239	0.00258	0.50258	1.990
14	291.929	0.0034	581.859	0.00172	0.50172	1.993
15	437.894	0.0023	873.788	0.00114	0.50114	1.995
16	686.841	0.0015	1311.682	0.00076	0.50076	1.997
17	985.261	0.0010	1968.523	0.00051	0.50051	1.998
18	1477.892	0.0007	2953.784	0.00034	0.50034	1.999
19	2216.838	0.0005	4431.676	0.00023	0.50023	1.999
20	3325.257	0.0003	6648.513	0.00015	0.50015	1.999
21	4987.885	0.0002	9973.770	0.00010	0.50010	2.000
22	7481.828	0.0001	14961.655	0.00007	0.50007	2.000

参考文献

［1］卢有杰 . 新建筑经济学 [M]. 北京：中国水利水电出版社，2002.

［2］邓卫 . 建筑工程经济 [M]. 北京：清华大学出版社，2000.

［3］谭大璐 . 土木工程经济 [M]. 成都：四川大学出版社，2003.

［4］黄仕诚 . 建筑工程经济与企业管理 [M]. 武汉：武汉工业大学出版社，1996.

［5］梁世连，惠恩才 . 工程项目管理学 [M]. 大连：东北财经大学出版社，2001.

［6］苟伯让 . 建设工程合同管理与索赔 [M]. 北京：机械工业出版社，2003.

［7］马纯杰 . 建筑工程项目管理 [M]. 杭州：浙江大学出版社，2000.

［8］萨缪尔森，诺德豪斯 . 经济学 [M]. 萧琛，等，译 . 北京：华夏出版社，1999.

［9］虞和锡 . 工程经济学 [M]. 北京：中国计划出版社，2002.

［10］赵国杰 . 工程经济与项目评价 [M]. 天津：天津大学出版社，1999.

［11］毛义华 . 建筑工程经济 [M]. 杭州：浙江大学出版社，2001.

［12］张钦楠 . 建筑设计方法学 [M]. 西安：陕西科学技术出版社，1995.

［13］刘国恒 . 可行性研究辞典 [M]. 北京：学术期刊出版社，1989.

［14］李慧明 . 环境与可持续发展 [M]. 天津：天津人民出版社，1998.

［15］毕宝德 . 土地经济学 [M]. 北京：中国人民大学出版社，2001.

［16］谢经荣，吕萍，乔志敏 . 房地产经济学 [M]. 北京：中国人民大学出版社，2002.

［17］清华大学建筑学院，清华大学建筑设计研究院 . 建筑设计的生态策略 [M]. 北京：中国计划出版社，2001.

［18］丹尼斯·迪帕斯奎尔，威廉·C·惠顿 . 城市经济学与房地产市场 [M]. 龙奋杰，等，译 . 北京：经济科学出版社，2002.

［19］理查德·M·贝兹，赛拉斯·J·埃利 . 不动产评估基础 [M]. 董俊英，译 . 北京：经济科学出版社，2002.

［20］温茨巴奇，迈尔斯，坎农 . 现代不动产（第5版）[M]. 任怀秀，庞兴华，冯亘，译 . 北京：中国人民大学出版社，2001.

［21］爱德华兹 . 可持续性建筑 [M]. 周玉鹏，宋晔皓，译 . 北京：中国建筑工业出版社，2003.

［22］曼昆．经济学原理（上、下册）[M].梁小民，译．北京：生活·读书·新知三联书店．北京大学出版社，1999.

［23］中华人民共和国住房和城乡建设部．建设工程工程量清单计价规范：GB 50500—2013[S].北京：中国计划出版社，2013.

［24］中华人民共和国住房和城乡建设部，财政部．关于印发《建筑安装工程费用项目组成》的通知（建标〔2013〕44号文）[Z]. 2013.

［25］国家发展改革委，建设部，建设项目经济评价与参数 [M].北京：中国计划出版社，2006.